8° Le 1 85 5

Paris
1882

Gambetta, léon

Discours et plaidoyers politiques

11 vol

DISCOURS

ET

PLAIDOYERS POLITIQUES

DE

M. GAMBETTA

V

PARIS

TYPOGRAPHIE GEORGES CHAMEROT

19, RUE DES SAINTS-PÈRES, 19

DISCOURS

ET

PLAIDOYERS POLITIQUES

DE

M. GAMBETTA

PUBLIÉS PAR M. JOSEPH REINACH

V

QUATRIÈME PARTIE

(18 Janvier 1876 — 12 Juillet 1876)

ÉDITION COMPLÈTE

PARIS

G. CHARPENTIER, ÉDITEUR

13, RUE DE GRENELLE-SAINT-GERMAIN, 13

1882

DISCOURS

Prononcés le 18 janvier 1876

A AIX

et les 21, 23 et 26 janvier

A PARIS

(RÉUNION DES DÉLÉGUÉS SÉNATORIAUX DE LA SEINE)

L'Assemblée nationale s'était séparée le 31 décembre 1875, après avoir fixé au 30 janvier 1876 la nomination des séna- teurs et au 20 février celle des députés. Elle laissait derrière elle, pour procéder aux élections, le ministère le plus hété- rogène. Le vice-président du Conseil, M. Buffet, considérait comme des ennemis tous les républicains sans distinction de nuances. M. Dufaure, garde des sceaux, et M. Léon Say, ministre des finances, s'appliquaient à témoigner tous les jours de leur loyal attachement à la Constitution du 25 février. Au ministère de l'Intérieur, M. Buffet avait savamment réorganisé en faveur des *conservateurs* toute l'ancienne candidature officielle de l'Empire. Dans les autres ministères, M. Dufaure, M. Léon Say, M. Wallon et M. de Meaux interdisaient aux fonctionnaires placés sous leur ordre « de se mêler à aucun degré à l'agitation électo- rale ». Exaspéré par ces résistances, M. Buffet finit par perdre tout sang-froid. Comme M. Léon Say se présentait aux élections sénatoriales de Seine-et-Oise sur la même liste que M. Feray (d'Essonne), ancien président du centre gauche à l'Assemblée nationale, et M. Gilbert-Boucher, magistrat, président du Conseil général de Seine-et-Oise, le vice-président du Conseil le fit accuser par le *Figaro* de faire campagne avec les *radicaux* contre le maréchal. Tout étrange qu'elle fût, l'accusation fut accueillie par le prési-

dent de la République, qui fit appeler M. Say et lui demanda de retirer son nom de la liste républicaine de Seine-
et-Oise. M. Say refusa et offrit sa démission, sur quoi
M. Dufaure annonça qu'il suivrait son collègue des Finances
dans la retraite. Il ne fallut pas moins qu'une dislocation
gouvernementale aussi complète à la veille du scrutin pour
faire réfléchir le maréchal. M. Buffet céda, et M. Léon Say
ne retira sa démission qu'à la condition de maintenir son
nom sur la liste républicaine de Seine-et-Oise.

Le surlendemain de cette crise (13 janvier), M. Buffet faisait paraître la proclamation suivante au *Journal officiel :*

Proclamation du président de la République au peuple français.

RÉPUBLIQUE FRANÇAISE.

Français,

Pour la première fois depuis cinq ans, vous êtes appelés à
des élections générales. Il y a cinq ans, vous avez voulu
l'ordre et la paix. Au prix des plus cruels sacrifices, à travers les plus redoutables épreuves, vous les avez obtenus.

Aujourd'hui vous voulez encore l'ordre et la paix. Les
sénateurs et les députés que vous élirez devront, avec le
président de la République, travailler à les maintenir.

Nous devrons appliquer ensemble, avec sincérité, les lois
constitutionnelles, dont j'ai seul le droit, jusqu'en 1880, de
provoquer la révision. Après tant d'agitations, de déchirements et de malheurs, le repos est nécessaire à notre
pays, et je pense que nos institutions ne doivent pas
être revisées avant d'avoir été loyalement pratiquées.

Mais, pour les pratiquer comme l'exige le salut de la
France, la politique conservatrice et vraiment libérale que
je me suis constamment proposé de faire prévaloir est
indispensable.

Pour la soutenir, je fais appel à l'union des hommes qui
placent la défense de l'ordre social, le respect des lois, le
dévouement à la patrie au-dessus des souvenirs, des aspirations et des engagements de parti. Je les convie à se rallier tous autour de mon gouvernement.

Il faut que, à l'abri d'une autorité forte et respectée, les droits sacrés qui survivent à tous les changements de gouvernement et les intérêts légitimes que tout gouvernement doit protéger se trouvent en pleine sécurité.

Il faut non seulement désarmer ceux qui pourraient troubler cette sécurité dans le présent, mais décourager ceux qui la menacent dans l'avenir par la propagation de doctrines antisociales et de programmes révolutionnaires.

La France sait que je n'ai ni recherché ni désiré le pouvoir dont je suis investi; mais elle peut compter que je l'exercerai sans faiblesse, et, pour remplir jusqu'au bout la mission qui m'est confiée, j'espère que Dieu m'aidera et que le concours de la nation ne me fera pas défaut.

Le président de la République,

Maréchal de MAC-MAHON,
duc DE MAGENTA.

Par le président de la République, le vice-président du conseil, ministre de l'intérieur,

L. BUFFET.

Ce document aussi inattendu que banal n'avait qu'un seul but : il permettait à M. Buffet de poursuivre, en dehors de ses collègues, la mise en œuvre perfectionnée de toutes les pratiques de la candidature officielle.

Le 16 janvier, tous les conseils municipaux de France nommèrent leurs délégués sénatoriaux. Le conseil municipal de Paris choisit pour son délégué Victor Hugo et pour suppléant M. Eugène Spuller, rédacteur en chef de la *République française*. — M. Gambetta, en sa qualité de député de la Seine, était électeur sénatorial de ce département. Il prit à l'élection du 30 janvier une part importante qu'il convient de rappeler.

La première réunion des électeurs sénatoriaux de la Seine avait eu lieu le 17 janvier. Présidée par M. Laurent-Pichat, ancien député de Paris, sénateur inamovible, elle avait adopté le programme politique qui lui avait été présenté par son président, et chargé une commission spéciale de

préparer une liste de candidats. M. Laurent-Pichat, dans la
partie principale de son discours, s'était exprimé ainsi :

« Nous avons fait la République. Elle est fondée. A vous
de lui apporter cette protection patriotique dont elle a
besoin; à vous de lui donner cette sanction supérieure qui,
dès le jour où votre volonté se manifestera, volonté légale
et irrésistible, ouvrira les yeux à ceux qui ne veulent pas
voir, et persuadera ceux qui ne voudraient pas comprendre.
Le pouvoir dont vous êtes investis doit être respecté par
tous; confiez-le à des mains sûres, à des volontés fermes, à
des citoyens honnêtes.

« Il n'appartient à personne ici de formuler un programme, en présence de la situation nette qui s'impose à
nous. Si j'avais à le développer devant vous, ce programme
se composerait de quelques phrases, sur lesquelles nous
sommes d'accord parce qu'elles forment le texte même de
nos convictions à tous. Je vais vous le prouver par une énumération rapide de ce que la démocratie réclame et de ce
qu'il appartient à vos mandataires de poursuivre par les
voies légales :

« L'amnistie, la suppression absolue de l'état de siège, la
liberté de réunion et d'association, la liberté de la presse,
l'instruction primaire obligatoire, gratuite et laïque, — la
défense de la société civile contre l'envahissement clérical,
le service militaire obligatoire pour tous sans privilèges
d'aucune sorte, — l'élection des maires par les conseils
municipaux et la commune affranchie de la tutelle administrative, la révision de l'assiette des impôts tendant à
dégrever le travail, la séparation de l'Église et de l'État.

« Sur tous ces points, nous sommes d'accord.

« Quant à la Constitution que nos adversaires déclarent
révisable avec un empressement un peu suspect, je vais
m'expliquer en quelques mots, si vous le permettez.

« Certains constitutionnels impatients qui ne parlent que
de la révision, qui, obligés de respecter le pacte qui nous
ajourne à 1880, pacte que le président de la République a
déclaré lui-même vouloir respecter jusqu'à cette date, tous
ces constitutionnels réviseurs ne m'inspirent pas une grande
confiance.

« Cette révision ne me paraît être autre chose pour eux
qu'un rendez-vous pour une lutte nouvelle. Ils ont pendant

cinq années poursuivi et ajourné leurs espérances. Ils ont été vaincus. La loi s'impose à eux; ils paraissent s'y soumettre; mais ils regardent au-delà de cette époque fixée par la Constitution, espérant renverser cette Constitution sous prétexte de révision, voulant essayer encore une fois de renverser du même coup la République au profit d'une monarchie qui serait le prix d'une lutte entre eux.

« N'oublions pas ceci, Messieurs : c'est que la République est sincère et ouverte à tous. Tout citoyen qui se soumet à la loi est admis à la servir; elle n'est ni autoritaire ni exclusive.

« Supposez qu'une monarchie soit sortie des intrigues dont je vous ai parlé : elle se fût constituée héréditaire, immuable, indiscutable. Plus de libertés à réclamer, plus de révision à attendre : c'était le pays confisqué pour un temps.

« La République n'a pas de dynasties; la République n'a pas de princes héritiers; la République n'a que des principes, et les partis monarchiques n'admettent pas les principes, qui ne se rattachent pas à des familles.

« S'ils sont battus, ils veulent recommencer l'épreuve. Ils se figurent que la vie d'un peuple est comme un jeu d'enfants, où ceux qui ne sont pas favorisés veulent tout remettre en question dans leur fantaisie puérile.

« Nous n'en sommes plus, heureusement, à redouter des dangers pareils, nous voyons clair, et rien ne nous échappe des tendances de nos adversaires.

« Le principe républicain est désormais hors de discussion; les réformes qui seront apportées à la Constitution, à l'heure déterminée, devront avoir un caractère conforme aux institutions démocratiques.

« Toute tendance en dehors de ces limites bien définies est une pensée factieuse. »

A la suite de la réunion où le programme de M. Laurent-Pichat avait été adopté, Victor Hugo, délégué de Paris, avait adressé aux délégués des 36,000 communes de France un magnifique appel dont nous devons reproduire le passage suivant :

« Électeurs des communes, aujourd'hui une grande heure sonne, la parole est donnée au peuple, et, après tant de combats, tant de souffrances, tant d'injustices, tant de tortures, l'héroïque ville, encore à ce moment frappée d'ostra-

cisme, vient à vous. Que vous demande-t-elle. Rien pour elle,
tout pour la patrie.

« Elle vous demande de mettre hors de question l'avenir.
Elle vous demande de fonder la vérité politique, de fonder
la vérité sociale, de fonder la démocratie, de fonder la
France. Elle vous demande de faire sortir de la solennité
du vote la satisfaction des intérêts et des consciences, la
République indestructible, le travail honoré et délivré,
l'impôt diminué dans l'ensemble et proportionné dans le
détail, le revenu social dégagé des parasitismes, le suffrage
universel complété, la pénalité rectifiée, l'enseignement
pour tous, le droit pour tous. Électeurs des communes,
Paris, la commune suprême, vous demande, votre vote
étant un décret, de décréter, par la signification de vos
choix, la fin des abus par l'avènement des vérités, la fin de
la monarchie par la fédération des peuples, la fin de la
guerre étrangère par l'arbitrage, la fin de la guerre civile
par l'amnistie, la fin de la misère par la fin de l'ignorance.
Paris vous demande la fermeture des plaies. A cette heure
où tant de forces hostiles sont encore debout et menacent,
il vous demande de donner confiance au progrès ; il vous
demande d'affirmer le droit devant la force, d'affirmer la
France devant le germanisme, d'affirmer Paris devant
Rome, d'affirmer la lumière devant la nuit.

« Vous le ferez. »

Le 21 janvier, les électeurs sénatoriaux de la Seine
tinrent leur seconde réunion. M. Laurent-Pichat, président,
donna lecture des noms des candidats. Ces candidats étaient :
MM. Victor Hugo, Louis Blanc, Floquet, Peyrat, Tolain,
Mallarmé, Godfrin, de Freycinet, Béclard, Hérold, Martin
Nadaud, Faustin Hélie et Raspail père.

Sur la proposition de M. Louis Asseline et de M. Gambetta,
les candidatures de Victor Hugo et de Louis Blanc sont
votées d'acclamation.

M. Victor Hugo. — Je ne croyais pas utile de parler ; mais, puisque l'Assemblée semble le désirer, je
dirai quelques mots, quelques mots seulement, car
votre temps est précieux. Mes concitoyens, le mandat
que vous me faites l'honneur de me proposer n'est

rien à côté du mandat que je m'impose. (*Mouvement.*)
Je vais bien au delà. Les vérités dont la formule a été
si fermement établie par notre éloquent président
sont les vérités mêmes pour lesquelles je combats depuis trente-six ans. Je les veux, ces vérités, absolues,
et j'en veux d'autres encore. (*Oui! oui!*) Vous le savez,
lutter pour la liberté est quelquefois rude, mais toujours doux, et cette lutte pour les choses vraies est un
bonheur pour l'homme juste. Je lutterai. A mon âge
on a beaucoup de passé et peu d'avenir, et il n'est pas
difficile à mon passé de répondre de mon avenir. Je
ne doute pas de l'avenir. J'ai foi dans le calme et
prospère développement de la République; je crois
profondément au bonheur de ma patrie; le temps des
grandes épreuves est fini, je l'espère. Si pourtant il en
était autrement, si de nouvelles commotions nous
étaient réservées, si le vent de tempête devait souffler
encore, eh bien! quant à moi, je suis prêt. (*Bravos.*)
Le mandat que je me donne à moi-même est sans limite. Ces vérités suprêmes qui sont plus que la base
de la politique, qui sont la base de la conscience humaine, je les défendrai, je ne m'épargnerai pas, soyez
tranquilles! (*Applaudissements.*) Je prendrai la parole au
Sénat, aux assemblées, partout; je prendrai la parole
là où je l'aurai, et, là où je ne l'aurai pas, je la prendrai encore. Je n'ai reculé et je ne reculerais devant
aucune des extrémités du devoir, ni devant les barri-
cades, ni devant le tyran; j'irais..... cela va sans dire
— et votre émotion me dit que la pensée qui est dans
mon cœur est aussi dans le vôtre, et je lis dans vos
yeux les paroles que je vais prononcer... — pour la défense du peuple et du droit, j'irais jusqu'à la mort, si
nous étions condamnés à combattre, et jusqu'à l'exil,
si nous étions condamnés à survivre. (*Acclamations.*)

M. Ernest Lefèvre. — Différents noms sont encore
proposés. Il importe qu'après les explications fournies
par le candidat il y ait un vote sur la prise en consi-

dération. Si plus de cinq noms sont adoptés, il y aura lieu d'examiner s'il faut procéder à un scrutin de liste ou s'abstenir. Il importe que le système soit le même pour tous.

M. GAMBETTA. — Permettez-moi de vous présenter une observation. Vous avez admis tout à l'heure, dans une pensée de libéralisme, que, sur chacune des candidatures qui seront discutées devant vous, on voterait sur la prise en considération : Craignez, si vous vous engagez dans cette voie, d'engager votre liberté. A part les noms illustres que vous avez vous-mêmes placés au dessus de toute discussion, tous ceux des candidats qui s'adressent à vos suffrages devront être rigoureusement examinés. Il faut discuter avec soin les différentes candidatures, les rapprocher, les comparer pour arriver à établir avec certitude quelles sont les meilleures. Ce travail préparatoire est indispensable. Jusqu'à ce qu'il soit fait, vous manœuvrerez dans les ténèbres.

La proposition de M. Gambetta est acceptée. MM. Floquet, Peyrat, Tolain, Mallarmé et Godfrin s'expliquent sur leurs candidatures.

Le président appelle M. de Freycinet.

M. DE FREYCINET. — Messieurs, j'ai plus besoin qu'un autre de vous donner des explications. Car je ne possède pas, comme plusieurs des candidats qui sont devant vous, de ces états de service anciens qui parlent d'eux-mêmes et constituent un gage suffisant auprès de la démocratie. Je n'ai pas surtout, comme le glorieux délégué que Paris s'est donné et dont vous avez acclamé tout à l'heure la candidature, un passé éclatant et cette immortelle protestation de vingt ans qui a porté au monde le spectacle d'une foi et d'une persévérance que rien n'a pu ébranler. (*Applaudissements.*) Non ; mon passé est plus modeste. Je date politiquement de 1870. — Non que je ne pusse retrou-

ver dans un temps déjà lointain les premières traces
de la disposition qui explique mon adhésion subite
mais sincère et totale à la République. En 1848 j'ai
été aide de camp du gouvernement provisoire. J'étais
alors à l'École polytechnique, et je figurais à la tête
des vingt élèves que le gouvernement avait choisis
pour établir la communication entre ses divers membres et porter d'un ministère à l'autre les missions
confidentielles qu'on n'osait confier au papier. Mais
je n'insiste pas sur cet épisode de ma jeunesse. Depuis lors, depuis l'établissement de l'empire, je me
suis renfermé exclusivement dans ma profession d'in-
génieur. Je me suis occupé d'administration, d'études
économiques, de questions sociales. Pendant dix ans,
j'ai voyagé en France et à l'étranger pour étudier les
conditions des classes ouvrières, au point de vue de
leur hygiène, de leur bien-être, de leur instruction, au
point de vue du sort des enfants et des femmes dans
les manufactures. Si je n'ai point été un républicain
militant, j'ai toujours été un démocrate par la pensée.
J'ai toujours été profondément pénétré des besoins
de la démocratie. Et qui pourrait ne pas l'être aujourd'hui? Il faut être bien aveugle, il faut avoir véritablement un bandeau sur les yeux, pour ne pas voir
que la France est une démocratie qui demande à se
constituer démocratiquement. Si depuis un siècle la
France souffre, si elle s'agite, si elle semble ne pouvoir trouver son équilibre, c'est que les gouvernements ne comprennent point la cause de son malaise
et ne savent point l'aider dans sa transformation nécessaire. J'espère que nous touchons au terme et
que les nouvelles Assemblées faciliteront l'œuvre qui
reste à accomplir. Messieurs, si je suis venu tard à la
République, j'y suis entré par la grande porte, et j'ai
reçu le baptême, non de l'eau, mais du feu. Car c'est
dans la fournaise ardente de la Défense nationale que
pendant cinq mois j'ai lutté pour mon pays, avec

mon cœur, avec mes facultés, avec toutes mes forces.
Ce que j'ai fait, ce n'est pas à moi de le dire ; mais
mon maître et ami, M. Gambetta, témoignera si j'ai
rempli mon devoir tout entier. C'est cette Défense nationale qui est le motif,, la cause, l'explication de la
candidature que j'ai posée devant vous. Depuis cinq
ans, la Défense nationale, indignement outragée, demande une réparation. Des calomniateurs officiels ont
essayé d'amoindrir, de ternir cet effort suprême qui
a été notre honneur vis-à-vis de l'étranger : si quelque
chose pouvait nous consoler de nos provinces per-
dues, c'est ce bien moral que nous avions pu conserver et qui était la première condition de notre relèvement en Europe. Eh bien, on l'a méconnu, on l'a
foulé aux pieds. Nous venons vous demander de le
relever et de le replacer à son rang. Nous demandons
cette réparation à Paris, parce que Paris seul peut la
donner. Ce n'est pas un collège perdu du fond de la
province qui a l'autorité suffisante pour prononcer
sur une si grande cause. La voix seule de Paris, la
voix du département de la Seine a la puissance de se
faire entendre de l'Europe. Quant à l'accomplissement
de mon mandat, si vous m'envoyez au Sénat, je
vous dirai simplement : Je ferai au Sénat ce que j'ai
fait à Tours et à Bordeaux, c'est-à-dire que je me con-
sacrerai à ma tâche de toute mon âme, de toutes mes
forces. La démocratie a besoin de serviteurs divers.
A côté des génies lumineux qui marquent à l'humanité le sillon qu'elle doit suivre, il y a le travailleur
patient qui défriche le terrain, et qui fait tout pour
que la réforme puisse s'y implanter. A côté des grands
précurseurs, il y a les hommes qui se vouent à résoudre les problèmes d'administration et d'organisation que soulève l'application des idées nouvelles. Je
serai un de ces hommes, et, pour tout résumer d'un
mot, je demande à être enrôlé par vous dans la phalange
scientifique de la République. (*Applaudissements.*)

M. Bonnet-Duverdier. — J'ai accepté en principe qu'une liste d'admissibilité fût dressée. Je ne m'oppose pas à ce que le nom de M. de Freycinet soit porté sur cette liste, mais je tiens à dire immédiatement que je me réserve d'attaquer cette candidature lorsque la discussion particulière viendra sur chacune des candidatures.

M. Gambetta. — Je manquerais à tous mes devoirs si, en face de la pensée d'hostilité qui vient de se manifester, et si en présence d'une réserve qui pour la première fois se produit sur une des candidatures proposées, je n'annonçais pas hautement mon intention de la défendre. (*Cris : Il y a des protestations!*) Je savais qu'il y aurait des opposants, des protestations contre cette candidature. Aujourd'hui ou un autre jour, dans cette enceinte ou ailleurs, il faut qu'on le sache, la protestation me trouvera debout devant elle et l'Assemblée prononcera.

M. Bonnet-Duverdier. — Je proteste contre ce qui vient d'être dit. On ne doit pas m'accuser d'hostilité contre M. de Freycinet, sur le compte duquel je me suis expliqué avec les plus grands ménagements. En me prononçant contre sa candidature, j'exécute le mandat qu'un grand nombre de mes électeurs m'ont donné.

M. Ernest Lefèvre. — Je tiens à faire cette observation qu'il ne faudrait pas conclure de ce qu'aucune réserve n'a été faite sur des précédentes candidatures, qu'on n'avait pas à en faire. On s'était jusqu'ici contenté d'écouter les candidats. Mais sur plusieurs il y a beaucoup à dire. Si, par exemple, nous acceptons sans réserve le principe de la candidature ouvrière, il n'en est pas de même pour les candidats qui se sont présentés au nom de ce principe.

M. Gambetta. — C'est justement parce qu'en faisant une réserve pour la première fois on dérogeait à ce principe que j'ai cru devoir intervenir.

M. Bonnet-Duverdier. — (*Cris nombreux! Assez!
assez!*) Permettez, Messieurs; je tiens à constater que
ce n'est pas moi qui ai dérogé le premier au principe.
On y avait manqué à propos du citoyen Godfrin.
C'était mon droit et mon devoir de parler comme je
l'ai fait.

M. Gambetta. — Comme moi c'était mon devoir et
mon droit de relever vos paroles. (*Bravos.*)

La réunion entend encore MM. Béclard, Hérold, Marmottan
et Benjamin Raspail. La prochaine réunion est fixée au
dimanche 23 janvier.

M. Krantz, sénateur inamovible, préside cette troisième
réunion. Sur la proposition de M. Gambetta, MM. Laurent-
Pichat et de Pressensé sont élus vice-présidents.

M. le président donne lecture d'une lettre de M. Louis
Blanc, dans laquelle l'honorable député explique qu'à son
grand regret, son état maladif le met dans l'absolue impossibilité de se rendre à la réunion. MM. Sebert, Scheurer-
Kestner et Alfred André se sont également fait excuser.
« Je regrette, continue M. le président, qu'il nous manque les
lumières de bon nombre de nos collègues. On a demandé
s'il y avait un ordre du jour préparé; non, il n'y en a pas.
Les promoteurs de la réunion ont pensé qu'il fallait nous
entendre tous, afin d'étudier, de discuter en commun, de
dégager la meilleure marche à suivre pour arriver à donner
pleine satisfaction au beau département que nous représen-
tons. Cette satisfaction sera donnée si notre choix en réalité
se porte sur les candidats qui méritent le mieux nos suffrages. Sur ce point nous avons abondance de bien; nous
pouvons choisir. Le choix de Paris a une importance capitale, et il importe que les électeurs sénatoriaux se rendent
bien compte de l'influence qu'il pourra exercer. Le retentissement de ce vote sera grand, immense; aussi la mission
des électeurs est-elle complexe et ardue. Le vote ne devra
être émis qu'après mûre réflexion, il devra être ferme et
mesuré. En honnêtes gens que nous sommes, nous avons
provoqué le débat actuel pour que la lumière soit faite
complètement. Ce qu'il faut avant tout éviter, c'est que l'on

arrive au scrutin sans avoir fait l'accord ; c'est que les listes se huttent les unes contre les autres. Nous écarterons ce danger, si nous avons au préalable bien déterminé le but qu'il faut atteindre. Il faut que la liste qui sera déposée dans l'urne ne soit pas seulement une liste votée, il faut qu'elle soit pleinement adoptée par l'opinion publique. Je donne la parole à M. Laboulaye. »

M. Laboulaye. — Ma tâche est singulièrement simplifiée par l'excellent discours que vous venez d'entendre. Je ne peux que répéter ce que vient de vous dire notre président. Sans aucun intérêt personnel, puisqu'ils étaient sénateurs inamovibles, les promoteurs de cette réunion ont pensé que c'était à eux qu'il revenait de tenter cette démarche de conciliation. Il y a tout avantage à s'entendre, et il se pourrait que l'union entre les nuances des groupes qui composent cette assemblée fût plus facile qu'on ne pense. Tels se croient séparés par un abîme qui ne le sont même pas par un ruisseau. Si nous voulons bien réfléchir sur la situation, nous sentirons tous le besoin de nous unir. Le choix des cinq sénateurs de Paris ne doit pas être l'œuvre d'une majorité peu nombreuse, moins encore d'une minorité qui s'imposerait par la menace. (*Nombreuses protestations. Cris nombreux : Qu'entendez-vous par ces paroles ? Retirez ces paroles !*) J'ai voulu dire que se servir de la presse, comme un groupe l'a fait, pour imposer le choix de comités plus ou moins régulièrement établis, c'est peser sur le vote. (*Bruyantes protestations.*) Du reste, si ce mot de menace a blessé mes collègues, je déclare que je le retire absolument.

M. le président. — Je demande qu'on laisse continuer l'orateur ; on pourra lui répondre.

M. Laboulaye. — Ce que je cherche, Messieurs, veuillez le croire, c'est la conciliation.

M. Loiseau-Pinson. — Vous vous trompez alors !

M. Gambetta. — Je demande la parole.

M. Laboulaye. — Nous nous trouvons, Messieurs, exactement dans la situation où étaient les gauches il y a cinq ans. Après qu'un vote célèbre de l'Assemblée nationale a fait descendre du pouvoir l'homme qui était notre chef et notre gloire, on a compris la nécessité de l'union. Nous nous sommes rapprochés, et tous, depuis, nous avons marché du même pas, n'ayant qu'un même but : le salut de la patrie ! Nous croyons qu'il est possible de faire une liste représentant toutes les nuances du parti républicain. Tous les candidats qui demandent nos suffrages sont républicains. Il faut que tous acceptent la constitution du 25 février, sous l'empire de laquelle nous devons vivre pendant cinq ans et j'espère plus longtemps. Suivons l'exemple qui nous a été donné par l'Assemblée. Suivons également l'exemple que nous donne le pays. Toutes les listes que dressent les républicains des départements sont des listes de conciliation. Paris, dans le scrutin du 30 janvier, devra-t-il s'isoler et émettra-t-il un vote qui ferait dire que décidément il ne veut pas de la conciliation? (*Protestations nombreuses.*) Quand je parle de concorde et d'union, je suis certain, Messieurs, qu'il y a un immense écho dans le pays.

M. l'amiral Pothuau. — Et aussi dans cette assemblée, croyez-le.

M. Laboulaye. — Les ardents qui réclament contre mes paroles n'ont pas été dans une Assemblée; ils ne savent pas que la politique est faite de transactions. Nous n'avons pas eu à chercher la pierre philosophale d'une excellente constitution. Si Paris est modéré, toute la rhétorique d'un ministre qui a prouvé son animosité contre la grande ville est perdue. Voulez-vous que la prochaine Assemblée ait des sentiments de défiance contre la capitale? Non, n'est-il pas vrai? Faites donc une liste de conciliation. La guerre n'a jamais servi à personne, ni aux vainqueurs, ni aux vaincus.

Une voix. — Elle sert aux jésuites.

M. Laboulaye. — S'il est une accusation qui ne peut m'atteindre, c'est celle-là. Il faut que la discussion que nous allons avoir se résume dans ce mot : conciliation. Il ne faut pas que l'on se serve de Paris comme d'un épouvantail, et pour cela il n'est qu'un moyen : faisons une liste modérée.

M. Talandier. — Citoyens, j'ai toute ma vie prêché l'union et la conciliation entre les fractions du parti républicain. Mais pour faire une liste de cinq sénateurs qui représenteront Paris, il faut autre chose que des affirmations vagues de conciliation. Il faut nous dire pour qui on demande cette conciliation. Jamais par exemple, nous ne voterons pour des gens qui ont voté ce que l'on a appelé la loi sur l'enseignement supérieur.

M. Houdart, *conseiller général.* — C'est une loi de liberté. (*Protestations sur tous les points de la salle.*)

M. Talandier. — S'il s'agit vraiment d'union entre les fractions du parti républicain, je défends à qui que ce soit de dire qu'il la veut plus que moi.

Seulement nous voulons savoir jusqu'où va cette union; nous voulons savoir si elle ne s'étend pas jusqu'à ceux qui veulent le renversement de la constitution et de la république.

Une voix. — C'est de la désunion. (*Nombreuses réclamations.*)

M. Talandier. — Investis d'un mandat que nos électeurs ne nous avaient pas donné, nous avons indiqué un minimum de programme qui pût être accepté de tous. Ceci fait, nous comptions vous réunir; cette réunion, si vous n'en aviez prix l'initiative, aurait été provoquée par nous.

M. Gambetta. — C'est vrai.

M. Talandier. — Je demande donc tout d'abord que le programme que nous avions l'intention de

vous soumettre vous soit en effet présenté. Nous dis-
cuterons après.

M. Gambetta. — Je demande à dire un mot sur la
position de la question. La discussion peut nous me-
ner loin si nous n'y prenons garde, et si, comme on
semble nous y inviter, nous nous érigeons en Assemblée politique délibérante, et non pas en Assemblée
électorale, ce que nous sommes réellement. Faisons
ici, Messieurs, comme vos collègues ont fait dans les
réunions, parfaitement légitimes, qu'ils ont tenues. On
a adressé à ces membres des reproches tout à fait injustes. Ils avaient agi comme ils avaient le droit de le
faire ; ils avaient seulement dressé une liste d'admissibilité, après avoir soigneusement examiné les candidats qui se présentaient à leurs suffrages. Faisons
des choses pratiques et évitons les questions irritantes.
Nous ne sommes pas ici pour résoudre les grands problèmes politiques de la démocratie, mais simplement
pour rechercher quels sont les meilleurs choix qui
s'imposent à nos suffrages. Tenons-nous-en à cette besogne ; nous risquerions autrement de nous engager
dans un défilé d'où nous ne sortirions pas à notre
honneur. Entendons les candidats, écoutons-les avec
soin, prenons connaissance de leurs titres. Faisons ce
travail préparatoire scrupuleusement comme des juges,
et dans une autre réunion, comme des juges également,
et en l'absence des candidats, nous prononce-
rons notre verdict. Il ne serait pas convenable, en
effet, que les dernières discussions aient lieu en présence des candidats et que nous votions en leur
présence, et, pour ainsi dire, permettez-moi cette
expression familière, à leur nez et à leur barbe. La
question est tout électorale, et il importe que la discussion ne s'égare pas. (*Marques nombreuses d'assentiment.*)

A la suite d'un échange d'explications entre MM. Gam-

betta, Henri Brisson, de Pressensé, Cantagrel, Laboulaye
et Louis Combes, M. Bonnet-Duverdier demande la parole :

M. BONNET-DUVERDIER. — Je dois vous faire connaître
une communication qui vient du dehors, qui a été
remise au bureau et dont le président n'a pas fait
mention.

Plusieurs voix. — On ne peut pas parler pour les
personnes du dehors.

M. BONNET-DUVERDIER. — C'est une délégation des
électeurs des vingt arrondissements de Paris. (*Protestations.*) Il paraîtrait singulier, citoyens, que des
électeurs au second degré, des électeurs privilégiés,
refusassent d'entendre une semblable communication
qui vient de leurs mandants. (*Protestations.*)

M. GAMBETTA. — Je demande que l'Assemblée vote
sur la proposition de clôture qui lui a été faite.

Une voix. — M. Bonnet-Duverdier veut lire une
communication.

M. GAMBETTA. — M. Bonnet-Duverdier lira sa communication quand la réunion l'aura décidé. Mais laissez-moi vous faire observer que nous risquons de nous
engager dans une voie extrêmement périlleuse. Nous
n'avons pas d'ordre à recevoir du dehors. (*Bravos.*)
Nous ne formons pas ici une assemblée délibérante,
mais un corps électoral qui doit décider librement des
meilleurs choix à faire. Nous sommes les véritables
représentants de la population parisienne. Si la loi en
effet a constitué un privilège et a désigné les électeurs
sénatoriaux, elle a prescrit en même temps que ces
électeurs seraient les représentants même du suffrage
universel, les députés, les conseillers généraux, les
délégués des conseillers municipaux. (*Voix : C'est vrai !*)
S'il était permis de faire quelque appel au dehors,
tout le monde en ferait. Chacun de nous apporterait
ici des communications du genre de celles dont on
prétend vous entretenir. Tous, ici, nous exprimons les

sentiments de nos électeurs. Tous nous les avons con-
sultés. Croyez-vous d'ailleurs que moi qui parle en ce
moment, je ne me sois pas entouré de tous les renseignements, de toutes les impressions de la population du département de la Seine avant de me rendre
à la réunion ? C'est l'opinion de nos électeurs qui nous
préoccupe et c'est elle que nous voulons faire triompher. (*Bravos.*) Pour mon compte personnel, j'ai la
prétention de représenter les électeurs qui m'ont
nommé et d'exprimer leurs sentiments mieux qu'avec
un papier à la main que je viendrais lire. (*Bravos.*) Je
vous le répète, Messieurs, nous sommes uniquement
une assemblée électorale. Je ne sais pas ce que c'est
qu'une délégation des vingt arrondissements de Paris,
je ne connais rien de semblable : une pareille délégation n'existe pas. (*Voix nombreuses : C'est vrai, il
n'y a pas de délégation !*) Il n'y a pas d'autre délégation
que celle qui est ici, qui siège et qui délibère. Si je ne
partage pas les terreurs qui ont été manifestées par
certains orateurs, si je ne crois pas, comme quelques
déclamateurs plus ou moins convaincus, que Paris
peut effrayer la France en portant au Sénat des républicains sincères et résolus, si je demande que l'on
en finisse avec ces craintes chimériques et toute cette
fantasmagorie d'effroi simulé, si je veux que l'on cesse
de faire jouer à Paris le rôle d'épouvantail et que l'on
abandonne enfin cette rhétorique usée, ce n'est point
une raison pour que nous ne discutions pas sérieusement chacune des candidatures, que nous ne les
examinions pas scrupuleusement avec le sentiment de
la responsabilité qui pèse sur nous et de l'importance
de notre rôle devant le pays. (*Applaudissements prolongés.*) Il serait contraire à la dignité du mandat que
nous avons reçu, il serait contraire à notre dignité
personnelle qu'on vînt à la dernière heure nous lire
des pièces et étaler des documents sous la pression
desquels on prétendrait nous faire voter. (*Bravos.*) Je

demande donc formellement la clôture de la discussion. (*Appuyé!*)

Du reste, Messieurs, ne vous y trompez pas, la réunion d'aujourd'hui aura eu son résultat, et ce résultat est important. Malgré la chaleur inévitable apportée par certains orateurs, on n'a rien pu opposer au nom des candidats qui, dans les réunions légitimement tenues, avaient été discutés. Vous avez apporté quatre noms nouveaux; nous, nous en avons six. Eh bien! ces noms nous les confronterons, et vous choisirez. (*Applaudissements prolongés.*)

(La clôture, mise aux voix, est prononcée à peu près à l'unanimité des membres présents. Une dizaine de mains se lèvent à la contre-épreuve.)

La quatrième réunion générale des électeurs sénatoriaux de la Seine eut lieu le 26 janvier à la salle des Conférences de la rue du Bac. La foule acclame MM. Thiers, Victor Hugo et Gambetta.

M. KRANTZ, *président.* — Je dois tout d'abord, Messieurs, vous demander si vous entendez que le bureau demeure composé de la même façon. (*Oui! oui!*) J'ai d'abord à excuser le bureau de vous avoir convoqué dans une salle aussi petite et si peu commode. Mais il nous a été impossible de faire autrement. C'est devant le refus formel de nous louer à nouveau la salle du boulevard des Capucines que nous avons été obligés de chercher un nouveau local. Nous avons à regretter l'absence de plusieurs de nos collègues. M. Louis Blanc espérait pouvoir se rendre à notre invitation, mais son état de maladie le met dans l'impossibilité absolue de sortir de sa chambre. MM. Sebert, Hunebelle, Deberle, Mallet se sont également excusés. Nous allons suivre, si vous le voulez bien, Messieurs, l'ordre du jour qui a été fixé dans la dernière séance. L'assemblée a demandé qu'on arrivât immédiatement à l'examen des candidatures La plu-

part des candidats étaient absents à la dernière séance ;
nous allons les entendre tous. On a dressé par ordre
alphabétique, nous espérons que cet ordre vous con-
viendra, la liste de tous les candidats actuellement
connus. Il demeure entendu que cette liste n'est pas
close : d'autres noms, jusqu'au jour du vote, pourront
être ajoutés à la liste. Les candidats seront appelés
successivement et priés de s'expliquer devant vous.
Les candidats sont : MM. Béclard, Louis Blanc,
Coutant, Dietz-Monnin, Denfert-Rochereau, Floquet,
Fornet, Freycinet, Godfrin, Faustin Hélie, Hérold,
Victor Hugo, de Lesseps, Mignet, Mallarmé, Monestier,
Nadaud, Peyrat, Raspail, Tolain.

Vous le voyez, Messieurs, comme je vous le disais
dans la dernière séance, nous avons abondance de
bien ; les bons, les très bons candidats ne manqueront
pas. Je recommande à chacun d'eux de parler aussi
brièvement que possible. Le temps nous presse en
effet ; je leur demande de présenter leurs explications
de la façon la plus sommaire. Des amis pourront
prendre la parole pour les candidats absents. M. Béclard est-il dans la salle ?

M. Béclard. —Messieurs, les instants de l'assistance
sont précieux. Ma candidature s'est produite en dehors
de moi. Elle répond à un sentiment qui est partagé
par un grand nombre de mes collègues du collège sénatorial de la Seine. J'habite depuis de longues années
le département de la Seine. Je connais ses besoins.
Lorsqu'on a essayé d'imposer au pays un gouvernement qui lui était antipathique, je me suis trouvé au
premier rang de ceux des membres du conseil général
qui résistèrent à cette tentative. Nous possédons aujourd'hui le gouvernement qui résume les efforts de
trois générations, c'est-à-dire la République, le seul
gouvernement qui assure la liberté, l'ordre, la tranquillité, la sécurité. Une Constitution a été votée ; elle
a droit au respect de tous et je la défendrai. (*M. Thiers*

entre dans la salle, il est très applaudi.) Nous avons à
régler notre marche sur celle du pays. Le parti de la
République doit ouvrir largement ses rangs à tous
ceux qui veulent venir à lui. Je m'arrête, là, Messieurs.
Voilà les sentiments qui me guideront si vous me
faites l'honneur de m'accorder vos suffrages.

M. Loiseau-Pinson. — M. Béclard accepte-t-il le
programme?

M. Krantz, *président.* — Je crois que je remplirai
les intentions de l'assemblée en priant les candidats
de ne pas répondre à ces questions. On ne peut poser
des questions si générales. Nous devons fermer la
porte aux horizons si étendus.

M. Clémenceau. — Si l'on ne peut interpeller les
candidats, qu'est-ce que nous faisons ici?

M. Loiseau-Pinson. — Le candidat accepte-t-il le
programme que nous avons résumé comme étant le
minimum des revendications démocratiques? Accepte-t-il, par exemple, le premier point, l'amnistie?

M. Krantz, *président.* — On ne peut demander aux
candidats s'ils acceptent un programme de fantaisie, un programme qui n'a pas été adopté par toute la
réunion. Je vous le répète, Messieurs, certaines interpellations nous mèneraient plus loin que nous ne voulons aller.

M. Clémenceau. — Où voulez-vous aller?

M. Cléray. — Le programme qui a été fixé par la
majorité républicaine du collège sénatorial n'est pas
un programme de fantaisie. Nous demandons simplement au candidat si, oui ou non, il accepte ce programme.

M. de Pressensé. — Ce programme n'a pas été soumis à cette assemblée et accepté par elle.

M. Gambetta. — Il est impossible que l'on ne puisse
pas poser de questions aux candidats, car ce serait
supprimer l'instruction électorale, et nous n'aurions
ici absolument rien à faire qu'à écouter des mono-

logues. Mais cependant je ne comprendrais pas que l'on posât une question d'une façon enveloppée dans un programme que les uns voudraient étendre et les autres restreindre. Ce serait là retomber dans des débats théoriques que précisément nous avons voulu éviter. Ce que je comprends, c'est que, le candidat étant là, on lui adresse des questions nettes et précises sur des points déterminés. Il ne faut pas lui demander s'il accepte tel ou tel programme. Ici, il n'y a pas de programme. (*Quelques réclamations.*)

Tout le monde a le droit de faire un programme. Chaque électeur aurait théoriquement le droit de dresser la liste de ses revendications et de la soumettre à chaque candidat. Cette manière de procéder nous mènerait fort loin, et nous n'en finirions pas. Ce qui me semble pratique, c'est que les questions qui intéressent plus particulièrement, à l'heure qu'il est, la démocratie non seulement parisienne, mais française, soient posées sous la forme la plus brève possible, et que des réponses y soient faites de la manière la plus concise. Je le répète, il ne faut pas de questions vagues; on peut demander au candidat : Êtes-vous pour l'amnistie, et dans quel sens accepteriez-vous la révision de la Constitution? Toutes questions auxquelles on peut répondre d'un mot et d'une façon précise, ce qui serait impossible, si on présentait tout un programme qui semblerait un décalogue, un code préparé à l'avance. (*Très bien! très bien!*)

M. Ernest Lefèvre. — Pardon ! il y a un programme. Mon honorable et éloquent collègue, M. Gambetta, n'était pas présent à la séance où il a été adopté. Je comprends qu'il ne sache pas dans quel esprit et dans quels termes ce programme a été arrêté. Ce n'est pas un programme vague, ni un programme émané de quelques individualités isolées. A cette réunion, il y avait d'invités 74 conseillers généraux sur 87, 12 conseillers d'arrondissements sur 18, 18 députés et tous les délégués du département ainsi que leurs suppléants.

Dans cette réunion, nous avons pensé qu'il nous importait d'affirmer les principes qui devaient diriger notre conduite. Nous n'avons pas prétendu formuler dans toute leur étendue les légitimes revendications de la démocratie. S'il se fût agi de le faire, j'aurais été de ceux qui auraient demandé à aller beaucoup plus loin que nous n'avons été. Tout au contraire, nous songions qu'il pourrait être question de conciliation. Une invitation à la conciliation nous trouvera toujours prêts à répondre. Mais il ne suffit pas de consentir, — c'est fait d'avance, — au principe de la conciliation. Il faut savoir sur quelles bases on peut se concilier. C'est pour cela que nous avons prié notre président, M. Laurent-Pichat, de formuler le minimum des conditions auxquelles nous devions tenir. (*Approbation.*)

Ces conditions ont été indiquées par lui. Ce sont : l'amnistie, la suppression absolue de l'état de siège, la liberté de réunion et d'association, la liberté de la presse, l'instruction primaire, obligatoire, gratuite et laïque, la défense de la société civile contre l'envahissement clérical, le service militaire obligatoire pour tous sans privilège d'aucune sorte, l'élection des maires par les conseils municipaux et la commune affranchie de la tutelle administrative, la révision de l'assiette des impôts tendant à dégrever le travail, la séparation de l'Église et de l'État. (*Applaudissements.*)

Ces différents points ont été successivement mis aux voix et adoptés. Ils marquent le point extrême auquel nous pouvons arriver dans la voie de la conciliation. Il nous est nécessaire de savoir si ces conditions sont acceptées par les candidats. Dans ces limites, mes amis et moi, nous pouvons tout entendre; au delà, rien ! (*Applaudissements.— Vif mouvement d'approbation.*)

M. GAMBETTA. — Il s'établit ici une confusion tout à fait regrettable. L'assemblée étant convoquée dans sa plénitude, et réunissant des membres qui sont envoyés par des communes et des électeurs empruntés à des corps qui n'ont pas une unanimité de doctrine, si, dans ces conditions, vous vous mettez à discuter un programme, nous n'arriverons à rien, la réunion n'aboutira qu'à l'impuissance. (*Mouvements divers.*)

Permettez, nous sommes réunis aujourd'hui, non pas pour discuter un programme, mais pour rechercher le meilleur mode de solution de cette question particulière : l'élection sénatoriale du département de la Seine. Eh bien, je dis que le programme, qui a été rédigé par un certain nombre de nos amis, ne peut pas être délibéré et discuté ici; vous allez voir pourquoi. C'est parce que l'assemblée actuelle comprenant des personnes qui appartiennent à d'autres opinions que l'opinion des rédacteurs de ce programme, on ne peut pas discuter devant elles. Il faut adresser les questions qu'il plaira à l'assemblée de poser à chaque candidat, sans faire de programme commun; car il y a ici des opinions qui ne sont pas républicaines, il y en a d'autres qui ne sont que très récemment républicaines; il y en a d'autres encore qui sont républicaines d'une vieille date, mais qui croient que la fermeté et la gradation dans les revendications politiques constituent la meilleure méthode pour assurer le triomphe de l'idée républicaine. (*Bravos.*) Il en est d'autres, enfin, qui trouvent cette politique trop lente et qui voudraient qu'on lui substituât une action plus rapide. Si nous discutons sur la série des idées politiques contenues dans le programme adopté dans la réunion du lundi 17 janvier, nous ne convaincrons pas tous les assistants, en une séance, de l'utilité et de la nécessité de ce programme. Nous ferons une œuvre vaine, et nous aurons été convoqués pour donner le spectacle d'une discussion absolument stérile. Il faut que les personnes qui ont adopté ce programme, et je reconnais que ce programme n'a rien d'effrayant... (*Mouvement.*) Permettez, c'est mon opinion ; ce programme est le mien, mais, je ne peux pas l'imposer et je n'admets pas que, dans une réunion où se trouvent des opinions rivales, on puisse en mettre aux voix le rejet ou l'adoption.

Si, par hypothèse, l'assemblée faisait un autre programme, je n'en accepterais pas davantage la discussion. Je crois qu'il ne faut pas accepter cet ordre de procédure. Je dis donc que les signataires de notre programme resteront fermes pour le maintenir, mais ils perdraient leur temps et le feraient perdre à l'assemblée, s'ils prétendaient faire voter sur ce programme. (*Interruptions.*)

Je dis que vous êtes une Assemblée électorale formée d'électeurs d'opinions diverses et souvent contradictoires, que vous avez à entendre des candidats ; qui représentent eux-mêmes des opinions différentes, ou des nuances diverses d'une même opinion, et qu'il vous faut par conséquent adresser aux candidats telle question qu'il vous plaira, mais isolément, successivement et sans leur demander préalablement s'ils acceptent ou non tout un corps de doctrine ; agir autrement ne serait pas conforme au droit et à la liberté électorale. (*Marques d'assentiment.*) Je demande qu'on pose dans ces termes la question à l'assemblée.

M. ERNEST LEFÈVRE. — Nous acceptons que l'on pose successivement aux candidats les questions auxquelles ils devront répondre. (*Très bien!*)

(L'assemblée, consultée, décide que l'acceptation du programme en bloc ne sera pas proposée à chacun des candidats.)

L'Assemblée reçoit les explications de MM. Béclard, Coutant, Dietz-Monnin, Floquet, de Freycinet, Hérold, Mallarmé, Victor Hugo, Peyrat et Tolain.

M. LE PRÉSIDENT. — Nous avons épuisé la liste des candidats. Je vais demander à l'assemblée ce qu'elle

entend faire. Nous ne pouvons pas conclure, parce
que la période électorale n'est pas close et que des
candidatures peuvent surgir jusqu'au dernier moment.

Les déclarations que nous avons entendues doivent
être méditées. Vous avez dû être frappés du grand
nombre de choix qui pouvaient être faits. Parmi les
hommes très distingués que nous avons entendus, les
uns sont très éminents. Il y a là pour nous matière
à réflexions, et, pour nous rapprocher de notre but, il
y a deux moyens que je vais soumettre à l'assemblée.

Nous avons entendu des candidats. Leurs paroles
sont encore dans nos oreilles, et il nous faut prendre
une résolution. Voulez-vous que nous cherchions à
former une liste de conciliation? Je pense que c'est
votre désir, car ce mot de conciliation, qui a été sur la
plupart des lèvres, était aussi, j'ose le dire, dans la plupart des cœurs.

Ou bien, allons-nous déléguer à quelques-uns d'entre nous le pouvoir de former une liste? (*Non! non!*)
Messieurs, je n'ai d'autre mission ici que de vous soumettre des propositions, mais à vous seuls il appartient de décider.

Vous pourriez, dis-je, donner à quelques-uns d'entre vous la mission de dresser une liste de conciliation,
en choisissant des noms qui répondraient aux diverses
fractions de l'assemblée. Ou bien voulez-vous, par un
vote direct, former vous-mêmes une liste? Ce vote
immédiat, je vous l'avoue, me paraît présenter beaucoup de difficultés et je dirai presque des impossibi-
lités. En effet, le secret du vote, recommandé par la
loi, et qui est la sauvegarde de l'indépendance de
l'électeur dans les moments de trouble, comment
serait-il observé? Ne craignez-vous pas que des votes
successifs ne mettent en péril le secret du vote? Je ne
parle pas des menaces, des obsessions, mais seulement de l'indépendance de l'électeur vis-à-vis de lui-
même. Et puis d'autres candidatures peuvent se pro-

duire, et alors comment pourriez-vous les examiner
en toute conscience si, dès aujourd'hui, vous engagiez
votre vote ?

Voilà mes scrupules à l'égard du vote immédiat.

L'autre manière de procéder n'engage en rien le
secret du vote ni l'indépendance de l'électeur, et, si
vous l'acceptiez, il vous serait facile de choisir dans
cette assemblée des collègues autorisés qui représenteront toutes les opinions. (*Mouvements divers.*)

Cette dernière proposition serait incomplète si je ne
vous indiquais pas des noms... (*Mouvements et interruptions diverses.*)

M. GAMBETTA. — Les noms ne font pas partie de la
proposition, cette proposition est distincte. Elle consiste à savoir si vous allez constituer un comité directeur chargé de former une liste. (*Non! non!*) Permettez, je dis qu'il serait aussi difficile de nommer ce
comité directeur que de choisir les sénateurs eux-
mêmes, par l'excellente raison qu'il n'y a pas ici de
bureaux ni de groupes formés dans le sein desquels on
puise choisir des commissaires. On comprend que
dans une Assemblée parlementaire, où des groupes
réguliers sont constitués, on charge des plénipoten-
tiaires de faire des négociations, mais il serait irréalisable de faire sortir de l'assemblée actuelle un
comité directeur chargé d'assumer la responsabilité de
former une liste. Ce comité serait très embarrassé de
dresser cette liste, et d'ailleurs vous avez un comité
directeur : c'est votre bureau ; il ne lui a pas été possible de préparer une liste, et il vous a réunis pour que
le corps électoral puisse lui-même dresser cette liste.
(*Marques d'adhésion.*)

Je dis donc que la première proposition me paraît
de beaucoup la plus correcte, c'est-à-dire qu'après
avoir entendu les candidats, après avoir recueilli leurs
déclarations et leurs réponses aux questions qui leur
auront été posées, s'ils répondent, — et il y a des can-

didats dont le silence est aussi significatif que la parole, sur certaines questions — cette assemblée pourra prononcer, car on peut dire, je crois, sans altérer la vérité, que cette assemblée s'est constituée juge et que sa décision est à l'état de maturité. Il est bien certain que vous savez parfaitement quels noms vous éliminerez parmi ceux qui vous ont été présentés, et quelles sont vos propensions et vos inclinations individuelles. (*Adhésion.*)

Vous savez très bien aussi qu'il y a encore un certain nombre d'autres noms que nécessairement vous considérez comme indiscutables et que déjà vous avez inscrits sur votre liste.

Il reste donc un certain nombre de candidatures sur lesquelles vous avez besoin, les uns et les autres, de réfléchir, mais non plus dans une assemblée plénière, à la lumière de la publicité et qui ne pourrait pas aboutir, car il s'agit de choisir trois noms... (*Une voix : cinq!*) cinq noms si vous voulez. Je ne veux pas reprendre la liste des candidatures admissibles, sans cela je pourrais vous faire voir les idées générales qu'elles représentent, les titres qui les désignent à vos suffrages. Mais je dis qu'en le faisant nous sortirions de notre rôle et de notre véritable mission. Ce qui nous incombe, c'est d'avoir recours aux déclarations qui ont été faites devant nous, de les examiner, de les peser et de nous présenter ensuite au scrutin avec notre liste qui, je l'espère, réunira la majorité au premier tour et, certainement, au second tour de scrutin. Mais, quant à vouloir dresser une liste close, fermée et qui émanerait d'un groupe, je vous assure que ce n'est pas pratique. (*Très bien! très bien!*)

Voix nombreuses. — La clôture! la clôture!

M. LE PRÉSIDENT. — Aucun des partis que j'avais proposés ne semble devoir être accepté par l'Assemblée. M. Gambetta a ajouté des objections très fortes à celles que j'avais moi-même présentées. Il ne nous reste donc qu'un parti à prendre : c'est de nous en aller. (*Oui! oui!*)

(La clôture est mise aux voix et adoptée. Cris nombreux de : *Vive la République!*)

M. GAMBETTA. — Je demande que des remerciements soient votés à notre bureau. (*Oui! oui! — Appuyé! appuyé!*)

M. LE PRÉSIDENT. — Je vous remercie, Messieurs. La séance est levée.

(A la sortie, MM. Victor Hugo, Thiers et Gambetta sont acclamés. Cris de : *Vive la République!* « Ne craignez rien, mes amis, dit aux assistants M. Gambetta, la République vivra! »)

Les élections sénatoriales eurent lieu le dimanche 30 janvier. Elles donnèrent, pour le département de la Seine, les résultats suivants .

1er *tour de scrutin.*

Électeurs inscrits	216
Votants	209
Suffrages exprimés	209

Ont obtenu :

MM. de Freycinet	142 voix	(élu)
Tolain.	136 —	(élu)
Hérold.	105 —	(élu)
Victor Hugo.	103 —	
Peyrat.	89 —	
Louis Blanc	87 —	
Dietz-Monnin	86 —	
Floquet	75 —	
Denfert-Rochereau	69 —	
Mallarmé	32 —	
Béclard	22 —	
Nadaud	11 —	

2ᵉ tour de scrutin.

Votants 210
Suffrages exprimés 210

MM. Victor Hugo . . . . 115 voix (élu)
Dietz-Monnin. . . . . 93 —
Denfert-Rochereau. . . . . . . 79 —
Peyrat . . . . 65 —
Louis Blanc. . . . . 53 —

3ᵉ tour de scrutin.

Votants. 204
Suffrages exprimés 204

MM. Peyrat. . . . . 114 voix (élu)
Dietz-Monnin . . . . 82 —

En conséquence, MM. de Freycinet, Tolain, Hérold, Victor Hugo et Peyrat étaient élus sénateurs de la Seine.

L'ensemble des élections sénatoriales donna, sur 224 nominations, les résultats suivants :

Républicains 92
Conservateurs. 79
Bonapartistes. 40

M. Thiers avait été élu à Belfort à la presque-unanimité. M. Buffet avait échoué dans les Vosges, devant les républicains, et M. Dufaure dans la Charente, devant les bonapartistes.

Au cours de la période électorale, M. Gambetta, député sortant des Bouches-du-Rhône, s'était rendu à Marseille avec trois de ses collègues, MM. Challemel-Lacour et Eugène Pelletan, candidats au Sénat, et Maurice Rouvier, candidat à la députation. Un banquet privé avait été organisé à Marseille, pour le 17 janvier. M. Buffet, usant des pouvoirs que lui conférait l'état de siège, interdit cette réunion.

La *République française* reçut à ce sujet la lettre suivante de son correspondant particulier :

« Qui donc se plaint de n'avoir pu communiquer avec ses

électeurs? répondait naguère M. Buffet avec cet aplomb que
lui a légué M. Rouher. Et vingt voix, parties des bancs de
la gauche, répondaient : Moi ! et M. Buffet, mieux encore
que M. Rouher, prenait alors de grands airs d'étonnement,
de surprise et de doute.

« Voilà cependant que les mêmes faits se reproduisent avec
ce caractère particulier de gravité que nous sommes aujour-
d'hui en période électorale. — Hier soir la démocratie des
Bouches-du-Rhône, représentée par ses organes les plus ac-
crédités, par ses conseillers généraux, ses conseillers d'arrondissement, ses conseillers municipaux, ses députés, avait
organisé un banquet en l'honneur de M. Gambetta, arrivé à
Marseille la veille. Deux cent cinquante personnes s'étaient
inscrites en un instant. Beaucoup avaient dû être refusées
faute d'espace et de temps.

« Une réunion limitée à ce nombre, ayant tous les caractères
d'une réunion privée, organisée loin du centre pour n'exciter aucune émotion, aucun attroupement, semblait offrir
assez de garanties d'ordre, pour ne point éveiller les susceptibilités d'une administration un peu nerveuse. Et cependant elle a été dissoute par arrêté de l'état de siège. Elle a
été dissoute préventivement, de crainte, dit l'arrêté, qu'elle
ne donnât lieu à des manifestations regrettables pour la
tranquillité publique.

« Que le ministre ne joue donc plus à l'étonnement ; son
agent de Marseille lui a demandé des ordres, et ces ordres
ont été transmis par l'autorité militaire. Pour savoir si deux
cent cinquante personnes dîneraient à Marseille, on a fait
jouer le télégraphe, un préfet a consulté son ministre, le
ministre en a délibéré avec son collègue de la Guerre, et ce
dernier, après délibération, a transmis son refus. Ces espiè-
gleries ne se commentent pas. Il suffit de les raconter. On
se demande seulement si le ridicule n'aurait plus le privilège
de tuer en France !

« Les convives se sont retirés en bon ordre, sans opposer
la moindre résistance à la force, sans se départir un seul
instant du calme inaltérable, surprenant, dont notre démocratie méridionale a donné tant de preuves. Beaucoup se
sont rendus à l'hôtel où était descendu M. Gambetta, ont
pris place autour des diverses tables, puis au dessert ont pénétré dans la salle où M. Gambetta et une trentaine de ses

amis venaient de dîner. Divers toasts ont été portés au député de la Seine et à M. Pelletan.

« Dans une improvisation fréquemment interrompue par
les applaudissements, M. Gambetta a retracé à grands traits
la politique suivie durant la législature, les difficultés qu'il
a fallu surmonter, les obstacles qu'il a fallu vaincre, les dangers qu'il a fallu conjurer. Il a exposé avec une grande élé-
vation de pensée, une remarquable noblesse de langage,
la nouvelle méthode appliquée par le parti républicain à la
conduite de ses affaires, et la supériorité de cette méthode
sur celles qui ont été expérimentées jusqu'à ce jour, sans
pouvoir assurer le triomphe définitif de la République.

« Après lui, M. Pelletan a parlé en termes émus et émouvants
de l'avenir qui s'ouvre devant notre troisième République.
Il a rendu une justice éclatante au sens politique, à la sagesse, à l'habileté dont a fait preuve M. Gambetta pour arracher à une majorité réactionnaire ces deux choses essen-
tielles : la République et le suffrage universel. De chaleureux
applaudissements ont accueilli les paroles de M. Pelletan.

« En somme, l'administration en a été pour ses frais de
maladresse, et elle a assuré aux républicains un nombre de
voix plus considérable dans les prochaines élections. Quant
aux collisions qu'elle semble rechercher pour justifier sa
théorie du péril social et le maintien de l'état de siège, elle
ne les aura pas. »

M. Buffet poursuivit à Aix et à Arles la série de ses mala-
droites persécutions contre les candidats et orateurs républicains. Les réunions du 18 janvier à Aix, et du 19 à Arles,
furent interdites par l'autorité militaire. Le comité républicain d'Aix ne lâcha pas la partie. Il organisa à la hâte, à
l'hôtel du Palais, un banquet de quatre cents couverts où
avaient été conviés avec MM. Challemel-Lacour, Eugène Pelletan et Rouvier, les conseillers généraux des Bouches-du-
Rhône, les conseillers d'arrondissement, les délégués et les
conseillers municipaux de l'arrondissement d'Aix. M. Gambetta prononça à ce banquet le discours qui suit :

Messieurs et chers concitoyens,

Les circonstances dans lesquelles nous nous réunissons nous offrent un nouvel exemple de la triste

condition que sont obligés de subir les citoyens d'un pays qui ne jouit pas encore, malgré tant de révolutions, des garanties les plus élémentaires des peuples libres.

Coup sur coup, dans deux jours, nous nous sommes vus privés du droit le plus naturel et le plus régulier des démocraties, du droit d'entrer en rapport avec nos concitoyens, avec nos électeurs, à la veille des opérations les plus graves, les plus importantes pour l'avenir de notre pays. Certes, la politique qui inspire de pareilles mesures à l'administration est une politique déjà jugée par la conscience publique, qui touche à son terme et dont le suffrage universel va nous délivrer dans quelques semaines. Sa chute prochaine ne suffira pas à me consoler de l'humiliation que je ressens comme Français de constater qu'à l'heure actuelle, il n'y a que chez nous que de pareilles entreprises sur le droit sont possibles.

Que la leçon ne soit pas perdue pour nous dans l'avenir! Et pénétrons-nous tous de cette pensée que ce qu'il y a de plus détestable dans une pareille politique, c'est l'affaiblissement qu'elle cause à l'autorité du pouvoir, quel qu'il soit.

Quels sentiments, en effet, les populations peuvent-elles concevoir du gouvernement, de l'autorité de l'État, de l'action des lois, quand elles voient qu'on en fait une si indigne application et un si misérable travestissement? La politique « résolument conservatrice » aurait pour programme de ruiner, de discréditer l'autorité, s'y prendrait-elle autrement?

Je ne veux pas insister sur cette idée. Il était cependant nécessaire de l'indiquer pour continuer à protester devant vous tous du religieux respect que nous savons conserver et que nous conserverons quand même de ce qui s'appelle l'autorité. Nous avons renoncé à notre réunion, dont le caractère rigoureusement privé n'a pas même été contesté et dont je

garantis que rien n'aurait modifié le caractère conci-
liant et légal. Nous ne pouvons nous entretenir avec
tous ceux de nos concitoyens qui étaient accourus;
n'importe, réduits, resserrés dans un espace aussi
incommode que celui-ci, je crois que je manquerais
à mon devoir et que je faillirais à votre attente si je
ne vous disais pas, avant de nous séparer, ce que
m'inspire la situation politique que nous traversons
et l'acte qui va enfin mettre en œuvre la Constitution
républicaine du 25 février.

Mon intention était, si la grande réunion que vous
aviez projetée avait pu avoir lieu, d'aborder devant
vous l'examen de la Constitution du 25 février et d'en
faire ressortir à vos yeux tous les avantages pour l'a-
venir et le progrès de la démocratie républicaine.
J'aurais cherché à mettre sous vos yeux ses divers et
nombreux ressorts, et je vous aurais pénétrés de la
conviction qui m'anime, que cette Constitution tant
critiquée à l'origine pourrait bien être la meilleure,
étant la plus pratique qu'on ait encore préparée pour
notre pays avec ses traditions, ses mœurs, ses divisions et ses habitudes.

Je vous aurais décrit le fonctionnement, les attributions, le rôle de ce Sénat républicain dont on avait
rêvé de faire le geôlier morose et soupçonneux de la
démocratie, et qui, grâce au bon sens du pays, de-
viendra le guide expérimenté de l'opinion et le gardien intelligent, avisé, de la paix intérieure. Oui, quand
le pays aura pratiqué l'institution, quand les communes, sur toute la surface du territoire, se seront ap-
proprié cette partie de la Charte fondamentale de
l'État, alors il se passera ce qui s'est déjà passé pour
bien d'autres institutions qui avaient été préparées
comme des instruments de despotisme contre la démocratie et qui, sous l'action des mœurs publiques,
de la liberté, de l'esprit d'examen et de contrôle, sont
devenues, au contraire, le point de départ d'un nou-

veau progrès pour les idées démocratiques. (*Très bien!
très bien!*)

Je suis obligé, vu l'heure avancée, de renoncer à
cette partie de ma démonstration. Je préfère ne vous
entretenir, ce soir, que d'une seule question qui intéresse directement beaucoup d'entre vous, qui êtes
des délégués élus par les communes, ou des conseillers généraux, ou des conseillers d'arrondissement,
ou des députés même, qui tous serez appelés dans
quelques jours à procéder au choix définitif des membres de la Chambre haute.

Oui, le vote que vous avez rendu dans votre département, il y a deux jours, le 16 janvier, et par lequel
vous avez nommé les délégués de vos communes, ce
vote est de la plus haute importance, et les conséquences qui en peuvent sortir seront décisives pour
le bonheur ou le malheur de la nation française.

Que ces délégués soient les mandataires des partisans avérés de la démocratie républicaine, ou qu'ils
ne soient que les représentants plus ou moins éclairés, plus ou moins ardents, des opinions monarchiques et réactionnaires, qu'ils n'aient, ce qui ne sera
malheureusement que trop commun, aucun caractère politique, — chacun de ces délégués, sur la surface entière du territoire, dans quelque département
qu'il se trouve placé, doit sentir peser sur lui une
immense responsabilité. C'est des choix que feront
ces délégués que vont dépendre véritablement les
destinées qui seront faites à ce pays d'ici à dix ans.
Je voudrais chercher avec vous quelle doit être la
conduite, l'examen de conscience, quelles doivent
être les réflexions et les résolutions qui s'imposent à
l'homme qui a reçu de ses concitoyens le mandat de
se rendre au chef-lieu du département et d'y arrêter,
pour le compte de ses mandants, le choix d'un ou de
plusieurs sénateurs. (*Mouvement d'attention.*)

S'il s'agit d'un délégué républicain, sa tâche est

facile. Il sait que la Constitution du 25 février 1875 est
une Constitution d'essence démocratique et républicaine ; il n'ignore pas quels sont ses devoirs à l'égard
de cette Constitution, ce qu'il doit en attendre, ce
qu'il doit surtout préparer pour l'avenir de cette
Constitution. Il sait qu'avant tout il doit arrêter son
choix sur un homme honoré, honorable, intelligent et
droit, sur un esprit éclairé sachant être tolérant pour
les personnes et ferme sur les principes, connaissant
la part qu'il faut faire aux difficultés et aux nécessités
de chaque jour dans la vie publique, résolu à ne jamais
faiblir sous le drapeau républicain, mais décidé aussi
à ne jamais se laisser aller aux excès de la violence ou
de la colère et connaissant tout le prix de la modération et de la prudence politiques. (*Marques d'approbation.*)

Ce délégué républicain aura à se concerter, à
s'entendre avec d'autres républicains auprès desquels
il trouvera accueil, discussion, clairvoyance, renseignements complets qui lui permettront d'agir en pleine
connaissance de cause. Il aura bientôt fait de faire
céder les petites ambitions personnelles, les rivalités
qui ne sont pas sérieuses, et de se rallier à l'intérêt
du parti pour aboutir au succès par l'unité d'action et
l'unité de liste. (*Oui! oui! — Très bien! très bien!*)

Mais ce n'est pas ce délégué républicain, nommé
pour faire un choix républicain, qui me préoccupe.
Non. Celui qui me préoccupe, c'est le délégué qui a
été envoyé par son Conseil municipal, dans les dernières communes de France, pour faire un choix
aussi redoutable, aussi considérable. Ce que je redoute, pour celui-ci, c'est l'influence et même la corruption qui va le circonvenir, le flatter, puis l'asservir
par tous les moyens ; c'est à la conscience de cet
honnête homme qu'il faut faire appel pour le soustraire aux manœuvres qui pourront le tromper, le séduire, l'apeurer ; c'est sa liberté d'action qu'il faut

protéger contre les mille manèges qui auront pour but de lui dicter un choix hostile à la Constitution et par conséquent factieux.

C'est à ce délégué que je voudrais qu'on s'adressât. Ce sont ces délégués que je voudrais voir se réunir, se consulter entre eux. C'est à ceux-là qu'il faut que les bons délégués républicains ne cessent de s'adresser jusqu'au jour du vote. Aussi y a-t-il là une règle de conduite impérieuse à suivre.

Il faut que, dans chaque département, que partout où il y a des républicains élus et investis d'un mandat, ayant par conséquent charge d'âmes, il faut que ces républicains se réunissent, non pas seulement entre eux, délégués républicains, mais avec les autres délégués dont ils connaissent les opinions rivales ou dont ils constatent l'absence d'opinion. Et alors dans ces réunions, ou même dans de simples conversations ou entrevues individuelles, il faut arriver à mettre les autres délégués en présence des devoirs qu'ils ont à remplir et des responsabilités qu'ils peuvent encourir.

Eh bien, je suppose que nous ayons devant nous un délégué même d'opinion très connue, même très engagé dans un autre parti que le parti républicain. Généralement ce délégué est accessible à la raison, à la vérité, aux leçons de l'expérience, je ne dis pas tous, mais la plupart d'entre eux le sont. Car enfin je ne me méfie pas et je suis loin de me méfier du bon sens des habitants des campagnes. Je suis convaincu que cette innovation tout à fait originale de l'octroi d'un vote politique au dernier des Conseils municipaux de France est un grand pas en avant pour les destinées ultérieures de la démocratie. Cette innovation peut paraître aujourd'hui risquée, aventureuse et en contradiction avec les traditions du passé. Cela prouve qu'il arrive souvent, dans une démocratie, que ce sont ceux qui l'abhorrent, qui, mus par une force intime, préparent à leur insu le triomphe de cette démocratie.

En effet, qu'est-ce qu'une commune? C'est la démocratie en personne ayant ses intérêts, ses aspirations,
son patrimoine, dont la gestion est confiée à un Conseil municipal élu par tous les habitants, auquel, jusqu'ici, il a été interdit de s'occuper de politique. C'est
à cette commune, la dernière, la plus humble, la
plus pauvre, qu'on vient dire solennellement : « Non
seulement tu auras à t'occuper de politique, mais encore à élire les membres du corps le plus élevé dans
l'État. Tu es appelée à constituer le premier pouvoir
de l'État, le pouvoir sénatorial, qui arbitrera et déci-
dera entre tous les autres pouvoirs, qui tantôt pourra
éviter les conflits par la dissolution de la Chambre
des députés, qui tantôt pourra déposer le premier
magistrat de la République, lui demander des comptes,
transmettre ses pouvoirs à un successeur en cas de
mort ou de cessation de fonctions. Ce pouvoir arbitral
du Sénat tirera sa force de la Constitution et aussi de
l'élection par les délégués des trente-six mille communes de France. » (*Très bien! très bien!— Bravos.*)

C'est là de la démocratie pure. C'est plus qu'un progrès timide et incomplet. C'est l'installation complète
de la démocratie aux affaires. En effet, ces Conseils
municipaux vont être obligés de s'enquérir de la constitution et des pouvoirs de la première Chambre, du
rôle, du mandat et des responsabilités incombant à
chaque citoyen élu sénateur. Cet homme devra être
interrogé par le délégué de ce Conseil municipal sur
ses opinions, ses tendances, sur ce qu'il fera demain
sur telle ou telle question dont la Constitution lui
réserve la solution. Ce sera le droit et le devoir du
délégué du Conseil municipal de procéder à cet inter-
rogatoire. Et, de cette sorte, vous installez dans chaque
commune de France un véritable cours de politique
générale. Or, c'est ce que nous réclamons depuis
bientôt un siècle, c'est-à-dire que nous ne voulons
pas que le suffrage universel ne soit que la mise en

mouvement de dix millions d'électeurs qu'on fait
voter un jour et qu'on oublie le lendemain. Ce que
nous voulons, c'est qu'on discute, qu'on examine la
mission à donner au mandataire et la manière de
l'exécuter. C'est dire qu'avec le nouveau régime
constitutionnel, la politique est partout, et que personne n'a le droit de s'en désintéresser et de s'y
soustraire. (*C'est cela! — Très bien! — Applaudissements.*)

Si cela est, vous voyez ce qu'il advient de cette combinaison préparée par la réaction, et dans quel but?

On a dit que c'était une machination qui aurait pour
conséquence d'écraser l'esprit des villes en les subal-
ternisant aux campagnes. Ce résultat pouvait être cherché il y a vingt-sept ans, il y a vingt ans, il y a quinze
ans. Mais, après que les campagnes ont été ébranlées
sous le coup de nos malheurs, après les dernières le-
vées d'hommes qu'elles ont eu à mettre sur pied pour
protéger la fortune de la France, après les milliards
que nous ont coûté les hontes et les folies de l'empire,
l'esprit de responsabilité a pénétré jusque dans le
dernier hameau de France, et il a suffi d'interroger
le paysan sur son intérêt pour que sa réponse fût
conforme à cet intérêt même. (*Très bien! très bien! —
Applaudissements.*)

Ne craignez pas que les campagnes n'apprennent
rapidement ce que c'est que la politique et le poids
dont elle pèse en bien ou en mal sur les affaires. Vous
avez aujourd'hui même un exemple sous les yeux :
aussitôt qu'on annonce aux campagnes qu'on va les
entretenir de leurs intérêts, des choix qu'elles vont
avoir à faire, de la nécessité de se renseigner sur les
hommes qui se présentent à leurs suffrages, vous les
voyez quitter leurs foyers, faire des marches forcées
et venir ici, malgré les avanies de la police... (*Rires.*)
chercher la vérité et la lumière. Ce qu'elles viennent
chercher, c'est l'esprit de contrôle, d'examen, c'est la

parole de bonne foi qui éclaire, cette parole qu'on
entrave et qu'on s'acharne à refouler, mais qui passe
à travers tous les obstacles, pour aller à ceux qui la
cherchent comme à ceux qui la dénigrent, pour le
meilleur service de la République et la véritable conservation sociale. (*Bravos et acclamations.*)

Le temps, la pratique, l'expérience nous conduisent
insensiblement à ce résultat de nous rapprocher, de
nous confondre tous les jours plus étroitement avec
nos frères des champs, des plaines et des montagnes.
La solidarité de tous les intérêts se resserre et s'affirme pour le triomphe de l'ordre dans la liberté.

Aujourd'hui, c'est pour la première fois qu'on
expérimente cette Constitution du 25 février en con-
sultant directement les Conseils municipaux, qui n'a-
vaient pas été nommés dans ce but, et qui cependant
sauront y suffire dès leurs premiers pas. Ne l'oublions
pas, Messieurs, les Conseils municipaux qui viennent
de nommer les délégués avaient été choisis pour
une tout autre mission que la nomination des délégués sénatoriaux. On ne savait pas, à l'heure de leur
élection, qu'ils auraient ce pouvoir considérable. Ils
pourront donc tâtonner, hésiter, mais confiez-vous à
l'avenir, prenez patience. L'expérience sera prompte
et fructueuse. J'entrevois déjà ce que seront les prochaines élections de Conseils municipaux; alors, jusque dans le plus petit hameau de France, les électeurs
s'informeront des opinions, des tendances de chaque
candidat au Conseil municipal. Il sera interrogé, à
son tour, comme le délégué communal, comme le
candidat sénatorial, et alors vous me direz ce que
vaudront les Conseils municipaux nommés à cette
lumière, et ce que vaudra un Sénat sorti d'une pareille série d'épreuves et d'élections. (*Marques d'assentiment et bravos.*)

Il ne faut pas craindre d'insister sur ce mécanisme,
pour bien montrer sa force, son utilité, sa puissance

démocratique. Ce qui se passe, c'est le transport de la
politique dans des mains nouvelles. Jusqu'à ce jour,
la politique avait été réservée à une élite plus ou
moins éclairée, plus ou moins capable, abritée derrière de grands airs de dédain, injurieuse pour les
petits et gonflée outre mesure du sentiment de sa valeur ; aujourd'hui toute la politique jusque-là réservée à quelques-uns, à une oligarchie jalouse, va tomber dans les mains du petit bourgeois, de l'ouvrier,
du petit capitaliste et du paysan, de tous ceux qui
travaillent ou pensent, et, les associant dans les mêmes
efforts pour atteindre le même but, leur donne une
même part de droits et de responsabilité. (*Très bien!
très bien! — Applaudissements prolongés.*)

Et, cette responsabilité, il faut l'envisager en face.
Oui! la France cherche à connaître avec avidité les
noms, les opinions des 36, 000 délégués qu'elle a
nommés le 16 janvier ; elle scrute les dépêches, elle
lit les journaux, elle demande à être renseignée. Dans
quelques jours, la France connaîtra les opinions, les
tendances, les aptitudes de ses 36, 000 délégués.

Ah! c'est que la France est debout! Elle est inquiète,
elle est anxieuse, elle sent qu'on joue ses destinées,
et elle se demande ce que ces 36,000 délégués vont
décider d'elle. Qu'ils se mettent en présence de cet
enjeu de la patrie et des destinées qu'ils lui préparent.
Qu'ils évoquent, — les délégués qui ne sont pas encore
républicains, — la leçon d'hier. Qu'ils se rappellent ce
que disaient les patriotes il y a six ans, quand on fit
le plébiscite. A ce moment, on consultait aussi la
France, par un moyen tortueux, hypocrite et ignoble,
car on se jouait de la sincérité comme de l'honneur
du pays. On votait en masses, avec aveuglement, sous
la pression administrative, sous la menace, ainsi que
sous la calomnie et l'injure qu'on jetait à pleins bords
sur le parti républicain, et on donnait à un pouvoir
corrupteur et trompeur huit millions de suffrages dont

il se servait immédiatement pour écraser la France.
(*Sensation.*)

Ce souvenir doit arrêter la main de l'imprudent qui
ne se rappellerait plus cette époque au moment de
déposer son vote. Il faut que celui-là se dise que si
le Sénat n'était pas composé de républicains loyaux,
— je ne parle pas de la chaleur de l'opinion républicaine, ni de son origine, mais de sa sincérité, — de
défenseurs vigoureux du pacte fondamental du 25 février, c'est qu'on y aurait fait entrer des factieux et
des adversaires non seulement des idées politiques
contenues dans la Constitution, mais encore 'des adversaires de la régénération de la patrie. (*Très bien!
très bien! — Applaudissements.*)

Le vote pour la nomination des sénateurs (et je voudrais que tous les délégués de France pussent entendre et recueillir ces paroles) pèsera éternellement sur
la conscience de ceux qui l'auront rendu, il pèsera
sur la tête de leurs enfants, il pèsera sur eux-mêmes,
il pèsera sur leur fortune, il engagera tout l'avenir. Et
on aura le droit de demander compte de ce vote aux
délégués des communes, s'ils le rendaient avec légè-
reté, avec aveuglement, avec indifférence, ou sous la
pression des passions mauvaises.

Car il faut s'expliquer sur ce qu'on appelle les mauvaises passions, il faut mettre un terme à l'équivoque
et faire justice d'accusations mensongères qu'on dirige constamment contre les républicains, qui ne
poursuivent qu'un but : la pratique loyale, sincère de
la Constitution. (*Très bien! — Bravos.*)

Oui, il est temps de mettre un terme aux déclamations sur le péril social, sur les programmes révolutionnaires. Il est temps de ne plus accaparer pour
soi-même cette épithète d'union conservatrice, qui
n'est qu'un leurre dans la bouche de ceux qui la prononcent; oui, ce n'est qu'un leurre, qu'une duperie,
et je vais le prouver.

Quels sont ceux, en effet, qui peuvent s'appeler conservateurs en dehors de la République? Et que veulent-ils conserver dans la société actuelle? Cette société ne repose-t-elle pas sur les bases nécessaires à toute société régulière et ordonnée? Est-ce qu'il y a contestation sur les questions de propriété, de liberté de conscience, d'ordre public, de famille? Non, aucun de ces principes nécessaires n'est mis en question, aucun n'est attaqué ni amoindri par le parti que je m'honore de servir, par le parti qui les a le plus glorieusement défendus lorsque ces principes ont été attaqués. (*Bravos et applaudissements.*)

Trêve donc à ces déclamations, à cette rhétorique surannée, et dites-nous de quoi vous êtes conservateurs? Moi, je ne reconnais pour conservateurs que ceux qui sont prêts à défendre les lois, la Constitution et la République! (*Salve d'applaudissements et acclamations.*)

Quant à ceux qui machinent encore de nous ramener un roi de branche aînée ou cadette; quant à ceux qui conspirent encore pour nous imposer une dernière honte sous laquelle disparaîtrait tout sentiment d'honneur national, en nous ramenant je ne sais quelle créature d'aventure sous le nom de César, — quant à ceux-là, ils sont les ennemis de la paix civile et sociale, ce sont des factieux! (*Oui! oui!,— Bravos unanimes.*)

Ce sont là de faux conservateurs.

Pour être un vrai conservateur, il faut être attaché à tout ce qui a été fondé, créé par la Révolution française, à tout ce qui constitue le patrimoine de la société française depuis bientôt cent ans dans ce pays. (*Très bien! — Applaudissements.*)

On est conservateur quand on veut une société sans privilèges, telle que l'a organisée le Code civil.

On est conservateur quand on veut la liberté de conscience telle qu'elle est sortie de la Déclaration des Droits de l'homme.

On est conservateur quand on veut la liberté de penser, comme la liberté de prier.

On est conservateur quand on veut l'institution de la famille telle qu'elle est sortie de l'abolition des majorats, des substitutions et du droit d'aînesse.

On est conservateur quand on veut le respect de l'enfant, le respect de la mère et du père de famille sous la protection des lois égales pour tous, et non pas sous la protection de chartes périmées et de parchemins tombés en poussière.

On est conservateur quand on se réclame du droit public, quand on veut que chaque Français ait, en même temps que sa part des charges, sa part d'avantages, de protection et de garantie. Alors l'égalité politique est fondée non pas pour que la richesse en découle pour tous, car les sociétés humaines ne sont pas faites pour assurer le bonheur, mais pour établir le règne de la justice parmi les hommes. (*Applaudissements prolongés et acclamations.*)

Eh bien, voilà de quoi nous sommes conservateurs. (*Oui! oui!*) Et, alors je demande s'ils peuvent s'appeler conservateurs ceux qui nient la souveraineté nationale, ceux qui nient l'égalité sociale, civile et politique, ceux qui cherchent à ramener en France une aristocratie sans racines et des familles dont le pays a fait dix fois justice par ses souffrances, ses pertes et ses révolutions?

Est-on conservateur quand on veut ramener une religion dominante, une religion d'État?

Est-on conservateur quand on prépare le retour des biens de main-morte ou je ne sais quelle hiérarchie de forces coalisées contre la société sortie du mouvement de 89?

Vous êtes les conservateurs d'un passé disparu, dont il suffit d'évoquer le spectre devant la France pour faire battre son cœur de colère. (*Oui! oui!* — *Salve d'applaudissements.*)

C'est vous qui prépareriez le vrai péril social, car je n'en connais pas de plus grand que celui qui ferait armer toute une société jeune et grandissante contre les fauteurs et les réacteurs d'anciens régimes. (*C'est cela ! — Très bien ! — Bravos !*)

Il faut donc que vous renonciez à ce titre de conservateurs qui est une usurpation de votre part. Ce titre n'appartient qu'à nous. Vous en faites une étiquette pour tromper les simples, un pavillon mensonger derrière lequel vous abritez votre marchandise frelatée. Il faut désormais que ce titre de conservateur, dans la démocratie nouvelle, dans la France d'aujourd'hui, nous soit uniquement attribué, non pas, remarquez-le bien, que nous voulions en faire notre monopole exclusif. Non, dans notre République, il n'y a pas d'exclusivisme : tous peuvent y entrer, nos bras leur sont ouverts. Nous avons trop la passion de réparer les pertes de la France, pour exclure aucun Français du travail de relèvement de la patrie. (*Très bien ! très bien ! — Approbation unanime.*)

Mais qu'il soit bien entendu qu'on ne peut pas entrer dans notre République avec un masque sur le visage et des paroles de fourberie sur les lèvres, et que, d'où qu'elles viennent, les déclamations, les équivoques et les hypocrisies n'ont pas d'entrée chez nous et n'y recevront jamais accueil.

Ce langage que nous vous tenons, vous le tiendrez, à votre tour, à ceux qui ne furent pas avec nous aux heures d'épreuves. Vous leur direz : Vous pouvez prendre dans cette République un rôle immense, un rôle privilégié, parce que vous avez les loisirs de la fortune, l'éducation et l'influence sociale. Venez avec nous, nous vous assurerons un rang, un honneur, une force qui vous permettront d'exercer vos aptitudes au bénéfice de tous. Vous aurez une situation légitime en échange de celle que vous teniez d'un passé qui avait exclu cette démocratie qui accueille aujourd'hui

tous les hommes sincères. En effet, l'histoire de cette
démocratie est longue, douloureuse, terrible jusqu'au
moment de la proclamation de la souveraineté nationale qui est sortie d'un mouvement plus mystique
que pratique. Par le suffrage universel, cette souveraineté nationale devient une réalité palpable,
agissante. Le suffrage universel a émancipé chaque
citoyen, lui a conféré une part virile de souveraineté,
en le faisant participer à la gestion des affaires publiques; mais, en vous accordant le droit que vous vous
préparez à pratiquer, on a marqué un pas de plus.
On a doté chaque commune française, prise dans sa
collectivité, dans sa personnalité, d'un droit égal de
suffrage, ainsi qu'on avait fait pour chaque citoyen;
on l'émancipe politiquement, on en fait un électeur
distinct, on lui accorde une part effective dans le jeu
des institutions républicaines.

Quant à moi, je l'avoue, je ne tenais pas assez, au
début, à cette faculté nouvelle; mais, après avoir réfléchi, après avoir vu quelle passion les populations
apportaient dans l'exercice de cette prérogative récente, j'ai compris qu'il n'y avait pas là seulement
une formule de Constitution, mais une conquête de
l'esprit de démocratie. Et alors je me suis promis de
défendre avec vigueur cette partie de notre Constitution comme un gage d'alliance entre ceux qui, dans
les campagnes, tendent à se rapprocher de la démocratie, et ceux qui, dans les villes, les avaient devan-
cés. Les villes feront des choix prépondérants pour la
Chambre des députés, mais c'est l'influence des campagnes qui se fera mieux sentir dans le Sénat pour la
plus grande stabilité de la République et sans esprit
de réaction. J'ai appelé le Sénat, autrefois, le grand
Conseil des communes françaises, et, si je n'avais pas
craint de forcer l'expression et de l'aller prendre en
dehors de chez nous, chez un peuple qui a la pratique trois fois séculaire de la liberté, je l'aurais ap-

pelé la Chambre des communes françaises. (*Bravos.*)

Vous imaginez-vous, en effet, quelle force aura cette Chambre haute, nommée comme elle va l'être, c'est-à-dire non pas par des citoyens isolés au moment du vote, et dont la réunion forme la puissance décisive de la souveraineté nationale, mais issue des corps constitués les plus influents du pays? Vous n'ignorez pas que, lorsqu'on est l'élu de corps délibérants et superposés dans une vigoureuse hiérarchie, on joint à la force de l'élection la force centuplée des corps qui ont concouru à l'élection. De telle sorte que, comme force de résistance, comme instrument de contrôle du pouvoir, comme frein modérateur de ce même pouvoir, c'est le Sénat qui sera votre refuge et votre ancre de salut. Vous avez accueilli cette institution du Sénat avec réserve et défiance, vous commencez à la pratiquer avec un peu plus de confiance. Laissez s'écouler quelques années, attendez que se produisent les fureurs qu'elle va soulever parmi les réactionnaires, et je vous prédis qu'alors nous défendrons tous le Sénat de gaieté de cœur. (*Très bien! très bien! — Bravos.*)

Mais pour que ce Sénat offre les garanties dont je parle à l'ordre, à la liberté, à l'esprit de progrès, pour qu'il nous enlève toute chance de guerre civile, de conflit avec les autres pouvoirs, il faut que, d'ici au 30 janvier, les délégués des communes se pénètrent bien de l'étendue de leur mission. Il faut que ceux qui ont été choisis dans les rangs des légitimistes aient le courage de s'avouer qu'ils peuvent avoir des regrets et des souvenirs, mais que c'est fini de l'espérance. Et alors ils diront s'ils veulent sacrifier la patrie à de stériles souvenirs, ou ils montreront qu'ils sont assez bons Français pour contribuer à sauver la dernière épave de la grandeur et de la puissance de la France! (*Marques d'approbation.*)

Si ces délégués, au contraire, sont des hommes

venus de l'empire, il faut distinguer entre eux. A ceux
qui sont irrémédiablement compromis dans les fautes et les aventures de l'empire, à cette espèce d'état-
major de gens connus et ruinés dans l'opinion, il n'y
a rien à dire. Il faut les laisser passer, sans les adjurer : ils ont les oreilles fermées à la raison et le cœur
desséché au patriotisme. (*Sensation.*)

Mais si ces délégués sont des hommes qui ont été
trompés, circonvenus par l'empire, des hommes qui
ont cru comme à une sorte de démocratie couronnée
et régulière et qui ont expié, avec la France elle-même,
l'erreur qu'ils ont commise, avec ceux-là il faut converser; ce sont des frères égarés qu'on doit ramener.
Amoureux de démocratie, d'égalité, du règne du suffrage universel, ces hommes, s'ils sont sincères, ne
vous résisteront pas. Ils ne résisteront pas au spectacle
de la patrie mutilée par la faute de leur système; ils
ne résisteront pas au besoin de paix, de réparation,
qui éclate non seulement en France mais en Europe ;
ils ne résisteront pas au désir d'assurer le succès de
ces idées démocratiques compromises par l'adultère
impérial. Adressez-vous à leur cœur de Français et de
démocrate, évoquez le plébiscite qui nous a perdus
et dans lequel ils voulaient trouver un repos césarien
pour la démocratie. Revenus de leur erreur, ils doivent rentrer dans la grande famille démocratique, et,
quand une faute aussi lourde a été commise par notre
malheureuse patrie, de supporter si longtemps cette
ruineuse servitude, il faut savoir pardonner et désarmer devant des frères égarés.

J'ai connu de ces hommes, j'en connais même ici
qui ont pu se tromper à la suite de ce système de
mensonge, de parjures, et supporter, inconscients du
mal, cette fantasmagorie impériale qui a duré dix-huit
ans. Donc, pas de récriminations; au contraire, faites
entendre à ces hommes, s'il en est parmi les délégués,
de bonnes paroles, mettez-les seulement en face des

responsabilités qu'ils ont encourues, et j'ai encore assez bonne opinion de la nature humaine et du cœur de mes compatriotes pour savoir que vous en ramènerez beaucoup à nos idées. Et vous vous devez de le tenter. (*Très bien! — C'est cela! — Bravos.*)

Je prononce ces paroles, mes chers concitoyens, parce que j'ai le désir ardent d'unir et de rapprocher tous ceux qui, dans la grande famille démocratique, peuvent être rapprochés et unis. Dans ma vie, je n'ai qu'une seule haine, la haine des divisions entre des intérêts semblables. Partout où j'aperçois la division, j'y cours pour la faire disparaître, et, quel que soit le mobile qui l'ait suscitée, je ne veux pas le connaître : ce que je cherche, c'est un remède pour obtenir la guérison de ce triste mal de la division des intérêts ou des classes, d'où sont sortis tous nos malheurs.

Plus que jamais, dans l'état où nous sommes, celui qui crée un germe de dissension commet plus qu'une faute politique, il se rend coupable du crime de lèse-patrie. (*Très bien! très bien! — Applaudissements prolongés.*)

Si je m'exprime ainsi devant vous, Messieurs, ce n'est pas que je cherche à obtenir un plus grand nombre de votes républicains pour enfler notre prochaine victoire. Non ; je suis assez confiant dans le résultat qui sortira des urnes le 30 janvier, pour m'élever au-dessus du résultat électoral lui-même. Mais je voudrais qu'il y eût dans l'élection qui va avoir lieu un caractère d'apaisement, de réconciliation nationale qui dessillât les yeux des adversaires les plus obstinés, qui éclairât surtout le pouvoir lui-même, ce pouvoir que l'on compromet à la légère sans savoir que le prestige de respect unanime, d'obéissance légale dont il est investi n'est pas seulement le bien d'un homme, mais le patrimoine et l'espoir de la France. (*Très bien! — Marques d'assentiment.*)

On s'épuise à nous représenter au premier ma-

gistrat de la République comme des hommes qui ne
rêvent qu'agitations et doctrines révolutionnaires. Je
crois avoir fait justice de ces accusations par mes paroles et par ma conduite. Nous persisterons et nous
réduirons à la confusion nos détracteurs, grâce à la
sagesse du pays et à la constance du grand parti républicain uni dans toutes ses nuances pour atteindre
son but.

Il faudra bien alors que, de tous côtés, et surtout
dans les sphères élevées du pouvoir, on reconnaisse
qu'on écoutait de mauvais guides et qu'on risquerait
de compromettre une force nationale, en tenant plus
longtemps en suspicion les hommes et les populations
dévouées à l'ordre républicain.

Dans une République constitutionnelle, parlementaire, libérale et progressive, l'obéissance, pour durer
et s'étendre chez tous, doit découler de la confiance
du pouvoir dans l'opinion populaire. Persévérons
donc énergiquement dans la modération et la sagesse,
nous triompherons des suspicions comme nous avons
triomphé des machinations et des pièges.

Et quand nous aurons donné cette preuve et subi
l'épreuve du temps, je suis convaincu que les quatre
années qui vont commencer seront quatre années de
paix, de travail, d'épargne, d'économie, de relèvement. Alors vous pourrez affronter avec confiance le
terme de ces quatre années, cette échéance de la révision que les monarchistes impuissants indiquent à
l'horizon comme le signe avant-coureur du désordre et
de l'orage, cette révision qu'il faut ajourner jusqu'en
1880 et qui sera pour nous l'heure féconde des améliorations démocratiques réclamées et préparées dans
nos institutions par les progrès croissants de la raison
publique. (*Oui !* — *Très bien !* — *Bravos.*)

Oui, les quatre années dans lesquelles nous allons
entrer, jointes aux cinq qui viennent de s'écouler,
formeront la première période décennale de la Répu-

blique, après laquelle elle sera inébranlable. Oui,
lorsqu'en 1880 on vous dira : Cette institution qui vous
a aidés à vous arracher des mains de l'étranger, qui
vous a permis de payer les milliards de la rançon,
qui a fait régner la concorde et le travail dans le pays,
rapproché les diverses couches sociales, refait la puissance militaire de la France ; cette institution, il vous
faut la changer au profit d'un prince, d'un dictateur
ou d'un aventurier ; — quand cette question sera
posée, Messieurs, je suis bien sûr de connaître la
réponse de la France. (*Oui! oui!* — *Cris de* : *Vive la
République!*)

Voilà la politique qu'il faut suivre, à mon avis,
dans les élections pour le Sénat et la Chambre des
députés, pour obtenir un grand résultat. Il faut confondre nos calomniateurs par notre conduite et préparer ainsi la révision de la Constitution dans le sens
des progrès démocratiques et républicains. Pour un
tel but, votre tâche est marquée ; il faut que ces populations si vaillantes et si généreuses du Midi, que
l'on a diffamées devant le reste du pays, en les présentant comme toujours agitées, toujours enflammées,
toujours prêtes à la sédition, et que l'on traite avec le
sans-façon que vous savez, — dont notre réunion en
ce moment est la preuve, — il suffit, dis-je, que ces
populations persévèrent à donner l'exemple du sang-
froid, de la modération et de la fermeté, de la discipline républicaine, et, puisqu'on a voulu en faire
l'épouvantail de la France, qu'elles en deviennent
l'exemple et le guide. (*Oui!* — *Très bien!* — *Applaudissements.*)

Voilà, Messieurs, tracées d'une façon extrêmement
rapide, les considérations que je voulais confier à vos
esprits. Je désire ardemment qu'elles aient répondu à
vos préoccupations personnelles. Je désire surtout
que, recueillies par vous, elles puissent pénétrer jusque dans vos dernières communes et franchir même

les limites de ce département pour être accueillies par les hommes de bonne volonté dans le reste du pays.

Il me semblait qu'il était impossible, — non pas que j'aie la prétention de trouver des règles et des avis nouveaux, — qu'un acte aussi considérable, aussi solennel que celui qui va s'accomplir le 30 janvier, pût avoir lieu sans qu'une voix pleine de confiance dans la démocratie fît entendre quelques paroles pour dire quelle immense responsabilité allait être assumée, le 30 janvier prochain, par les délégués des communes françaises, pour les adjurer tous, sans distinction, au nom de la patrie, de bien songer, avant de se résoudre, que l'histoire enregistrera leurs noms, et qu'ils seront bénis ou maudits par la postérité, selon les conséquences de l'acte décisif qu'ils vont accompli. (*Applaudissements et acclamations. — Cris répétés de : Vive la République!*)

Le 30 janvier 1876, MM. Eugène Pelletan, Challemel-Lacour et Esquiros étaient élus sénateurs des Bouches-du-Rhône.

DISCOURS

Prononcé le 6 février 1876

A LILLE

A peine les élections sénatoriales étaient-elles terminées, qu'un décret du Président de la République ouvrait la période des élections législatives fixées au 20 février. M. Gambetta accepta la quintuple candidature qui lui était offerte par les comités républicains de Paris (XXᵉ arrondissement), Marseille (1ʳᵉ circonscription), Lille (2ᵉ circonscription), Bordeaux (1ʳᵉ circonscription) et Avignon.

Ce fut à Paris, le 2 février, dans une réunion privée du IIIᵉ arrondissement, que M. Gambetta commença sa campagne électorale. M. Spuller, rédacteur en chef de la *République française*, était candidat dans cet arrondissement. Nous empruntons à la *République française* du 8 février le compte rendu de cette réunion :

« M. Eugène Spuller a expliqué qu'en se présentant devant l'assemblée il répondait à l'offre très flatteuse qui lui avait été faite par un grand nombre d'électeurs ; sa candidature, en effet, n'a pas été posée par lui, elle ne pouvait l'être. Elle demeure du reste entièrement soumise au jugement de la réunion ; c'est elle qui aura à décider si oui ou non cette candidature doit être maintenue. M. Spuller a dit ensuite qu'il n'était pas un nouveau venu dans l'arrondissement. Ce n'est pas la première fois qu'il se trouve à côté des électeurs du IIIᵉ arrondissement, dans les luttes du parti républicain. En 1869, le IIIᵉ arrondissement a pris l'initiative d'une candidature que la France entière a ratifiée. Il s'agissait de combattre un homme qui avait manqué à sa parole et trahi son mandat, M. Émile Ollivier. Nommé pour combattre le 2 décembre, M. Émile Ollivier s'était tourné vers le 2 décembre et avait fait alliance avec lui ; il était désormais indigne de représenter la démocratie.

« Le sentiment que partageaient les électeurs du IIIe arrondissement était celui de M. Spuller. Il l'a exprimé en leur nom dans un document qu'ils n'ont pas oublié et qui a, on peut le dire, créé un précédent dans les annales politiques. Ce principe y était établi, que les hommes politiques doivent des comptes à la démocratie. Ce jour-là un grand acte a été accompli. A Émile Ollivier on avait préféré Bancel. Ce noble citoyen au retour de l'exil est tombé au milieu de la tourmente qui fondait sur la France, et au moment où son admirable talent et ses grandes lumières allaient être le plus utiles. M. Spuller demande qu'un suprême hommage de sympathie et de souvenir lui soit rendu ! (*Nombreux applaudissements.*)

« M. Spuller explique le rôle qu'il a joué pendant la Défense nationale, à côté de l'homme qui a résumé les efforts de la nation et sauvé l'honneur de la France. Depuis la journée du 4 septembre, cette fête incomparable du patriotisme exalté jusqu'aux derniers instants de la lutte, il est demeuré auprès de M. Gambetta. Tous deux étaient partis pour aller chercher la France au secours de Paris. Ils emportaient l'esprit de Paris. Tous leurs efforts n'ont eu qu'un objectif : délivrer Paris, c'est-à-dire sauver la France et la République. (*Bravos.*)

« Il fallait reprendre la lutte. On avait la République de nom, c'était la ressource. On devait arriver à l'établir définitivement ; mais pour cela il fallait combattre dans l'Assemblée et devant l'opinion. M. Gambetta est entré dans la Chambre, et l'on sait le rôle qu'il y a joué. (*Longs applaudissements*). La *République française* a été créée. Mes amis et moi, ajoute M. Spuller, nous nous sommes consacrés au triomphe d'une politique qui peut être définie en deux mots : il faut que les hommes de la démocratie radicale se présentent devant le pays, qu'ils fassent leurs preuves et démontrent qu'ils sont capables de gouverner. Le groupe que guidait M. Gambetta s'est attaché à prouver que ce gouvernement improvisé, que ce personnel tout nouveau d'administrateurs, de préfets, d'intendants, de généraux qui avaient pris part à l'œuvre de la Défense, n'avait pas été au-dessous de la tâche entreprise. Ceci est le côté personnel de la politique suivie.

Quant au côté principal, le voici : il importait que le parti républicain réclamât sa part dans l'exercice du gouvernement. Jamais on n'a cessé de réclamer que la démocratie prît place aux affaires et gouvernât. Ce parti démocratique depuis si longtemps livré à toutes les tortures, à l'exil, à la prison, à l'échafaud, on a toujours réclamé qu'il eût sa part d'action et de responsabilité. Ce parti, c'est la France, et il a droit au pouvoir. Mais il fallait aussi profiter des leçons du passé. Le Trésor perdu, le sang de nos soldats versé, l'influence de la France compromise, deux de nos provinces arrachées à la mère patrie, c'étaient là de terribles enseignements que l'on ne devait jamais oublier. La République pouvait sauver le pays et le rendre fort, solide, puissant, mais pour cela il fallait qu'elle fût acceptée et acclamée par l'immense majorité des citoyens. Les représentants ont dû, en conséquence, tout sacrifier à la fondation de la République. Tout a été subordonné à cette grande tâche. Marchant d'un pas sûr, sans mêler ni confondre les questions, mettant dans leur examen un ordre de succession tel que chacune des solutions obtenues amenât la solution suivante, réparant les défaites par des succès, se tenant solidement sur le terrain conquis et ne compromettant jamais une conquête déjà obtenue, le groupe auquel il appartient a toujours persévéré dans cette voie de prudence et de sagesse qui lui avait été tracée par la démocratie. M. Spuller rappelle à ce sujet les nombreux voyages, les discours, les enquêtes de M. Gambetta. La France a été consultée sur tous les points. La pensée intime de la démocratie a été saisie et c'est celle qui a été exprimée. La politique de sagesse et de prudence, substituée à celle des manifestations, c'est la démocratie qui l'a indiquée, et c'est à cette politique que l'on doit les résultats déjà acquis. Du reste, on peut la suivre sans manquer en aucune façon aux principes républicains, aux seuls et vrais principes, ceux contenus dans la Déclaration des droits de l'homme et du citoyen. (*Applaudissements.*) Cette République que l'on a fondée, elle ne doit pas être un mot; il faut qu'elle amène des changements sérieux. Sur ce point, M. Spuller entre dans des explications détaillées. Il accepte dans son entier le programme qui est commun à tous les républicains. Il veut la liberté civile et individuelle, la liberté de la presse pleine et entière, pour tout le monde, pour le pauvre comme pour le riche; la liberté d'association et de réunion; la liberté communale qui existait avant le consulat et qu'il considère quant à lui comme la première de toutes. Le programme qu'acceptent non seulement les républicains mais tous les esprits sages, est un minimum qui servira à établir et à organiser la République. M. Spuller ne craint pas d'être appelé radical; c'est parce qu'il est radical qu'il peut conseiller la sagesse et la prudence. Pour lui le titre de républicain sincère et résolu est glorieux. Il faut qu'un scandale cesse, celui qui nous est donné par certains fonctionnaires de la République qui repoussent le titre de républicains. Il faut que les agents de la République française s'honorent de ce nom de Républicains, et comme il n'y a pas de République en dehors de la démocratie, il faut que le gouvernement se prononce nettement pour elle ou contre elle. (*Longs applaudissements.*)

« Le nombre, c'est la loi, et il a le droit de se faire écouter. Il importe donc que le côté démocratique des questions soit le premier.

« On devra agir méthodiquement. M. Spuller déclare que parmi les premières réformes à accomplir on peut mettre celle de l'impôt. Depuis 1789, par une série de mesures fiscales, de lois et d'ordonnances, on a laissé se rétablir bien des abus de l'ancien régime. La démocratie demande que l'impôt, au lieu de porter sur le travail, porte sur ceux qui ont cessé de travailler. (*Assentiment.*)

« Une seconde réforme encore plus pressante est celle de notre système d'éducation nationale, qui est, à l'heure qu'il est, très infécond et très inférieur. L'enseignement laïque, gratuit et obligatoire, devra être établi.

« Il est une question qui trouble en ce moment les esprits et les inquiète : c'est l'envahissement du cléricalisme. Des plantes parasites poussent autour de l'édifice de 89. Le danger est grave, il est imminent. Le gouvernement manquerait à ses devoirs envers le pays s'il fermait systématiquement les yeux de ce côté. Là également une grande réforme s'impose. La séparation sera accordée à l'Église si elle cesse de combattre l'État et de le gêner; sans cela il serait impossible de reconnaître la puissance d'une Église qui, possédant une organisation savante et redoutable, constitue un parti politique que l'État doit surveiller. (*Bravos*.)

« M. Spuller s'explique sur la question de l'amnistie. Il la
regarde, comme tous les républicains, comme une de ces
mesures politiques qui honorent les gouvernements qui les
prennent. Mais il la considère aussi à un point de vue supérieur. L'amnistie, ce n'est pas une grâce que l'on accorde,
un décret que l'on signe, c'est un pacte qui intervient entre
le gouvernement et ceux qui profitent de l'amnistie. Ce
pacte lie les deux parties contractantes. De part et d'autre il
faut qu'il y ait oubli, réconciliation, concorde, apaisement.
M. Spuller voudrait qu'elle fût ainsi entendue. Comprise
ainsi, l'amnistie doit être immédiate, large, totale. (*Longs
applaudissements.*)

« L'orateur dit enfin qu'il faut en terminer avec les ridicules vexations dont Paris et le parti républicain ont été
abreuvés.

« Si ces opinions ont votre approbation, dit en terminant
M. Spuller, je demeurerai fidèle au contrat solennel que
nous signerons ensemble. Le mandat que vous m'accorde-
riez ajouterait à ma reconnaissance envers le III° arrondissement, et je remplirais ce mandat avec toute l'énergie qu'une âme républicaine peut déployer au service de la
France, du progrès, de la justice, dans notre société démocratique.

« La réunion a répondu par deux salves d'applaudissements.

« M. Gambetta a déclaré qu'il avait saisi avec empressement
l'occasion qui lui était offerte d'exprimer publiquement les
sentiments de confraternité qui l'unissaient au candidat que
l'on venait d'entendre. M. Spuller a été mêlé sous l'Empire
à toutes les luttes que les démocrates du III° arrondissement ont soutenues contre le régime césarien. A cette
époque déjà, M. Gambetta s'était entendu avec lui pour
défendre la politique du suffrage universel. Cette politique
a été la base de leur action commune. Il importe de préciser ce que revêt cette formule. La révolution française a
créé une nouvelle politique et, on pourrait dire, une
nouvelle morale sociale. Elle avait établi un principe qu'elle
n'a pu faire pénétrer dans les faits à cause des soubre-
sauts auxquels elle a été en proie et des luttes qu'elle
a été obligée de soutenir. Pendant cinquante ans la Révo-

lution française, en effet, est demeurée comme une sorte
d'enseignement supérieur, isolé, théorique, qui s'imposait
à la conscience d'un groupe; ce groupe, ardent, enthousiaste, venait protester sur la place publique en faveur du
droit méconnu. Le 24 février 1848, on a conquis le suffrage
universel. A partir de ce moment, un nouvel état de choses
a commencé; un monde nouveau est entré dans la politique. Le suffrage universel établi par la raison, le travail,
la solidarité de tous les citoyens, on devait arriver à créer,
à obtenir l'instrument nécessaire à la démocratie pour sa
complète émancipation : la République. (*Applaudissements.*)
La nécessité commençait, pour chacun des citoyens, de se
mêler à la vie publique, de s'informer, de juger, d'apprécier
tous les évènements politiques. Il fallait une nouvelle méthode d'action. On substituait l'effort collectif, mesuré et
raisonné à l'agitation enthousiaste mais souvent déréglée.
Des hommes nouveaux, soucieux de leurs droits, jaloux de
leurs prérogatives, entraient dans la vie publique; ils pénétraient dans les réunions, dans les journaux, les conseils électifs. Ce personnel nouveau, cette nouvelle couche
sociale... (*Bravos.*) c'était le monde du travail si opprimé,
si injurié depuis des siècles, du travail sous toutes ses
formes. Ce monde se rendait compte de cette loi politique,
d'après laquelle on ne défend ses intérêts et les intérêts
du pays que par l'action politique incessante. Mis à de
rudes épreuves, le suffrage universel n'a perdu ni de son
intégrité, ni de sa puissance. (*Applaudissements.*) Il a su
réparer ses propres erreurs et relever sa fortune compromise par ses propres fautes.

« Il avait nommé cette Assemblée de Versailles, cette
Chambre obstinément réactionnaire; éclairé par la seule
vue de tous ces visages hétéroclites, il a spontanément
nommé des mandataires pour déclarer à la Chambre qu'elle
n'avait nullement qualité pour faire une monarchie dont
personne ne voulait dans le pays.

« M. Gambetta a expliqué comment ce vote ne l'avait pas
surpris. Aux élections municipales de 1871, les premières
assises de l'œuvre du suffrage universel avaient été posées.
On avait assisté à la première apparition de ces nouvelles
couches sociales dont il a parlé. A cette époque on avait eu
le spectacle d'un peuple durement frappé, encore saignant,

et choisissant les meilleurs de ses enfants pour les installer
dans le premier degré de la liberté politique, la commune.
Et le suffrage ne s'était pas arrêté là. Quelques mois plus
tard il peuplait de républicains les Conseils généraux,
jusque-là le boulevard inviolé de la réaction. Il était visible
que si l'Assemblée voulait jamais ramener la monarchie
héréditaire, il y avait deux lignes de défense de formées
pour s'opposer à cette tentative; et en effet, lorsque des
émissaires sans mandat ont été offrir et marchander la
couronne, on a vu aussitôt tout ce monde nouveau des conseils généraux et municipaux se lever et protester d'un
bout à l'autre du pays, au nom du droit et de l'avenir de la
patrie. (*Applaudissements.*)

» Dès ce moment la politique nouvelle était indiquée,
celle qui devait aboutir à la fondation de cette République
réclamée avec la même ardeur par tous les citoyens. Il n'y
a pas, en effet, des républicains de Paris et des républicains
des départements. Qu'on retire le personnel administratif
qui empêche la pensée des départements de filtrer et de se
manifester, et tous les citoyens s'étreindront comme des
frères, des fils de la Révolution. (*Longs applaudissements.*)

« Ce moment approche. La République est fondée. Que
reste-t-il à faire? La démocratie doit prouver qu'elle peut,
qu'elle veut, qu'elle sait gouverner, qu'elle est capable
d'entrer aux affaires. Les électeurs auront à choisir des
mandataires qui puissent réduire les adversaires de la
République par l'action gouvernementale, comme eux auront
commencé à les réduire par l'action électorale. Il faut laisser
la politique de combat aux détritus de l'empire, aux vieux
représentants de la légitimité, aux quelques intrigants
qui flottent au-dessus du naufrage de l'orléanisme. Il faut
nommer le plus capable de bien faire les affaires de la
démocratie, et celui-là, c'est le plus travailleur.

« M. Gambetta a expliqué qu'à ce point de vue aucun
citoyen ne méritait mieux les suffrages des électeurs que
M. Spuller. Travailleur infatigable et d'une compétence
pour ainsi dire universelle, il était appelé à rendre à son
parti les plus grands services. D'une âme profondément
démocratique, il ferait honneur au collège qui l'aurait
choisi. Sa parole fine, sincère, agréable, était en effet pour
produire sur les Assemblées la plus grande impression.

« Le pays en ayant fini avec les compétitions monarchiques, il va falloir s'occuper de l'étranger, non pas au point de vue de la guerre, mais au contraire pour recueillir les sympathies auxquelles nous avons droit. Aucun ne connaît mieux que M. Spuller les questions de politique extérieure, qu'il ne sépare jamais des intérêts et de l'histoire de la démocratie.

« Notre politique en Europe doit s'inspirer d'un principe opposé au cléricalisme. De graves problèmes vont être soulevés, il faudra des hommes qui puissent les résoudre. M. Gambetta n'en connaît pas qui aient plus étudié ces questions que M. Spuller.

« Les électeurs, en un mot, devront avoir souci de voter pour des candidats en état de travailler et de réaliser ce que veut la démocratie. M. Spuller est de ceux-là. Il réaliserait la confiance qu'on placerait en lui.

« (De longs cris se sont élevés de : *Vive la République! Vive M. Gambetta!*) »

Le surlendemain de cette réunion, M. Gambetta se rendit à Lille, où il était candidat dans la 2e circonscription. La réaction ni l'intransigeance ne lui opposaient de concurrents. Le 6 février, il prononça le discours suivant dans une réunion publique de trois mille électeurs convoqués dans la salle du Grand Théâtre, sous la présidence de M. Testelin, sénateur, représentant du Nord à l'Assemblée nationale.

M. TESTELIN. — Je donne la parole à M. Gambetta.

M. GAMBETTA. — Mes chers concitoyens, je domine difficilement l'émotion que me cause un accueil aussi fraternel et aussi cordial de la part d'une population que j'ai appris à connaître depuis déjà de longues années, et avec laquelle je me suis trouvé en rapport à des heures bien tristes, sous l'empire, quand nous luttions ensemble péniblement, obscurément contre un pouvoir dont il ne convient pas, à l'heure qu'il est, de parler avec irritation ni colère, mais de parler avec douleur, puisqu'il a amené sur la France les désastres dont les suites nous accablent encore. Ma pensée se reporte invinciblement à ces jours de deuil et d'effort suprême, aux heures tragiques de l'inva-

sion, quand je venais visiter cette vaillante armée du
Nord et que je saluais à votre tête l'homme qui représentait l'héroïsme national, dont les qualités militaires se sont imposées à l'admiration de l'Europe, et
qui sut accomplir des merveilles, grâce à l'énergie et
au patriotisme que la population tout entière du Nord
sut prodiguer au salut de la patrie. J'ai nommé le général Faidherbe. (*Très bien! très bien! — Salve d'applaudissements.*)

Si j'évoque ces souvenirs, mes chers concitoyens,
ce n'est pas pour vous ramener en arrière, c'est uniquement pour puiser dans ce rapprochement un nouvel exemple de confiance, un nouvel enseignement
pour la politique qu'il nous reste à suivre; c'est pour
vous faire toucher du doigt, si cela m'est possible,
combien la sagesse, l'esprit de conduite, de modération, de discipline et d'abnégation du parti républicain ont suffi, en peu d'années, pour refaire son
crédit et sa force, non pas pour lui, mais pour refaire
surtout le crédit, la force et la puissance de la France.
(*Marques unanimes d'assentiment.*)

Oui, il m'est particulièrement doux et agréable
de me retrouver enfin, après ces cinq années de labeurs, de difficultés résolues, au milieu de ces énergiques et fermes populations du Nord, au lendemain
d'une lutte qui, toute pacifique qu'elle était, n'en a
pas moins été une victoire pour l'opinion publique;
il m'est doux, dis-je, de me retrouver ici et de pouvoir vous apporter une bonne parole, non plus une
simple parole d'espérance, mais une parole de confiance appuyée par les faits, une parole qui est celle
même de la France, qu'elle a fait entendre il y a quelques jours, de la France qui a dit, avec l'autorité qui
lui appartient et devant laquelle tous doivent s'incliner, amis, indifférents ou adversaires : La nation
veut la République, et la République sera! (*Oui! oui!
— Applaudissements enthousiastes.*)

Oui, nous nous retrouvons au moment où la France tout entière est convoquée dans ses comices pour mettre en œuvre cette Constitution du 25 février arrachée avec tant de difficultés à l'impuissance et aux passions des anciens partis, et critiquée si légèrement par d'autres, — au moment où cette Constitution va enfin donner au pays le calme, la prospérité, la force et la considération extérieure pour réparer ses fautes et reprendre le rang légitime qui lui est dû au milieu des nations. (*Bravos prolongés.*)

Les communes de France viennent de se réunir et d'exercer pour la première fois depuis quatre-vingt-sept ans le pouvoir politique. Que dis-je? c'est la première fois depuis des siècles, car l'histoire de la démocratie française et de la France tout entière, c'est l'histoire de la longue et persévérante lutte des communes pour arriver à leur émancipation et à leur participation dans la direction des affaires de l'État. Cette lutte, qui a commencé dans ce pays à une époque où il n'appartenait pas encore à la France, n'était autre chose que l'affirmation de l'élément démocratique dans les affaires générales de la nation. Cette lutte remonte loin ; avec des fortunes diverses, elle ne s'est jamais démentie ni arrêtée; nous aussi, nous avons nos traditions, traditions aussi glorieuses, aussi magnifiques, aussi émouvantes que celles d'un passé qui ne doit plus revenir. (*Sensation. — Applaudissements.*)

Cette lutte dure depuis cinq siècles, et l'on peut dire que le 30 janvier 1876 est la date de son triomphe, car c'est ce jour que les 36, 000 communes de France ont mis en exercice, après les avoir reçues du législateur, cette autorité et cette prérogative d'être l'élément prépondérant et régulateur dans l'établissement et la pratique des institutions républicaines.

Quand je songe à ce résultat immense du scrutin du 30 janvier, quand je vois sortir des urnes, sur la surface entière du territoire, une majorité incontes-

table de républicains qui feront de la Chambre haute
non plus un instrument de réaction, une pierre d'attente pour la guerre civile, une menace permanente
d'anarchie et de désordre, mais un rempart assuré
pour l'ordre et le progrès républicains, oh! alors, je
me sens plein de reconnaissance pour cette grande
démocratie, je suis plein de confiance dans le bon
sens et la sagesse de mon pays, et je salue avec une
émotion que vous éprouvez vous-mêmes, j'en suis
sûr, la régénération de la France par la plus humble
comme par la plus haute des communes de France.
(*L'orateur est interrompu pendant quelques instants par
les bravos et les applaudissements.*)

Oui! toutes les communes ont été convoquées, et
chaque délégué, du fond de son village, s'est rendu
au chef-lieu, et là, malgré la pression, malgré l'intimidation, malgré la corruption peut-être, — car nous
avons des faits sur lesquels nous nous expliquerons
lors de la vérification des pouvoirs, — malgré les
maires imposés, malgré les mille manœuvres, enfin,
d'une administration de combat aux abois, la France
a fait connaître son sentiment, et elle a hautement
dicté sa volonté, que nul n'effacera et devant laquelle
gouvernants et gouvernés doivent s'incliner; elle a
dit : Cette Chambre haute sera la meilleure citadelle
de la démocratie républicaine. (*Oui! oui! — Très bien!
— Salve d'applaudissements.*)

Les campagnes ont compris, comme les villes, que
leur destinée était en jeu dans le vote du 30 janvier,
et, mises pour la première fois en mouvement par un
procédé compliqué et difficile, qui entraînait des tâtonnements, des défaillances et des inexpériences, le
bon sens français a prévalu, et le résultat, vous le
connaissez. Vous pouvez, Messieurs, vous y attacher
avec reconnaissance et confiance : la République est
fondée! (*Applaudissements et acclamations prolongés. —
Cris répétés de : Vive la République! — Vive Gambetta!*)

La République est fondée, et savez-vous pourquoi?
C'est parce que ce Sénat aura la singulière fortune
de rajeunir et de réhabiliter parmi nous le nom de
Sénat, qui, jusqu'ici, n'avait été considéré que comme
une réunion des favoris du pouvoir, des épuisés de la
vie, des courtisans du maître, des impuissants et des
serviles, toujours prêts à applaudir aux caprices du
pouvoir, toujours prêts aussi à l'abandonner quand
arrivait la révolution ou l'étranger, de telle sorte que
l'histoire de ces Sénats peut s'écrire en deux mots :
Servilité et trahison. (*Sensation.* — *Bravos et applaudissements.*)

Mais aujourd'hui, c'est la nation elle-même qui a
fait ses choix, c'est elle qui a scruté la moralité et
apprécié les mérites de ses élus; une ère nouvelle va
commencer, et ce Sénat signifiera : Stabilité et fidé-
lité. (*Oui! oui! — Très bien! très bien!*)

Certains pourront trouver qu'il n'est pas, — comme
l'on dit dans une certaine langue — suffisamment
avancé. Quant à moi, Messieurs, dont les sentiments
ne peuvent pas être suspects, je le trouve rassurant,
parce que, selon moi, avec les hommes qui y figurent,
ce Sénat remplira sa véritable fonction : il sera sans
réaction, sans calculs rétrogrades, sans mauvaises
passions; il sera véritablement un interprète expérimenté de l'opinion publique, et le modérateur des
pouvoirs publics. Il sera sincèrement dévoué à la République et au progrès démocratique, et, ne séparant
pas, comme l'ont dit ses plus illustres représentants,
la liberté ni l'ordre de la cause de la démocratie, ce
Sénat sera le frein nécessaire dans une démocratie
libre et, en même temps, un point d'appui pour le
pouvoir comme pour l'opinion. Il sera le vrai Sénat
des Républiques qui veulent persister et durer. (*Oui!
oui! — C'est cela! — Applaudissements.*)

Mais, mes chers concitoyens, cette première tâche
accomplie, cette première victoire remportée sur les

calculs et les desseins perfides de ceux qui ne voient plus maintenant de salut pour eux que dans l'effondrement et le désordre général, il ne faut pas s'arrêter. Il faut compléter cette victoire en mettant les institutions républicaines au-dessus de toute discussion, de toute controverse ; en un mot, après avoir constitué le Sénat de la République, il faut constituer l'Assemblée des députés de la nation.

Voilà l'œuvre qu'il nous reste à faire, et, pour l'accomplir, je crois qu'il est utile de rechercher, — puisque la bonne fortune nous rapproche aujourd'hui et que la désignation de vos comités me permet de me trouver devant vous, — je crois, dis-je, qu'il est utile de rechercher ensemble les conditions que nous devons réclamer non seulement de la prochaine Assemblée des députés, mais des candidats, des élus qui seront appelés à y figurer.

Tout d'abord nous devons nous demander ce qu'il nous faut dans la prochaine Chambre des députés, et ensuite nous aurons à rechercher comment nous pourrons obtenir ce qu'il nous faut.

Ce qu'il nous faut, c'est non seulement pour les intérêts du parti républicain, mais pour ceux de la France, — intérêts que je ne sépare jamais, car aujourd'hui il est impossible d'être un véritable patriote, un homme clairvoyant et sincèrement attaché à sa patrie, si l'on refuse de voir qu'en dehors de la République il n'y a qu'aventures pour la nation. Je dis que ce qu'il faut chercher, ce sont les conditions que devra réunir la nouvelle Assemblée. Je ne reviens pas sur l'ancienne, qui n'est pas tout à fait morte, mais qui se survit. (*Rires.*) Elle n'a ni action, ni autorité ; elle n'est, pour ainsi dire, que comme un agonisant qui attend les dernières formalités de l'ensevelissement. (*Hilarité générale.* — *Bravos.*)

Elle était née, comme le disait un de ses ministres favoris, dont le destin semblait délier la langue à son

insu, elle était née dans un jour de malheur. Elle ne
représentait que très imparfaitement les aspirations
et les tendances de la France moderne. Je ne retrace-
rai pas son passé devant vous, l'histoire s'en chargera,
et nos successeurs, plus dégagés de nos passions et
de nos préoccupations, seront mieux en état que
nous-mêmes d'apprécier ses écarts, ses défaillances
et ses fautes. Quant à moi, qui ai vécu au milieu de
cette Assemblée, qui ai eu à essuyer ses outrages
et ses colères, je n'en veux retenir qu'une chose :
la manifestation de son impuissance. C'est qu'en
somme elle a été obligée de céder à la France; c'est
qu'incapable de la retenir sous sa main, elle a pu
la tracasser, mais non pas la mater; elle a pu la menacer, mais non pas la vaincre. C'est la France qui
a vaincu! C'est elle qui a fait échouer ces efforts stériles de restauration monarchique et ces complicités
coupables avec l'empire. La France elle-même lui
inspira, dans un jour de patriotisme, ce vote du 20 février qui suffit à la sauver et lui fit décréter que la
République seule était un gage d'ordre et de stabilité.
(*Bravos et applaudissements.*)

Ce vote suffira peut-être à cette Assemblée pour
expier bien d'autres votes et la couvrir devant nos
descendants. Quant à nous, héritiers de cette succession, il nous convient de nous recueillir, de prendre
exemple aussi bien sur nos devanciers que sur nos
adversaires, et de nous faire une étroite méthode de
conduite qui nous gare de l'enivrement dans le succès,
qui nous préserve des fautes que l'on commet quand
on est majorité, qui nous inspire la prudence et la
circonspection, qui nous amène lentement mais sûrement à toutes les conséquences que les pères de la
Révolution française voulurent amener dans le monde,
mais en y apportant l'esprit scientifique, l'esprit de
travail, de sacrifice et d'attente, sachant bien que l'on
n'obtient véritablement un progrès, qu'on ne le met

à l'abri de tout recul, que lorsqu'on a rangé à son acceptation la majorité des esprits. (*Très bien! très bien! — Vive adhésion.*)

On n'impose pas un progrès. Il faut persuader les esprits et obtenir l'assentiment public. Or, dans un pays où le suffrage universel est le maître et où on a la raison pour soi, soyez convaincus qu'avec ce suffrage universel pour instrument, avec la vérité pour force et ce progrès pour but, la victoire est certaine. (*Longs applaudissements.*)

Il faut donc que partout, que dans tous les collèges électoraux, — et ici je ne parle pas seulement pour vous, Messieurs, pardonnez-moi ce qui est une prétention peut-être, mais enfin, tout homme dévoué à son pays, qui fait entendre une libre parole sur un point quelconque du territoire, s'adresse à tous ses concitoyens et, lorsqu'il parle dans une réunion, si restreinte ou nombreuse qu'elle soit, il ne doit jamais oublier ceux qui ne l'écoutent pas et pour lesquels il doit aussi parler. (*Marques unanimes d'assentiment.*) Il faut, dis-je, que dans tous les collèges électoraux, tous nos amis, tous les citoyens véritablement dévoués à la France, à la République, se pénètrent de cette idée qu'il est nécessaire, pour prévenir tous les conflits, toutes les incertitudes, toutes les hésitations, tous les retards, tout ce qui pourrait entraver le fonctionnement des institutions que nous avons créées, — qu'il est nécessaire d'avoir, dans les élections du 20 février, une majorité qui soit républicaine, démocratique, libérale et pacifique. (*Oui! — C'est cela! — Très bien! très bien!*)

A coup sûr, j'ai grand espoir et je connais assez, au moment même où je vous parle, le cadre général des élections dans tout le pays, les noms des candidats dans les divers arrondissements ou circonscriptions électorales, leurs chances respectives de succès, pour vous affirmer, — comme je l'affirmais il y a un an pour le Sénat et comme je l'affirmais il y a huit jours encore, — pour vous affirmer, sans crainte d'être démenti par l'évènement, que la majorité de la Chambre des députés sera républicaine, qu'elle sera forte et qu'elle sera éclairée. (*Salves d'applaudissements.*)

Mais, Messieurs, il ne suffit pas de vaincre, il ne suffit pas d'avoir la majorité, il faut savoir ce que sera cette majorité, quelles idées l'inspireront, à quels actes elle se livrera, quelles entreprises elle devra former, quel but elle aura à poursuivre et par quel chemin elle saura l'atteindre.

Je dis d'abord qu'il faut que cette majorité soit républicaine, et j'entends par là qu'il faut que vos candidats soient sincèrement et loyalement attachés à cette forme nécessaire de gouvernement dans une démocratie indestructible comme est la démocratie française; c'est le premier point, et, pour ma part, je suis toujours surpris de rencontrer des hommes qui résistent à l'évidence. Je trouve humiliant et lamentable pour notre société française telle que le siècle l'a faite de voir des hommes distingués, des hommes nourris de fortes études et ayant parfois le sentiment politique, ne pas vouloir comprendre que la monarchie qui, dans certains pays de l'Europe, conformément à leur état social et politique, a son rôle marqué, son prestige et sa force, n'est pas une œuvre d'importation, de restauration ou de contrefaçon. Quand la monarchie a vécu dans un pays, quand elle n'est plus qu'un système épuisé, quand elle ne trouve plus les bases nécessaires sur lesquelles elle doit s'appuyer pour vivre, parce que ces bases ont été balayées par des révolutions successives, quand le sentiment public s'irrite devant la prétention de la réinstaller, — il est triste de voir des hommes ne pas comprendre que la monarchie n'est alors qu'une utopie, qu'une chimère, qu'une illusion, qu'un regret stérile, et qu'elle doit être abandonnée au nom du vrai patriotisme, sous peine de condamner son pays à subir les expériences les plus cruelles et les plus criminelles. (*Applaudissements.*)

C'est pour cela que je demande sans cesse à ceux qui, par leur condition, par leur éducation, par la fantaisie de leur esprit ou par je ne sais quelle pose, — permettez-moi cette expression vulgaire (*Très bien! très bien!*), — se font les champions de l'idée monarchique, — c'est pour cela, dis-je, que je leur demande constamment : Sur quoi ferez-vous reposer votre monarchie? Sur le vent des révolutions? Ne voyez-vous pas que vous avez devant vous une nation ardente et fière, dévorée de la passion de l'égalité, qui a pour instrument de ses volontés souveraines le suffrage universel qu'elle a conquis, au prix des plus grands sacrifices, que ce suffrage universel est incompatible avec tout système héréditaire, et que vouloir marier, associer ce suffrage universel à une monarchie, à une dynastie quelconque, c'est vouloir allier des principes absolument inconciliables et incompatibles, c'est faire œuvre vaine, c'est défier la nation, c'est la provoquer, c'est s'exposer à toutes les catastrophes? Non! la monarchie a vécu dans ce pays. Elle n'a pas été sans inscrire dans l'histoire de la France une admirable page, sans lui donner des frontières, sans faire son unité, sans jeter sur elle un prestige extérieur, alors qu'elle reposait sur les ordres et sur la conquête.

Oui, la monarchie a eu sa part glorieuse dans notre histoire, mais c'est aujourd'hui une sève desséchée, et, après la Révolution française, vouloir ramener la monarchie en France, c'est tourner le dos au progrès et à l'avenir, et c'est considérer ses contemporains comme des êtres incapables et indignes de se gouverner eux-mêmes. (*Acclamations et applaudissements prolongés.*)

Il faut donc que nos élus soient des républicains de principe qui aient reconnu que dans cette France contemporaine, ainsi que l'a faite son passé, ainsi que le

commande son présent, ainsi surtout que l'exige son
avenir, en présence de cette indestructible démocratie,
il n'y a qu'un gouvernement qui, pouvant l'exprimer,
l'envelopper et la résumer, soit capable de la diriger,
de l'épurer, de l'améliorer : c'est le gouvernement de
tous par tous, le gouvernement du pays par le pays, le
principe électif étant à la base et au sommet de l'État,
et le suffrage universel fonctionnant et exprimant la
souveraineté nationale, c'est-à-dire l'égalité politique.
Ce gouvernement, c'est la République. (*Bravos et applaudissements.*)

La République, il ne faut pas seulement la consentir, il ne faut pas seulement la saluer du bout des lèvres, il faut s'y attacher de tout son cœur, de toute
son âme, être prêt à tout lui sacrifier et la considérer
non seulement comme la forme de gouvernement la
plus conforme à la raison et à la dignité humaines,
mais aussi comme la dernière ancre de salut qui reste
à la France, comme son seul moyen de reconstituer
sa force intérieure et extérieure; il faut l'aimer à
la fois comme citoyen libre, mais encore et surtout
comme patriote; car elle est le gage des destinées
meilleures de la patrie. Sans la République, c'est la
confusion à l'intérieur, c'est la lutte des partis, c'est
l'anarchie et le désordre, et le désordre c'est la fin de
la France sous l'œil et peut-être sous la main de l'é-
tranger. (*Double salve d'applaudissements. — Cris répétés de : Vive la République! Vive Gambetta!*)

Et quand les faits, les évènements qui s'accomplis-
sent, les multiples manifestations de la volonté nationale viennent déposer en faveur d'une pareille exigence,
comment peut-il se faire qu'il y ait encore des hommes
de bonne volonté, attardés dans le culte des souvenirs
stériles et qui se refusent, se croyant bons Français, à
mettre la main au salut commun et à obéir à l'autorité
en dehors de laquelle il ne saurait en exister d'autres, à
l'autorité de la France? (*C'est cela! — Très bien! — Bravos.*)

Mais il ne suffirait pas,—et c'est ici que je touche au point véritable et décisif des élections qui vont se faire. — il ne suffirait pas aux élus d'être des républicains, il ne suffirait pas de borner ses désirs à un régime formaliste, supérieur purement et simplement à tout autre système de gouvernement; il faut quelque chose de plus et, permettez-moi de le dire, quelque chose de mieux. Il ne faut pas oublier que cette République, gouvernement nécessaire de la démocratie, doit surtout s'inspirer des droits et des besoins de cette démocratie. Il faut donc que vos élus soient, avant tout, des démocrates, et par là je me garde bien d'entendre qu'il faut que ces candidats et que ces élus soient des hommes d'utopies et de chimères, lançant sur la foule des promesses irréalisables, des programmes incohérents et mal conçus, cherchant la division des classes, fomentant la discorde entre les uns et les autres. (*Non! non!*) Quand je dis qu'il faut que vos candidats soient des démocrates, j'entends dire qu'ils doivent être pénétrés, avant tout, de la nécessité de l'amélioration intellectuelle et morale du plus grand nombre et qu'ils ne doivent pas cesser de poursuivre, dans l'administration comme dans la législation, les moyens pratiques d'éclairer les esprits et de faire arriver à la lumière les capacités intellectuelles que recèle la masse entière du peuple, laquelle est tenue à l'écart, et qui, comme une mine non exploitée, renferme peut-être des trésors de facultés et d'aptitudes que la misère et l'ignorance étiolent, que l'obscurantisme asservit ou corrompt au détriment de la patrie. (*Applaudissements enthousiastes.*) Ce que j'entends par démocrates, ce sont des hommes qui sont persuadés que la souveraineté doit s'exercer dans le sens du plus grand nombre, et jamais au profit d'une collection d'individus, d'une caste ou d'une famille; ce sont des hommes qui comprennent que l'administration de l'État, que son budget et sa force ne doivent être qu'un moyen de déve-

loppement général, et non pas la mense, la feuille de
bénéfice de quelques-uns. (*Bravos.*) Ce sont des
hommes qui ne sont préoccupés, avant tout, que de la
meilleure distribution des forces financières, indus-
trielles, économiques du pays ; ce sont des hommes
qui, ne sacrifiant rien au hasard, ne vont que du
connu à l'inconnu, avec patience, avec méthode, ne
tentant que ce qui est possible et reconnaissant qu'il
y a toujours quelque chose à faire, même dans le
meilleur des mondes possible.

Le démocrate enfin n'est pas celui qui n'est uniquement préoccupé que de reconnaître des égaux, car
tous les jours, dans la société, on reconnaît des égaux,
mais là n'est pas la démocratie vraie. Ce qui constitue
la vraie démocratie, ce n'est pas de reconnaître des
égaux, Messieurs, c'est d'en faire. (*L'orateur est interrompu pendant quelques minutes par les applaudissements
et les cris répétés de :* Vive la République! vive Gambetta!)

Il faut aussi,—car je passe rapidement sur ces indications,— que la majorité de la nouvelle Chambre des
députés soit libérale. J'entends beaucoup de choses
par ce mot de libéral. J'entends d'abord des hommes
qui fassent la part de l'autorité et qui comprennent
que, dans nos sociétés modernes, les gouvernements
ne sont pas établis au profit de ceux qui détiennent le
pouvoir, mais dans l'intérêt du plus grand nombre ;
des hommes qui comprennent encore qu'il faut faire
à l'État sa part légitime d'action et d'influence, tout
en réservant cependant aux citoyens et aux corps électifs qui, placés au-dessous des grandes Assemblées,
constituent les rouages nécessaires à la vie intime de
la nation, des libertés et des franchises qui fassent que
l'opinion publique puisse à chaque instant se faire
sentir et imprimer son action au mécanisme général
du pays.

Par libéral, j'entends aussi celui qui, sans sacrifier

à l'esprit de secte d'aucun ordre et sans s'inféoder à telle ou telle doctrine, accepte cependant une donnée générale qui consiste, dans la conduite des affaires humaines, à ne s'inspirer que des intérêts humains, que des intérêts terrestres, qui voit avec douleur, avec anxiété les entreprises et les usurpations de l'esprit théocratique et clérical sur la liberté humaine, sur les rapports de l'État avec les administrés, et redoute cet envahissement de tous les jours qui menace de mettre la main non seulement sur les ressorts du pouvoir central, mais même sur les institutions les mieux établies que nous ait laissées la Révolution française.

Par libéral, j'entends un homme acquis à la liberté de conscience sous toutes ses formes, respectueux de tous les cultes, professant pour toutes les religions une même estime extérieure, libre, dans son for intérieur, de suivre telle ou telle religion ou de les décliner toutes, respectueux des ministres des divers cultes, aussi bien que des pratiques qui, de près ou de loin, ressortent de l'exercice régulier d'une opinion religieuse, morale ou philosophique. Mais par libéral, — et ici je précise parce que je crois qu'il y a un grand péril à éviter, — j'entends aussi celui qui est disposé à ne pas tolérer qu'un clergé quelconque devienne, dans l'État, un parti politique, une faction politique entrant en lutte avec d'autres partis politiques et voulant leur imposer un personnel, des actes, des desseins ou des calculs intérieurs ou extérieurs sur la marche de la politique du pays. J'entends que l'Église reste l'Église, qu'elle ne descende jamais sur la place publique, qu'elle n'entre jamais dans le Parlement ni dans les conseils de l'État. J'entends que, résignée à poursuivre sa carrière de consolation purement spirituelle, elle se défende dans ce domaine, et que jamais elle ne vienne semer la division et la discorde dans les débats et les controverses politiques ; j'entends qu'elle ne vienne pas diviser le père et le fils, la femme et le

mari, et souffler partout la haine et l'insinuation ca-
lomnieuse, parce que, je vous le déclare en toute vérité, c'est là qu'est le péril non seulement français
mais européen, c'est le péril à redouter, c'est là qu'est
l'anarchie, le désordre et la haine, et ce péril immense
compromet à la fois les intérêts de la société et ceux
de l'Église. Ce péril, il est là; aussi l'Église a-t-elle
tort, après l'avoir déchaîné, de s'étonner d'avoir provoqué des haines et fait jaillir des représailles. (*Vive
sensation et salves d'applaudissements.*)

Oui, c'est là, Messieurs, la véritable distinction que
je voudrais voir faire par la plupart de nos amis dans
ces controverses toujours si délicates et si irritantes.
J'ajoute qu'il y a là non seulement un intérêt purement intérieur, mais encore un intérêt extérieur;
aussi permettez-moi de m'en expliquer devant vous
en quelques mots. (*Mouvement d'attention.*)

J'ai dit d'abord qu'il y avait là un intérêt intérieur,
et ne le voyez-vous pas vous-mêmes? S'il y a en effet
un mal dont nous souffrons, s'il y a une cause expli-
cable des tâtonnements et des avortements qui ont
suivi la Révolution française dans ce pays et qui l'ont
empêchée d'y installer pacifiquement son règne dans
la concorde et dans l'union de tous les citoyens,
où faut-il chercher cette cause? Cette cause n'est-elle
pas dans cette sorte de duel déclaré par l'esprit ultra-
montain à l'esprit de la Révolution? N'est-elle pas
dans la lutte entre ce qu'on a appelé improprement
le prosélytisme religieux et la propagande des idées
de la Révolution? Depuis soixante ans n'assistons-nous
pas à ce champ clos entre ceux qui prétendent tout
savoir d'une manière immuable par la révélation et
ceux qui marchent, pensent et progressent sous les
suggestions de la science qui, tous les jours, accomplit un progrès et recule les bornes des connaissances
humaines?

Il ne faut pas transporter cet esprit de combat dans

la politique. Qu'il reste dans les livres, dans les chaires, dans les académies, rien de mieux ; mais s'il s'assoit dans un fauteuil de ministre, s'il pénètre dans les détails des bureaux, alors il n'en résulte plus seulement le choc de deux opinions, c'est la rivalité de deux convoitises pour l'exercice du pouvoir, c'est la guerre civile latente en attendant qu'une étincelle la fasse éclater au grand jour. (*Vive approbation et applaudissements.*)

Eh bien, je dis que, dans ces cinq dernières années et principalement dans cette dernière, à la dernière heure de l'Assemblée de Versailles, nous avons été les témoins d'une entreprise dont l'audace aurait effrayé et fait bondir en protestations éloquentes, non pas les républicains de la première heure, mais les hommes qu'on appelait les doctrinaires et les universitaires de la Restauration.

On a osé, oui, on a osé, sous le nom de liberté de l'enseignement supérieur, faire une loi dont l'étiquette est destinée à tromper les simples et les naïfs. La liberté n'a rien à voir ici. On sait comment les auteurs et les bénéficiaires de cette loi en usent avec elle : leur maxime constante est de la réclamer pour eux et de la refuser à tous leurs adversaires. Ils ont obtenu un instrument de division des esprits par le vote de cette loi de l'enseignement supérieur qu'on devrait plutôt appeler la loi de l'enseignement inférieur. (*Hilarité.*)

D'ailleurs, je ne la redoute pas, cette loi, au point de vue de la rivalité et de la concurrence avec l'enseignement de l'État, et si son application devait purement et simplement se borner à une sorte de concours entre les professeurs et les élèves, vous pouvez croire que je m'abstiendrais de toute espèce de critique, car d'avance je suis parfaitement rassuré sur l'issue de la lutte, sur le caractère des vainqueurs et sur les titres des vaincus. (*Rires.*)

Mais là n'est pas ma préoccupation d'homme poli-

tique, et je dois vous dire, mes chers concitoyens, ce
que cette loi provoque d'inquiétudes dans mon esprit.
C'est que, si peu nombreux que soient les élèves qui
suivront le nouvel enseignement, ils seront élevés
dans la haine de la France moderne, dans la haine
des principes de justice qui forment la base de notre
droit national. Ils seront élevés, chez nous, comme des
étrangers ; ce seront des émigrés et des esprits hostiles qu'on formera à l'intérieur ; on sèmera là un
germe de discorde et de division qui, ajouté aux autres, ne pourra produire que la catastrophe et la
ruine ! (*Profonde sensation.*)

Et alors, au nom du libéralisme vrai, au nom des
intérêts de la patrie, je dis que cette loi est mauvaise...

M. TESTELIN, *président du bureau.* — M. le commissaire de police, présent à cette réunion, me charge de
dire à M. Gambetta qu'il n'a pas le droit de parler
contre la loi de l'enseignement supérieur. (*Mouvement.*)

M. GAMBETTA. — Je répondrai que mon intention
n'est pas de parler plus longtemps contre la loi de
l'enseignement supérieur, que je me propose de faire
abroger. (*Marques unanimes d'assentiment et applaudissements répétés.*)

J'ai donc le ferme espoir que, lorsque cette question
sera posée dans presque tous les collèges de France,
elle rencontrera une majorité suffisante pour ramener
la France à la vérité de sa tradition, car, remarquez-
le, ces conquêtes de l'esprit clérical n'ont jamais été
possibles parmi nous à aucune autre époque. Sous la
monarchie, l'État défendait énergiquement ses prérogatives ; sous la République, il en était de même.
cela va sans dire, et il a fallu un jour de confusion
pour arracher à nos législateurs une loi qui, véritablement, n'est pas française. Elle est romaine. (*Applaudissements prolongés.*)

Je veux passer sur ce sujet, puisque son examen
soulève quelques susceptibilités ; mais je dis que ce
n'est pas seulement au point de vue intérieur que
cette question a un côté grave ; elle est grave aussi
au point de vue extérieur ; car, si vous jetez un
regard sur l'Europe, qu'y voyez-vous ? Et quand je dis
l'Europe, je ne dis pas assez, je devrais dire le monde.
En effet, les préoccupations de cette nature s'étendent
de Londres à New-York et de Berlin à la Maison
Blanche. En Angleterre, c'est M. Gladstone qui pousse
un cri d'alarme. Aux États-Unis, c'est le président
Grant. C'est l'Allemagne, c'est l'Italie, c'est l'Espagne,
c'est tout le Nord de l'Europe, c'est la Russie. Partout
on s'en préoccupe. Partout vous voyez la propagande à
laquelle s'associent les gouvernements et les citoyens,
contre quoi ? contre l'envahissement de l'esprit ultra-
montain.

Je dis donc qu'il y a là un danger qui a atteint son
maximum de gravité surtout sous le règne de la dernière Assemblée. Ce danger, c'est de favoriser les calculs de ceux qui ne nous aiment pas. Ce danger, c'est
de permettre à ceux-là de présenter la France à l'Europe comme un dernier asile de la domination cléricale, comme le dernier refuge de l'esprit du Vatican.
Ce danger, c'est de permettre que cette glorieuse
nation, la France, qui a inauguré dans le monde la
libre pensée, qui a eu les XIIIe, XVIe et XVIIIe siècles,
qui est la nation initiatrice par excellence, qui est
la nation libre, joyeuse et fière, qui est la patrie
de Voltaire, puisse être représentée au dehors
comme le dernier asile de l'esprit rétrograde et théocratique. Il nous faut dissiper ces rêves malsains, et,
une fois débarrassés de ces appréhensions que les
uns entretiennent et que les autres colportent dans
le but d'amoindrir et de déconsidérer la France, il
faut que la prochaine Assemblée, celle que vous allez
nommer vous-mêmes le 20 février, se lève devant le

monde et dise : Me voilà! Je suis toujours la France
du libre examen et de la libre pensée! (*Salves d'applaudissements.* — *Cris répétés de : Vive la République!
Vive Gambetta!*)

Maintenant, Messieurs, toutes ces conditions à
réunir aboutissent à une dernière, que seule la République peut garantir, la paix; c'est une politique pacifique, accomplie et poursuivie par une majorité
pacifique. Nous avons connu la guerre, et je vous disais ici même, il y a cinq ans, au milieu des plus
effroyables désastres, au milieu des deuils domes-
tiques qui vous assiégeaient, — car vous n'aviez mar-
chandé ni votre or, ni le sang, ni la vie de vos enfants,
— je vous disais que cette guerre de 1870 était une
guerre maudite, inexcusable, que nous avions vouée
à la malédiction des générations futures, et que nous
avions subie parce que l'honneur national et l'intégrité de la patrie étaient engagés, mais que s'il y avait
quelque chose qui fût contre nos sentiments, contre
nos doctrines, contre nos intérêts, contre tout ce qui
palpite au fond de nos cœurs, c'était, au xixe siècle
et dans une démocratie française, la guerre de prérogatives et d'influences dynastiques. Nous mau-
dissons donc cette guerre plus que personne, mais
nous nous glorifions de l'avoir soutenue : je puis le
dire surtout devant vous, Messieurs, qui avez ici des
hommes qui ont pris part à cette guerre, qui avez eu
aussi vos morts, et des survivants plus malheureux
que les morts, car la réaction est venue qui nous en
a emporté quelques-uns dans la calomnie et dans
l'outrage. Vous savez bien ce que je veux dire. (*Oui!
oui!* — *Sensation.*)

Cette guerre a laissé un enseignement qu'il faut
toujours rappeler à nos concitoyens : c'est que les
guerres ne sont, la plupart du temps, entreprises que
pour raffermir un pouvoir héréditaire que l'opinion
condamne, que pour transmettre un pouvoir à un hé-

ritier ou jeune ou imbécile, et sur le front duquel on veut faire luire le prestige de la victoire, ou pour venger une injure d'étiquette ou de vain cérémonial méconnus dans une gare de ville d'eaux, ou pour accomplir des desseins encore plus obscurs et plus criminels que ces guerres de dynasties, de succession ou d'influences, de telles guerres sont le lot exclusif des monarchies, et nous n'en voulons plus. (*Non! non! — Double salve d'applaudissements.*)

Ce que nous voulons, c'est la politique intérieure et extérieure du suffrage universel, c'est-à-dire du travail, des affaires, de la concorde entre tous les citoyens, et de la stabilité dans l'État reposant sur le consentement de la majorité. Cette politique, qui a surtout pour but de développer, d'accroître le patrimoine, la fortune matérielle et morale de la patrie, cette politique qui n'a qu'une préoccupation, celle d'assurer à ce pays qui en est avide, et avec raison, la sécurité et la confiance dans l'avenir, cette politique est celle que nous aurons à suivre. Et, à ce propos, permettez-moi de vous faire remarquer la politique qui a été suivie à l'Assemblée par vos élus et l'immense bienfait qui en est résulté. C'est cette politique, en effet, qui a créé la République à l'état de gouvernement légal, qui force ses adversaires à la respecter et certains même d'entre eux à la saluer, hypocritement c'est vrai, mais ce sera à vous à faire le choix entre les hypocrites, les fourbes et les sincères. (*Oui! oui! — Très bien! — Bravos.*)

Cette politique n'a d'autre mission que de faire respecter les lois et, sous leur égide de convier tous les Français au travail. Cette politique n'a d'autre préoccupation que de leur dire : Vous cherchez la restauration, la régénération de la patrie, eh bien! confiez-vous à votre propre génie. Ce génie est connu dans le monde, il s'appelle le travail, dans toutes les branches de l'activité humaine : les arts, les sciences,

les lettres, l'industrie, l'économie, l'épargne; c'est
le génie de la production. Il n'est pas un peuple dans
le monde qui nous surpasse comme travail et moralité. Eh bien! si les lois sont respectées, s'il ne se
produit ni heurt ni conflit; si, grâce aux décisions du
suffrage universel, vient s'ajouter à un Sénat sincèrement républicain un Corps législatif républicain, démocrate, libéral et pacifique, vous parcourrez la période républicaine de quatre ans qui va commencer
au milieu de la prospérité générale. Les capitaux sont
là qui n'attendent que l'heure de la confiance promise, que le moment du départ. Comme des coursiers
qui vont s'élancer sur le champ de courses, ils sont
là, ils vont partir. Alors nous aurons deux fois raison
de l'Empire; il nous aura donné la honte, et la République aura ramené l'honneur; il nous aura légué la
ruine, et nous aurons refait la fortune du pays. Quant
à cette prospérité matérielle dont il se vantait d'être
la cause, elle n'était que le fruit de ressources antérieures accumulées, elle n'était que le résultat de
l'activité laborieuse de nos villes et de nos campagnes
servies par l'ardeur de nos capitalistes. Eh bien, vous
allez voir les résultats d'une République sortie du consentement de la nation, respectueuse des droits de
tous, fermement résolue à se défendre, mais écartant
toute occasion de troubles et de conflit; vous verrez
un essor économique immense, et une ère nouvelle
s'ouvrira, agricole, industrielle et commerciale, qui
laissera loin derrière elle les chiffres menteurs des
bulletins officiels du plébiscite. (*Très bien! très bien!*
— *Applaudissements prolongés.*)

Quand je dis ces choses, Messieurs, croyez bien que
ce n'est pas uniquement pour solliciter vos suffrages.
C'est parce que, après avoir traversé des crises sans
précédent dans notre histoire, après m'être mis face
à face avec la situation de mon pays, après l'avoir
étudié dans toutes ses régions, j'ai appris combien il

est amoureux de l'ordre et de la liberté, combien il redoute les entreprises des sectaires cléricaux et autres, combien il tient aux légitimes prérogatives de l'État, combien il est avide d'égalité et de justice; mais, de plus, m'inspirant de la situation extérieure de la France et n'ayant qu'une préoccupation au fond du cœur, celle de refaire la patrie assez forte, assez puissante, assez digne des respects du monde et des sympathies de tous, j'espère qu'un jour, rien que par l'ascendant du droit, nous retrouverons pour l'équilibre de l'Europe et le triomphe de la justice nos frères séparés. (*Applaudissements enthousiastes et prolongés. — Cris nombreux de : Vive la République! Vive Gambetta! — L'orateur est entouré par un grand nombre d'électeurs qui viennent le féliciter et lui serrer la main.*)

M. TESTELIN, *président.* — Vous n'avez plus en face de vous, Messieurs, qu'un seul candidat, l'autre s'étant retiré, — c'est M. Gambetta. Je mets aux voix sa candidature.

(La candidature de M. Gambetta est mise aux voix et adoptée à l'unanimité.)

DISCOURS

Prononcé le 9 février 1876

A AVIGNON

Nous avons dit plus haut (page 53) que M. Gambetta avait accepté la candidature qui lui avait été offerte par le comité républicain d'Avignon, pour les élections législatives du 20 février. Les comités réactionnaires lui opposaient M. du Demaine, maire d'Avignon depuis 1874.

Le 9 février, M. Gambetta, venant de Lille, prononça à Avignon le discours suivant. La réunion électorale (privée) comptait plus de trois mille citoyens. Elle était présidée par M. Alphonse Gent.

M. ALPHONSE GENT. — Citoyens, je ne veux pas retarder d'un instant même le plaisir que vous attendez si impatiemment d'entendre notre ami, notre candidat et bientôt, je l'espère, comme on l'a dit ailleurs tout à l'heure, notre député Gambetta. (*Oui! oui!* — *Acclamations.*)

Je ne réclame aujourd'hui que l'honneur de vous présenter le grand patriote, le grand citoyen, le grand orateur, le grand politique que vous aimiez déjà sans le connaître et que vous aimerez bien davantage quand vous l'aurez connu. En ce moment, je veux seulement vous dire que Gambetta est arrivé chez nous dans un grand état de fatigue; il vient de Lille, et, ce soir, il part pour Marseille d'où il doit se diriger, dès demain, sur Cette et Bordeaux pour rentrer à Paris lundi.

Il faut avoir réellement un grand courage et un grand dévouement à la cause républicaine pour sup-

porter de pareilles fatigues et être à la hauteur de
pareils labeurs. Eh bien, ce que je réclame de vous,
citoyens, c'est de l'écouter en silence, sans augmenter
sa fatigue par des interruptions fréquentes, et de recueillir et méditer ses paroles pour qu'elles soient
l'instrument du développement de l'idée républicaine
dans notre département. (*Bravos et applaudissements.*)

M. Gambetta a la parole.

M. GAMBETTA. — Messieurs et chers concitoyens,

En me trouvant au milieu de vous et en recevant de
vous cet accueil cordial et fraternel que le parti républicain veut bien me faire dans cette ville, je ne m'at-
tarderai pas à vous en exprimer ma reconnaissance.

Je sens trop bien combien les heures sont précieuses
pour que je vous adresse des paroles banales, et je
viens tout de suite au fait.

Pourquoi suis-je aujourd'hui devant vous? Quelles
raisons, quels motifs font que vous avez songé à moi
aujourd'hui, comme le disait tout à l'heure notre cher
et vénéré Gent? Pourquoi voulez-vous faire de moi
un candidat aux élections législatives du 20 février
dans la ville d'Avignon?

Cette raison, je vais vous la dire, car elle a été le
motif déterminant de mon acceptation de la candidature. Je ne songeais guère, Messieurs, à venir solliciter de vous un mandat de député. Des occupations
dont j'étais surchargé me faisaient un devoir de ne
pas muliplier encore les tâches diverses dont on a
chargé mes trop faibles épaules. Mais on m'a dit ceci :
Il est nécessaire que vous veniez dans notre département, parce qu'il est le théâtre, depuis quelques années, des plus scandaleuses, des plus incroyables vio-
lations du suffrage universel. (*Marques unanimes d'approbation. — Bravos.*)

Je dis qu'on m'a présenté la situation électorale de
la première circonscription de Vaucluse comme grave
au point de vue de la sincérité des opérations électo-

rales, et on m'a raconté, avec force documents et
beaucoup de preuves à l'appui, quelle était la nature
de ces pratiques et de ces manœuvres qui arrivaient
jusqu'à changer les majorités en minorités. (*Très
bien! très bien! — Longues acclamations.*)

Je dois ajouter que les faits qu'on portait à notre
connaissance étaient pour moi tellement inouïs, qu'il
fallait toute l'autorité, tout le crédit des personnes
qui s'en faisaient les rapporteurs pour qu'on pût y
ajouter foi, et alors on m'a dit : Venez vous-même
dans notre département, faites vous-même cette enquête, écoutez des témoins, apprenez la vérité, et
dites-nous s'il n'est pas nécessaire d'apporter un remède à la situation.

Je suis venu, et, en fort peu de temps, on m'a démontré, pièces en mains, par des dépositions orales
ou écrites, par l'attestation des hommes les mieux
renseignés sur ces pratiques, sur ces fraudes contre le
suffrage universel, qu'il y avait là une situation qui
réclamait un remède énergique. Et alors, à l'offre qui
m'était faite, j'ai répondu par cette condition : Si
vous voulez que ma candidature soit la candidature
de la sincérité et de la moralité électorale, j'accepte.
(*Bravos et applaudissements enthousiastes. — Cris répétés
de : Vive la République! Vive Gambetta!*)

Messieurs, privons-nous de ces applaudissements
bruyants, de ces manifestations. Nous sommes venus
ici pour causer de nos affaires, pour nous entendre
ensemble ; eh bien, il y a, entre nous, assez de liens de
sympathie mutuelle pour qu'il ne soit pas besoin de les
exprimer à chaque fin de phrase. (*Marques d'adhésion.*)

Je dis qu'en acceptant cette candidature, j'ai le sentiment de remplir un devoir, parce que nous recueillerons tous les faits, parce que nous établirons un dossier en règle de toutes les compromissions d'où
qu'elles viennent, à quelque degré de la hiérarchie
administrative qu'elles se soient manifestées, quel que

soit l'auteur de la violence, de la fraude, de la surprise ou de la supercherie, quelque rang ou quelque poste qu'il occupe. Il faut que l'on sache que nous sommes décidés, après avoir réuni les faits, à en demander justice au vrai tribunal compétent qui est la future Assemblée devant laquelle on ne pourra pas décliner le débat, devant laquelle surtout ce débat sera sincère et complet, devant laquelle on trouvera une majorité d'hommes véritablement éclairés, loyaux et résolus à arracher le suffrage universel à toute espèce de mauvaises entreprises. (*Salve d'applaudissements.*)

Cette candidature étant ainsi caractérisée, il s'agit de savoir ce qu'il nous reste à faire pour lui donner force et autorité, car, si je suis venu parmi vous, c'est que j'ai cru qu'il y avait non seulement un intérêt vauclusien, — permettez-moi l'expression, — mais un intérêt général à ce qu'on ne laissât pas, dans un département quelconque de France, le suffrage universel exposé à se déshonorer lui-même, car, s'il y a quelque chose de louable à dire pour ce mode de consultation du pays que nous possédons, grâce à la Révolution de 1848, depuis vingt-huit ans, c'est qu'il est, dans le monde, le plus moral, le plus libre, le plus sincère et le moins corruptible des suffrages, et, sur toute la surface du pays, on n'a pu relever contre lui que des lésions parfaitement isolées, passagères et momentanées, de telle sorte que, dans son ensemble, ce suffrage universel est pur, probe et fort. Il n'est donc pas permis de le laisser diffamer sur un point quelconque du territoire.

Il faut donc, je le répète, que cette candidature, que je n'accepte qu'à la sollicitation de mes amis, ait, aux yeux des électeurs de Vaucluse comme aux yeux des électeurs du reste du pays qui peuvent se demander quelle est sa raison d'être, — il faut, dis-je, que cette candidature ait pour caractère, — je passe sur le caractère républicain d'abord parce que je pense qu'on ne le conteste pas... (*Non! non! — Approbation unanime*) — il faut qu'elle ait pour caractère de vouloir ramener la vérité et la loyauté électorales dans un pays où on s'attache depuis trop longtemps à les violer et à les corrompre. (*Oui! — C'est cela! — Très bien! — Applaudissements prolongés.*)

Cela dit, il me reste à vous donner, non pas des instructions, mais, si vous le permettez, à vous faire part des réflexions que m'inspire une situation comme la vôtre.

Il faut, avant de vous préparer au travail électoral, que vous soyez animés surtout d'une grande pensée d'union et de concorde ; il faut qu'il n'y ait ni indifférence ni hostilité dans vos rangs, puisque vous consentez à rechercher, avec moi, les moyens de refréner des pratiques mauvaises et abusives dirigées contre le suffrage universel. Il vous faut agir avec un ensemble irrésistible ; il faut que, dans toute l'étendue de cette circonscription, tous les républicains, sans distinction de nuances ou de personnes, veuillent bien organiser, non seulement l'action électorale, de telle sorte qu'après avoir accompli ce premier devoir qui consiste à se présenter tous unis au vote, il y a un second devoir à remplir, le devoir de surveiller les opérations du vote et de recueillir tous les renseignements sur la manière dont elles auront été conduites et pratiquées. N'ayez aucune inquiétude, aucune appréhension sur l'accomplissement de ce dernier devoir. On cherchera, je le sais, à intimider quelques-uns et à gagner peut-être quelques autres ; on usera des mille moyens qui sont au service d'une administration que l'arbitraire ne fait pas reculer et des procédés de compression administrative. Ne vous laissez entamer par rien, ayez confiance dans l'avenir qui va sortir de l'arrêt, du verdict de la France. Oui! le 20 février, dans quelques jours, une majorité républicaine sera créée et constituée, et cette majorité républicaine sera juge, non seulement des opérations électorales, mais encore de la politique suivie par le cabinet, mais encore de l'administration qui aura été l'agent et l'exécuteur de cette politique, et — je le dis en ce moment, non seulement pour les simples citoyens qu'on peut vouloir tromper, mais pour ceux qui, dans les communes, exercent certaines fonctions, pour ceux qui peuvent recevoir de l'administration centrale une impulsion excessive, — je leur dis qu'ils doivent regarder devant eux et juger de la force d'une administration dont le chef est condamné par tous les scrutins, soit le scrutin du suffrage parlementaire, soit celui du suffrage restreint et, à plus forte raison, par le scrutin du suffrage universel. Oui, le moment est venu, pour cette administration de combat, inaugurée depuis la chute de M. Thiers dans le but de lutter contre la démocratie, de la mater et de la réduire à l'impuissance, — le moment est venu où elle va trouver en face d'elle le pays réveillé, debout, prêt à porter son jugement et à faire justice de cette administration. Quelques semaines seulement nous séparent de ce moment; aussi attendez-vous à ce que, dans ce dernier et court espace de temps, des efforts soient tentés, efforts aussi impuissants, aussi stériles que ceux qui les ont précédés, et dont il ne restera que la courte honte pour ceux qui en seront responsables, en face de la nécessité d'organiser enfin la République avec des républicains. (*Vifs applaudissements et bravos répétés.*)

Car enfin, il faut en finir avec cette administration que nous a léguée la grande politique de combat et du péril social. Il faut mettre un terme à ce que j'appelle un véritable scandale et qui fait qu'un gouvernement, qui est républicain par le titre légal, qui est républicain par la Constitution, qui est républicain par la volonté de la France, qui est républicain par l'assentiment du pays, et je pourrais dire avec les sympathies de l'Europe, que ce gouvernement ne rencontre de-

vant lui d'entraves, d'embarras et d'obstacles que de
la part de fonctionnaires qui sont chargés de le protéger, de le servir et de le défendre, et qui, ayant
reçu le mandat de soutenir la Constitution du 25 février, la livrent à toutes les entreprises de ses pires
ennemis, et ne cherchent qu'à recruter, à coaliser
contre elle toutes les oppositions. (*C'est cela! — Très
bien! — Applaudissements.*)

Ces faits-là ne sont possibles véritablement que dans
un pays comme la France, dans une nation aussi
respectueuse de la légalité, de mœurs assez douces et
d'un esprit d'obéissance légale aussi traditionnel pour
pouvoir supporter pendant des années, non pas sans
murmurer, mais sans se laisser aller à l'exagération,
à l'abattement ni à la lassitude, un pareil état de
choses qui consiste à la gouverner contre sa volonté
la plus manifeste, volonté toujours rejetée et toujours
unanime pour condamner et la politique suivie depuis le 24 mai, et ses agents qui n'ont pas craint de
rétablir la candidature officielle de manière à faire
rougir l'Empire lui-même. Oui, toutes les fois que les
candidats de cette politique ont osé se présenter devant le suffrage universel, il les a repoussés impitoyablement; toutes les fois que le corps électoral voyait
apparaître, derrière ces candidatures, le parrain qui
les patronnait, immédiatement il en faisait justice.
(*Hilarité. — Applaudissements et acclamations.*)

Et maintenant j'entre dans l'examen des conséquences de la politique électorale à laquelle le pays
tout entier va se livrer, car ce n'est pas seulement
pour la constatation stérile d'un droit qu'on possède le
suffrage universel, ce n'est pas seulement pour donner
à des hommes politiques sortis des rangs du peuple
une fonction qui les élève au-dessus des autres, ce
n'est pas seulement pour leur donner le bénéfice et le
crédit qui s'attache à l'exercice même de la fonction
honorée de député qu'on fait des élections. Non. On

fait des élections pour imposer une politique. On
fait des élections pour mettre un terme à des abus
intolérables. On fait des élections pour opérer des réformes. On fait des élections pour arriver à substituer
la politique de liberté à la politique de compression.
(*Salve d'applaudissements.*)

Et cette politique de liberté, il n'est pas difficile de
la définir, il est encore moins difficile de la pratiquer.
Il n'y a qu'à prendre le contre-pied de la gestion politique de ceux qui nous gouvernent depuis trois ans.
(*Rire général.*)

Il suffit de déchirer les divers décrets, mesures et
ordonnances qu'ont pris nos ministres depuis trois
ans, pour établir une politique de liberté qui est le
premier besoin du pays et, notamment, le premier
besoin des populations de ce Midi de la France, qu'on
a systématiquement diffamées pour pouvoir mieux
les refouler et les mater. Oui, le premier besoin de
ces populations, avant d'entreprendre des réformes plus
ou moins délicates et lointaines, c'est de redevenir maî-
tresses d'elles-mêmes, c'est de ressaisir la liberté d'é-
crire, de se réunir, de s'associer, la liberté de choisir
leurs maires; le premier besoin de ces populations,
c'est d'avoir des fonctionnaires qui, au lieu d'être des
ennemis tracassiers, des esprits hostiles et chagrins
constamment en conflit réglé avec les populations,
soient des fonctionnaires soucieux de la paix et du
bon ordre des populations, en même temps que de la
dignité de l'administration dans un pays qui ne réclame, qui n'est avide que d'apaisement, de concorde et de travail, et qui n'exige que le règne de la
loi, à la place des fantaisies et des caprices d'une poignée d'ambitieux infatués de leurs mérites. (*L'orateur
est interrompu pendant quelques minutes par plusieurs
salves d'applaudissements et les cris prolongés de : Vive
la République! vive Gambetta!*)

Avant d'aborder ce que j'appelle le programme de

la prochaine Assemblée, programme complexe et difficile, mais cependant parfaitement possible et réalisable, surtout à l'aide de la majorité que nous possédons déjà dans le Sénat, et de la majorité plus vigoureuse encore qui va se trouver dans la nouvelle
Chambre des députés, — avant, dis-je, d'aborder ce
programme que je divise en deux parties, et dont l'examen entier me mènerait trop loin, je veux m'attacher
à ne vous exposer que la première de ces deux parties, celle qui traite, non des réformes à opérer, mais
celle qui concerne la politique libérale à suivre par
l'administration.

Je vais donc esquisser devant vous le tableau de la
tâche impérieuse, urgente, qui s'impose à ceux à qui
vous confiez le dépôt et l'exercice de vos droits. Quels
sont les besoins des populations que vos députés seraient appelés à représenter? Je ne vous ai pas beaucoup visités, Messieurs, mais je connais bien les populations qui vous environnent, celles qui vous sont
limitrophes. J'ai été pendant longtemps député des
Bouches-du-Rhône, élu à Marseille, et vous n'êtes pas
tellement dissemblables et, surtout, pas tellement
opposés de sentiment et d'idées politiques avec les
populations de ce département, pour que vous ne
soyez pas traités de même qu'elles demandent à l'être.

Ce que les populations du Midi réclament avant tout,
ce sont des agents du pouvoir central, des préfets, —
pour les appeler par leur nom, — qui soient des serviteurs légaux et sincères de l'idée républicaine. (*Oui!
oui! — Très bien! — Double salve d'applaudissements.*)

Croyez bien que je ne demande pas à ces fonctionnaires d'être, comme mon ami Gent, des hommes
chevronnés au service de la République. (*Rires d'approbation et applaudissements.*) Je ne leur demande même
pas d'être des radicaux de la nouvelle école. (*Rires.*)
Non, ce que je réclame d'un préfet, ce que je crois
que le gouvernement modéré de la République du 25

février doit réclamer de lui, c'est la bonne foi, c'est
non seulement le respect extérieur et apparent des
institutions républicaines, mais leur sympathie pour
l'œuvre républicaine, car je n'admets pas qu'un gouvernement puisse être bien défendu par d'autres que
ceux qui l'aiment; je n'admets pas qu'un gouvernement puisse être bien soutenu par des hommes qui
ne font, pour ainsi dire, que louer leurs services sans
y mettre aucune part de leur raison ou de leur cœur.
Ces hommes peuvent être des agents, mais ils ne méritent, à aucun degré, le titre de serviteurs de l'État
républicain dans le sens élevé du mot; ils émargent,
ils servent dans la plus vulgaire acception du mot,
mais, quant à être une force, un appui pour le gouvernement, quant à faire sentir aux populations l'excellence du gouvernement républicain, quant à leur faire
comprendre qu'il est la garantie de la paix, du travail,
de la prospérité, de la force et du relèvement de la
France, jamais! (*Bravos et applaudissements.*)

Voilà les qualités que j'exigerais d'un bon préfet.
Je sais bien que nous ne serons pas appelés à les choisir, mais nous serons toujours appelés à juger celui
qui les nommera, c'est-à-dire le ministre de l'intérieur, et alors vous apercevrez pourquoi vous devez
nommer des députés qui veulent avoir un ministre
de l'intérieur acquis à la République. (*C'est cela! —
Très bien! très bien! — Bravos.*)

Je pourrais promener cette analyse sur tous les
agents du pouvoir, ce serait une énumération fasti-
dieuse, mais, à côté du préfet, il y a un agent de l'État
sur le caractère duquel on peut élever des contesta-
tions théoriques encore plus que pratiques. C'est le
maire, le maire qui est gestionnaire de la commune.
C'est le maire qui a besoin de la confiance de la population au milieu de laquelle il vit, dont il doit être le
représentant sympathique et le guide naturel. Or il
faut, dans la politique libérale à inaugurer, que ce

maire soit l'élu de son conseil municipal ; autrement,
s'il n'est pas son élu, s'il est choisi par le pouvoir
central même parmi les derniers élus de la liste municipale, en un mot, si le maire n'est pas nommé
par le conseil municipal, pour être l'intermédiaire
entre l'État et la commune, je dis qu'on n'a pas un
maire, mais un simple commis du pouvoir exécutif :
c'est le commissaire d'un préfet. Eh bien, s'il y a,
pour toutes les populations de la France, une réforme
à laquelle elles soient attachées du fond de l'âme,
c'est celle qui assurera la liberté et l'indépendance
de la commune, c'est celle qui établira véritablement
les franchises municipales parce que, pour le citoyen
le plus humble comme pour le plus élevé, la commune
est la meilleure, la plus intime réduction de la patrie,
où se trouvent resserrées les plus intimes affections
qui viennent de la naissance, de la famille, et des
relations les plus anciennes et les plus durables ; c'est
le berceau, le foyer et la tombe ; tous ses souvenirs
et tous ses intérêts. Il est indispensable que celui qui
doit être placé à la tête de la commune soit véritablement désigné par le suffrage de ses pairs, de ses amis,
de ses concitoyens : s'il n'est que l'agent imposé du
préfet, il n'est qu'un sujet d'opposition et de conflit
avec la commune ; et presque toujours on peut constater, excepté dans les temps de crise ou de révolution, que de semblables représentants du pouvoir sont
des agents d'irritation ou de compression. (*Marques
de la plus vive adhésion et applaudissements prolongés.*)

Hélas ! nous connaissons beaucoup de faits à l'appui
de ce que je viens de dire. Car enfin cette immense
machine politique du 24 mai qui a été montée contre
la France et qui avait pour but de ramener la monarchie légitime ou contractuelle, ou d'établir une dictature militaire, ou un septennat avec les définitions les
plus bizarres... (*Rires*), cette politique a laissé derrière
elle un legs qui pèse encore lourdement sur le pays :

quand elle a voulu, comme elle disait, faire « marcher
le pays », qu'a-t-elle fait? Elle a fait les maires de
combat. C'était là la seule pensée qui animât la réaction parce qu'elle savait que, par les maires, elle prenait le suffrage universel à sa source, qu'elle l'intimi-
dait, qu'elle le troublait à son origine, parce que la
réaction savait que plus les maires imposés seraient
impopulaires et plus on en couvrirait la France, mieux
ils seraient les agents de la politique de réaction. Cette
politique a un moment tenu la France en échec sans
pouvoir en triompher, car on ne triomphe pas du sentiment public, quand il est aussi intense, aussi général que celui qui anime aujourd'hui la nation française, mais on a tout fait pour retarder sa victoire, et,
si l'entreprise de réaction qu'on a tentée avait pu
réussir, vous auriez vu les maires imposés, les maires
de combat jouer un rôle prépondérant dans les élections sénatoriales. Aussi avec quel zèle l'administration a-t-elle soigné l'élection du maire comme délégué sénatorial! On lui a imposé l'obligation de se
présenter comme candidat à la délégation sénatoriale,
et, en effet, c'était la condition du succès de l'Union
dite conservatrice et qui devrait plutôt s'appeler l'U-
nion perturbatrice. (*Hilarité. — Salve d'applaudissements.*)

Toutefois, malgré les facilités qu'avaient les maires
de combat de se faire nommer délégués sénatoriaux,
malgré l'influence dont ils disposaient, il y a un
nombre assez considérable de ces maires qui sont
restés sur le carreau (*Rires*), et ce n'est pas une des
moindres raisons de nos succès sénatoriaux.

S'il est donc une mesure qui soit contraire au génie
et à la moralité du suffrage universel, qui soit contraire
à l'indépendance de la commune et à la moralité des
rapports entre l'administration centrale et la commune, c'est la mesure qui laisse au pouvoir la nomination des maires. Dès lors, en tête du programme

de la politique libérale, nous plaçons la restitution aux conseils municipaux des communes du droit d'élire leurs maires. (*Très bien! très bien! — Applaudissements prolongés.*)

Et si, d'un côté, vous avez des préfets qui se contentent de n'être pas des adversaires de la République et, de l'autre côté, des communes affranchies, libres, alors toute espèce de divisions, de difficultés, d'oppression administrative et électorale est écartée, et les affaires, les rapports deviennent absolument simples et faciles entre l'administration et les populations.

Je sais bien qu'il y a une objection à ce que je dis : c'est que, lorsque le préfet est en opposition avec l'opinion des populations de son département, et qu'il froisse le sentiment des maires élus par les conseils municipaux, ce préfet n'a plus de rapport avec ses administrés puisqu'il ne nomme pas les maires.

Qu'est-ce que prouve cette objection? Est-ce qu'il faut, dans ce cas, changer les maires? Non, c'est le préfet qu'il faut changer parce qu'il est mauvais. (*Rires d'approbation et bravos répétés.*)

Soyez convaincus aussi, Messieurs, que la vraie politique doit être faite d'une manière pratique, expérimentale, sans se payer de mots, sans se perdre dans les considérations générales, en demandant tous les jours un progrès réalisable. Or, ce qui est pratique aujourd'hui, ce qui est possible, c'est la réforme des fonctionnaires vicieux et hostiles à la République, et c'est la restitution des franchises municipales.

Et puis, — car il y a un autre côté dans la politique libérale, — il faudra réclamer et obtenir la liberté de la presse pour toutes les opinions indistinctement, excepté, bien entendu, pour celle qui mettrait en cause le principe du suffrage universel et la République. Mais, sauf cette réserve, je suis pour la liberté absolue de discussion, quels que soient la thèse, le sujet, l'écrivain. Je n'admets pas qu'on place la presse sous un

joug quelconque. Je ne reconnais pas de tribunaux
spéciaux pour la juger ni d'autorité administrative
pour lui donner le droit de naître. Je repousse également le cautionnement, parce que tout homme, s'il
croit avoir quelque chose à dire, a le droit de le faire
sans qu'on ait à se préoccuper si ce qu'il dit est vrai
ou faux, la contradiction seule pouvant faire la lumière. (*Très bien! très bien! — Applaudissements.*)

Si la liberté de la presse a eu à supporter la législa-
lation abusive d'un état de siège qui était un legs de
la guerre, qui était une mesure de défense contre
l'étranger, il faut faire cesser cet état de siège qui est
devenu une mesure de protection pour une petite politique et de petites personnes.(*Rires.*) Mais ces jours sont
passés, et la prochaine Assemblée, dans ses premières
réunions, se prononcera sur cette question. Elle n'at-
tendra pas, je l'espère, la date du 1er mai fixée par la
loi pour la levée de l'état de siège, et elle rendra à
quiconque tient une plume le droit d'en user librement. (*Applaudissements.*)

Mais il y a un autre droit que je considère comme
plus important, si c'est possible, que la liberté de la
presse: c'est le droit que nous exerçons, pour partie,
en ce moment, mais dans des conditions très res-
treintes, très difficiles, et à une époque où il serait
absurde de nous en priver, à l'époque des élections
générales pour la Chambre des députés, puisque c'est
la seule période où les électeurs peuvent entrer en
discussion avec leurs candidats. Mais je voudrais un
droit de réunion permanent, afin que cet instrument
de discussion, d'enseignement mutuel des citoyens
fût employé dans la démocratie d'une manière paisi-
ble, ordonnée, régulière et constante. Car lire et
écrire constitue, chez un homme, des aptitudes déjà
avancées, malheureusement encore trop rares ; mais
parler à des hommes, pénétrer dans leur esprit par la
parole et les faire penser, même quand ils sont privés

du bénéfice de savoir lire et écrire, c'est là une tâche
et une nécessité essentiellement démocratiques. Quand
aurons-nous, comme en Suisse, en Angleterre et en
Amérique, à côté de la maison commune, une maison
de réunion civique où tous puissent se rencontrer et
s'entretenir des affaires particulières de la commune,
des affaires de clocher, comme des affaires de l'État, et
les élaborer, les discuter afin de les soumettre à
l'adoption ou au rejet de l'opinion publique? Quand
aurons-nous, enfin, une démocratie qui ne soit pas
condamnée à se réunir pendant quinze jours, et tous
les quatre ans seulement, mais une démocratie pouvant toujours s'assembler, discuter, examiner, ce qui
est le droit des hommes libres, pour faire un libre
choix entre des opinions publiquement débattues?
(*Bravos et applaudissements prolongés.*)

Voilà le droit que je réclame. Et comment ce droit
a-t-il été traité? Partout on en a interdit l'exercice.
Partout on a persécuté ceux qui voulaient le mettre
en pratique. Non seulement on a fermé les réunions
publiques et privées, mais encore les cercles et jusqu'aux chambrées où on se réunissait pour converser,
quel que fût le nombre de ceux qui s'assemblaient,
qu'il fût de 12, 10, 6 ou 5 personnes seulement. L'arbitraire légal intervenait et faisait fermer la réunion.
On a même été jusqu'à faire peser une lourde responsabilité sur les propriétaires de maisons et d'établissements publics où avaient lieu ces réunions inno-
centes, et je connais des hommes qui ont été ruinés
parce qu'ils recevaient chez eux quatre ou cinq hommes libres. Il y a donc là une urgente restitution d'un
droit de la plus haute importance et la nécessité de
l'entourer de garanties pour ceux qui l'exercent et
pour l'ordre public. (*Salve d'applaudissements.*)

Nous avons encore à réclamer le droit d'association.
Je ne l'examinerai pas en détail, ce qui m'entraînerait
trop loin. Je dois dire que nous en sommes totale-

ment dépourvus. Nos adversaires le possèdent et s'en servent d'une manière manifeste, et, quelquefois, d'une façon occulte. Ils ont toutes les protections de l'administration et les faveurs de l'État. Ils peuvent posséder, acquérir, transmettre; ils peuvent constituer toutes espèces d'associations pour les pèlerinages, pour les cercles ouvriers, pour le salut des petits Chinois... (*Rires,*) pour la propagande, le prosélytisme et les miracles. (*Nouveaux rires*). Ils pratiquent le droit d'association comme ils veulent; mais, lorsqu'il s'agit de nous le concéder, ils réclament, ils s'agitent, et ils disent que si le droit d'association vous était accordé, ce serait le péril social! (*Hilarité générale. — Applaudissements prolongés.*)

Nous aurons à traiter, un jour, cette question du droit d'association, et nous pourrons réparer peut-être, grâce à la nouvelle Assemblée, notre indigence de ce côté. Il faudra donner le droit d'association à cette démocratie, composée de Français attachés à la France et ne regardant pas au dehors, ne recevant pas de consigne ni d'ordres de l'étranger, occupés seulement d'intérêts civils et laïques. Nous le réclamerons, ce droit, et nous rechercherons s'il n'y a pas, dans le camp de nos adversaires, des associations illicites et dangereuses, s'il n'y a pas l'abus le plus excessif du droit d'association.

Mais ce sont là des questions qui ne sont pas à traiter aujourd'hui. Il me suffit de vous les indiquer afin que vous sachiez, avant de nous séparer, que la politique que je voudrais voir ratifier non seulement ici, mais dans les autres départements, est une politique qui a deux aspects parfaitement déterminés : politique de restitution des libertés publiques à l'intérieur et d'inauguration des réformes qui sont mûres. Si vous êtes dans ces idées, Messieurs, comme je ne saurais en douter, car, pour s'en assurer, il ne faut pas une très grande clairvoyance ; il me suffit d'avoir traversé votre

ville et d'y avoir recueilli les marques de sympathie
fraternelle que vous m'avez données, pour être sûr
que, rassurés sur les manœuvres et les entreprises de
vos adversaires, vous saurez bien donner une majorité à vos opinions... (*Oui! oui! — Bravos.*) Si, dis-je,
vous êtes dans ces idées, vous tiendrez à honneur de
placer le département de Vaucluse au nombre des
meilleurs, qui enverront une majorité républicaine,
démocratique, libérale et pacifique siéger sur les bancs
des députés de la nation pour la justice et la patrie!
(*Salve d'applaudissements. — Vive la République! Vive
Gambetta!*)

Je vais vous quitter, Messieurs, le temps me talonne.
Je suis obligé de partir dès ce soir, mais je tiens à
vous revoir et je reviendrai mercredi parmi vous, pour
y passer la journée de jeudi. J'espère qu'à ce moment
votre œuvre sera déjà fort avancée, que vous vous serez organisés et que vous aurez pris vos mesures.

Quant à moi, je serai heureux, vaincu ou vainqueur,
de vous avoir donné occasion de protester contre les
attentats auxquels le suffrage universel est en butte
dans votre pays et qui, je vous le promets, ne se repro-
duiront plus.

Permettez-moi, pour terminer, de vous donner quelques renseignements sur l'état de l'opinion en France.

Du rendez-vous du 20 février sortira une grande
majorité républicaine, et des notes personnelles me
permettent d'affirmer qu'elle sera de quatre-vingts à
cent voix. Voudriez-vous que de département de Vaucluse, qui était des meilleurs entre les meilleurs, se
démentît et ne figurât pas dans la glorieuse phalange
des départements ayant voté pour les républicains
auxquels seront remises les destinées de la patrie?
(*Salves prolongées d'applaudissements. — Cris répétés de:
Vive la République! Vive Gambetta!*)

M. Doncieux, préfet de Vaucluse, répondit à ce discours

en publiant, sous la signature de M. du Demaine, l'odieuse brochure : *Une Page d'histoire*. (Rapport fait au nom de la Commission chargée de faire une enquête sur l'élection de M. du Demaine à Avignon, par MM. Henri Brisson et Albert Joly, pages XVI, XVII et XVIII. — Voir surtout les quatre dépositions de MM. Gros, imprimeurs de la préfecture de Vaucluse et de la mairie d'Avignon, et de leur prote, pages 105 à 109.)

M. du Demaine fut élu le 20 février par 9,846 voix contre 8,642 données à M. Gambetta. Nous racontons à l'*Appendice* comment cette élection fut invalidée, le 16 novembre, comme étant viciée par la pression administrative, la fraude et la violence.

DISCOURS

Prononcé le 13 février 1876

A BORDEAUX

La *Gironde* du 13 février publiait l'article suivant :

« La journée d'hier a pris une tournure des plus inatten-
dues et des plus originales : elle a été, pour M. Gambetta,
l'occasion d'une admirable manifestation, et pour les électeurs bordelais une déception cruelle. Nos concitoyens, en
effet, par l'empressement avec lequel ils sont accourus pour
entendre l'éminent candidat de la 1re circonscription, ont
montré de quelle immense et légitime popularité jouit
M. Gambetta dans notre démocratique cité ; mais cet empressement a été tel, qu'il a rendu la réunion matériellement
impossible.

« Le cirque Lamartinie, où elle se tenait, peut contenir
3,000 personnes au maximum. Plus de 10,000 se sont présentées : dès six heures et demie, la salle était pleine, et
cependant, la foule se poussant toujours, il y est définitivement entré, Dieu sait dans quelles conditions de gêne et
avec quel péril pour la sécurité de la salle et des individus,
plus de 5,000 personnes entassées les unes contre les
autres ; le reste des assistants s'est répandu autour du bâti-
ment et jusque dans les jardins avoisinants, obstruant les
voies de communication qui aboutissaient à la salle, de telle
sorte que M. Gambetta, arrivé à huit heures précises, et
auquel, en prévision de l'affluence, on avait essayé de mé-
nager une issue particulière par une maison de la rue Séga-
lier, s'est vu dans l'impossibilité absolue de percer les rangs
compacts des électeurs et d'arriver, non pas même à la
tribune, mais simplement dans la salle.

« Après une demi-heure d'attente, les organisateurs de la

réunion ont dû reconnaître, à leur vif regret, qu'il fallait renoncer à faire entrer le candidat, et qu'il était même urgent d'évacuer le cirque. Ils ont donné connaissance de la situation à la réunion, qui s'est rendue à leur avis avec une rare présence d'esprit, et les milliers de citoyens qui se pressaient dans la salle se sont, malgré leur désappointement, retirés peu à peu avec un ordre et un calme auquel nous ne pouvons rendre un trop chaleureux hommage. »

Le lendemain, 13 février, 2,000 électeurs républicains de la 1re circonscription de Bordeaux étaient conviés en réunion privée dans la salle du Théâtre-Français. Nous empruntons à la *République française* du 17 février le compte rendu *in extenso* de cette réunion :

SALLE DU THÉATRE FRANÇAIS DE BORDEAUX,
RÉUNION PRIVÉE.

« La séance est ouverte à deux heures, sous la présidence de M. Fourcand, sénateur, assisté de MM. Métadier, conseiller général (1er canton); docteur Guépin, conseiller d'arrondissement (2e canton), et Legendre, conseiller municipal (3e canton). En prenant place au bureau, M. Fourcand prononce l'allocution suivante :

« Citoyens, j'ai eu l'honneur de vous inviter à une réunion privée.

« Avant d'introduire le candidat de la 1re circonscription, je demande à l'Assemblée la permission de lui dire un mot sur la réunion publique d'hier et sur celle qui va avoir lieu. Je tiens à expliquer à la population de la 1re circonscription combien nous avons regretté de n'avoir pu faire entendre notre candidat hier soir.

« Vous aviez acclamé M. Léon Gambetta comme le candidat de la 1re circonscription, et il nous avait paru nécessaire, pour répondre au sentiment général, de provoquer une grande réunion publique. L'empressement de la population tout entière, qui a été une véritable manifestation patriotique, n'a pas permis à votre candidat et aux amis qui l'accompagnaient de pénétrer dans la salle de réunion, et la séance n'a pu être tenue.

« Nous en exprimons tous nos regrets aux électeurs. (*Très bien! très bien!*)

« Sur nos instances, M. Léon Gambetta, qui avait pris des
engagements et devait parler ce soir dans une réunion à
Paris, a consenti à retarder de quelques heures son départ
pour la capitale; je viens de l'accompagner dans cette enceinte, et vous allez l'entendre. Mais, avant de l'introduire,
je dois annoncer à ceux de nos concitoyens qui n'ont pu obtenir l'accès dans cette salle que ce n'est pas la faute du comité républicain. Le nombre des électeurs de la circonscription est d'environ vingt mille. Je ne crois pas me tromper
en disant que plus de la moitié de ces électeurs applaudit à
la candidature du grand citoyen que nous avons acclamé.
Nous aurions voulu les appeler tous. Ne le pouvant pas, nous
avons dû laisser au hasard le soin de choisir. Les listes des
trois cantons ont fourni 5 par 5, quelquefois 10 par 10, le
nombre d'électeurs répondant à la capacité de la salle.

« Je devais cette explication à ceux qui sont venus en
foule réclamer au Comité et à nos domiciles particuliers
des lettres d'invitation pour assister à cette réunion, et qui
n'ont pu en obtenir. » (*Applaudissements.*)

« A la suite de cette allocution, M. Gambetta est introduit
dans la salle. Son entrée est accueillie par les cris de : *Vive
la République! Vive Gambetta!* et M. Fourcand reprend la
parole en ces termes :

« Messieurs les électeurs de la 1re circonscription, dans
deux grandes réunions privées, vous avez choisi à l'unanimité
M. Léon Gambetta pour candidat à la députation dans la
1re circonscription. Je puis même dire que vous l'avez désigné
avec enthousiasme. Vous avez voulu, en honorant ce grand
citoyen de votre choix, sanctionner cette politique prudente,
sage, ferme et libérale dont il a été le chef à l'Assemblée,
et qui nous a valu la Constitution du 25 février, nos élections
sénatoriales, et, ce qui vaut encore mieux, la République
légale.

« Nous avons le droit aujourd'hui de ne plus être consi-
dérés comme un parti dans la France; il nous appartient
désormais de dire que c'est la nation tout entière, la France,
qui est la République. (*Bravo! bravo!*)

« Le nom de Gambetta *réveille* dans vos esprits trois
sentiments : celui du patriotisme, celui de l'amour vrai
du pays, et celui du désintéressement. C'est pour reconn-
naître ces trois grandes vertus républicaines dans le citoyen

qui honore aujourd'hui l'assemblée de sa présence, que
vous avez acclamé son nom. Vous allez l'entendre : il vous
exposera lui-même cette politique dont il a été le chef; il
vous dira ce que l'avenir de la France doit en attendre.
Vous l'écouterez avec ce recueillement et cette sympathie
qui ne manquent jamais d'accueillir les grands cœurs et les
grandes vérités. (*Applaudissements.*)

M. Gambetta a prononcé alors le discours suivant :

Mes chers concitoyens,

Je ne puis pas me trouver devant vous, à l'heure où
nous sommes, alors que la fortune semble revenir
sous le drapeau du droit et de la République, sans
sentir mon esprit invinciblement reporté vers les
heures tragiques où nous avons fait connaissance, et
je crois qu'il est bon de revenir ensemble sur ce
passé, à la fois si près de nous, si douloureux, et que
cependant, grâce à son génie, à sa vitalité, à sa sagesse, la nation tout entière s'apprête à réparer, jusqu'au point de confondre et d'émerveiller le monde
par la promptitude avec laquelle elle se relève de ses
désastres, suites fatales de l'empire.

Oui, bien que l'heure soit, à beaucoup de points de
vue, joyeuse pour des cœurs français, bien que l'avenir se présente sous des couleurs plus riantes, je crois
qu'il est bon de se dégager momentanément de ces
sujets de consolation et d'espérances patriotiques
pour revenir, dans une ville comme Bordeaux, qui fut
le siège de ce gouvernement du désespoir et de l'honneur extrême de la patrie, pour revenir sur les enseignements que contient pour la nation française l'histoire des six ou sept dernières années. En même
temps que nous pourrons y trouver une force nouvelle
pour persévérer avec énergie, avec fermeté, dans la
voie que nous nous sommes ouverte, nous y puise-
rons aussi peut-être des enseignements de nature à
arracher à ceux qui s'obstinent dans les illusions du

passé et dans les stériles regrets de dynasties à jamais
condamnées par les malheurs qu'elles ont attirés sur
le pays, des enseignements, dis-je, capables de les
arracher à leur indifférence ou à leur criminelle complicité avec des régimes renversés. (*Applaudissements.*)

C'est pour cela, Messieurs, que je n'ai pas voulu
quitter Bordeaux sans vous entretenir. L'accident si
extraordinaire arrivé hier a empêché notre réunion ;
je ne sais s'il faut le regretter ou s'il ne vaut pas mieux
s'en applaudir ; car, lorsque la sympathie atteint de
pareilles limites, on est toujours embarrassé pour s'en
plaindre. C'est pour cela, dis-je, que j'ai tenu à vous
réunir. Ce n'est pas en aussi grand nombre que je
l'aurais désiré. J'aurais voulu pouvoir m'adresser à
cette patriotique cité tout entière, comme j'ai eu occasion de le faire il y a cinq ans ; j'aurais voulu pouvoir,
même pour le plus humble des auditeurs, exposer la
politique que j'ai suivie depuis ces cinq ans, la politique dont j'avais regardé, au lendemain même de
nos désastres, au lendemain de notre insuccès dans la
défense nationale, la ville de Bordeaux comme le
point de départ, l'origine et la source. Je tenais à
redire devant vous, avec un certain sentiment de
fierté personnelle, que rien n'est venu démentir le
programme que je vous avais apporté au 29 juin 1871.
Je tenais à vous dire et à vous prouver que vous aviez
devant vous le même homme, le même caractère, la
même doctrine, la même conduite. (*Applaudissements
répétés.*)

Messieurs, il n'y avait qu'à Bordeaux que je pouvais véritablement envisager et juger l'ensemble de
cette situation. C'est à Bordeaux, en effet, je ne l'ou-
blierai jamais, que j'ai rencontré cette sympathie et
cet appui patriotique qui de là se sont répandus sur
le reste du territoire et nous ont permis. à nous qui
n'avions d'autre titre qu'un attachement ardent à la
France, — que dans nos préoccupations nous ne

séparions pas de la République, parce que nous ne
pensions pas qu'il pût y avoir de salut pour la patrie
en dehors du gouvernement nécessaire d'une démocratie libre; — je dis que c'est à Bordeaux que nous
avons rencontré cet appui, ce concours, cette énergie
qui, se répandant sur le reste du pays, ont permis de
lutter pendant six mois à un gouvernement improvisé,
à un pays abandonné, trahi par ceux qui, pendant
dix-huit ans, l'avaient exploité, ruiné, sucé jusqu'aux
moelles, par ceux qui l'avaient laissé désemparé et
désarmé devant l'invasion, qui avaient jeté comme
des troupeaux sous le joug de l'ennemi ses armées
désorganisées. C'est dans Bordeaux qu'il nous a ·été
permis d'inaugurer une politique de résistance, de vail-
lance patriotique, qui, dédaignant les calomnies et les
accusations des coalitions, les défiances, la couardise,
poussait la nation à la guerre, non pas pour y faire
œuvre de conquérant, mais pour y faire œuvre de défense nationale et lutter à outrance pour la patrie en-
tamée, ne reconnaissant à personne le droit de céder
une motte de la terre française sans l'avoir disputée
jusqu'au bout. (*Bravos et applaudissements prolongés.*)

Ce gouvernement installé à Bordeaux a été, depuis,
l'objet de toutes les accusations, de toutes les injures
et de tous les outrages, qui lui ont été adressés à
l'encontre de la vérité et du sentiment national, que
dis-je? à l'encontre même du sentiment des populations étrangères, qui, ô honte! ont rendu à ces efforts
suprêmes de la France une justice que des Français,
peut-être indignes de ce nom, lui marchandaient ou
lui refusaient! (*Nouveaux applaudissements.*) Et ce n'est
pas seulement au point de vue de ce gouvernement
improvisé dans un jour de détresse, où tous, dans la
mesure de la puissance humaine, firent ce qu'ils pouvaient, sachant faire ce qu'ils devaient; ce n'est pas
pour ce gouvernement que je voulais parler devant
vous; non, non, l'histoire le jugera. Elle dira quelle

fut à la fois la tâche redoutable qu'il osa assumer, les
défiances inévitables aussi qu'il rencontra sur son
chemin; un jour viendra, que dis-je? le jour est venu
où la France lui a rendu justice. (*Longue adhésion et
applaudissements.*)

Vous n'avez qu'à jeter les yeux sur la liste des élus
du suffrage universel, à tous les degrés, qu'il s'agisse
des conseillers électifs des communes ou des départements, ou de cette grande assemblée du Sénat; quant
à la Chambre qui se prépare, vous verrez quel sort elle
réserve à la réaction : partout vous verrez se dresser,
et inscrits en première ligne, les noms de tous ceux
qui, à un degré quelconque, sur toute la surface du
territoire, s'honoraient de servir la patrie et la République, au nom de la nation en danger. (*Explosion de
bravos répétés.*) Donc, à ce point de vue, devant le seul
maître que je puisse reconnaître, devant la seule justice qui soit véritablement la justice impartiale et souveraine, le pays, la vérité est évidente, la calomnie est
détruite. Ce gouvernement tant calomnié, savez-vous la
vérité vraie, celle vers laquelle on marche, à laquelle
on touchera demain? c'est que la France tout entière
entend faire des membres qui composaient le gouvernement du 4 septembre ses représentants, ses mandataires, ses élus et ses guides, parce qu'elle sait bien que
chez eux elle rencontrera le dévouement, l'ardent patriotisme, la générosité démocratique ; elle sait qu'ils
ont un respect absolu de la liberté et des droits de tous.
On a voulu les flétrir de l'épithète de dictateurs. C'est
un outrage réservé aux conspirateurs, aux coupe-
jarrets et aux aventuriers de Décembre. Cette épithète
ne saurait ni nous atteindre ni nous toucher, nous qui,
partis de la foule, appartenant au peuple, sortis de
ses entrailles, n'avons qu'une passion : le servir et
lui rendre des comptes ! (*Nouvelle explosion de bravos.*)

Tranquille sur le jugement de mes contemporains,
sur le jugement de l'histoire, ce n'était pas là l'ensei-

gnement unique que je voulais faire entendre ici. Il
en est un autre que je considère comme aussi sérieux,
aussi probant et aussi décisif pour les consciences de
bonne foi : c'est que c'est ici, à Bordeaux, pour ainsi
dire aux extrémités de la France, à deux pas de la mer,
repoussé et acculé par l'ennemi, quarante-trois départements ravagés par ses armes, avec la capitale assié-
gée et fermée, avec une Europe hostile ou dédai-
gneuse, avec des partis hostiles ou déchaînés contre
lui, que le gouvernement de la Défense nationale
s'est maintenu, et avec quelles armes? Au nom des
libertés publiques; car pas une seule des libertés :
celle de la presse, le droit de réunion, le droit d'association, pas une seule n'a souffert ni une atteinte ni
un outrage : voilà la dictature! (*Marques unanimes
d'assentiment et applaudissements prolongés.*)

Je tiens à le dire, et vous l'attesterez, vous qui êtes
venus un jour à l'Hôtel du gouvernement, indignés,
exaspérés contre les infamies qui s'imprimaient et s'é-
talaient dans les journaux stipendiés par la réaction,
quand ils n'étaient pas payés par le fuyard de Sedan!
(*Oui! oui! — Nouveaux applaudissements.*)

La dynastie néfaste qui, hélas! semble avoir conservé une dernière retraite aux abords de cette ville,
atteint de là l'honneur de cette grande cité, comme le
ferait, pour la santé publique, le voisinage d'un abîme
corrupteur; et il est permis de dire qu'à un moment
donné on a pu, dans la Gironde, lorsque la France entière s'élance vers la liberté, vers la démocratie régulière, sous la République légale et constitutionnelle,
voir apparaître, sortis des commissions mixtes, des
revenants du despotisme et de la tyrannie, d'anciens
sénateurs de l'empire, pour siéger dans une Assemblée républicaine !

Cela a été possible, je sais pourquoi. Je ne vous en accuse pas. C'est grâce à la complicité d'une administration qui survit à sa culpabilité. (*Applaudissements répétés.*)

Mais il faut que la France, qui a été affligée par
une telle dissonance, sache bien qu'il ne s'agit là,
pour ainsi dire, que d'un accident résultant de cette
belle institution d'une administration qui combat le
gouvernement qu'elle a la tâche de servir, qui touche
au budget des appointements pour défendre la République, et qui la livre désemparée à ses plus cruels,
à ses pires, à ses plus déshonorés ennemis! (*Vive
adhésion et bravos prolongés.*)

Cela est vrai, mais n'aura pas de durée. Il s'agit,
pour ainsi dire, de la dernière exhalaison d'un parti
qui va rentrer dans l'ombre. On a pu voir se produire
des faits semblables sur quelques points du territoire,
de même qu'après la tempête on voit flotter des épaves sinistres sur la cime des flots; mais cela est destiné à être submergé. Je le dis pour l'honneur et le
bon sens de la France, vous n'attendrez pas longtemps, parce que, grâce à cette sagesse, à cette circonspection politique, à cette prudence dont vos élus
à tous les degrés et dans la Chambre ont donné l'exemple persévérant, le pays a compris où sont désormais
ses intérêts, ses garanties, ses protections contre les
aventuriers, contre les usurpateurs, contre les prétendants et, pour tout dire en un mot, contre les
exploiteurs de la France.

La France a compris, et, à travers toutes les difficultés, tous les obstacles suscités par une administration choisie, triée sur le volet, pour mater, corrompre, faire dévier l'opinion publique, elle est arrivée
à la pleine lumière après l'obscurité qu'on avait faite
devant elle. Et, avec l'autorité qui lui appartient, elle
a dit : « Ce Sénat que vous avez institué contre moi,
je le retournerai contre vous, en y plaçant des hommes loyaux, sincères, conservateurs. » Et ils seront
en plus grand nombre encore dans la prochaine Assemblée, dont la réunion sera le signal de la retraite du
premier ministre. (*Nombreux et vifs applaudissements.*)

Oui, mes chers concitoyens, telle est la situation :
il faut que tout le monde l'apprécie. A la veille du
scrutin du 20 février, il faut dire à ce pays une parole
de vérité en même temps que de justice. — La vérité,
c'est que la majorité républicaine est désormais acquise ; que les fraudes, les pressions, les corruptions
et les intimidations n'y changeront rien. Le 20 février,
la Chambre des députés de la nation sera nommée
avec une majorité républicaine écrasante. Vous pouvez en croire mes affirmations : je ne les emprunte
pas à mes illusions ni à mes désirs ; je les trouve dans
des renseignements étudiés, circonstanciés ; je les
trouve dans la pratique constante de cette démocratie
que je visite, que j'observe, que j'étudie, et au nom
de laquelle, permettez-moi de le dire, je crois parler.
(*Assentiment unanime et applaudissements.*)

Je dis que cette majorité est sûre, qu'elle sera inébranlablement républicaine, qu'elle sera fermement
démocratique. Eh bien ! puisqu'il en est temps encore,
je viens dire aux populations qui hésitent, aux individus indifférents ou obstinés : « Vos votes ne changeront rien à l'avenir de la France ; mais il vous importe, il importe au pays de ne pas laisser subsister
des germes de conflit et de division. Tout ce qui sera
contraire à cette majorité causera un temps d'arrêt ;
ce sera comme un corps étranger qu'il faudra élimi-
ner, un obstacle qu'il faudra écarter ; je fais appel à
votre patriotisme, et je vous demande de supprimer
cette perte de temps pour la France, dont les heures
sont comptées, qui n'a plus d'heures à perdre devant
l'Europe. » (*Nouveaux applaudissements.*)

On ne saurait contester que la France veut la République, qu'elle a applaudi à la Constitution légale
de ce gouvernement. Oui, je l'ai dit ailleurs, je le répète ici, la République est fondée. Elle est fondée sur
deux assises également inébranlables. L'une, c'est la
puissance irrésistible, indestructible de la démocratie

française, de tout ce monde du travail et de la pensée, qui, grâce au suffrage universel, est entré en pleine activité, en pleine puissance de lui-même depuis vingt-huit ans. Et, comme le disait tout à l'heure mon cher et sympathique ami, M. Fourcand, à qui, je le dis en passant, l'Assemblée n'a fait que rendre justice en lui donnant le mandat de sénateur, après qu'on l'avait dépouillé de l'écharpe de maire... (*Applaudissements et acclamations prolongés*); comme il vous le disait, cette démocratie n'est plus un parti, c'est la nation tout entière; du centre elle se porte vers les frontières et elle peut se présenter à l'Europe en disant : Il n'y a que moi en France! (*Vive et unanime adhésion.*) Quant à ces intrigants, quant à ces comédiens du parlementarisme, ces renégats du libéralisme, ces cléricaux qui nous trompent et nous discréditent devant l'étranger, c'est un fantôme... que vous prenez pour la France : laissez passer la France! (*Double salve d'applaudissements.*)

Donc, la République repose sur deux assises : la première, cette indestructible démocratie dont je viens de parler; la seconde, pour n'être que le résultat de la négation des partis, n'en est pas moins forte, n'en est pas moins inébranlable. En effet, ce qui met la République au-dessus de toutes les atteintes et de tous les retours de la réaction, c'est l'impuissance avouée, démontrée par tant et tant d'avortements, de tous les partis coalisés des monarchies diverses. Oui, il y a là une force qui tient à la nature même des choses, et contre laquelle nulle tentative ne saurait prévaloir. Oui, dans ce pays, alors qu'on avait vu une Assemblée née sous les pas de l'étranger, qui avait été le produit de la stupeur et de l'effarement publics, nommée sous l'impression des calomnies organisées de toutes les coalitions, composée de représentants en grande partie inconnus et ignorés; quand on avait vu, dis-je, cette Assemblée,

en majorité monarchique, plus introuvable que la
Chambre de 1815 et de 1816, qui avait mis la main
sur l'administration, sur la diplomatie, sur le Trésor,
qui disposait de tout, procédant à l'expulsion de tous
les républicains des fonctions publiques, à quelque
rang de la hiérarchie administrative qu'ils fussent
placés, après que la réaction, dans cette Chambre,
s'était donné libre carrière pendant deux ans, qu'elle
ne s'était refusé ni violences, ni injures, ni outrages,
ni excès d'autorité, et que cependant il a fallu about-
tir, comme le disait M. Thiers, à reconnaître le fait
accompli et à saluer la République dont aujourd'hui
nos adversaires d'hier balbutient le nom, espérant
qu'avec un masque de fourberie, ils pourront, comme
au 8 février 1871, surprendre le suffrage universel, —
après tout cela, l'impuissance des partis monarchiques
est démontrée, et nous pouvons croire à l'avenir et à
la stabilité des institutions républicaines! (*Explosion
d'applaudissements.*)

Pourquoi en est-il ainsi? Pourquoi, vingt-sept ou
vingt-huit ans après le mouvement du 24 Février,
assistons-nous à une pareille poussée de la France
vers la République? Vous êtes-vous demandé pourquoi il y a une si grande différence entre ce qui se
passait en 1849 et 1850 et ce qui se passe aujourd'hui,
en 1875 et 1876? Avez-vous cherché les causes de
cette modification de la pensée nationale? Vous êtes-
vous mis en face des raisons de cette conversion de
tout un peuple à la forme républicaine? Eh bien!
c'est là l'examen que je voudrais faire devant vous.
Je voudrais, selon mes propres forces, vous rendre
raison de ce changement, en faire ressortir le caractère véritablement décidé, résolu, et puiser là encore
un nouveau gage de la stabilité des institutions que
nous nous sommes données le 25 février 1875.

En 1848, Messieurs, grâce à l'histoire telle qu'on
l'avait fabriquée dans les jésuitières, grâce aux jour-

naux uniquement subventionnés et cautionnés par
les classes dites dirigeantes, la République n'était
alors pour le pays qu'un régime d'anarchie, de désordre, d'agitation perpétuelle ; les républicains, que
des esprits chimériques, rêveurs, utopistes, violents,
tumultueux. Telle est, disait-on, la nature de la République, le bon sens lui est étranger ! Et on s'en allait répandant de ville en ville, de commune en commune, l'épouvante dans le pays ; on agitait le spectre
rouge, on représentait les républicains comme les
ennemis acharnés de l'ordre, de la liberté vraie,
comme on la nomme, de la propriété, de la famille,
de la religion ; et, grâce à l'ignorance publique soigneusement maintenue par la coalition des partis
réactionnaires, grâce à l'insuffisance des moyens dont
disposait le parti républicain pour réagir, on arrivait
à effrayer l'opinion du pays, à la terrifier et à amener
la réaction, et toute réaction engendrait naturellement, après des luttes où le parlementarisme s'étei-
gnait, la dictature d'un seul.

Mais, plus tard, un autre mode d'enseigner l'histoire
a été mis en pratique. Le parti républicain, d'abord
peu nombreux, s'est attaché surtout à refaire l'histoire
de son passé, de ses doctrines : il a compris, en arrivant pour ainsi dire au monde, après la nuit sinistre
du 2 Décembre, ses chefs étant exilés ou morts, le
parti dissipé ou divisé, il a compris qu'il était nécessaire de reformer une école, une méthode, une doctrine ; de s'attacher à faire justice des sophismes, à
dissiper les préjugés, à rassurer les intérêts et ramener la France dans sa vraie tradition ; de démontrer
jour par jour, heure par heure, qu'en dehors de la
démocratie il n'y avait pas de salut. Peu à peu il a pu
entrer en communication avec les dernières couches
du pays, et, le jour où la dictature césarienne s'est
effondrée dans la boue et le sang, le parti républicain, quoique peu nombreux dans les Assemblées,

s'est trouvé tout à coup très nombreux dans le pays. Cette propagande incessante et latente a produit tous ses fruits, elle a manifesté tous ses résultats, et alors, dans ces heures suprêmes de détresse et de confusion, la France n'a poussé qu'un cri devant les défaillances et les lâchetés de l'empire et devant l'invasion : « La République seule peut nous sortir de là ! » (*Applaudissements.*)

Pour la troisième fois, à l'invasion amenée par la monarchie on opposait le gouvernement direct et l'égide de la souveraineté nationale.

Messieurs, la tâche était trop lourde, la fortune a trahi nos efforts ; mais le nom à l'aide duquel s'étaient accomplis tous ces efforts gigantesques est resté comme un *labarum* au-dessus de la France ; les partis ont été impuissants à l'effacer, et un jour est venu où un homme qui avait engagé le passé de sa vie au service de cette forme de transition, la monarchie constitutionnelle, l'illustre M. Thiers, fit sa confession, en déclarant qu'il n'y avait plus, aux yeux d'un patriote, d'autre avenir pour le pays que dans les institutions républicaines ; il le dit et paya de la perte du pouvoir la franchise et la clairvoyance qu'il avait montrées. (*Applaudissements répétés.*)

Mais, avant de descendre du pouvoir, il avait prononcé un mot profond, il avait dit : « L'avenir est aux plus sages. » Messieurs, c'est ce mot qui est devenu la ligne de conduite du parti républicain tout entier. Dès le 29 juin 1871, ici même, je relevai ce mot. Je dis alors qu'il était juste et que nous le justifierions ; qu'il nous coûtait à nous moins qu'à personne de le justifier, car « les plus sages » voulait dire les plus respectueux des lois, les plus respectueux de la liberté, de la libre discussion, les plus respectueux du mérite, du désintéressement ; « les plus sages », cela avait l'air d'une gageure adressée au parti républicain : il l'a relevée, nous allons voir s'il l'a gagnée.(*Nouveaux applaudissements.*)

A dater de ce moment, nous nous sommes tous dit : La France a besoin d'un gouvernement; ce gouvernement, ou il sera emporté par des révolutions successives, ou il sera l'expression de la majorité du pays, de cette majorité dont les attaches, les racines, les intérêts sont d'ordre purement et essentiellement démocratique. Et alors, Messieurs, nous nous sommes mis en présence de la situation politique telle qu'elle se présentait à la chute de M. Thiers, et nous n'avons eu qu'une préoccupation, non pas de tactique, comme disent nos adversaires de tout ordre, non pas momentanée et passagère, mais un ferme propos qui a dominé nos actions, qui réglera notre conduite, et dont l'exécution est pour nous la seule garantie d'ordre, de progrès et de relèvement qui reste à notre malheureuse patrie. (*Applaudissements.*) Et nous avons dit que, la France ayant besoin d'un gouvernement, et ce gouvernement ne pouvant être, dans l'ordre comme dans la liberté, que la République, il fallait faire la conquête des esprits, il fallait visiter la France; il fallait, à la tribune de Versailles, dans les journaux organes de l'opinion républicaine, dans les réunions qui étaient comme la libre conversation avec les membres d'un même parti, dans ces voyages qu'on a raillés parce qu'on les redoutait, il fallait prouver, non par des phrases, mais par des actes, par une conduite qui ne se démentît jamais, prouver que c'était dans notre camp que se trouvaient la modération, la sagesse, la fermeté, laquelle n'exclut aucune concession raisonnable, mais en même temps la préoccupation d'assurer à ce pays un gouvernement véritablement réparateur.

Et pendant que nous nous livrions à cette démonstration quotidienne, que faisaient nos adversaires? Ils étaient sur les grands chemins qui mènent hors de France. Ils s'en allaient, qui à Froshdorf, qui à Chis-

lehurst, qui à Anvers, qui, je crois, Dieu me par-
donne! jusqu'en Espagne, chercher des prétendants
et marchander une couronne pour notre pays. Infatués personnages, qui ne se doutaient pas qu'en re-
passant la frontière, ils se trouveraient en face d'un
douanier qui s'appelle l'opinion publique et qui ne
les laisserait pas passer. (*Rires et applaudissements.*)

Et alors, dans l'impuissance de ces divers partis,
s'entendant pour opprimer la France, pour la dépouiller de sa souveraineté, acquise au prix de quels sacrifices! pour la dépouiller du suffrage universel, fondement et instrument de son droit, impuissance avouée
même publiquement à la tribune, la question s'est
posée de savoir si l'on allait consacrer la République,
lui donner l'autorité de la loi, la faire entrer dans la
Constitution, l'imposer au respect et à l'obéissance de
tous, de ceux qui gouvernent comme de ceux qui
obéissent.

On a voulu donner au pays un point d'appui à
l'aide duquel il pourrait faire tête aux factions; on a
dit à la France : « La République, qui depuis six ans
est le seul moyen de gouvernement qui vous ait permis de traverser des crises jusqu'ici inouïes, de vous
libérer de la présence de l'étranger, de dompter des
insurrections qui eussent emporté dix monarchies,
de faire face aux engagements de la France, d'établir
l'ordre et d'empêcher ce qui restait de la patrie d'être
livré aux jalousies, aux convoitises de tout le monde;
la République ne sera plus un gouvernement précaire,
une proie désignée à l'acharnement et à la fureur des
partis : ce sera la loi. » Eh bien! Messieurs, je vous le
demande, quel était le devoir d'un républicain, d'un
patriote, d'un Français? C'était de mettre de côté ses
préférences théoriques. Quant à moi, je n'ai jamais
compris qu'on pût mettre un instant en discussion le
choix entre sa satisfaction personnelle et les destinées
de la France. (*Explosion d'applaudissements.*)

On a donc fait la Constitution, et, grâce à elle, on
a évité la dictature décorée du nom de septennat, on
a évité cette égalité de prétendants de tous les partis,
et le suffrage universel, qui se prononcera le 20 de
ce mois, n'a pas à écouter les sollicitations de Napo-
léon IV, de Chambord ou d'Orléans; il n'a qu'une
chose à faire : maintenir et consacrer l'édifice républicain, à l'abri duquel l'ordre et les développements
progressifs des droits de tous sont assurés. Voilà
l'œuvre du 25 février 1875; c'est une œuvre de patriotisme, et, quand on dit qu'elle est le fruit de la conciliation, c'est le plus bel éloge qu'on en puisse faire.
Oui, elle est le fruit de la conciliation. Mais est-ce
que vous connaissez une politique qui soit plus désirable que la conciliation entre des Français venant à
la République, abjurant leurs anciennes idées, vous
apportant l'influence de leurs noms et de leur situation sociale? Non pas, s'ils ne sont pas sincères; non
pas, s'ils sont hypocrites; mais nous avons fait ce
classement, nous savons ceux qui mentent en parlant, ceux qui sont sincères en votant; le vote est là,
c'est un critérium décisif. Eh bien! je dois dire que
de tous ceux qui, à la suite de M. Thiers, de M. Casimir Perier, de M. Léon de Maleville, se sont détachés
de leurs vieilles idées et, sous l'influence d'un patriotisme éclairé, sont venus à la République, pas un seul
n'a fléchi; il n'en est pas un qui n'ait été le plus ferme,
le plus vigilant, le plus soucieux, le plus jaloux défenseur des libertés publiques. (*Applaudissements.*)

Le pays a vu se réaliser enfin la pensée de ce rapprochement tant recherché, qui, s'il s'était opéré il y
a soixante ans, il y a quarante ans, ou même trente
ans, aurait achevé le cycle de la Révolution française.
Qu'est-ce qu'ont voulu, en effet, nos prédécesseurs,
les auteurs de la Déclaration des Droits? Qu'est-ce
qu'ont voulu Mirabeau, Saint-Just lui-même, Robes-
pierre, ces esprits rendus exclusifs par la passion et

par cette étroitesse d'esprit qui fait les combattants?
Ils ont surtout voulu, dans leurs jours de sérénité,
fonder une immense démocratie dans laquelle les
frères aînés, c'est-à-dire ceux qui sont arrivés, seraient les initiateurs, les patrons, les guides, les pro-
tecteurs de ceux qui, placés au-dessous, n'avaient pu
recevoir les bienfaits de l'éducation, de la fortune,
mais qui avaient leurs droits, eux aussi. C'est précisément cette alliance, cette union, ce concordat pacifique entre la bourgeoisie et le peuple, qui a été
accompli dans la Constitution du 25 février, c'est ce
qui en fait un gage pour l'avenir; ce qui fait qu'elle
vivra en dépit d'attaques que j'admets, que je comprends et que je m'explique pour des hommes de
théorie. Pour moi, je ne suis pas un homme de théorie, je suis un homme de pratique, voué à la défense
des idées démocratiques; je n'ai qu'une passion, celle
de réaliser tous les jours un progrès dans les lois et
les institutions de mon pays. (*Applaudissements.*)

On a voulu faire ces deux choses : un gouvernement pour la France, une conciliation dans la démocratie. On a voulu aussi faire une autre chose qui
n'est pas moins nécessaire, qui n'est pas moins grande :
donner à la France, en face de l'étranger, un abri
protecteur; lui assurer, pour la refonte de sa puissance militaire comme pour la refonte de sa puissance matérielle et morale, un gouvernement de durée qui pût se présenter aux travailleurs de tous
ordres comme un gouvernement assuré, hors de conteste; pouvant dire à ceux qui travaillent dans les
champs, comme à ceux qui travaillent dans l'atelier,
comme à ceux qui puisent leur avenir dans les combinaisons de l'échange, du transit, du commerce, de
la navigation sur toutes les mers, et qui ont besoin
d'échéances d'une longue haleine pour ces conceptions
qui, en somme, sont le plus gros des revenus et de la
vitalité financière de la France, — on a voulu leur

donner par la durée une protection, une stabilité, la
suppression de ces paniques qui désorganisent tous
les marchés, arrêtent tout, amènent les chômages et
causent pour les affaires des perturbations plus considérables que les révolutions les plus sanglantes.
(*Assentiment général et bravos.*)

Il y avait une nécessité de patriotisme à s'entendre
sur ces deux caractères du gouvernement nécessaire
d'une démocratie. On nous dit : « Mais vous avez
violé les principes, vous avez fait trop de concessions,
vous êtes allés trop loin. » Eh bien! Messieurs, voulez-vous ma pensée? J'appelle faire une concession
quand on livre quelque chose; mais on ne m'a pas
dit encore ce que nous avions livré. Savez-vous ce que
vous avez livré? Je vais vous le dire : vous étiez menacés, vous n'aviez aucune espèce de refuge, de protection dans l'État, le pouvoir était à vos ennemis;
le suffrage universel était fermé; l'omnipotence souveraine de l'Assemblée de Versailles était reconnue;
l'incertitude était dans tous les esprits; vous pouviez
tout redouter; d'un jour à l'autre la France pouvait
être en proie aux aventuriers qui s'agitaient, car j'en
connais qui ne reculaient même pas devant les espérances les plus criminelles. Je le répète, qu'avez-vous
livré? D'abord, qu'aviez-vous, pour livrer quelque
chose? Je l'ai dit : en définitive, vous avez livré l'ombre pour avoir la proie. (*Applaudissements.*)

On vous a conservé le suffrage universel, et il est
devenu le maître souverain dans ce pays : il nomme
les députés, il dicte ses volontés; c'est à lui aujour-
d'hui à préciser son programme : il a l'autorité, la
responsabilité; je ne lui demande qu'une chose, c'est
d'acquérir la compétence, c'est de ne pas se laisser
aller aux frayeurs simulées des uns, aux attaques
systématiques des autres; aux défaillances, aux craintes et aux exagérations de quelques autres; c'est,
quand nous lui présentons des hommes appartenant

à l'élite de la société française, depuis M. Thiers,
M. Casimir Perier, jusqu'à M. de Lavergne, qui se sont
ralliés au suffrage universel et à la République en
haine du pouvoir exécré de Décembre, c'est de ne pas
repousser de sincères bourgeois venus à la République ; c'est de savoir faire son choix. (*Applaudissements
prolongés.*)

Quand on veut être une démocratie digne du gouvernement, — et une démocratie n'a pas de gouvernement en dehors et au-dessus d'elle : le gouvernement, c'est elle-même, — quand on veut être un
gouvernement fort, respecté et durable, il faut éviter
deux écueils également funestes : l'engouement d'une
part, d'autre part la passion jalouse ; il faut qu'on ne
soit ni prompt à encenser un homme ni prompt à le
soupçonner : entre le soupçon et l'enthousiasme il y
a une règle de conduite désirable pour la démocratie,
et que je nomme d'un mot, qui est le mot même de
la politique : la prudence. (*Applaudissements.*) C'est
cette prudence qui a conquis le pays ; le pays est
venu à nous parce qu'il nous a vus de bons citoyens,
sachant sacrifier nos visées personnelles au bien-être
général, aux intérêts supérieurs de la patrie, sachant
maintenir la concorde et l'alliance entre des partis
distincts au sein de la République ; — et j'estime
qu'il est nécessaire qu'il y ait des partis distincts,
qu'il y ait des gens timides peu enclins aux innova-
tions, puis des gens plus rapprochés encore de l'esprit
de progrès et de réforme, enfin un parti d'hommes
réformateurs et progressifs, auquel je me fais honneur d'appartenir ; ce que je veux, c'est que les trois
groupes marchent ensemble, non pas sur tous les
points, mais qu'ils soient inspirés dans leur conduite
par une formule et une règle générale qu'on a excel-
lemment précisée ainsi : ne jamais séparer la défense de la liberté de celle de la démocratie. (*Applaudissements prolongés.*)

Lorsque le parti républicain a eu fait, par une série d'actes, de lois, de discours, de déclarations publiques, ses preuves aux yeux de la France, que s'est-il passé? La France tout entière, c'est-à-dire cet immense corps de onze millions d'électeurs, s'est aperçue qu'elle n'était pas en face d'une politique de parti, mais en face d'une politique nationale; qu'on faisait de la politique non pour une grande ville, non pour un groupe, mais pour l'immensité du suffrage universel, afin d'obtenir pour résultat des améliorations générales, des progrès réalisables, applicables à cette masse de dix ou onze millions d'électeurs : or, dans un gouvernement républicain comme celui que nous avons fondé et que nous voulons développer, le grand échec, le grand péril est de faire de la politique restreinte, en vue de tel ou tel groupe; il faut connaître tous les groupes, s'inspirer de leurs idées, les consulter, réunir leurs impressions, rapprocher leurs tendances, et faire ressortir de ce faisceau ce qui doit être la loi et la règle de conduite. C'est ainsi, je le crois, que la France comprend la politique; c'est ainsi qu'elle l'a manifesté déjà par des votes sérieux, aussi bien dans les Conseils généraux qu'aux dernières élections sénatoriales; c'est celle qu'elle consacrera, à laquelle elle donnera son adhésion bien plus explicite encore le 20 février. Et alors voyez quel avenir s'ouvre devant vous, si, ayant à la fois, — ce qui est le but à se proposer, — rassuré les intérêts légitimes d'un côté, inspiré confiance aux aspirations et aux tendances également légitimes d'un autre côté, vous vous présentez comme un gouvernement résolument démocratique et aussi, il faut dire le mot, essentiellement et uniquement conservateur!

Quant à moi, je ne reconnais pas de conservateurs en dehors de l'état social créé par la Révolution française : je ne reconnais que des perturbateurs. Je dis que tous ceux qui, de près ou de loin, le sachant ou ne

le sachant pas, n'acceptent pas la constitution égali-
taire de ce pays, aussi bien dans la famille, dans la
commune et dans le département que dans l'État, ce
ne sont pas des conservateurs ; ce sont des gens de
désordre, de péril ou d'aventures !

Il faut leur arracher leur titre, qui n'est que leurre,
mensonge, supercherie : la République seule fait les
conservateurs... (*Applaudissements prolongés.*) Et qui
est en dehors de la République, qui en conjure la
ruine, en poursuit la destruction ou l'affaiblissement,
que ce soit par des chemins couverts, comme on en
connaît que je n'ai pas besoin de désigner, ou au
grand jour, comme le cynique parti de Chislehurst, ou
qu'on se contente de sous-entendus capables de faire
impression sur certains esprits, tous ceux-là ne sont
pas des conservateurs. (*Nouveaux applaudissements.*)

Voyez le langage de nos adversaires ; voyez à quoi
ils sont réduits : ils attendent le jugement de la France
et en sont réduits à inventer contre le parti républicain je ne sais quelles accusations de désordre et de
terreur ; lisez leurs journaux : ils sont pleins de diatribes et d'injures contre nos idées, nos doctrines,
nos personnes. Catilina est aux portes, disent-ils. Et
savez-vous pourquoi ? Il faut vraiment être en France
pour assister à un pareil dévergondage d'esprit :
parce que, à Paris, à Marseille ou à Bordeaux, on a
adopté un programme radical, ils dénoncent l'avènement du *radicalisme légal !* Ils en sont là que, ne pouvant plus évoquer le spectre rouge, nous accuser de
sédition, dire que nous rêvons le coup de main dans
la rue et l'émeute..., ils disent que nous rêvons,
quoi ? de prendre le pouvoir par la légalité ! Voilà où
ils en sont arrivés. Le radicalisme ! Une opinion ne
se réclame que du bon sens, de l'adhésion des consciences, de l'appui des gens modérés ; elle ne veut
rien que par la loi et pour la loi, et l'on s'écrie :
« Prenez garde ! la légalité, c'est la fin du monde ;

nous allons être perdus par la légalité! » (*Applaudis-sements et rires d'approbation.*) Eh bien! le radicalisme légal, soit : oui, nous sommes des radicaux légaux, respectueux de la légalité, ne voulant que son triomphe, mais décidés à en imposer le respect à quiconque serait tenté de l'affaiblir ou de la violer. En vérité, Messieurs, ma raison est confondue quand j'entends présenter ce programme, comme un programme de désordre et de chaos, comme un avènement d'abomination et de désolation. (*Rires et applaudissements.*)

Eh bien! qu'y a-t-il donc dans ce programme? Je vais vous le dire : il y a des réformes qui sont en partie réalisées, depuis un quart de siècle, dans la moitié des États monarchiques de l'Europe : la séparation de l'Église et de l'État, l'impôt sur le revenu, la séparation de l'Église et de l'école, la liberté absolue de la presse, du droit de réunion et d'association. Eh bien! pour un pays comme la France, qui a quelque souci de sa dignité, est-il raisonnable de se laisser épouvanter par la crainte de l'anarchie, lorsqu'il s'agit de libertés pratiquées dans des pays parfaitement tranquilles, sous le régime monarchique héréditaire ou sous le gouvernement d'un président? En Angleterre existent la liberté absolue de la presse et le droit absolu de réunion et d'association : on n'y possède pas encore la séparation de l'Église et de l'État, mais l'Église établie est sérieusement menacée; d'un autre côté, l'instruction obligatoire fait de jour en jour des progrès, et depuis quelque temps on marche vers l'enseignement laïque : car les Anglais ne laissent pas traîner les solutions quand ils les trouvent bonnes. La Suisse, pays fort tranquille, applique ce programme tout entier. La Hollande a l'école laïque. Les États-Unis jouissent aussi de ces libertés et de beaucoup d'autres. Enfin, je ne parle pas, — c'est une honte pour nous, — de l'Allemagne, qui nous devance, et de l'Italie, où ce programme n'est pas seulement appliqué, mais est largement dépassé. Ainsi, voilà les dangers que le radicalisme légal fait courir au pays; voilà les inventions que l'on dénonce comme des créations de l'esprit de désordre, comme des saturnales, à la France, qui n'en croit rien, et à l'Europe, qui en rit. (*Applaudissements.*)

Ce programme, il faut le dire et le répéter, est très mesuré, très sage. Je ne dis pas, je me garde de dire que vos représentants l'accompliront pendant leurs quatre années de législature; je ne le crois pas, et, si vous voulez toute ma pensée, je ne le veux pas! Si on pouvait seulement s'attacher à une partie du programme et la réaliser, non pas dans un vœu platonique, non pas dans une formule légale, mais dans l'exécution patiente et attentive, et dans le détail de l'administration générale du pays, je m'estimerais suffisamment heureux, et je dirais que les quatre années de législature qui vont s'ouvrir auraient été sagement employées pour le bien du pays. (*Très bien! très bien! et applaudissements.*)

Je prends un seul article de ce programme, celui relatif à l'éducation nationale. C'est là qu'il faut toujours en revenir. On a beau s'épuiser à étudier les questions politiques et sociales, à les tourner et à les retourner en tous sens, à chercher la meilleure solution, on se heurte toujours à cet obstacle de l'ignorance générale, à cette nécessité des lumières et de l'éducation dans le pays; et alors on en revient, au risque d'être traité de sempiternel répétiteur, à répéter le même vœu, à demander une éducation nationale. (*Vive adhésion.*)

C'était le cri que nous poussions au lendemain de nos désastres; nous reconnaissions très bien que ce n'était pas seulement la force matérielle qui nous avait vaincus, mais que, dans les combinaisons, dans les perfectionnements apportés à l'art de la guerre et aux mille détails qu'elle comporte, la supériorité de

l'instruction avait donné l'avantage à nos ennemis,
parce que, sur les champs de bataille, comme dans
le champ de l'industrie, c'est la force d'esprit qui
décide de la victoire. Nous avons réclamé alors ce
que je réclame aujourd'hui ; c'était le cri unanime,
sortant de toutes les poitrines : la réforme de l'éducation nationale ; mais nous n'avons rien obtenu ; nous
n'avons rien pu arracher, je me trompe, on a obtenu
contre nous une loi de division, une loi de recul, une
loi de haine, une loi désorganisatrice, une loi d'anarchie morale pour la société française : je veux parler de
la loi sur l'enseignement supérieur. (*Applaudissements.*)

Eh bien ! Messieurs, sans entrer dans les développements que comporterait un si immense sujet, je dis
que la tâche urgente, pratique et efficace de vos futurs
mandataires doit être presque uniquement celle de
l'organisation à tous les degrés, au point de vue des
écoles, au point de vue des programmes, au point de
vue des moyens d'étude, au point de vue financier,
doit être d'assurer la constitution de l'éducation nationale ; et, si nous voulons véritablement aborder
une telle réforme, il n'y en aurait pas d'autre qui dût
venir se jeter au travers, parce que les autres peuvent
attendre ou peuvent être résolues plus promptement,
et qu'elles ne seront même efficaces que quand celle-
là aura réellement fonctionné. Donc, dans la discussion de vos idées, quand vous les soumettrez, s'il y a
lieu, à vos candidats, attachez-vous à être précis, à ne
jamais aborder une question avant une autre, à établir une véritable série mathématique, logique, scientifique, dans les revendications que vous voulez faire
prévaloir : demandez d'abord à vos députés d'assurer
l'éducation ; le reste, soyez-en convaincus, vous sera
donné par surcroît. Ce jour-là, vous aurez à la fois, —
car ces deux choses doivent marcher ensemble, —
créé l'éducation de ceux qui poussent par derrière,
de la jeunesse qui monte, et vous aurez pu suppléer

à l'indigence du passé pour les adultes ou pour les
hommes déjà mûrs, par un système bien conçu d'éducation élémentaire. Et alors vous pourrez être tranquilles sur l'avenir ; car, si cette démocratie craint le
péril, si elle est peu active, si elle s'abandonne aux
difficultés du chemin et subit le joug d'un despote,
c'est qu'elle est peu éclairée, ignorante, plongée dans
les ténèbres : le jour où ces ténèbres seront dissi-
pées, le jour où elle sera éclairée, elle aura conscience de ses intérêts, et alors paysans, ouvriers,
banquiers, propriétaires, tous reconnaîtront qu'il n'y
a qu'un seul pays et une seule famille, et qu'il faut le
gouvernement du pays par le pays, c'est-à-dire la République ! (*Applaudissements prolongés.*)

Eh bien ! Messieurs, cette politique, elle a encore
bien des difficultés à traverser ; elle va remporter une
grande victoire ; elle va avoir une majorité pour la
première fois incontestée et assurée, majorité qui ne
sera pas sortie d'une émotion populaire, comment
dirai-je ? d'une révolution, d'un mouvement d'enthousiasme, mais une majorité qui viendra remplacer une
majorité vaincue, qui sera sortie de la légalité la plus
stricte, la plus rigoureuse. J'ajoute qu'elle sera le
produit d'un système électoral arrangé, préparé
d'avance par nos adversaires, et ici, quel que soit le
regret que j'éprouve à la pensée que le scrutin de
liste nous a été ravi, je trouve une consolation : c'est
que c'est dans cette arène choisie par eux, limitée par
eux, où siègent leurs fonctionnaires et leurs candidats, où peuvent agir les pressions administratives
les plus compressives, dans ce scrutin d'arrondissement, dernier refuge de l'esprit de réaction, que nous
terrasserons nos adversaires ; et nous pourrons alors
nous retourner vers eux et leur dire : Est-il vrai,
ou non, que la France est républicaine, puisque,
même à travers le réseau, le filet dans lequel vous
aviez voulu l'emprisonner, elle vous a échappé et vous

a imposé sa volonté? (*Applaudissements prolongés.*)

Mais ce que je veux dire, Messieurs, c'est que cette majorité qui va être créée doit se mettre face à face avec les responsabilités qui l'attendent. Il faudra qu'elle persévère dans la politique de prudence, de circonspection et de fermeté que nous avons inaugurée; car je connais quelque chose de plus redoutable pour les partis que les périls de la rue, que les menaces du pouvoir, que les pièges des adversaires, dans un temps où ils sont les maîtres; ce que je connais de plus redoutable, c'est l'enivrement du succès, cette espèce de vertige qui s'empare des vainqueurs au lendemain de la victoire, qui ne leur permet plus de tenir compte des obstacles et des difficultés ni des préjugés, — qui pèsent autant que la vérité dans le domaine de la politique; — qui fait que les fumées du triomphe leur montent à la tête, et qu'alors emportés par cette sorte d'ivresse, ils veulent précipiter les solutions. Aujourd'hui, ce serait tout compromettre, au détriment du salut que nous avons organisé, après tant d'efforts, par la Constitution du 25 février. Ce qu'il faut, c'est que le scrutin solennel du 20 février, auquel le pays et le monde sont attentifs, ait une signification précise, éclatante, invariable; qu'on sache que le pays veut une Chambre vraiment et fermement républicaine, résolument démocratique, passionnément libérale, mais une Chambre avant tout politique. (*Applaudissements.*)

Ne vous fiez pas aux mots; ne croyez pas que la politique est un jeu, qu'elle est purement et simplement l'exercice de quelques facultés oratoires et de combinaisons dans les couloirs et les bureaux. Non, ce n'est pas là qu'est la politique : ainsi comprise, elle n'est bonne que pour les comédiens parlementaires; mais, permettez-moi de le dire, il n'est pas au monde de science ni d'art (car elle a ces deux caractères) qui exige plus de travail, de connaissances

d'observation, plus d'efforts continus et persistants.
En effet, est-ce qu'elle ne touche pas à tout? Est-ce
qu'elle n'a pas l'obligation de s'enquérir de tout? Est-
ce qu'il peut, dans une branche quelconque de l'activité humaine, se produire un progrès, une réforme
qui là laisse indifférente, qui ne l'oblige pas à changer
ses combinaisons, à modifier ses vues, ses programmes, son action, ses entreprises? La politique,
savez-vous quand nous en ferons véritablement de la
bonne? C'est quand on reconnaîtra qu'elle a besoin
du concours de toutes les sciences, et, par conséquent, qu'elle ne peut être que le fruit et le résultat
d'un immense travail et d'une immense application.
(*Applaudissements prolongés.*)

C'est la politique que mes amis ont bien voulu
déférer à vos suffrages, en vous proposant ma candidature. Je pense, je sais que c'est là la voie qu'ils re-
cherchent, que c'est l'adhésion qu'ils sollicitent. Quant
à moi, vous me connaissez, je n'ai rien à vous apprendre de mon passé, et je pense n'avoir rien à vous
promettre sur l'avenir. (*Vive et unanime adhésion. —
Applaudissements prolongés. — Cris répétés de : Vive la
République! Vive Gambetta!*)

M. Fourcand, président, met aux voix la candidature de
M. Gambetta, qui est adoptée à l'unanimité.

M. Gambetta reprend la parole :

Messieurs, avant de nous séparer, permettez-moi
de vous adresser l'expression de ma profonde grati-
tude et, en même temps, les regrets que je ressens et
pour lesquels je vous prie d'être mon interprète auprès de vos concitoyens et de nos amis. Je suis obligé
de vous quitter dans quelques heures ; vous voudrez
bien me tenir compte de ma bonne volonté et croire
qu'en partant j'emporte le meilleur de vous-mêmes,
c'est-à-dire votre fraternité républicaine. (*Cris prolongés de : Vive la République! Vive Gambetta!*)

DISCOURS

Prononcés le 15 février 1876

A PARIS

(RÉUNIONS PUBLIQUES DU VIII° ET DU XX° ARRONDISSEMENT)

Le comité républicain du VIII° arrondissement de Paris avait offert la candidature à la Chambre des Députés à M. Victor Chauffour, ancien représentant du Bas-Rhin à la Constituante et à la Législative, qui avait accepté. M. Gambetta, électeur du VIII° arrondissement de Paris, faisait partie de ce comité, avec MM. Jules Kœchlin, Jean Dolfus, Emmanuel Arago, Albert Castelnau, Carnot, Jules Ferry, le général de Wimpffen, Kastler, Henri de Lacretelle, Lepère, Antonin Proust, Risler-Kestner, Thorens, etc.

M. Victor Chauffour avait pour concurrents M. le duc de Decazes et M. Raoul Duval.

Le 15 février, dans une réunion publique, tenue rue Lévis sous la présidence de M. Gonnard, assisté de MM. La Serve, représentant de la Réunion, et Jules Kœchlin, président du comité républicain, M. Gambetta défendit en ces termes la candidature de M. Victor Chauffour :

M. GAMBETTA. — Mes chers concitoyens, en acceptant l'invitation qui m'est faite de venir au milieu de vous pour nous entretenir ensemble du devoir si important, si grave, que nous avons à remplir au scrutin du 20 février, je n'ai pas cédé seulement à ce besoin qui domine ma vie : entrer en relations aussi fréquentes que possible avec les membres de la démocratie républicaine sur tous les points du territoire.

Je ne serais pas complet dans l'expression de mes
sentiments si je ne vous disais pas qu'à cette première
raison de fraternité républicaine s'en ajoutait une
autre, plus intime à certains égards et plus douce
aussi pour mon cœur d'homme et de Français, c'est
de pouvoir venir ici, dans la dernière des réunions
publiques que nous mesure avec tant de parcimonie
une législation qui n'aurait pas dû survivre aux
hontes et à la chute de l'empire... (*Vive adhésion et
bravos.*), c'était, dis-je, de venir au milieu de vous, amis
inconnus mais non pas méconnus, adversaires ou
indifférents, et de dire publiquement, à la face de ce
VIIIe arrondissement, debout tout entier pour cette suprême manifestation républicaine, quel est l'homme
que le VIIIe arrondissement s'honore de présenter à
vos suffrages.

Je cède aussi à un véritable devoir d'amitié et de
solidarité patriotique. Victor Chauffour, Messieurs,
le candidat que nous présentons avec fierté non seulement aux suffrages de nos amis, mais au contrôle,
à l'examen et à la critique de nos adversaires, est de
ceux dont un parti s'honore, — que dis-je dont un
parti s'honore? — dont tout le pays, dans ce qu'il nous
reste de France, doit s'honorer d'accueillir l'activité,
le mérite et le caractère.

Je regrette, pour ma part, bien vivement, que la
grandeur de M. le duc Decazes le retienne en son cabinet. (*Rires.*) Quand on est candidat, il n'y a pas,
quelque poste qu'on occupe dans l'État, de raison,
d'objection à ne pas venir publiquement, nettement
préciser ses opinions, limiter son programme si on
le veut, et l'exposer contradictoirement. Il serait trop
commode d'être à la fois ministre presque irrespon-
sable, — comme nous l'avons vu, — et candidat muet
devant le suffrage universel. (*Rire général et applaudissements.*)

Je regrette également que M. Ferdinand Riant, dont

la candidature me paraît soulever de si graves questions, s'il est l'homme des idées qu'on lui prête et des idées qu'il affiche, — je regrette, dis-je, que M. Riant redoute, pour ses idées, le contrôle et la discussion publique. Je le regrette pour lui d'abord, pour ses partisans ensuite, mais aussi pour l'éducation républicaine qui devrait être la principale préoccupation de ces luttes pacifiques du suffrage universel, car, il faut bien y songer, quand on convoque la nation dans ses comices, ce n'est pas seulement **pour faire des choix**, pour nommer des députés, **pour décerner des mandats**, c'est aussi **pour élaborer des idées**, pour apprendre sur les **hommes**, sur les choses, sur les évènements, **sur les** faits de notre histoire d'hier et de nos destinées de demain, ce qu'il faut croire, ce qu'il faut penser, ce qu'il faut retenir et ce qu'il faut repousser. (*Vif assentiment.*)

Pour moi, je voudrais que ce droit de réunion, que l'on cantonne dans la période électorale, fût véritablement la pratique constante de la démocratie française, car les livres sont toujours rares, quand ils sont bien faits ; les journaux sont toujours limités dans leur action ; mais, dans une démocratie, la libre pensée, la fréquentation et la communication des hommes entre eux, mais le choc de leurs opinions, c'est le gage même de la victoire de la raison et du triomphe du bon sens.

Si l'on pouvait réellement réunir à des époques fréquentes, dans des périodes rapprochées, tous les citoyens d'une ville, par arrondissement et par canton, mais ne voyez-vous pas qu'il se ferait là une trituration des idées fausses et justes ? n'apercevez-vous pas qu'on écarterait les chimères, qu'on étudierait les problèmes posés et qu'alors il sortirait de cette constante étude de la pensée publique, vérifiée par l'opinion et par la contradiction de tous et de chacun, un fécond enseignement mutuel qui, en peu de temps, ferait que cette démocratie ne serait pas seulement maîtresse d'elle-même, mais compétente dans les questions à résoudre? (*Très bien! très bien! — Applaudissements prolongés.*)

Quant à M. Raoul Duval, je regrette encore plus son absence, parce que, Messieurs, de toutes les opinions qui sont livrées, à l'heure qu'il est, à la dispute du pays, il en est une qui, à mon point de vue, est la plus redoutable, la plus perverse, la plus fausse et la plus outrageante : c'est la doctrine césarienne.

Je la trouve fausse, et je voudrais n'être pas réduit constamment à en exposer les erreurs et les sophismes devant un auditoire sans contradicteurs. Mais, surtout, ce que je désirerais, ce serait de pouvoir, en face d'un antagoniste partisan de l'appel au peuple, faire ressortir ce qu'il entre d'emprunts, de contrefaçon, en un mot d'adultère dans la théorie de la démocratie impériale, et faire toucher du doigt l'endroit précis de notre domaine républicain où l'empire vient faire invasion pour s'y établir et de là égarer, grâce au peu de diffusion des lumières, le suffrage de gens qui ont le sentiment démocratique sans avoir la clairvoyance. Je voudrais rechercher s'il y a quelque chose de commun entre les théories de la Révolution française et celles du premier ou du second empire, et alors je voudrais prendre sur le fait cette collusion frauduleuse et arracher leur masque de démocrate à ceux qui, dans l'empire, se font de la démocratie rurale ou ouvrière un appui et un support contre nos propres doctrines. Je voudrais leur dire qu'ils sont de véritables intrus, des usurpateurs mensongers... (*Oui! oui! — Bravos.*) et leur démontrer, en même temps, que tout ce qui fait leur force et leur prétendu crédit n'est qu'une altération frauduleuse de la vérité historique et de nos propres principes, et les réduire ainsi à leur seul et réel bagage : les coups de force, l'attentat, le parjure, l'exploitation des masses, la di-

vision des classes, l'opposition de ceux qui possèdent
à ceux qui réclament légitimement le fruit de leur
travail, — montrer à tous qu'ils ne s'appuient que
sur la division et sur l'exploitation de la misère et de
l'ignorance, les renvoyer d'où ils sortent... (*Vive sensation. — Applaudissements et acclamations.*)

Mes chers concitoyens, en l'absence de cette contradiction féconde, il nous sera toutefois permis de
servir le même dessein en recherchant brièvement, —
car le temps me fait défaut, — en recherchant devant
vous quels doivent être la nature, le caractère et les
conséquences du vote du 20 février 1876.

A l'heure où nous parlons, Messieurs, au milieu de
cette harmonie et de cette sagesse générale qui président à toutes ces réunions que la presse réactionnaire est impuissante à dénaturer, — à l'heure, dis-je,
où nous sommes réunis ici, nous faisons ce qui se fait
sur l'étendue entière du territoire. Oui! partout la
France est debout, partout les comités fonctionnent,
partout les mêmes questions sont posées, et, je le
dis avec un vif sentiment d'espérance pour mon pays,
presque partout ces questions recevront la même solution démocratique et républicaine. (*Vifs applaudissements. — Bravos prolongés.*)

Le mouvement auquel nous assistons, il faut bien
le dire, sans en comprendre suffisamment toute la
grandeur et l'admirable sagesse, ce mouvement nous
place à un des moments les plus étonnants et les plus
émouvants à la fois de l'histoire de France. En effet,
voilà tout un peuple qui, convoqué pour prononcer
sur ses destinées, va rendre un verdict d'où sortiront
l'honneur, la paix, la sécurité, ou le contraire de ces
bienfaits indispensables à un grand peuple qui veut
refaire la patrie. Cette immense consultation a lieu
sans mouvement, sans passion, presque naturellement, et le pays débarrassé des chimères, des utopies,
des émotions malsaines, ne croyant pas plus au

spectre rouge démodé qu'aux exagérations dont on voudrait le séduire, le pays, avec calme, comme un juge parfaitement libre d'esprit, sûr de sa conscience, le pays se livre à cette immense enquête sur la constitution de la Chambre des députés de la nation sans qu'il y ait nulle part, dans la plus petite comme dans la plus grande ville de la République, dans la plus humble comme dans la plus considérable de ses communes, une trace d'agitation, de sédition ou de trouble.

Il faut saluer, Messieurs, non seulement ce grand mouvement, cette grande évolution pacifique, mais surtout en admirer la sagesse, puisqu'il y a des Français assez malheureux, assez peu dignes de ce nom, pour dénaturer ce grand acte de tout un peuple et chercher à en faire sortir la panique pour les esprits en le présentant comme une source de désordre pour le pays et pour l'Europe. Oui, je le dis hautement, il n'y a pas en Europe, il n'y a pas dans le monde, pas plus de l'autre côté de l'Atlantique que de l'autre côté de la Manche, que de l'autre côté des Vosges, que de l'autre côté du Rhône, que par-delà les Pyrénées, il n'y a pas un peuple qui pût vaquer à ses affaires et donner ce spectacle de paix et d'harmonie qui préside chez nous à cette révolution légale. (*Bravos et applaudissements répétés.*)

Je ne dis pas ces paroles pour le vain plaisir de célébrer mon pays, je les dis surtout parce que c'est un gage assuré que la démocratie française est réellement majeure... (*Oui! oui! — Bravos.*), qu'elle est sortie des tâtonnements et des incertitudes, qu'elle est définitivement résolue à faire elle-même ses affaires, à se gouverner d'abord pour être digne de gouverner les autres. Cette sagesse, je ne la prends pas uniquement pour prétexte à notre orgueil national, mais je la célèbre comme la véritable espérance de l'avenir : c'est une nouvelle certitude que nous touchons au but. Oui, la République est faite! (*Oui! oui! — Cris répétés de : Vive la République! et applaudissements prolongés.*)

Eh bien, si la République est faite, il faut la consolider, la maintenir et la développer; il faut lui faire porter graduellement, pacifiquement, toutes ses conséquences politiques et sociales. Il faut, par conséquent, que tout le monde apporte son contingent d'efforts à cette œuvre patriotique; il faut qu'il n'y ait nulle part en France, et surtout dans Paris, une circonscription, un collège électoral qui ne tienne à honneur de figurer dans cette phalange des électeurs qui veulent fonder la démocratie libre. C'est pour cela que ce VIIIᵉ arrondissement a recherché attentivement quel était l'homme sur la tête duquel on pût avec le plus d'autorité, d'ensemble et d'efficacité, affirmer cette politique de régénération. Cet homme, c'est Victor Chauffour. (*Oui! oui! — Très bien! — Acclamations prolongées.*)

Je vous dirai tout à l'heure, Messieurs, ce que représente M. Victor Chauffour, ce qu'exprime son nom et son passé; mais, si j'interroge ceux qu'on lui oppose, les hommes qu'il faut qualifier d'un seul mot, les hommes des anciens partis, qui luttent contre la paix, la stabilité publique, si je les examine, je trouve tout de suite une raison décisive pour faire appel, dans ce VIIIᵉ arrondissement, non seulement aux républicains de la veille, non seulement aux républicains du lendemain, aux républicains de raison et de patriotisme, mais à tous ceux qui, sans distinction, veulent qu'à partir du 20 février 1876 il n'y ait plus dans ce pays ni lutte, ni conflit, ni marasme dans les affaires, ni angoisses, ni incertitudes dans les esprits, à tous ceux qui veulent que la majorité sortie du vote du 20 février soit assez forte et assez puissante et ait un tel ascendant, que devant elle les dernières résistances capitulent et que la majesté de la loi suffise à

maintenir pour toujours l'ordre vrai dans le pays.
(*Très bien! très bien! — Applaudissements.*)

Au scrutin du 20 février, tout le monde dans cet
arrondissement, — qui est à la fois un arrondissement
laborieux et riche, — a le même intérêt, quelle que
soit, d'ailleurs, l'origine de ses convictions politiques.
Ce qu'on y désire, comme dans le reste du pays, c'est
la stabilité qui permet les échéances à longue portée,
les entreprises de longue haleine, c'est la possibilité
de nouer des affaires, de pouvoir dormir en paix ;
c'est la certitude du lendemain. Eh bien, je dis à ces
hommes d'affaires, à ces travailleurs, à ces capitalistes, à ces hommes d'épargne et de production : Voulez-vous que le vote du 20 février soit un vote d'ordre
et de quiétude publique, un vote de paix intérieure
et extérieure, un vote qui décide de l'affermissement
des institutions républicaines et, avant tout, du respect de la loi ? — Votre honneur, votre intérêt, votre
patriotisme, encore plus que vos convictions politiques, sont liés à un pareil résultat. — Oh! alors tout
est clair et facile à résoudre : il faut précision et netteté dans le choix du candidat.

Eh bien! Messieurs, c'est là le caractère qui manque
aux trois candidatures adverses. Ou ce caractère est
beaucoup trop net et signifie destruction de la Constitution, ou il est trop équivoque en signifiant maintien, essai plus ou moins loyal de cette Constitution,
(*Très bien! très bien! — C'est cela!*) ou bien l'une de
ces trois candidatures signifie guerre acharnée à la
liberté de penser, à la liberté humaine, oppression
des esprits et des consciences, que l'on décore du
nom de liberté religieuse, qui n'est que la liberté
pour quelques-uns et l'exclusion de tous les dissi-
dents. (*Salves d'applaudissements.*)

Maintenant, je comprends très bien qu'il y a des
situations délicates ; je comprends que, lorsqu'on est
en face d'un ministre qui n'est pas tout à fait premier

ministre, qui a peut-être eu tort d'en laisser passer
l'occasion (*Rires.*), on soit quelque peu embarrassé. A
coup sûr, Messieurs, vous n'entendrez sortir de ma
bouche aucune personnalité malsonnante ni contre
les uns ni contre les autres. J'ai trop l'habitude de la
politique pour avoir d'autre passion que celle que
donnent les idées, d'autre aversion que celle qu'on
peut éprouver pour des doctrines funestes ; et quant
aux hommes, je suis toujours prêt à discuter avec
eux, mais aussi à leur opposer une infranchissable
barrière quand ils me paraissent dangereux pour mon
pays et pour ses droits. (*Vif assentiment.*)

Je dirai d'abord à la candidature qui est de beaucoup la plus dangereuse pour la paix publique, à la
candidature césarienne, je lui dirai que je ne la dis-
cuterai pas. (*Rires.*)

Je ne peux pas me résoudre à croire que, dans ce
viiie arrondissement, on puisse sérieusement vous
parler de plébiscite alors que vous sortez du plébiscite
saignants et démembrés. (*Vive sensation.*) C'est un
mot qui doit être banni du langage politique, parce
qu'il n'y peut figurer sans entraîner derrière lui l'i-
mage de la patrie mutilée et le souvenir des hontes
subies. Donc, ne parlons pas du plébiscite et de ses
souteneurs.

Ne parlons pas davantage de ces représentants de
l'esprit d'obscurantisme dont toute la politique consiste à s'incliner aveuglément devant l'idole du Vatican (*Rires*), à qui on a donné une infaillibilité surhu-
maine, sans doute pour lui permettre de dégager la
conscience de ses fidèles de la difficulté de comprendre les dogmes qu'elle promulgue. (*Très bien! très
bien! — Applaudissements.*)

Nous ne nous occuperons que de celle des trois
candidatures opposées qui a un aspect réellement politique, discutable à de certains égards, mais candidature sérieuse, puisqu'en somme y est attachée la per-

sonnalité d'un homme politique qui a joué un grand rôle dans nos affaires, et qui a encore dans l'État un poste qui est peut-être le poste le plus important.

Eh bien, il n'est pas possible qu'ayant réduit la question en termes aussi nets : nécessité de faire le 20 février 1876 un choix précis et clair, une désignation sur le caractère de laquelle ne puisse planer aucune équivoque, il n'est pas nécessaire d'insister longuement sur les actes, sur la vie, sur le caractère du candidat de la démocratie, d'une façon qui soit avantageuse pour le candidat de..., — ici je suis fort embarrassé, je l'avoue, (*Rires*) — pour le candidat de l'opinion constitutionnelle couverte, déguisée, loyalement déguisée, ou obscurément déguisée, comme vous voudrez. (*Nouveaux rires.*) Je ne peux pas arriver à trouver le mot. (*Hilarité générale.*)

Oui, il m'est impossible de trouver l'épithète juste quand je parle d'un certain parti. C'est un embarras que j'ai éprouvé dans une autre enceinte. Il m'est impossible de trouver une définition exacte qui rende bien ma pensée et qui indique la couleur d'un parti qui fait profession de n'en pas avoir. (*Nouvelle hilarité.*)

Oui, je suis impuissant à dire à quel parti appartient actuellement, comme candidat, M. le duc Decazes ; — si je cherchais cette définition des opinions de M. Decazes dans son passé, dans ses relations, dans ses doctrines, dans ses votes, dans ses écrits, je trouverais tout de suite à quel parti il appartient ou auquel il appartenait avant le 25 février 1875. (*Rires d'approbation.*) Mais ici encore un nouvel embarras : ce parti s'est retiré de la scène politique, du moins apparemment, à la suite, vous le savez, d'une démarche historique qui est restée aussi célèbre que stérile..... Ce parti a abdiqué en faveur de la monarchie légitime héréditaire, laquelle n'a trouvé qu'un seul obstacle à sa rentrée en France, c'est que le pays

était unanime à la repousser. (*Oui! oui! — Bravos et
applaudissements prolongés.*)

Depuis ce jour du 6 août 1873, qu'on a pu comparer sans trop d'exagération à la célèbre Journée des
Dupes, les royalistes purs, — il paraît qu'il y en a
d'impurs, — ont dressé l'acte de décès de la branche
cadette des Bourbons ; mais l'orléanisme, — je viens
de le nommer (*Rires.*), — qui se cachait derrière cette
combinaison de la fusion, a évolué, et vous n'avez
pas oublié que c'est à lui qu'on doit l'invention de
combinaisons gouvernementales aussi nouvelles que
bizarres. Nous avons eu le septennat avec toutes ses
formes, toutes ses nuances et ses transformations qui
en ont fait, un moment, dans la politique, une concep-
tion aussi compliquée que celle de la théologie in-
dienne où les dieux changent de figure et de forme à
chaque fantaisie de leurs prêtres, pour aboutir, d'avatar en avatar, au pur néant. (*Très bien! très bien! —
Hilarité générale et applaudissements.*)

De transformation en transformation, la combinaison en était arrivée à ne représenter qu'un gouvernement de dictateur militaire, lorsqu'il fallut se résigner,
sous l'action du pays, à abandonner cette élucubra-
tion monstrueuse et morte aussitôt que née.

On arriva à la Constitution légale de la République.
Ce jour-là, il était décisif de reconnaître et de marquer ceux qui, au nom du pays avide de posséder un
gouvernement, au nom des affaires impatientes de
trouver la sécurité, au nom de la patrie désireuse
d'être unie devant l'Europe, — il était, dis-je, décisif
et utile de savoir quels étaient ceux qui déposeraient
un vote favorable ou défavorable à la Constitution de
la République. J'ai le regret de le dire, M. le ministre
des affaires étrangères de la République française ne
fut pas pour la Constitution et sa puissance légale.

Il ne faut jamais oublier ce point de départ, cette
origine de la Constitution, parce qu'ils éclairent l'ave-

nir et disent quelle confiance on peut faire sur la solidité des hommes qui se sont ainsi conduits. Je sais
bien qu'on me fait cette remarque : Après que le vote
a été acquis, après qu'on a eu franchi le défilé, on
est venu se ranger autour de cette légalité triom-
phante, on est entré en grand nombre. C'est vrai ;
mais vous y êtes venus un peu tard, Messieurs, pour
qu'on vous confie la garde de cette Constitution.
(*Très bien ! très bien ! — Rires et applaudissements.*)

Je ne repousse pas ces adhésions, croyez-le bien,
j'en suis très avide et, une fois acquises, très jaloux,
car j'ai hâte de voir la démocratie cesser d'être un
parti pour devenir la nation tout entière et recueillir
des conversions tous les jours plus nombreuses et
tous les jours plus efficaces. (*Vive approbation.*)

Mais lorsqu'il s'agit de faire choix d'un mandataire
ferme, résolu, sûr et avisé, on serait bien imprudent,
bien téméraire si on allait, ne tenant aucun compte
du passé le plus récent, choisir précisément celui qui
s'est déclaré au jour décisif l'adversaire résolu de la
Constitution fondamentale qu'il s'agit de pratiquer,
et qui lui a refusé le droit de naître. En politique, il
faut porter la responsabilité de sa conduite, il n'y a
pas de vote sans responsabilité, on peut ajourner la
sanction en refusant de consulter le pays, mais,
l'heure venue, le pays juge. Je dois le dire, toutes les
déclarations ultérieures pourront modifier l'opinion
qu'on peut se former sur l'honorable duc Decazes,
mais toutes ses déclarations n'effaceront pas de sitôt
le triste vote qu'il a rendu le 25 février au soir. (*Très
bien ! très bien ! — Salve d'applaudissements.*)

Ce n'est pas tout. Cette grande journée a été suivie
d'un cabinet, d'une politique, d'actes administratifs,
et personne n'ignore, en France, qu'il y a eu dans le
sein du gouvernement comme une sorte de coalition
avec les ennemis mêmes de cet ordre de choses fondé
le 25 février. Personne n'ignore avec quelle passion

on a lutté contre l'établissement républicain, avec
quelle ténacité à la fois tracassière et puérile.

On a cherché à mater l'opinion, à la faire dévier et
à lui présenter comme un abri toujours précaire et
provisoire cette Constitution dont le pays attendait la
stabilité. Personne n'ignore à quels actes étranges
s'est porté un cabinet qu'on a eu le soin de.qualifier
d'homogène. (*Rires.*) Personne n'ignore quels actes
ont été accomplis par ce cabinet, et, dans ces conditions, je dis qu'il n'est pas possible à **M.** Decazes de
séparer sa cause de celui dont il est le collaborateur
et quelquefois le complice. (*Vive appprobation et applaudissements.*)

Il n'est pas possible de se justifier d'une pareille
conduite par le silence, par l'absence ou par des récriminations posthumes. La politique est œuvre
d'homme. L'omission, comme l'action, est une source
de responsabilité, et, si l'honorable candidat était présent, je le lui dirais. Il s'est trouvé dans le sein du
cabinet des hommes qui ont eu le courage de mettre
leur démission derrière leurs actes : il lui eût appartenu, par son passé et ses traditions, de montrer encore plus de fermeté et d'arrêter, au lieu d'y aider,
une politique systématiquement réactionnaire. L'a-t-il
fait? Non. (*Très bien! très bien! — Applaudissements
répétés.*)

Voilà en très peu de mots, il me semble, les réflexions que tous les hommes d'ordre et de progrès
doivent avoir présentes à l'esprit avant de jeter leur
vote dans l'urne, car, pour reprendre ce que je disais,
que cherchons-nous dans le scrutin du 20 février?
Nous cherchons l'affermissement de la majorité républicaine qui doit siéger sur les bancs de la future Assemblée. Cet affermissement, le trouverez-vous dans
l'élection de mandataires équivoques, hésitants, ralliés d'hier, sans vues claires sur l'avenir, sans précision sur ce qu'ils feraient si des accidents venaient à

se produire, en un mot ni suffisamment détachés ni
suffisamment ralliés ? Il faut faire œuvre de prévoyance
quand on fait un choix, il faut se demander non seulement ce que vaut l'homme, mais encore ce qu'il
vaudra dans des circonstances données.

Eh bien, quand vous ferez, Messieurs, avec les indications que je viens de donner, la comparaison
entre le candidat qui est le moins éloigné de nous et
celui qui est proposé à vos suffrages par le parti républicain, j'ai une suffisante confiance en votre bon
sens, en votre sagesse, pour savoir vers quel côté in-
clineront vos vœux et porteront vos préférences.

Maintenant, je ne me sens pas embarrassé par la
présence à mes côtés de ce brave et vaillant Français,
de ce ferme et sage républicain qui s'appelle Victor
Chauffour. Vous le connaissez, Messieurs. On vous a
déjà longuement appris qui il était; vous savez quelle
a été sa vie, son passé, quelle est la moralité, l'aus-
térité et la grandeur morale de son existence privée.
Il faut aussi tenir compte de toutes ces qualités dans
le choix d'un homme politique; car, pour mon compte,
je ne suis pas partisan de la thèse qui tend à séparer
de plus en plus la vie privée de la vie publique. Un
homme est un, et il appartient tout entier au jugement de ses contemporains. (*Très bien ! très bien ! —
Double salve d'applaudissements.*)

Eh bien, Victor Chauffour a pour nous, Messieurs,
et il aura pour vous, j'en suis sûr, cette supériorité,
il offre cette garantie d'être à la fois un républicain
de vieille date, n'ayant jamais donné prise ni à la critique ni à l'injustice des partis, assez ferme pour avoir
été honoré deux fois de la proscription, assez juste
pour n'avoir jamais hésité à faire son devoir, même
contre des amis trop impatients, et j'ajoute, un républicain dont les idées sont assez étendues, assez élevées pour donner à ceux qui, dans nos rangs, ont véritablement la passion de la justice parmi les hommes

et qui se réclament des immortels principes de la Révolution française, une entière sécurité. Il est en
même temps un homme dont la modération de caractère, la noblesse d'existence et la sagesse dans la vie
privée comme dans la vie publique offrent aux opinions plus modérées, aux gens plus timides, aux esprits
plus hésitants, l'assurance de ne jamais le voir dévier
de la ligne droite, de la raison et du bon sens. (*Applaudissements prolongés.*)

A toutes ces qualités qui suffiraient à en faire comme
le modèle de la candidature réellement républicaine
dans notre parti, Victor Chauffour joint un autre titre
qui n'a jamais laissé et qui ne laissera jamais Paris
insensible. Il est de ceux qui expient parmi nous, avec
nous, les conséquences de cette odieuse servitude impériale supportée pendant dix-huit ans et qui a abouti
à le priver, lui, de son berceau et nous, de nos meilleures provinces. (*Vive émotion. — Bravos et acclamations.*)

Eh bien! il serait douloureux, devant une assemblée de Français, de patriotes, de Parisiens, d'insister
longuement sur un pareil deuil et de toucher à cette
blessure toujours saignante. Je n'ajouterai qu'un mot.
Quand on a devant soi un homme aussi dévoué à
nos idées, ayant cet ineffaçable et auguste caractère
d'être un fils de l'Alsace frappé par l'étranger, on n'a
qu'à se dire : Ne pouvant pas avoir la terre, prenons
les hommes. (*Applaudissements enthousiastes. — Cris répétés de : Vive la République! Vive Gambetta! — Vive
l'Alsace et la Lorraine!*)

M. Gambetta se retire au milieu des acclamations et se
rend aussitôt à la réunion électorale convoquée pour le même
soir, à Belleville, par les comités républicains fusionnés du
XXᵉ arrondissement.

L'arrivée de M. Gambetta dans la salle de Charonne est
saluée par des cris répétés de : *Vive la République! Vive
Gambetta!* La salle renferme plus de deux mille électeurs.

M. Métivier, conseiller municipal, président de la réunion, donne lecture du manifeste suivant :

« Cher concitoyen,

« Il y a sept ans (il y a un siècle, si l'on mesure la durée du temps à l'accumulation des évènements douloureux et terribles d'où la France est sortie meurtrie et démembrée), après le coup de tonnerre du procès Baudin, la démocratie républicaine du XXe arrondissement, pressentant l'homme d'État dans le tribun, est allée à vous et vous a confié un mandat d'opposition irréconciliable contre les hontes de l'empire.

« Entre vous et nous il y eut accord en ceci, qu'en face d'un gouvernement issu de la violation du droit, il ne fallait pas laisser s'établir la prescription, et que la revendication devait revêtir la forme révolutionnaire ;

« Qu'il fallait encore et toujours rappeler la liberté violée, la conscience enchaînée, la dignité humaine humiliée, le pays spolié ;

« Qu'il fallait encore et toujours rappeler le crime qui marqua le commencement et faire pressentir le châtiment qui devait couronner la fin.

« Mais, hélas ! malgré les sourdes inquiétudes que nous inspirait pour la France ce pouvoir si singulièrement caractérisé par les vices les plus contradictoires, le cynisme et l'hypocrisie, la violence et la lâcheté, nous ne nous attendions, ni les uns, ni les autres, à la profondeur de la chute, ni surtout à ce que notre malheureux pays, enchaîné par les liens de cette solidarité inéluctable qui lie les peuples à leurs gouvernements, aurait à subir les hontes et les malheurs d'une telle expiation.

« Fidèle à la parole donnée, vous avez porté à la tribune du Corps législatif, dans un exposé dogmatique qui fut votre véritable début politique et dont la magistrale éloquence est dans notre souvenir à tous, les revendications de la France républicaine.

« Puis, les évènements se précipitant, les inquiétudes conçues par les esprits clairvoyants ne tardèrent pas à se réaliser, et la France se réveilla de sa torpeur de vingt années au bruit du canon et dans les angoisses de l'invasion.

« Alors votre mandat se transforma et s'agrandit.

« Il était, nous ne dirons pas exclusivement mais surtout politique; il devint avant tout patriotique. C'était un mandat d'opposition à un gouvernement oppresseur, il devint un mandat de guerre contre l'envahisseur, un mandat de défense nationale.

« La République s'identifia alors avec la Patrie. Et si plus tard un grand homme d'État a pu dire, avec raison, que le gouvernement serait aux plus sages, au commencement de la guerre pour la délivrance, on avait le droit d'affirmer que le gouvernement serait aux plus patriotes, c'est-à-dire aux républicains.

« Cette transformation de votre tâche, tout imprévue qu'elle fût, n'effraya pas votre patriotique ardeur.

« Pendant cinq longs mois, avec une énergie et une activité qui n'eurent d'égales que le dévouement héroïque du pays et l'intelligente discipline de vos collaborateurs, vous avez opposé à l'ennemi une résistance qui, pour n'avoir pas été invaincue, n'en est pas moins le titre de gloire le plus pur que la France ait eu depuis les dernières années du siècle précédent.

« Pendant cinq longs mois, la Défense nationale, dont on a pu dire que vous étiez l'âme, a résisté avec honneur contre des armées d'autant plus redoutables qu'elles avaient le prestige de la victoire et qu'elles avaient écrasé l'empire dans une campagne de cinq semaines.

« Si nous nous arrêtons un instant sur ces évènements encore moins glorieux que tristes, puisqu'ils rappellent le démembrement de la France et la perte si douloureusement ressentie de l'Alsace et de la Lorraine, c'est qu'ils sont le point de départ d'une transformation radicale dans les mœurs du parti républicain.

« Condamné par la force des choses à être un parti de protestation et de lutte, à donner sa liberté et sa vie pour empêcher la prescription du droit, le parti républicain, du jour au lendemain et sans préparation, fut, pour sauver l'honneur, obligé de ramasser le pouvoir qu'un gouvernement de honte avait laissé tomber et que les partis monarchiques effarés laissaient à terre, n'osant en prendre la responsabilité.

« Le parti républicain, — et ce sera son honneur, — dé-

daigneux des habiletés vulgaires, n'écoutant que la voix de
la patrie chancelante, saisit l'épée que l'Empire venait
d'abandonner et s'en servit de façon à nous conserver l'estime des nations. De ce jour date une évolution qui a si
singulièrement étonné ses ennemis.

« De ce jour, il est devenu un parti de gouvernement,
en attendant qu'il devienne le gouvernement lui-même.

« Si cette évolution a pu s'opérer aussi rapidement, c'est
que le parti républicain porte en lui l'âme de la France,
c'est qu'il est un parti patriote, un grand mot trop oublié
qui est comme un écho des grands jours de 92.

« Depuis cinq ans, le parti républicain n'a fait défaut, ni
un jour, ni une heure, à cette grande tâche du relèvement
de la patrie par la constitution de la République.

« Il s'est amendé, assagi, transformé.

« Avec une souplesse admirable et que possèdent seuls les
partis à qui l'avenir est promis, il a pris les mœurs, les
habitudes, le tempérament des grands partis constitutionnels qui président aux destinées des pays libres.

« La France, frappée de cette attitude pleine de force et
de calme, incertaine d'ailleurs de son présent, inquiète de
son avenir, est venue à nous, pressentant qu'avec nous elle
verrait la fin de ses secousses périodiques, la terminaison
de ses agitations matérielles, de ses révolutions de la rue
aussi bien que des coups de force partis d'en haut;

« Que la République pacifiquement fondée, sortie, pour
ainsi dire, des entrailles du pays, serait le port tranquille et
sûr où elle pourrait travailler en paix à son relèvement
matériel, à son amélioration morale, à la conquête définitive de la liberté, à la réalisation de tous les progrès qui
sont l'idéal toujours poursuivi des peuples dignes de tenir
leur place dans le monde.

« A ce travail de rénovation, qui marque d'un caractère
tout spécial l'histoire de ces cinq dernières années, vous
avez, cher concitoyen, pris une grande part.

« Ce qui était dans l'âme du plus grand nombre à l'état
d'aspirations mal définies, vous l'avez exprimé avec cette
éloquence chaleureuse et sagace qui vous caractérise. Vous
avez donné un corps à la pensée encore confuse de vos
concitoyens, et, avec une décision d'esprit digne d'un
grand politique, vous avez indiqué la route à suivre.

« Au service de cette tâche difficile, dans l'accomplissement de laquelle il fallait déployer tant de sang-froid, de
prudence et de mesure, vous avez mis l'autorité que vous
ont acquise votre éloquence enflammée et la fougue de
votre tempérament ; et la République vous aura cette obligation qu'en voyant, sous l'inspiration de votre patriotisme, votre ardeur se discipliner et se mettre, pour ainsi
dire, au pas, les plus impatients se sont sentis pénétrés de
sentiments de modération.

« La lutte s'est ainsi circonscrite sur le terrain constitutionnel et légal, et la République, pour la première fois,
aura eu la chance de se fonder en dehors des commotions qui,
après avoir ébranlé jusque dans ses profondeurs l'esprit
public, et après l'avoir soulevé et enthousiasmé, donnent
prise à de si furieuses réactions.

« Aujourd'hui, la République est fondée. Mais, pour s'être
amoindries, les difficultés n'ont pas complètement disparu ;
on pourrait même, sans exagération, dire que la tâche la
plus ardue reste à accomplir, à savoir : montrer à la France
et au monde que la République n'est pas seulement la seule
forme de gouvernement qui donne satisfaction aux aspirations
les plus élevées de l'esprit humain, qui affranchit l'homme
complètement et le met en pleine possession de lui-même,
mais encore la seule qui présente des garanties efficaces de
liberté et d'ordre, de paix sociale et d'amélioration matérielle ; la seule qui, par l'introduction dans une proportion
de plus en plus considérable de la justice dans les rapports
sociaux, puisse diminuer les antagonismes, apaiser les
haines et conduire la France, par un progrès continu et
sans secousses, à une prospérité que les monarchies lui ont
toutes promise, mais sans la réaliser jamais, et que les
catastrophes qui marquent leur fin ont toujours ajournée.

« La solution de ce problème tant et si justement cherchée
est dans nos mains à tous. Si nous savons persévérer dans
la méthode expérimentée depuis cinq années et qui a conduit à de si grands résultats, nous ferons la démonstration
si impatiemment attendue.

« Car, qu'on ne s'y trompe pas ; ce que certains esprits
ont considéré comme un expédient inspiré par des difficultés passagères et devant disparaître avec elles, est un procédé scientifique.

« Pour la première fois, la politique, s'inspirant des méthodes de la science moderne, s'est soustraite à l'influence de l'absolu et des conceptions *à priori*; pour la première fois, cessant d'être un art procédant surtout du sentiment, elle a pris son rang parmi les sciences proprement dites, elle est devenue une science d'observation.

« Vous avez plus que personne contribué à cette révolution, et c'est en cela surtout que votre action aura été féconde.

« Eh bien, ce qui a été ébauché, il faut l'achever. Il faut, s'éclairant des principes comme d'un flambeau, les yeux fixés vers l'idéal pour ne pas perdre de vue le but élevé à atteindre, marcher en avant avec autant de prudence que de résolution, en tenant compte du terrain, des milieux, des impulsions trop énergiques, mais légitimes, de l'esprit de progrès, aussi bien que des résistances de l'esprit de conservation. Il faut procéder par parties plutôt que par masse; décomposer les problèmes et chercher successivement les solutions partielles; résoudre, comme vous l'avez plusieurs fois indiqué, les questions quand et comme elles se présentent, au jour le jour; n'entamer une opération, une agitation, comme on dit si heureusement dans les pays libres, qu'après avoir terminé l'agitation précédente et consolidé la conquête qui en a été le résultat.

« Cette politique scientifique n'a pas l'aspect séduisant de la politique de sentiment, elle va peut-être moins que celle-ci à notre tempérament artiste et soldat; elle n'enflamme pas comme celle qui rêve de conquérir le progrès à la baïonnette et dans une lutte héroïque de trois jours.

« Cette bataille sans répit ni trêve, ce combat obscur de tous les jours, a, nous en convenons, quelque chose qui répugne et effraye, et l'on aimerait mieux, d'un effort énergique et soudain, jeter bas tous les abus, et constituer de toutes pièces, à coups de décrets, un monde nouveau et meilleur, pour se reposer ensuite comme a fait, dit-on, le Dieu de la Genèse.

« Pour notre compte, nous ne demanderions pas mieux, mais il y a un obstacle, un seul, mais suffisant : c'est que cela n'est pas possible, et que, de même que le bon Dieu de la Genèse n'a pas créé le monde en six jours, de même tout, ici-bas, est œuvre de travail, de patience et de temps.

« C'est là la seule politique féconde, parce que c'est la
seule qui tienne compte des lois éternelles du développement individuel et collectif.

« Cette politique, c'est la vôtre, c'est la nôtre à tous.

« A notre dernière réunion, dans un de ces entretiens
familiers qu'à l'exemple des hommes d'État anglais, vous
aimez à avoir avec vos électeurs, entretiens féconds en ce
qu'ils maintiennent et perpétuent la communauté des sentiments et des idées, en ce qu'ils établissent un double
patronage du mandant au mandataire et du mandataire au
mandant, vous nous avez dit : Le mandat tient-il toujours ?

« Eh bien! oui, tel qu'il s'est transformé sous l'action impérieuse des évènements et des circonstances, le mandat
tient toujours et plus que jamais.

« Au point de vue des indications actuelles, nous le ré-
sumons :

« La Constitution de 1875 comme point de départ;

« Sa pratique sincère et loyale jusqu'en 1880;

« Le développement pacifique et régulier des améliorations qu'elle-même a prévues et qu'elle contient en germe
pour arriver à constituer progressivement la République
démocratique.

« Certains trouveront que ce mandat est large et peu
défini dans ses termes.

« Nous le faisons ainsi en connaissance de cause et avec
préméditation.

« Nous indiquons et vous acceptez le but : la République
définitive, progressive et largement démocratique.

« Des voies et moyens, ni les uns ni les autres nous ne
sommes maîtres.

« Tout est subordonné aux modifications de l'esprit public et aux évènements qu'il serait téméraire de vouloir
pressentir.

« Et, d'ailleurs, entre vous et nous il y a un lien qui nous
est cher et que nul ne voudrait rompre; vous êtes né à la
vie politique ici. Ce sont les républicains du XXᵉ arrondissement, les Bellevillois, pour emprunter à la réaction un
de ses plus chers vocables, qui vous ont donné votre premier mandat. Nous nous honorons d'avoir contribué à votre
fortune politique, et nous vous disons : Vous avez notre

approbation pour le passé; pour l'avenir, vous avez notre confiance, et vous en userez pour le bien de la France et la constitution définitive de la République. »

M. Gambetta répond à ce manifeste par le discours suivant :

Mes chers concitoyens, vous venez d'entendre lire un document dont je ne pense pas qu'aucune démocratie antérieure ait pu fournir un exemple aussi remarquable.

Je le dis avec l'émotion que m'a causée cette lecture : le jour où la politique qu'on vient de tracer et de rédiger dans ces lignes sera la politique avouée, déclarée, pratiquée de la démocratie française, ce jour-là, je n'hésite pas à le dire, la Révolution sera finie. (*Très bien! très bien! — Bravos.*)

Permettez-moi d'ajouter que la publication et la lecture de ce document feront pour l'avancement de nos idées communes un bien inestimable. J'ose dire qu'il n'y a pas en Europe un homme politique, adversaire déclaré, ou indifférent, ou ami de la France, qui puisse, en parcourant ce document, résister à un mouvement d'admiration, non seulement pour le peuple chez lequel de telles choses se disent et se pratiquent, mais surtout pour la fraction de la démocratie parisienne que l'on a constamment vouée à la diffamation et à la calomnie, pour ce Belleville le mal-famé et où, en somme, depuis sept ans, se trouvent tracés le programme et la méthode de la véritable démocratie.

Je voudrais, mes amis, et je peux bien vous donner ce nom, connus ou inconnus, je voudrais pouvoir, si les forces me le permettaient, reprendre en sousœuvre l'exposé de cette méthode politique et son application à chacune des réformes nécessaires que nous avons à poursuivre et à réaliser.

Je voudrais également vous faire toucher, à l'épreuve, combien ce que vous disait tout à l'heure votre hono-

rable président est non seulement l'expression de la
sagesse, mais aussi de l'expérience politique.

Oui, vous aviez raison de le rappeler, après ces luttes que nous avons été obligés de soutenir contre la
coalition des partis réactionnaires, après les désastres
qui ont accablé la France et qui lui ont imposé l'obligation de se réformer à l'intérieur et de se refaire au
dehors, vous aviez raison de dire que la démocratie,
châtiée pour le passé, saignante dans la plupart de
ses membres, avait besoin de se recueillir, d'examiner
la situation et de faire son choix entre l'enthousiasme
et la raison, entre la politique de résultats et la politique de la rêverie. (*Vive approbation et acclamations.*)

Quand on est dévoué sincèrement et sans arrière-
pensée au progrès d'une démocratie, on lui doit la vérité,
on se la doit à soi-même. (*Très bien! très bien!*)

Il ne faut jamais se payer de mots ni de phrases.
Il ne faut jamais croire qu'on a la force quand on
ne l'a pas. Il ne faut jamais croire qu'on est la majorité quand on ne l'est pas; il ne faut jamais croire
que tout est facile quand tout est presque irréalisable.
Il faut être plus viril, plus exact, plus consciencieux,
savoir résolument se placer en face de la réalité des
choses, dresser le compte de toutes les difficultés, ne
plus se payer d'illusions, ne se laisser abattre par aucun obstacle, poursuivre la tâche à remplir, le but à
atteindre. Il faut marquer, regarder ses adversaires en
face et leur livrer bataille sous le regard de l'opinion
publique. (*Très bien! très bien! — Double salve d'applaudissements.*)

Cette politique est née à Belleville. J'ai le devoir et
l'orgueil de le dire tout à la fois. Elle est née à Belleville, en 1869, lorsque nous avons rédigé ensemble les
clauses et stipulations communes de notre contrat.
Ah! certes, à cette époque nous ne pensions pas, quelque funeste que fût à la France un régime corrupteur
qui semblait devoir la pourrir avant de la mutiler,

nous ne pensions pas que ce régime allait s'abîmer dans un désastre sans nom, menaçant d'engloutir dans le gouffre jusqu'au nom même de la patrie; nous ne pensions pas que le châtiment d'une servitude trop longtemps supportée allait être aussi prompt et, j'ajoute, aussi immérité. Nous pouvions penser qu'un avenir pacifique s'ouvrait non seulement devant la France, mais encore devant le monde, et que les hommes ne seraient plus appelés à lutter ensemble que de travail, d'intelligence et d'émulation dans le bien. Nous nous sommes éveillés sous les coups sinistres de l'invasion et à la lueur des canons prussiens. (*Vive émotion.*)

Il fallut aviser, et reconnaître que ce pays était malade, profondément malade, et que, bien qu'il eût dans la main l'instrument de la souveraineté, le suffrage universel, s'il était ignorant, égaré, jaloux, défiant et prompt à servir, ce suffrage universel ne devenait que l'instrument même de sa servitude. Dès lors, il fallait se mettre tout de suite à la tâche pour l'améliorer dans les villes et les campagnes, rapprocher les esprits divisés et démontrer au paysan, qui tient en réserve la véritable fortune de la France, la véritable semence de l'avenir, que la République et la démocratie sont les deux assises protectrices de son intérêt et de sa grandeur. (*Oui! oui! — Très bien! — Bravos et acclamations.*)

Il fallait alors faire de la politique, non plus pour un groupe, mais pour le pays tout entier sous peine de courir encore une fois aux catastrophes, aux aventures et à la dictature. La politique de la démocratie devait être tirée de la base même du gouvernement, de la démocratie, c'est-à-dire du suffrage universel. Il fallait patiemment, lentement, mais d'une manière infatigable, pénétrer jusque dans les dernières couches de ce pays, aller y chercher les capacités et les aptitudes, les traîner à la lumière et les faire entrer dans les con-

seils électifs, en commençant par la commune, pour
les élever jusqu'aux premiers corps de l'État. Il fallait,
en même temps, à l'aide de ce même suffrage universel, créer un personnel délibérant et agissant, car il
ne servait de rien d'être les maîtres sur quelques
points du territoire et d'être vaincus partout ailleurs
sous la masse des électeurs qui n'avaient nul souci de
leurs intérêts généraux. (*Très bien! — C'est cela! —
Applaudissements prolongés.*)

C'est cette œuvre de propagande, d'apostolat et de
prosélytisme que nous avons entreprise. Eh bien, jetez aujourd'hui un coup d'œil sur la France et deman-
dez-vous, après les élections qui ont eu lieu à la commune, au canton, à l'arrondissement, au Conseil général et au Sénat lui-même, à ce Sénat qui était
destiné à devenir la citadelle de la réaction et qui,
aujourd'hui, est aux mains d'une garnison républicaine... (*Vive approbation et bravos*) jetez, dis-je, un
coup d'œil sur la France et vous la verrez debout,
prête à vous donner demain la majorité résolument
et fermement républicaine. (*Oui! oui! — Vive adhésion.*)

Oui! je l'affirme sans crainte de me tromper, car je
n'engage jamais mon nom, ma parole, mon autorité,
dans une affirmation sans l'avoir vérifiée, sans avoir
recherché si elle repose sur des données claires et précises. Vous le savez, Messieurs, il m'est arrivé, à Belleville même, plusieurs fois, de vous faire des promesses. Eh bien! ont-elles été tenues? (*Oui! oui! — Le
Sénat! le Sénat!*)

Eh bien, la Chambre des députés de la nation, élus
le 20 février, vous donnera une forte majorité, une
majorité autrement vigoureuse, solide et énergique, et
d'avance j'en remercie le suffrage universel de mon
pays. Mais tout ne sera pas dit, tout ne sera pas fini.
En effet, comme vous le disait votre président, les difficultés vont être encore considérables. Savez-vous

ce que nous avons gagné depuis cinq ans? Nous avons
gagné la déroute de nos adversaires, l'impuissance
des factions à empêcher l'avènement de la République.
Nous avons gagné d'être sortis de l'ère des périls et
des menaces, d'avoir dépassé le défilé où on égorge
la liberté des peuples. (*Sensation. — Salve d'applaudissements.*)

Voilà ce que nous avons gagné. Ce n'est pas tout.
Après nous être débarrassés de ces dangers, nous allons nous trouver aux prises avec des difficultés de
tout ordre : politiques, administratives, financières,
économiques, militaires, d'éducation, de travaux publics, d'impôts, c'est-à-dire que nous allons nous
trouver aux prises avec les véritables difficultés. Vainqueurs dans la lutte électorale, ayant la majorité dans
les Assemblées, on va nous demander, et avec raison,
de faire la preuve que nous connaissons les affaires,
que nous pouvons et que nous savons gouverner.

Eh bien, la politique qui a préparé les résultats
déjà obtenus est la seule qui puisse en poursuivre les
fruits, la seule qui puisse déjouer les pièges nombreux
qui nous seront tendus par une réaction qui n'a plus
d'espérance que dans nos défaillances et nos fautes.
C'est maintenant qu'il faudra se surveiller soi-même,
se régler et ne jamais aventurer un pas sans avoir bien
reconnu la solidité du terrain, sans avoir assuré ses
derrières, parce que le seul moyen d'aller loin c'est de
marcher sûrement, étant bien résolus à ne jamais revenir en arrière quand une fois nous aurons planté notre drapeau sur une position conquise. (*Acclamations
et applaudissements. — Cris répétés de : Vive la République! Vive Gambetta!*)

Cette politique, qui est la politique des résultats,
est la seule qui soit véritablement conforme aux intérêts de la démocratie, car ce que je veux, moi, pour la
démocratie de mon pays, pour la France qu'elle est
appelée à refaire, ce n'est pas une collection de dé-

crets qu'on insère au *Moniteur* un jour et que la réaction déchire le lendemain. Ce que je veux, c'est que l'égalité ne soit pas un vain mot, c'est que l'éducation promise au peuple lui soit donnée, non pas par des affiches, par des ordonnances mises sur un mur, mais assurée par des faits et des actes : par des écoles ouvertes par des maîtres en chair et en os, par des livres bien faits, par des programmes d'éducation, par des élèves qu'on fera entrer et asseoir sur les mêmes bancs, sans distinction de classe et de conditions, et par un ensemble de moyens pratiques et financiers qui fassent de la réforme que nous attendons non pas de simples formules, des vœux stériles, mais une réalité palpable et tangible, une action incessante qui descendra jusque sur le dernier d'entre nous, jusque dans les bas-fonds de la société, pour y porter l'air, la lumière et l'intelligence.

(*L'orateur est interrompu pendant quelques minutes par les applaudissements, les acclamations et les cris prolongés de : Vive la République! Vive Gambetta!*)

Ce que je veux, c'est qu'une fois que le parti républicain a entrepris une réforme, il ne la laisse pas inachevée, incomplète, mal conçue, mal nourrie, pour courir vers une autre, pour faire une tentative sur un autre point, brouillant tout, n'achevant rien et ne laissant en définitive que le misérable spectacle d'un parti qui a touché à tout et n'a rien édifié. (*Vive approbation.*)

Ce que je veux, c'est qu'on dise nettement par où il faut commencer, par où il faut continuer et qu'on ne sache jamais par où on doit finir, car le progrès ne s'achève pas, il est indéfini ; c'est là qu'est l'idéal, c'est là qu'est la borne, la limite, que les efforts des générations successives ont pour tâche de reculer sans cesse, car, dans le domaine des choses de l'esprit comme dans le domaine des choses de l'État, le progrès, je le répète, est incommensurable et indéfini.

Voilà un des côtés de cette méthode politique, — et c'est une petite critique que je dirige ici sur le rapport excellent qui vous a été lu, — qu'on ne dise pas que cette politique n'a pas son attrait, sa grandeur et sa passion. Elle a peut-être plus et mieux. Elle demande peut-être plus de réelle passion que la politique des théories pures, que la politique de métaphysique. Quant à moi, je mets ma politique d'accord avec ma philosophie, je nie l'absolu partout, et alors vous pensez bien que je ne vais pas le reconnaître dans la politique. (*Vifs applaudissements.*)

Je suis d'une école qui ne croit qu'au relatif, à l'analyse, à l'observation, à l'étude des faits, au rapprochement et à la combinaison des idées, d'une école qui tient compte des milieux, des races, des tendances, des préjugés et des hostilités, car il faut tenir compte de tout : les paradoxes, les sophismes pèsent autant que les vérités et que les généralités dans la conduite des hommes et des choses qui les intéressent. Aussi n'est-on un homme politique qu'à la condition de ne pas s'abandonner à des combinaisons de couloirs, à de misérables intrigues, à des personnalités qu'il faut laisser aux docteurs du parlementarisme. (*Marques d'assentiment.*)

Non, Messieurs, on n'est un homme politique qu'à la condition de creuser un sujet, de s'y attacher et de faire dans la politique ce que vous faites dans le travail ; qu'on ait à exécuter un travail de pensée ou un travail d'atelier ou d'industrie, il faut se tenir à sa pièce, la creuser, la façonner, la perfectionner tous les jours, et alors seulement vous êtes sûrs de devenir maîtres passés dans l'état ou la carrière que vous avez adoptés.

Ce procédé est-il nouveau? est-il autre chose que l'application même de la faculté de travail à la solution de tous les problèmes? Où a-t-on pu dire qu'il fallait aborder tous les problèmes à la fois? que le

même homme, que la même génération pouvaient
les aborder tous? Non! non! Messieurs, on n'entre-
prend point toutes les tâches à la fois, on passe de
l'une à l'autre. La politique, d'ailleurs, n'est jamais
et ne peut pas être toujours la même. La politique
d'aujourd'hui, en 1876, ne sera pas la politique de 1877,
ni de 1878, ni de 1880 ; elle changera avec nos besoins,
avec nos intérêts, avec nos hostilités, avec ce qui se
produira en Europe, sur tel marché, en présence de
telles conditions économiques, financières ou militaires qui pourront déplacer l'axe de cette politique.

Et alors je dis qu'il y a lieu de modifier la conduite
politique d'après les changements mêmes qui ont été
subis par le monde. (*Vive approbation.*)

Vous voyez donc bien que la politique est affaire de
tact, d'étude, d'observation et de précision.

Il y a une chose qui n'est pas affaire de tact ni
d'étude, c'est la confiance et la sécurité que doit inspirer un homme, c'est la valeur de sa parole, c'est l'honneur de sa vie et la sincérité de ses convictions. Sur
ce point il n'y a pas à analyser, à mesurer : il faut
être fixé. Je comprends que, quand on appartient à
une démocratie, qu'on a l'honneur de la représenter,
que lorsqu'on a la prétention, permettez-moi le mot,
de la servir avec liberté, on ne peut lui adresser des
conseils et lui donner des avis qu'à la condition de
mériter sa confiance. (*Oui! oui! — Longues acclamations et cris répétés de : Vive Gambetta!*)

Mais quand on a cette confiance, et qu'on s'en fait
un orgueil devant le monde.., (*Applaudissements prolongés.*) quand on vient aussi souvent que me le permettent les évènements et les tâches multiples dont
on m'a accablé, quand on vient, dis-je, renouveler la
consécration de cette confiance, en solliciter de nouveau la déclaration et l'appui, oh! alors on est bien
fort. Et savez-vous pourquoi on est si fort? C'est
parce qu'on peut se tourner vers ses contradicteurs,

— qu'ils soient hostiles ou qu'ils soient des contradicteurs que j'appellerai dissimulés, de ceux qui vous
tendent des pièges ou qui vous raillent agréablement
sur vos origines, — on a le droit, dis-je, de se tourner
vers eux et de leur dire : Ne vous y trompez pas, je
suis le représentant de la même démocratie, et vous
avez beau ignorer de quel milieu elle sort, il y a un
point sur lequel vous ne vous tromperez jamais : c'est
en vous persuadant que je lui resterai toujours
fidèle.

Il est habile, quand la période électorale est encore
loin, d'envoyer un homme sur ce mont Aventin de la
République, à Belleville, et d'y composer des réunions
où tout le monde figure, excepté les représentants
du XXᵉ arrondissement. (*Hilarité générale. — Applaudissements prolongés.*) Il est alors facile de déclamer et
de croire qu'on parle au peuple sa langue en lui parlant de corruption et de basses jouissances. Oh! Messieurs, ce sont là des fantasmagories auxquelles l'empire était habitué; mais, au jour vrai de l'élection,
quand il faut comparaître devant la population réelle
de l'arrondissement, oh! alors tous ces beaux fils du
bonapartisme restent chez eux. (*Éclats de rires et
applaudissements.*)

Je me trompe, ils ont même encore un moyen de
ne pas entrer en communication avec les électeurs :
ce moyen consiste à louer tous les locaux et à composer des réunions auxquelles ils ne nous invitent
pas. (*Nouvelle hilarité.*)

Il est bon que pour le pays, que pour l'Europe, il
soit bien établi que ce sont là de pures gasconnades
de la part de ces messieurs... (*Oui! oui! — Très bien!
Bravos.*) Il est bon d'établir ici, aux yeux de la France
et de l'Europe, que dans cette démocratie ardente,
généreuse et qui a trop souvent payé ses ardeurs d'un
prix trop élevé, il est bon qu'on sache que c'est encore chez elle que l'on trouve l'esprit politique, la

sagesse et le souci de l'avenir, permettez-moi d'ajouter
un mot que je répète à travers la France : le souci de
la solidarité de tous les démocrates, le souci que non
seulement ils doivent agir et penser pour eux-mêmes
dans le canton qu'ils habitent, mais qu'ils doivent
aussi penser au-delà de ce canton et qu'ils doivent
envisager tous les travailleurs, ceux de la terre et ceux
de l'atelier, et ne jamais séparer, comme le désirent,
dans leur unique et dernière ressource, les réactionnaires aux abois, leur cause de celle des travailleurs
des champs. On sait bien, en effet, ce qui sort de ces
divisions : il en sort d'abord la haine et la peur, et
c'est avec la haine et la peur accouplées qu'on fabri-
que les dictatures militaires. (*Très bien! très bien! —
Vive adhésion et applaudissements.*)

Moi, qui ne veux ni dictature militaire ni dictature
civile, et qui ai pour elles deux le même mépris, moi
qui n'ai confiance que dans la raison et qui suis convaincu, plus je travaille et plus j'étudie, que, seuls
de tous les partis, nous avons raison ; moi, qui n'attends le succès de nos idées, le triomphe de la République et des conséquences qu'elle comporte, sous
peine de n'être qu'un vain mot, que de la libre discussion et des progrès de la raison publique, quand
je veux parler politique et m'entretenir des choses qui
nous intéressent, quand je veux tenter, pour ainsi
dire, l'avenir, je vous le dis sans forfanterie, Messieurs, sans vous flatter, je tiens que ce soit toujours
à Belleville que soit ma véritable tribune. (*Bravos et
acclamations enthousiastes. — Cris prolongés de : Vive
la République! Vive Gambetta!*)

M. LE PRÉSIDENT. — Après avoir entendu le citoyen
Gambetta, je suppose que l'Assemblée voudra conclure. Or, la conclusion naturelle et logique, c'est la
mise aux voix de la candidature du citoyen Gambetta.
(*Oui! oui! — Adopté! adopté!*)

Que ceux qui sont d'avis d'accepter le citoyen Gam-

betta pour représenter les républicains du XXe arrondissement veuillent bien lever la main! (*La candidature du citoyen Gambetta est adoptée à l'unanimité, aux
cris répétés de : Vive Gambetta! vive la République!*)

M. LE PRÉSIDENT. — Je crois qu'il est inutile de passer à la contre-épreuve. (*De toutes parts : Non! non!*)
Ainsi donc, la réunion convoquée boulevard de Charonne, 148, et qui représente la force et le cœur de
la démocratie du XXe arrondissement, adopte à l'unanimité la candidature du citoyen Gambetta. (*Assentiment unanime.*)

M. GAMBETTA. — Mes amis, je ne veux pas vous quitter, quel que soit l'état de fatigue où je me trouve, —
car je dois vous dire que voilà cinq nuits que je n'ai
pas couché dans un lit, — je ne veux pas, dis-je, vous
quitter, sans vous faire connaître ce que j'espère. Je
suis sûr qu'après les élections du 20 février et les
scrutins de ballottage qui suivront le 5 mars, la
Chambre des députés nous fera un sort plus doux que
celui que nous subissons aujourd'hui, et alors je
compte pouvoir réunir les citoyens du XXe arrondissement dans un local plus convenable et plus commode pour causer politique ensemble. (*Très bien! trè
bien! — Applaudissements.*)

La séance est levée aux cris répétés de : (*Vive la
République! Vive Gambetta!*)

Dès le lendemain (16 février) M. Gambetta partait pour le
Midi, où il avait accepté deux candidatures : la première, à
Avignon, contre M. le comte Du Demaine, légitimiste clérical ; la seconde à Marseille, où « la politique des résultats »
était combattue par MM. Alfred Naquet, Maggiolo et Boucart.
M. Gambetta comptait achever dans ces deux villes le développement de son programme politique. Mais il avait compté
sans deux des préfets les plus zélés de M. Buffet, M. Scipion
Doncieux, préfet de Vaucluse, et M. Jacques de Tracy, préfet
des Bouches-du-Rhône.

Nous empruntons d'abord au *Républicain de Vaucluse* du

vendredi 18 février, un premier récit de l'émeute administrative de Cavaillon [1].

« Il s'est passé jeudi à Cavaillon des scènes de désordre
que nous n'avons pas à juger, parce qu'elles sont au-dessus
de la compétence de la presse, mais que nous devons raconter ici, comme un témoin le ferait devant un tribunal,
jurant de dire la vérité, toute la vérité, et de parler sans
haine.

« Qui est responsable, qui est l'auteur de ces scènes de désordre qui nous reportent aux plus mauvais jours? D'autres
le diront : pour nous notre plus grand désir est que l'examen
de cette affaire soit réservé à l'Assemblée nationale, lorsque
viendra la vérification des pouvoirs, quel que soit, du reste,
le candidat élu dans l'arrondissement d'Avignon.

« Gambetta, reçu avec enthousiasme à Orange, au milieu
de l'ordre le plus parfait, acclamé sur toute la route d'Orange
à Carpentras, arrivait à cinq heures à Cavaillon, après avoir
parcouru en voiture une distance de plus de soixante kilomètres en quatre heures. Toute la population cavaillonaise
était sur pied et accueillait notre bien-aimé candidat aux
cris de : *Vive Gambetta ! Vive la République!*

« A peine entré sous la remise de l'hôtel de la *Pomme d'Or*,
Gambetta prenait la parole, remerciait les assistants de leur
accueil et demandait à la foule de se retirer dans le calme,
pour qu'il pût prendre quelques instants d'un repos indispensable, ce qui fut fait immédiatement.

« On avait réservé à Gambetta dans l'hôtel, outre une chambre, un petit salon donnant sur la rue. Il arrivait à peine
dans cette dernière pièce avec M. Edmond Adam, ancien
préfet de police, sénateur inamovible, M. Tardieu, député,
et M. Monnier, conseiller général des Bouches-du-Rhône,
qui l'accompagnaient, et quelques amis, que des sifflets
nombreux et des huées se faisaient entendre sur la place
publique. A tout ce bruit se mêlaient des imprécations et
des injures proférées par des gens de mauvaise mine, étrangers à la localité, et qui, pour mieux se faire entendre, fai-

1. Nous reproduisons *in extenso* à l'*appendice* le chapitre troisième du rapport présenté à la Chambre des députés, le 12 avril 1876,
par MM. Henri Brisson et Albert Joly, rapporteurs de la Commission d'enquête sur l'élection de M. Du Demaine à Avignon. Ce
chapitre comprend l'historique complet de l'émeute de Cavaillon.

saient de leurs mains, encadrant leur bouche, une sorte de porte-voix.

« Le bruit ne tarda pas à se répandre dans l'hôtel que trois omnibus venus d'Avignon et arrivés presque en même temps que Gambetta, mais par un autre chemin, avaient amené tout ce monde, dont les manifestations hostiles ne démontraient que trop les intentions. Il était évident que le but des manifestants, en faisant naître des craintes pour l'ordre, était au moins d'empêcher le banquet et la réunion privée qui devait le suivre, comme s'il avait fallu montrer que là où une population républicaine avait accueilli sans cris, sans protestations, le candidat légitimiste la veille même, la présence du candidat républicain était une occasion de trouble et de désordre.

« Dans les groupes, se trouvaient les maires du Thor, de Cheval-Blanc, de Caumont; en tête, une double rangée de gendarmes, et devant l'hôtel était placé M. le maire de Cavaillon, la cigarette à la bouche et le sourire aux lèvres. Nul n'intervenant pour mettre fin à cette provocation, pendant une demi-heure les sifflets et les huées persistèrent, tandis que les républicains, sur le conseil qui leur en était donné, s'éloignaient tranquillement, afin qu'il fût possible de se rendre exactement compte et du nombre et des dispositions des perturbateurs. La fenêtre de l'appartement de Gambetta ayant été fermée, le bruit cessa sur un mot d'ordre donné, paraît-il, par une des personnes présentes, dont le nom sera relevé, lorsque le moment sera venu. Il y eut un moment d'hésitation pendant lequel il fut enfin possible de bien voir à qui on avait affaire, et les siffleurs se dirigèrent en assez grand nombre vers divers établissements publics de Cavaillon, conduits par des amis de la localité sans doute.

« Dans les moments de répit qui suivirent, les renseignements abondèrent, renseignements alarmants : les omnibus venus d'Avignon avaient amené l'écume de la population avignonnaise. On citait les noms de lutteurs de profession et de souteneurs de maisons de tolérance et d'autres noms encore que nous ferons connaître plus tard.

« Ceux qui venaient apporter ces nouvelles ne craignaient pas d'ajouter que lorsque les manifestants auraient bu et mangé, il se produirait un danger réel pour l'ordre, et beaucoup allaient jusqu'à dire que la vie de Gambetta était menacée.

« M. Barret, traversant la foule et pris pour Gambetta, avait
été assailli d'injures et d'outrages : *Voleur! assassin!* et
n'était parvenu à s'en sortir, que grâce à son sang-froid et
à celui de quelques amis qui l'entouraient.

« M. Litlois, s'étant tourné vers un individu qui criait sous
les fenêtres de l'hôtel et ayant fait cette question : « Mais à
qui en avez-vous? » il lui avait été répondu : « C'est à Gambetta et à ceux qui sont des siens; si vous en êtes, prenez les
injures pour vous. »

« L'heure du banquet étant arrivée, on se mit à table. Cinquante républicains environ prirent place, le silence se fit à
l'extérieur; mais les renseignements continuaient à arriver,
annonçant que tout n'était pas fini; qu'on se disposait à
empêcher la réunion privée en l'envahissant, qu'un conflit
paraissait à craindre pour le soir et qu'il importait de veiller
de très près sur la personne de Gambetta.

« Ce fut vers le dessert que les huées et les sifflets recom-
mencèrent plus nombreux et plus forts que jamais. On commença à lancer des pierres sur la toiture de l'hôtel et contre
les fenêtres. Deux vitres de la salle du banquet et la traverse
en bois qui les séparaient, volèrent en éclats. Les personnes
invitées à la réunion privée qui se présentaient en file pour
entrer, furent insultées et bousculées. On essaya de forcer
la porte pour envahir la salle. Le désordre fut bientôt à son
comble. C'est alors que le commissaire de police se présenta
dans la salle du banquet, pour demander qu'on renonçât à
la réunion privée qui allait avoir lieu. Sur les interpellations
de Gambetta, il déclara que l'autorité ne disposait pas de
forces suffisantes pour maintenir l'ordre et faire respecter la
liberté de réunion; que « dans l'intérêt de l'humanité » on
devait céder; que cette satisfaction donnée aux manifestants,
il était à présumer qu'on pourrait les décider à abandonner
la place. Il fut répondu que Gambetta descendrait lui-même
à la réunion pour la dissoudre, mais qu'avant tout, il allait
être dressé un procès-verbal pour constater la situation et
prendre acte des déclarations du commissaire.

« Sur ces entrefaites, le maire de Cavaillon survint à son
tour, confirmant les dires du commissaire de police. Il in-
sista pour que Gambetta descendît à la réunion, se faisant
fort de le conduire à travers la foule; mais on s'opposa à ce
projet à cause du danger qu'il présentait. « Rappelez-vous

le maréchal Brune! » cria-t-on au maire. Et Gambetta fut
introduit dans la réunion par une petite porte cachée, et y
prononça les paroles dont nous empruntons l'analyse au
Journal du Midi, parce qu'elle nous a paru exacte :

« Messieurs et chers concitoyens,

« Un incident des plus graves vient de se produire.

« A la suite des scènes de tumulte dont la rue et la place
ont été le théâtre, M. le commissaire de police, d'abord, et
M. le maire de Cavaillon, ensuite, sont venus me trouver, et
voici exactement ce qui s'est passé :

« M. le commissaire est venu me trouver et il m'a demandé
de vouloir bien, au nom de l'humanité et en présence des
cris et des clameurs qu'on entend au dehors, suspendre et
lever la séance, car l'administration était impuissante à
maintenir l'ordre à Cavaillon.

« En présence de cette déclaration dont nous avons pris
acte, ajoute l'orateur, en présence d'un acte aussi grave, moi
qui ai souvent assisté aux agitations de la voie publique, que
je regarde aujourd'hui avec une absolue indifférence, quand
j'ai entendu parler de désordre et d'agitation, toutes choses
qu'il faut éviter, j'ai décidé que la réunion n'aurait pas lieu.

« Je suis donc venu pour vous dire, conformément à la résolution prise : Il faut vous retirer! mais avant de vous retirer, laissez-moi vous dire ceci : Je n'ai pas besoin d'éclairer
vos consciences, elles le sont déjà; j'ai le devoir et le droit
de vous demander la patience et la modération.

« Il y a cinq ans que nous avons de la patience. Savez-
vous combien de temps je vous en demande encore?

« Trois semaines. (*Applaudissements.*)

« Dans ces trois semaines il se sera passé un de ces actes
solennels qui mettent un terme à une certaine politique et
en amènent une autre meilleure.

« J'ai résolu de venir au milieu de vous, je connaissais les
obstacles que vous aviez rencontrés, mais croyez-moi, je
vous sortirai de là.

« Maintenant suivez l'avis que je vais me permettre de
vous donner :

« Nous allons sortir d'ici ensemble, ne répondez à aucune
provocation et dites-vous : Le candidat ou le député que

vous n'avez pas entendu, a assez écrit et parlé dans sa vie
pour que vous le connaissiez... »

« A ce moment, M. de Bonadona, maire de Cavaillon, ac-
compagné de M. le commissaire de police, est arrivé au pied
de la tribune.

« M. le maire s'écrie :

« Messieurs, moi qui suis le maire de tous les partis... »

« A peine ces mots étaient-ils achevés, que des huées et des
sifflets ont couvert la voix de cet honorable fonctionnaire.

« M. Gambetta a alors pris la main de M. de Bonadona pour
l'aider à monter sur l'estrade.

« Les cris redoublent et il lui est impossible de prononcer
une seule parole.

« M. de Bonadona descend de la tribune, M. Gambetta
obtient le silence et reprend :

« Écoutez !

« Je vous engage à suivre les avis que je viens de vous
donner. Vous êtes une des populations les plus éprouvées, je
le sais, et si j'ai accepté la candidature que vous m'avez offerte, c'est précisément pour garantir la sincérité de vos
élections. J'en fais mon affaire, à une condition cependant,
c'est que vous ayez la force de vous retirer sans pousser un
cri.

« Aussitôt qu'on m'aura fait prévenir que le dégagement
est ouvert, vous sortirez en file : cette figure est exacte.

« La démocratie, en effet, est une véritable armée : elle
doit avoir son avant-garde, son centre et son arrière-garde.

« J'ai fait un discours de moins, mais je m'en trouve mieux,
car j'en ai fait trois aujourd'hui. Donc, à dimanche, mar-
chons sous le même drapeau, et si je ne retrouve pas tous
vos bulletins dans l'urne, je sais bien ce qui aura pu les
changer. (Rires.)

« Et si on change l'enfant en nourrice, je suis un médecin
assez expérimenté pour lui refaire un sexe et un parti.

« Ainsi ne vous tourmentez pas sur le résultat du scrutin.
Si mon nom ne sort pas de l'urne, je n'en serai que médio-
crement atteint.

« Ma candidature n'est pas personnelle ; je suis venu, pour
me servir d'un terme de mon ancien métier d'avocat, je suis
venu, dis-je, pour plaider une affaire.

« Mes adversaires sont très influents, mes clients sont des

gens dénués de ressources ; je suis venu chercher un dossier électoral et je le réunis ; la soirée est excellente, car j'y joins un argument de plus.

« Laissez-moi vous dire en finissant : Retirez-vous, soyez calmes, et souvenez-vous qu'on gagne toujours à être prudent et modéré. Cela dit, retirez-vous sans dire un mot. »

« Pendant que Gambetta parlait, de nouvelles tentatives étaient faites à la porte de la réunion, à la porte des écuries, et enfin à la porte d'entrée de l'hôtel, qui toutes trois étaient ébranlées par la foule. Nul n'aurait pu dire ce qui se serait passé si les portes avaient cédé. Celle des écuries oscillait à faire croire qu'elle allait se détacher du mur ; un homme maintenait le verrou à l'intérieur, tandis qu'un de nos amis appuyait contre elle une échelle pour lui donner un nouveau point d'appui.

« Enfin, le maire étant parti de l'hôtel et la réunion ayant été dissoute, les attaques contre les portes devinrent moins vives ; mais les républicains qui sortaient furent encore l'objet des bousculades et des injures des perturbateurs.

« Pas la moindre réponse à toutes ces provocations. Il y avait dans la salle et dans l'hôtel onze cents républicains qui en un instant auraient pu avoir raison de cette poignée de siffleurs et d'insulteurs salariés : ils n'en firent rien et supportèrent tout sans murmurer, laissant la rue aux gens de désordre et à la police.

« A dix heures, la place semblait évacuée ; en tout cas, on y faisait silence. Malgré les objurgations de ses amis, Gambetta voulut partir. M. Edmond Adam s'assit à côté de Gambetta dans une voiture découverte ; les gendarmes qui stationnaient devant l'hôtel firent faire place, au milieu du plus profond silence. On voyait pourtant dans les groupes des gens le sifflet aux lèvres. Dès que la voiture s'ébranla, le vacarme recommença et la foule poursuivit de nouveau les voyageurs de ses huées ; et quand la voiture arriva devant le café d'Orient, des pierres furent lancées sur elle.

« Nous signalons ces faits à l'indignation publique, on saura maintenant de quel côté sont les gens d'ordre et les gens de désordre. Nous remercions nos amis de Cavaillon de leur sang-froid, de leur belle attitude ; ils en seront récompensés, qu'ils en soient sûrs ! Justice sera faite. »

Les scènes odieuses de Cavaillon se passaient le 17 février. Le lendemain 18, M. Gambetta arrivait à Marseille, où il était acclamé par une foule immense qui tenait à le venger des infamies de la veille et qui saluait déjà en lui le futur député de la 1re circonscription des Bouches-du-Rhône. Cette ovation toute spontanée et toute pacifique exaspéra le préfet M. de Tracy. Il interdit la réunion privée où M. Gambetta devait, le soir même, établir avec M. Naquet un débat contradictoire sur leurs programmes.

DISCOURS

Prononcés les 28 et 29 février 1876

A LYON

Le vote du 20 février justifia toutes les espérances des républicains et récompensa tous leurs efforts. Comme M. Challemel-Lacour l'avait annoncé dans l'une des dernières séances de l'Assemblée nationale, la France se rendit au scrutin comme à une fête de délivrance; et la fête fut superbe. Le premier tour de scrutin donna au parti républicain 300 sièges contre 135; le second devait lui en donner 56 contre 49. — Résultat significatif: pendant que M. Gambetta était élu à Paris [1], à Lille [2], à Marseille [3] et à Bordeaux [4], M. Buffet était battu dans les quatre circonscriptions où il s'était fait porter, à Castelsarrazin, à Bourges, à Commercy et à Mirecourt. La défaite était si écrasante [5] que

---

1. Par 10,928 voix contre 2,376 (XXᵉ arrondissement). M. Gambetta opta le 21 mars pour cette circonscription.
2. Par 9,108 voix contre 1,424 bulletins blanc ou nuls (2ᵉ circonscription).
3. Par 6,357 voix contre 4,426 (1ʳᵉ circonscription).
4. Par 11,492 voix contre 3,389 (1ʳᵉ circonscription).
5. Pendant que dix-sept seulement parmi les députés républicains qui s'étaient représentés dans leurs départements échouaient à de faibles majorités, la droite perdait les plus brillants et les plus bruyants de ses chefs, MM. Decazes et de Bonald dans l'Aveyron, MM. Target et Cornélis de Witt dans le Calvados, M. Numa Baragnon dans le Gard, M. de Carayon-Latour dans la Gironde, M. de Cazenove de Pradines dans le Lot-et-Garonne, M. Amédée Lefèvre-Pontalis dans Eure-et-Loir, M. Antonin Lefèvre-Pontalis dans le Nord, M. Albert Desjardins dans l'Oise, M. Sens dans le Pas-de-Calais, M. d'Andelarre dans la Haute-Saône, M. d'Haussonville dans Seine-et-Marne, M. Ernoul dans la Haute-Vienne. M. de Ravinel dans les Vosges, M. Raudot dans l'Yonne... D'autre part, on remarquait parmi les nouveaux élus républicains. MM. Spuller, Léon Renault, Liouville, Albert Joly, Devès, An-

M. Buffet refusa d'attendre la réunion des Chambres pour se retirer. Le *Journal officiel* du 23 février annonça que le président de la République avait accepté la démission du vice-président du conseil et que l'*intérim* du ministère de l'Intérieur était confié à M. Dufaure.

Le résultat général des élections du 28 février était apprécié par la *République française* dans l'article suivant :

« Tant que les partis monarchiques ont pu s'abuser sur les tendances de la France ou s'imaginer qu'elle n'aurait de volonté que celle qui lui serait soufflée par son gouvernement, ils se sont abandonnés à toutes leurs utopies. Que de prétentions ridicules se sont étalées aux yeux du monde, quel défilé de projets impertinents on a vu pendant quatre ans! La France était considérée comme une table rase. C'était un terrain vague et vide dont le premier occupant n'avait qu'à se faire déclarer maître « à une voix de majorité » pour y élever le château de ses rêves. Le premier effet des élections du 20 février est de mettre à néant ces utopies. Il est maintenant établi d'une façon péremptoire que la France n'entend pas répudier la Révolution, ni la laisser traiter comme non avenue. Elle persiste à la tenir pour légitime, elle en maintient énergiquement les conquêtes, elle en conserve l'esprit et la tradition. C'est parce que la forme républicaine du gouvernement est la conséquence naturelle du régime démocratique inauguré par la Révolution, parce qu'elle en est la consécration et la garantie, que le pays a nommé presque partout des républicains et repoussé ceux qui persistaient à regarder la République comme une nouvelle forme du provisoire.

« Voilà qui est désormais bien entendu, la France, qu'on disait dégoûtée de la Révolution, n'admet pas qu'elle se soit trompée en la faisant. Elle ne croit pas, comme le lui affirme, depuis trente ou quarante ans, une école de nouveaux sages, avoir été dupe d'un faux système, avoir pris de la fausse monnaie pour de l'or. Quelque cher qu'aient été payées les conquêtes morales et civiles que la Révolution lui a léguées, elle n'en regrette pas le prix, elle n'est pas

tonin Proust, Clémenceau, Allain-Targé, Menier, Jean-Casimir Perier, Deschanel, Floquet, Raspail, Varambon, Caze, Marcellin Pellet, Devoucoux, général de Chanal, Gastu, Constans, Lisbonne, Fallières, Martin-Feuillée, Lebaudy, Even, Cornil, etc.

disposée à se les laisser enlever. Ce verdict si clairement
énoncé dans les élections du 20 février n'est pas le fait
d'une surprise ni d'une majorité douteuse. Il a été rendu
par le pays en parfaite connaissance de cause. Les partis
monarchistes avaient pris soin de poser la question nettement. Ils allaient criant sur les toits depuis longtemps
qu'il s'agissait d'en finir avec la Révolution. Royalistes et
catholiques, littérateurs et philosophes d'un certain acabit,
ne feignaient pas de dire que la Révolution était un immense avortement, qu'elle était condamnée sans appel par
l'histoire et par la saine raison, et que la République était
également condamnée comme une illusion, comme une folie,
comme une impossibilité, parce que la République, c'est encore la Révolution. La France vient de parler, et sciemment,
de propos délibéré, après cinq ans de discussion où elle a entendu les monarchistes déraisonner tout à leur aise, et où elle
n'a eu qu'à prendre en patience leurs chimères, elle s'est prononcée pour la République, c'est-à-dire pour la Révolution.
Car nous n'avons aucune envie de le contester : Oui, la
République n'est que le principe démocratique de la Révolution, réalisé dans la forme du gouvernement, et c'est
précisément pour cela que, seule, elle peut donner la paix
au pays et lui promettre la sécurité. Le projet véritablement anarchique, la source des plus grands désordres, la
tentative que la France avait le plus à redouter et de laquelle seraient nées, inévitablement, de nouvelles convulsions,
était de vouloir revenir sur ce que la Révolution a fait et
nous ramener, ou par la ruse ou par la force, à des institutions que la raison publique repousse absolument. Là était
pour le pays un péril de guerre et d'abaissement sans
remède. La France est, dans l'Europe actuelle, le pays de la
Révolution, ou elle n'est rien. Quoi qu'en ait pu penser la
Sainte-Alliance autrefois, la considération de la France, son
influence morale et politique, sa sécurité, sont aujourd'hui
à ce prix. Elle le sait, et c'est pourquoi elle ne désavoue
pas la Révolution. Telle est la décision formelle rendue le
20 février, non par une poignée de démocrates effrénés, par
une classe particulière d'électeurs, par une région déterminée de la France, par quelques grandes villes, mais par
l'immense majorité du pays. C'est la nation tout entière qui
s'est prononcée avec une presque-unanimité dans laquelle

les minorités éparses et disparates se perdent comme des
îlots.

« Cela n'empêchera pas qu'il y ait encore des royalistes,
brouillés sans retour avec la France actuelle, qui conti-
nueront de vivre à genoux devant leur chimère. Il existe
des hommes condamnés à regarder en arrière, comme certains damnés du Dante qui sont punis par le supplice d'avoir
eu la prétention de lire à livre ouvert dans les décrets éter-
nels :

> Perchè volle veder troppo davante,
> Dirietro guarda, et fa ritroso calle.

« Regretter le passé, en annoncer le retour et le vanter, en
attendant, à la barbe du présent, est pour quelques-uns
une consolation nécessaire, pour beaucoup une attitude,
pour d'autres un métier.

« L'Église a d'ailleurs intérêt à entretenir cette illusion,
dont elle tire pour le moment un assez bon revenu. Il faut
se résigner à voir durer encore quelque temps cette politique de douairières et de jeunes désœuvrés ; elle a tout au
moins ce mérite, c'est de fournir des types quelquefois
amusants aux romanciers et aux faiseurs de comédie. Mais
la démonstration sera d'un autre effet sur les hommes
sensés qui ne prétendent pas rester à tout jamais séparés
de la grande vie française et ne renoncent pas à y exercer
leur part d'action. Ils vont comprendre que le temps est
passé maintenant de parler au pays « de leurs préférences »,
ils sentiront le besoin de sortir des petites chapelles et de
renoncer publiquement à vouloir constituer, dans la grande
France démocratique d'aujourd'hui, une France en minia-
ture circonscrite et impertinente, appelée par privilège à
« diriger » l'autre. Ils cesseront d'accepter la Révolution,
comme ils l'ont fait trop souvent, en rechignant, en s'efforçant d'en réduire la portée, à condition qu'elle n'ait pas
la prétention d'aboutir jamais à ses conséquences natu-
relles. Au lieu de bouder la démocratie, ils l'accepteront
sans rancune et sans réticence comme le droit lui-même ;
ils mettront leur honneur à l'éclairer et à la servir de bonne
foi. Mais personne n'a plus à profiter de la démonstration
décisive impliquée dans le vote du 20 février que le pouvoir
lui-même. Quels que soient ceux qui l'exercent, ils ne de-

vront pas perdre de vue la signification de ce grand fait,
il faudra qu'ils s'en pénètrent. Il n'y a pas de place maintenant pour une pensée de retour en arrière. Toute politique
rétrograde, toute velléité de se faire le patron des anciens
privilégiés, d'épouser leurs antipathies ou leurs rêves, de
flatter on ne sait quelles espérances, de se prêter à telle ou
telle pensée de réaction, serait de la part du pouvoir une
faute sans excuse et lui constituerait un péril. Il a autre
chose à faire que de courir les aventures de tel ou tel parti.
Le sien, c'est la France, et il ne peut avoir en vue que l'intérêt de la nation.

« Il ne suffit pas que la démocratie soit à l'abri des taqui-
neries et des injures, qu'elle ne rencontre plus dans l'administration ce mauvais vouloir avoué ou latent dont elle a
trop souffert, qu'elle ne voie plus s'étendre entre elle et le
pouvoir la main de son ennemi le plus acharné, le parti clérical. Il faut qu'elle trouve dans le pouvoir protection et
sympathie. Au lieu de s'épuiser, comme il l'a fait jusqu'ici,
dans une lutte compromettante et sans issue, il y a pour le
gouvernement une grande œuvre à entreprendre. S'il est
bien conseillé, il la tentera sans doute. Qui l'arrêterait? La
réaction qui le tenait prisonnier est dispersée. Le bagage
de préjugés et de rêves qu'elle lui avait imposé ne pèse
plus sur ses épaules. Il est libre de marcher avec la France.
Pourquoi ne marcherait-il pas? »

M. Gambetta, qui s'était rendu de Marseille à Nice, ren-
tra à Paris pour le scrutin de ballottage du 5 mars. Le
28 février, il s'arrêta à Lyon et prononça le discours suivant
dans une grande réunion privée tenue au quai d'Albret, sous
la présidence du docteur Chavanne, président du conseil municipal de Lyon.

Mes chers concitoyens,

Il y a déjà bien longtemps que j'avais formé le projet
de venir vous voir. Des circonstances indépendantes
de ma volonté m'ont privé, jusqu'à ce jour, de ce
plaisir et m'ont empêché de tenir l'engagement que
j'avais pris à l'égard de vos représentants élus, conseillers ou députés.

J'aurais peut-être pu venir dans des circonstances moins favorables, à une heure plus triste, dans des moments où vous étiez placés véritablement sous le joug d'une administration qui paraissait avoir fait la gageure de pousser à bout votre patience et votre respect de la légalité. Si j'étais venu à cette époque, nous aurions eu à nous entretenir de la situation politique qui était faite alors aussi bien aux grandes villes qu'à toute la France, par une administration qui s'intitulait elle-même, au milieu de la France tranquille et pacifique, une administration de combat. Venant aujourd'hui, après la défaite heureuse et décisive de ces hommes de combat par la France pacifique et libérale, dont on a pu ajourner les désirs, les aspirations, mais dont on doit aujourd'hui enregistrer les arrêts (*Très bien! très bien! — Bravos*), les entretiens que nous aurons ensemble seront à la fois et plus agréables et peut-être aussi, permettez-moi de le dire, plus fructueux.

Si, avant de rentrer à Paris, je suis venu à Lyon, à la veille des élections complémentaires qui vont, malgré les feintes terreurs et les criailleries sans portée d'une presse déshonorée, augmenter, raffermir la majorité républicaine que la France a déjà nommée, — si, dis-je, je suis venu ici, c'est qu'il m'a semblé bon, avant de rentrer dans le Parlement, à la veille de ces travaux qui vont s'imposer à l'attention du monde politique, de faire une station à Lyon, d'y puiser un nouvel enseignement sur l'état réel de la démocratie, qu'on se plaît à représenter au reste de la France comme la démocratie la plus tumultueuse, la plus véhémente, la moins ordonnée, et qui, cependant, toutes les fois qu'elle a eu l'occasion, depuis cinq ans, de faire un acte politique, ne s'est jamais démentie et a fait cet acte avec l'esprit le plus avisé, dans les termes les plus significatifs et les plus mesurés, aussi bien par le choix des hommes que par la précision des programmes et des principes qu'on leur donnait à soutenir et à défendre.

Eh bien, il me semblait qu'après avoir visité, — autant que je l'ai pu, mais pas autant que je l'aurais voulu, — toute la France, cherchant à m'enquérir moi-même des besoins, des tendances, des nuances de cette immense démocratie française, — il me semblait, dis-je, qu'il était naturel de terminer cette enquête à travers le territoire de la République par la visite de la seconde capitale de la France, par la visite de la ville qu'on s'est plu à représenter, pendant cinq ans, aux yeux du pays et de l'Europe, comme un volcan toujours fumant et toujours prêt à éclater. (*Rires.*)

Je voulais avoir vu les choses par moi-même, non pas que je ne vous connaisse depuis longtemps, que je n'eusse eu l'occasion de suivre minutieusement votre conduite politique et que je ne fusse exactement renseigné par vos délégués et mandataires ; mais enfin je voulais voir par moi-même, je voulais surtout entrer en communication avec vous, vous parler, vous entretenir, et emporter de vous une impression véritablement personnelle et frappante. (*Très bien! très bien!*)

Mais je ne dirais pas toute ma pensée si je n'ajoutais que je tenais surtout à résumer devant vous le grand travail électoral auquel la France vient de se livrer et qu'elle va compléter le 5 mars, — et d'en rechercher avec vous aussi les causes, le caractère et les conséquences, aussi bien au point de vue intérieur qu'au point de vue extérieur. (*Mouvement d'attention.*)

Car aujourd'hui, Messieurs, que vous voilà devenus la majorité dans le pays et dans les Assemblées, il faut que vous vous placiez en face des droits, mais aussi des devoirs qu'un pareil rôle vous impartit. Il faut que nous sachions exactement, les uns et les autres, la ligne de conduite à suivre, ce qu'il faut faire demain, ce qu'il faut ajourner à après-demain, ce qu'il faut réclamer sur l'heure et ce qu'il faut, au contraire, mûrir par l'étude, par la propagande, par la persuasion dans le reste du pays. Il faut rechercher surtout quels sont les besoins immédiats auxquels il faut satisfaire, et, pour cela, il n'y a pas de méthode plus sûre que d'interroger le pays lui-même et de déterminer, à travers les manifestations auxquelles il vient de se livrer, ce qu'il veut, ce qu'il réclame, ce qu'il repousse. (*C'est cela! — Très bien! — Applaudissements.*)

Eh bien, quand on laisse de côté ce que j'appelle les idées accessoires de l'élection et qu'on va au point culminant, quand on recherche quelle est la note dominante de ces élections, on voit que la France tout entière, semblable à elle-même, au Nord comme au Midi, au centre comme sur ses flancs, que la France a voulu, en proclamant son énergique adhésion au gouvernement républicain, combattre, refouler l'esprit clérical au dedans et au dehors. (*Explosion d'applaudissements. — Oui! oui! — C'est cela!*)

Oui, s'il y a un caractère manifeste, éclatant, sur lequel il n'est pas permis à un homme politique, à quelque parti qu'il appartienne, d'hésiter un seul instant, c'est ce caractère d'opposition, de résistance de l'esprit français aux empiétements véritablement menaçants qui, depuis cinq ans, se succèdent dans notre pays, de la part de l'esprit ecclésiastique. (*Nouveaux applaudissements et bravos.*)

En effet, le pays s'est aperçu, en même temps·que l'Europe, que, depuis cinq ans, grâce à nos malheurs, à nos désastres et aussi à nos défaillances, sous couleur de parti monarchique, de restauration de telle ou telle dynastie, celui qui était le véritable meneur de la coalition réactionnaire, celui qui était l'auteur et le guide de toutes ces combinaisons dangereuses pour la liberté comme pour la prospérité future du pays, c'était l'esprit clérical. Et, en effet, aussitôt que cette Assemblée, née le 8 février 1871, — et dont nous ne sommes pas encore tout à fait débarrassés, quoiqu'elle

touche enfin à son terme, — (*Rires d'approbation.*)
aussitôt, dis-je, que cette Assemblée a commencé à
agir, lorsqu'on énumère les actes qui ont réuni les
voix du plus grand nombre de ses membres, les actes
qui lui donnent sa véritable portée et, par conséquent,
sa vraie physionomie, que voit-on ? On voit que la politique qui ne s'est pas démentie, que la politique qui
n'a pas varié un seul jour, qui a toujours poursuivi
son but à travers les changements de ministères ou les
avortements de combinaisons gouvernementales, c'est
la politique cléricale. ((*Oui ! oui ! — Applaudissements
prolongés.*)

C'est cette politique qui a commencé, vous vous le
rappelez, par cette célèbre pétition des évêques, où,
ne tenant compte ni de la situation extérieure de la
France, ni de son état intérieur, ni de ses ressources
militaires et financières, on ne parlait ni plus ni moins
que de nous mettre sur les bras, aux portes mêmes
de la France, une des puissances les plus redoutables
au point de vue de la marine et de l'armée, une puissance qui a passé, à l'aide de notre concours, du troisième rang au deuxième rang et qui, à l'heure actuelle,
joue dans le monde un rôle extrêmement important,
extrêmement rassurant : c'est l'Italie, c'est-à-dire une
puissance qui est faite pour sympathiser avec la France,
l'Italie qui, dans le passé, se trouve toujours unie
d'intérêts, de cœur et d'aspirations avec la France,
l'Italie qui n'a jamais demandé que de marcher, unie
avec la France, dans la politique moderne et le développement des idées de progrès. Voilà la puissance
avec laquelle on menaçait de nous brouiller définitivement et avec laquelle j'estime que nous sommes faits
pour vivre toujours amicalement. (*Marques unanimes
d'assentiment et applaudissements.*)

Et, après cette tentative, qu'a-t-on fait ? On a formé,
au cœur de la France, comme une ligue, comme une
sorte d'association empruntée à nos anciennes que-

relles religieuses du xv° siècle, et nous avons assisté à la création d'associations spéciales, à des pèlerinages, à des missions, à des confections de miracles (*Rires*), à des migrations entières de pèlerins
qu'on dirigeait sur le Vatican, ou à la création de cercles de propagande, soit pour les ouvriers, soit pour
les jeunes gens, soit pour le développement de l'éducation primaire et secondaire. Et qu'entendait-on dire
dans ces associations, dans ces congrès, dans ces
cercles ? On entendait dire qu'il fallait procéder purement et simplement à l'enterrement civil des principes de 89. (*Oui! — C'est cela! — Applaudissements
prolongés.*)

Ce n'est pas tout. On ne se bornait pas là. On trouvait dans l'administration le plus grand concours, la
plus grande faveur pour le développement inusité des
corporations religieuses. On oubliait, on ignorait qu'il
y avait une législation antérieure qui exigeait, pour la
création de ces corporations religieuses, certaines
formalités, certaines garanties. Certains règlements
devaient être observés, mais on passait à travers et
jamais on n'avait vu croître et multiplier autant les
enfants du Seigneur que depuis 1870. (*Rires.*) De plus,
on ne trouvait pas qu'il était suffisant de posséder
ceux qui existaient sur notre propre territoire, on ouvrait encore la France à ceux du dehors, de sorte que
nous paraissions être le refuge de tous les jésuites de
la chrétienté. (*Hilarité générale. — Bravos et applaudissements.*)

Et, en même temps que l'administration accordait
cette protection excessive, abusive, aux ordres religieux, en même temps qu'elle favorisait cette extension toujours redoutable, dans un pays d'égalité civile
et démocratique, des ordres religieux, en autorisant
leur constitution, leur développement et leurs acquisitions ; — en même temps on poursuivait, de la façon
la plus impitoyable, les principes civils partout où ils

se trouvaient représentés, dans la commune, dans l'école, dans la justice et même dans l'armée.

Ah! Messieurs, on ne peut pas se livrer à de pareilles tentatives sans qu'elles n'affectent les regards du pays et aussi ceux de l'Europe, et, quand on voyait ce système se développer, progresser et entrer plus avant dans l'État et dans l'administration, quand on le voyait menacer jusqu'aux sources vives du régime fondé par la Révolution française et étendre déjà la main sur le code civil; quand on entendait parler de subordonner le mariage civil au mariage religieux, de reconstituer les biens de main-morte, de porter atteinte à l'égalité successorale, de créer la personnalité des diocèses; quand on a aperçu le dessein d'envelopper la France dans un réseau solide, ne laissant qu'une seule liberté à la France moderne, la liberté d'étouffer en silence, sous une chape de plomb; quand on a vu que la campagne était menée avec précision et entente, qu'elle ne laissait rien en dehors de sa prise dans la famille, dans l'école, dans l'administration, dans l'armée, dans le Parlement, oh! alors la France s'est levée, elle a eu peur! elle a eu peur de l'ancien régime, elle a eu peur du retour de l'esprit théocratique qui convoite tout, qui prend tout et auquel on ne fera jamais sa part. (*Très bien! très bien! — Applaudissements et bravos prolongés.*)

Et c'est pour cela que vous avez vu, avec cette unanimité, les populations des campagnes faire cause commune avec celles des villes, persuadées qu'elles étaient cette fois-ci de n'avoir qu'un gardien, qu'un protecteur vigilant et assuré : le républicain, pour maintenir surtout l'égalité civile, l'ordre civil, la propriété civile, le mariage civil, la liberté civile fondés par la Révolution françaises. (*Bravos prolongés.*)

Et voyez quelle était la persistance redoutable de cet esprit d'envahissement et d'usurpation ecclésiastique. Les partis réactionnaires étaient vaincus, dé-

joués, contredits, divisés. On leur avait imposé la
reconnaissance d'une forme de gouvernement, il
semblait que ces tronçons ne pouvaient plus se réunir
pour former une coalition contre les idées démocratiques. Oh! que nenni! C'est le contraire qui est arrivé,
et c'est après le vote de la Constitution républicaine,
c'est après la fondation d'un ordre légal que l'esprit
clérical qui ne s'arrête jamais, qui ne se dément
jamais, qui poursuit ses conquêtes avec audace, et,
quand il peut, bannières déployées et en plein soleil,
qui les poursuit souterrainement, d'une façon clan-
destine, quand le grand jour lui est contraire et difficile; — l'esprit clérical, dis-je, ne se tenant pas pour
battu, avant la disparition de l'Assemblée, a légué au
Parlement futur cette triste loi de l'enseignement
supérieur, s'emparant ainsi du sommet après avoir
pris possession de la base par l'école primaire et voulant chasser de partout la science, alors que, pour
nous, la science est notre seul guide, notre seul défenseur et notre seule lumière. (*Bravos et acclamations.*)

Je passe très rapidement sur ce point, parce qu'il
est vraiment inutile d'y insister devant un auditoire
comme le vôtre, mais cet ensemble de pratiques, de
conquêtes, d'usurpations accomplies sur la société
laïque française, sur la société séculière française,
avait, au plus haut point, excité les appréhensions de
l'Europe. Oui, l'Europe s'était dit que cette politique
intérieure, que cette recrudescence de l'esprit ultra-
montain en France pouvait, un jour, devenir le point
de départ d'une politique extérieure également ultra-
montaine, d'une diplomatie extérieure également à
l'affût des occasions qui pourraient se présenter dans
le monde où on pourrait mettre d'un côté non plus
les peuples mais les croyances, et pousser à une
guerre non pas pour la défense d'intérêts terrestres,
mais dans le but de diviser les nations en deux camps :
celles qui tiendraient pour le Vatican et celles qui

tiendraient pour la liberté moderne. (*Vive sensation.* — *Applaudissements.*)

Et c'est pour cela qu'au lendemain des élections du 20 février, l'Europe en saluait le résultat et que, de la pointe de Cornouailles à l'Oural et de l'Oural aux Alpes, un cri, un cri unanime s'élevait de la presse étrangère, à quelque opinion ou quelque pays qu'elle appartînt : la France, disait l'Europe, a retrouvé la disposition d'elle-même ; nous sommes sûrs que, désormais, elle ne prêtera plus la main aux entreprises cléricales et qu'elle va reprendre son rôle, le rôle glorieux d'être le représentant de la vérité moderne et du progrès contemporain. (*Bravos.*)

De toutes parts, sans distinction de pays, vous avez entendu s'élever ce cri d'espérance, parce que l'Europe, après que nous lui avons eu donné, hélas ! trop souvent, par des gouvernements de jactance, sinon le droit, du moins l'occasion de nous jalouser, l'Europe a recommencé à comprendre l'utilité de la France dans le monde et à s'intéresser à ce pays laborieux et pacifique qui, depuis cinq ans, fait les plus énergiques efforts pour réparer ses malheurs. L'Europe s'est donc intéressée à la France, mais après que nous revenaient ses sympathies et son estime, reparaissaient aussi ses appréhensions. La France, disait l'Europe, sera-t-elle assez forte pour se retrouver elle-même, combattue qu'elle est par ses fonctionnaires, placée comme elle est dans les mains de ceux qui s'appellent les classes dirigeantes et qui veulent la faire marcher en arrière, qui la dirigent à contresens de son génie et de ses véritables tendances ? Aussi, depuis cinq ans, n'avons-nous pas cessé de répéter à la tribune, dans les réunions, — quand on ne nous les interdisait pas, — dans la presse et au dehors quand il nous arrivait de sortir de notre pays : Attendez ! ne calomniez pas la France. Ne croyez pas ses indignes enfants qui la blasphèment et la déshonorent. Attendez le jour du suffrage universel, ce jour viendra et alors la France se lèvera, la vraie France, et vous la reconnaîtrez, car elle ne poussera qu'un cri de liberté et de sympathie pour le monde. (*Salve d'applaudissements et acclamations enthousiastes.*)

Ce jour est venu, Messieurs, et le jugement de l'Europe ne s'est pas fait attendre. Aussi, j'éprouve le besoin, à cette heure, de remercier ces publicistes étrangers qui, désintéressés et ne ressentant ni nos passions ni nos querelles personnelles, mais soucieux cependant de l'ordre européen et du triomphe de la raison et de la justice, ont examiné notre pays, compté les pas qu'il a accomplis depuis cinq ans, et savent lui rendre justice, à Londres, en Italie, en Russie, en Autriche, en Suisse et ailleurs.

Et cela est d'autant plus notable qu'il se trouve des misérables, des scribes, rebut et legs du second empire, qui osent, dans leurs feuilles, semer la panique, exploiter la terreur, probablement dans l'intérêt de combinaisons de Bourse qu'il est plus facile de mépriser que d'expliquer devant un auditoire d'honnêtes gens, et qui se sont ingéniés, depuis quelques jours, à pousser à l'affolement du pays. Mais ce pays est calme, ce pays que l'administration du 24 Mai est restée impuissante à faire dévier, à mater, à dépraver ou à intimider, ce pays n'est pas fait pour s'arrêter aux impertinences de messieurs les écrivains à gages de la réaction. Il regarde et passe. (*Très bien! très bien! — Vifs applaudissements.*)

Le scrutin du 5 mars sera la vraie réponse qu'il convient de faire à ces diffamateurs de la moralité et du bon sens français.

Mais, Messieurs, si le caractère de ces élections du 20 février, qui est un caractère nettement anticlérical, a répondu à ce point aux préoccupations intérieures de la France et à l'attente de l'Europe, il faut en tirer une conclusion, un enseignement. Ce n'est

pas pour le vain plaisir de constater le triomphe de
la démocratie que nous sommes réunis ici, c'est aussi
pour chercher ensemble des règles de conduite pour
l'avenir, pour l'avenir le plus prochain.

Eh bien, la première règle de conduite, c'est de
continuer à inspirer au monde cette conviction que
la démocratie française, — et par là je n'entends pas
un parti, mais la France tout entière, — en se tenant
à la République comme forme nécessaire de l'ordre
et du progrès, a l'intention d'être une République
vraiment française, c'est-à-dire une République chez
elle, une République ordonnée, recueillie, pacifique,
libérale, ayant renoncé absolument au prosélytisme
et au cosmopolitisme, comprenant très bien qu'ailleurs les peuples sont maîtres chez eux et que la
politique extérieure d'une République française comporte, exige, impose la nécessité de respecter la
constitution des autres peuples, quelle qu'elle soit.
(*Assentiment unanime. — Bravos.*)

C'est parce que l'Europe comprend ainsi notre démocratie, c'est parce qu'elle est assurée que cette
démocratie entend désormais n'être pas plus révolutionnaire au dehors qu'au dedans, qu'il se produit
un fait inouï et nouveau, dont il faut s'applaudir et
se réjouir, et pour lequel vous serez glorifiés dans
l'avenir : c'est que la République française est considérée non seulement par les peuples, mais par les
gouvernements de l'Europe, comme un gage de paix
et de salut général, comme un gage de moralité pour
la France, comme un gage d'ordre et d'apaisement,
et que, pour la première fois, on comprend en Europe
que la République française peut exister, c'est-à-dire
que le gouvernement libre par excellence peut être
exercé par un grand peuple sans susciter aux pays
voisins de ses frontières ni appréhensions, ni craintes,
ni dommages. (*Marques générales d'approbation.*)

Il faut que cette idée, qui date de peu de temps,

fasse son chemin, il faut qu'elle pénètre jusqu'aux
dernières couches de nos populations. Nous nous
sommes toujours nui par un esprit de propagande
exagéré, de prosélytisme excessif. Faisons notre œuvre
chez nous, pour nous, avec nos concitoyens. Répa-
rons nos propres pertes et laissons le reste du monde
satisfaire à ses propres besoins sans faire la promesse
de notre concours. D'ailleurs, il y a longtemps que
nous n'avons plus rien à porter aux autres peuples,
nous avons plutôt à leur emprunter. A l'Angleterre
nous avons à emprunter la liberté de la presse et son
droit de réunion et d'association. A nos durs vainqueurs nous avons à emprunter le service militaire
vraiment obligatoire uni à l'instruction réellement
obligatoire. (*Bravos.*)

Nous avons encore à emprunter à bien d'autres
peuples. Eh bien, faisons ces conquêtes morales et
appliquons-nous le bénéfice de ces acquisitions sans
chercher à répandre à tout propos au dehors nos
idées et nos principes. Nous n'avons rien à attendre
de l'esprit de cosmopolitisme et de prosélytisme à
outrance, et, si nous savons l'abandonner, soyez assurés que nous recueillerons, d'abord, les sympathies
des puissances et, plus tard, quelque chose de mieux,
de la part des nations de l'Europe.

Il faut donc répudier cette politique de prosélytisme,
cette politique du second empire, qui nous a conduits
à la triste situation extérieure où nous sommes ; cette
politique brusque, obscure, louche et de conspiration
perpétuelle ; cette politique toujours inquiète, toujours éveillée, qui allait chercher tantôt une querelle
sur le Bas-Danube, tantôt une guerre à trois mille
lieues de la patrie, au Mexique, — guerre qu'on appelait la plus belle pensée du règne — (*Rires*) ; cette
politique qui trahissait le Danemark, qui laissait
écraser l'Autriche, qui provoquait l'Allemagne, menaçait la Suisse et la Belgique, et qui a abouti à ces

ruines qui couvrent encore la France ; cette politique
fatale, enfin, qui a failli faire disparaître la patrie, et
qu'on décore du nom de politique des nationalités.
Ce que nous voulons, nous, c'est la paix au dehors,
l'ordre et le travail au dedans. Voilà ce que réclame
la démocratie contemporaine. (*Salve d'applaudissements
et acclamations.*)

Voilà ce que la nation a voulu signifier par son vote
du 20 février, et c'est pour cela que vous l'avez vue
aussi unanime et aussi énergique à l'exprimer, et cette
signification sera plus probante et plus intense encore
après le vote du 5 mars. Oui, la France sait ce qu'elle
a fait et ce qu'elle veut, et elle ne se laissera apeurer
ni effarer par personne. Elle ira au scrutin tranquillement, le 5 mars, avec sang-froid, pour dicter une dernière fois sa volonté, et il faudra que tout le monde la
suive. Oui, il faudra, croyez-le bien, que tout le monde
la suive. (*Marques d'adhésion. — Applaudissements.*)

Que certains journaux, que certains réactionnaires
parlent de résistances possibles, d'exigences excessi-
ves. de la part de celui-ci ou de celui-là, qu'ils prédi-
sent des malheurs, qu'ils pronostiquent des révolutions, c'est leur métier et il n'y a pas à s'en émouvoir
davantage. (*Rires.*) Ils vivent dans une atmosphère de
mensonge qui fait que, pour eux, il est difficile de se
départir de leurs habitudes. Ils ont toujours menti.
Ils ont menti quand ils annonçaient que la volonté de
la France était de faire la guerre en 1870. Ils ont
menti encore pendant le plébiscite. On avait alors
une administration avec le concours de laquelle on
pouvait fabriquer des complots, on avait des agents
toujours prêts pour cette besogne ; mais aujourd'hui
qu'on n'a pas de complots à pouvoir jeter, au dernier
moment du vote, à la tête du suffrage universel, on
les remplace par l'union conservatrice des journaux
(*Rires*), dont le but est d'exciter l'alarme publique et
de créer la panique des intérêts.

Ils ont menti encore, vous le savez bien, à propos
des élections, en annonçant d'avance le succès de
leurs prétendus candidats conservateurs. Ils ont pré-
dit ce succès pour les élections au Sénat et pour les
élections à la Chambre des députés, et vous voyez
combien ils ont été bons prophètes. (*Hilarité générale.
— Applaudissements et bravos répétés.*)

Il en sera de même pour le scrutin du 5 mars. Né-
gligeons donc ces criailleries et ces diatribes, et
recherchons ce que nous aurons à faire dans le prochain Parlement. Quand la poussière soulevée par la
bataille se sera abattue, on verra net devant soi, et, —
je ne crains pas d'être démenti par l'évènement, — on
constatera alors que nous aurons pour nous une
grande et imposante majorité républicaine, fermement républicaine, mais sagement républicaine, contre laquelle seront également stériles les provocations
des uns et les coalitions des autres. (*Salve d'applaudissements.*)

La France a voulu en finir avec ces tergiversations
et cette guerre civile parlementaire dont nous avons
donné l'écœurant spectacle pendant cinq ans, et elle
a voulu assurer une majorité qui ne sera pas une
majorité d'opposition systématique, mais, j'en suis
sûr, une majorité de gouvernement, une majorité à
qui on devra le gouvernement et qui, étant véritablement l'expression la plus récente, la plus autorisée et
la plus puissante des volontés de la France, des entrailles de laquelle elle sort, saura bien se faire obéir,
d'où que viennent et d'où que puissent venir les résistances. (*Très bien! très bien! — Longs applaudissements.*)

D'ailleurs, nous avons la légalité pour nous ainsi
que le pays, car le pays est avec nous, c'est bien visible, on ne le niera plus. On a assez ajourné, assez
décliné l'autorité du pays. Quand, dans les discussions, nous en appelions à la France, quand nous

disions : Le pays jugera, on nous raillait, on haussait les épaules, on nous présageait la défaite électorale. Vous savez ce qui est advenu et vous connaissez le sort qui a été fait à M. Buffet, à l'homme qui le prenait de plus haut à la tribune française. (*Explosion d'applaudissements et rires.*)

Eh bien, je dis qu'on n'aura plus sous les yeux un si lamentable spectacle. On aura deux Chambres dans lesquelles la majorité est assurée au principe républicain. Les résistances, d'ailleurs, si elles se produisent, ne pourront en aucune manière troubler l'ordre établi, ni le pouvoir exécutif, ni le pouvoir ministériel qui seront toujours sûrs de trouver dans le concours des deux Assemblées, dans les termes de la Constitution, un appui et une autorité constante.

On a beaucoup parlé du pouvoir exécutif; eh bien, je veux en dire ma pensée devant vous, Messieurs, ici, une bonne fois pour toutes.

L'homme qui est à la tête de l'État, qui est le premier magistrat de la République, le président de la République peut être assuré que ce ne seront pas les républicains qui mettront en question, soit pour l'affaiblir, soit pour l'amoindrir, soit pour le changer, les pouvoirs qu'il tient du pacte fondamental lui-même. Nous pouvons même dire : Quelle qu'ait été notre attitude au 24 mai qui n'était qu'une coalition ayant pour but de ramener la monarchie et contre laquelle nous devions lutter sans faiblir, — quelle qu'ait été, dis-je, notre attitude ce jour-là, nous pouvons et nous devons dire, pour l'édification de tous, qu'il n'a pas dépendu de nous que la personne et le chef de l'État n'aient été toujours mis au-dessus des partis et de leurs divisions intestines.

Il n'en a pas toujours été ainsi de la part de nos adversaires; combien de fois ils ont fait intervenir dans leurs luttes électorales et parlementaires la personne et l'autorité du président de la République, pour couvrir des personnalités qui se trouvaient sans doute insuffisantes à se protéger elles-mêmes! (*Très bien! très bien! — Bravos.*)

Nous avons toujours lutté contre ces tendances et ces mauvaises pratiques; nous avons toujours placé le chef de l'État, le président de la République, dans une sphère supérieure où ne pussent l'atteindre les coups que les partis se portent les uns aux autres. Et nous avons agi ainsi dès le premier jour où il a été investi de la plus haute magistrature de la République. Eh bien, ce que nous avons fait dans le passé est un garant plus sérieux que les adulations et les flatteries dont on le couvre ailleurs, de la conduite légale, modérée, que nous entendons suivre. (*Marques d'assentiment.*)

Voilà la vérité. Quant à nous, nous voulons la Constitution, toute la Constitution. Cette Constitution qui est, à la fois, pour le Président, son titre, son gage et sa force, est aussi notre titre, notre gage, notre garantie et notre force. Elle est le pacte d'alliance, le signe de l'ordre public entre les partis qui sont véritablement libéraux et les républicains.

Quant à ceux qui se parent du nom de conservateurs et qui, il y a huit jours, criaient : Vive l'empereur! ou vive le roi! quant à ceux qui entrent dans les Assemblées avec l'arrière-pensée de renverser l'abri tutélaire sous lequel la France veut refaire sa fortune, quant à ceux qui n'ont pas d'autre dessein que de détruire la Constitution et de renverser celui qui est à sa tête; quant à ceux-là, ils ne méritent qu'un nom : ce sont des factieux. (*Salve d'applaudissements.*)

Oui, ce sont des factieux, et il faut véritablement vivre après cinq ans d'ordre moral pour que les mots aient perdu leur véritable signification et pour voir quels noms, quels gens et quel personnel se décorent et se parent du titre de conservateurs. Mais cette situation ne durera pas longtemps. Nous allons enfin

pouvoir entrer dans ces Assemblées, et nous verrons
quels sont les hommes qui s'appellent conservateurs,
qui s'emparent de ce titre et quel droit ils ont à le
porter. Ces discussions feront justice de ces prétentions et de ces sophismes. (*Très bien! très bien! —
Vive adhésion.*)

S'il faut lutter avec véhémence, il faut aussi lutter
avec impartialité, et, puisque nous sommes les plus
forts, nous devons être très modérés, et ce n'est pas
moi qui donnerai l'exemple qui consisterait à dépas-
ser le but alors qu'on l'a atteint. (*Très bien! très bien!*)

Quand nous serons dans cette Assemblée, un premier point s'imposera : ce sera d'inaugurer une politique réellement libérale, la politique de la liberté.
(*Bravos.*) C'est par là que nous répondrons au besoin
unanime des populations, au dernier verdict du suffrage universel. Les populations, Messieurs, après
qu'elles ont fait leur choix comme gouvernement.
réclament autre chose : elles réclament une administration générale du pays, qui, au lieu de les tracasser, de les provoquer et de les tyranniser, les sou-
tienne, les protège et les serve en leur faisant confiance.
(*Salve d'applaudissements.*)

Aussi, la vraie tâche, celle qui va s'imposer dès le
premier jour, c'est de desserrer et de rompre les mille
liens dans lesquels la France est emprisonnée depuis
cinq ans. C'est de lui rendre une administration sincèrement, loyalement républicaine. C'est de lui rendre
le droit de choisir dans la commune, parmi les élus
de la commune, dans le sein du Conseil municipal,
celui qui est le plus méritant, le plus honoré, le plus
populaire, le plus estimé, le plus capable. C'est, en
même temps, de donner enfin à la conscience publique cette satisfaction d'en finir avec les compressions
brutales de l'état de siège, avec cet arbitraire qu'on
a appelé l'arbitraire légal et qui est, permettez-moi
de le dire, le plus intolérable, puisqu'il profane jus-

qu'au nom même de la loi. (*Vifs applaudissements.*)

Ainsi donc, la première tâche à accomplir consiste à répondre à ce triple besoin de la liberté au point de vue de la commune, de la liberté au point de vue administratif, de la liberté au point de vue politique. Eh bien, il faut s'y mettre tout de suite et poursuivre cette tâche avec sagesse, avec modération, mais avec fermeté. Remarquez-le bien, je ne demande pas des hécatombes de fonctionnaires, je ne réclame pas qu'on imite nos adversaires qui, dès le 24 mai, se sont mis en chasse contre ceux qui, de près ou de loin, avaient touché au 4 Septembre, contre ceux qui étaient républicains, les poursuivant comme des fauves, écartant, destituant tous les fonctionnaires, quels qu'ils fussent, sans s'inquiéter de leur passé, de leurs titres, de leurs droits, les chassant parce qu'ils étaient républicains, et cela au nom de la République provisoire.

Ainsi, je le répète, je ne demande pas d'hécatombes. Je sais très bien ce que sont les fonctionnaires. Ce que je demande, c'est un gouvernement loyal et résolu, c'est-à-dire un cabinet, un ministre de l'intérieur soucieux de ses devoirs, soucieux de la défense de la Constitution, soucieux aussi de son honneur politique et décidé à ne plus permettre que des fonctionnaires émargeant au budget de la République emploient leur temps, leurs loisirs et leur activité à la combattre et à la faire haïr. (*Oui! — C'est cela! — Bravos prolongés.*)

Je connais, disais-je, assez les fonctionnaires pour savoir qu'il n'est pas nécessaire d'en immoler un très grand nombre. (*Rires.*) Il faut seulement faire des exemples, des exemples bien choisis, et auxquels d'ailleurs tout le monde pense... (*Nouveaux rires*), des exemples que personne ne contestera, excepté les titulaires eux-mêmes. (*Hilarité générale.*)

Et encore je n'en répondrais pas, car ces titulaires en question doivent se rendre justice au fond de leur

conscience, la vraie, car ils paraissent en avoir deux :
leur conscience de fonctionnaire et leur conscience
d'homme, qu'ils ne peuvent que rarement arriver à
mettre d'accord. (*Éclats de rires et bravos.*)

Mais si l'on donnait au pays cette première marque
d'obéissance, d'appeler même à d'autres fonctions, —
selon l'expression usitée, — (*Rires*) ces administrateurs
aussi irritants et hostiles qu'incapables, et que par
cette mesure on invitât ainsi les autres à suivre une
meilleure ligne de conduite, qu'on leur fît bien sentir
que les choses ont changé, que le pouvoir ministériel
est dans des mains plus fermes et plus loyales, je
crois alors qu'on pourrait limiter le sacrifice des
fonctionnaires et obtenir pour le plus grand bien de
l'État une administration plus vigilante, plus honorée, plus forte dans l'intérêt même de l'autorité publique. (*Marques d'assentiment. — Bravos.*)

Il faudrait aussi, — je le dis pour mémoire, — rendre
la liberté communale, parce que, s'il y a un vœu qui
soit vraiment dans les doléances de toutes les populations, qui constitue le grief, la revendication constante, permanente, du suffrage universel rural, c'est
certainement la liberté dans la commune. Les élections du 20 février ont cette signification au plus
haut degré, et ce serait vouloir méconnaître systématiquement non seulement les indications, mais les
exigences légitimes du suffrage universel des campagnes, que de refuser plus longtemps le retour au droit
commun en matière d'élection des maires au village
comme à la ville. (*Oui ! oui ! — Applaudissements répétés.*)

Maintenant, comment faire triompher cette politique ? Il faut assurer cette politique de la plus forte
majorité possible. Et, ici, je tiens à faire une remarque qui m'est suggérée par les observations assez
bizarres de certaines gens. Il y a des gens qui s'ef-
fraient du chiffre qu'aura la majorité républicaine

dans la nouvelle Assemblée, et ils nous disent : Vous avez trop de majorité; il serait préférable, dans l'intérêt même de la République, que vous eussiez moins de majorité. (*Rires.*) Et quand on fait expliquer à ces gens le fond de leur pensée, on arrive généralement à reconnaître qu'ils trouvent que la majorité est trop forte, parce qu'eux-mêmes ou leurs amis n'ont pas été élus. (*Hilarité générale.*)

Il faut avoir véritablement perdu le sens des choses pour parler comme le font ces gens, car que signifie la majorité élue le 20 février? Elle signifie que la plus grande partie de la nation s'est prononcée pour la défense, pour l'affermissement et le développement de la Constitution républicaine, c'est-à-dire pour la stabilité, pour l'ordre légal et la liberté progressive. Or, ce qu'il faut regretter, ce n'est pas le chiffre élevé de la majorité, c'est qu'il n'y ait pas l'unanimité dans l'Assemblée. (*Très bien! très bien! — Rires.*)

Car, enfin, que poursuivons-nous? L'union de tous les Français autour d'un même drapeau, autour d'une même loi, autour d'un même pacte, et le jour où on consultera de nouveau le pays, dans quatre ans, quand il aura passé cet espace de temps dans la paix, dans le travail et dans l'ordre public, la majorité augmentera singulièrement; nous agirons d'ici là par nos actes et nos votes pour qu'elle atteigne l'unanimité. Voyez-vous alors le désordre qu'il y aura dans le prochain Parlement? Tous d'accord pour respecter et défendre la République! (*Rire général et bravos.*)

Je dis qu'en laissant de côté cette objection qui, quoique faite par des hommes prétendus sérieux, n'a rien de fondé, on doit arriver à conclure qu'il faut, en effet, augmenter la majorité tous les jours, même dans le Parlement, et que c'est la tâche qui doit solliciter tous nos efforts. Pour atteindre ce but, il faut avoir une politique parlementaire. Or, cette politique est simple et claire, et je puis l'exposer en deux mots :

Elle doit être la même que celle qui a créé une Constitution et constitué une majorité. Cette politique a, d'ailleurs, reçu une consécration solennelle, décisive, on peut dire sans précédent dans notre histoire. Par conséqnent, les moyens employés jusqu'à ce jour doivent être de nouveau mis en œuvre pour développer, augmenter, accroître cette majorité jusqu'à ce qu'elle embrasse le pays tout entier pour en faire un seul faisceau, pour être vraiment la France une et indivisible. (*Marques générales d'assentiment. — Bravos.*)

Je crois, au surplus, qu'il sera de moins en moins difficile de faire triompher définitivement cette politique : d'abord parce qu'elle a réussi, ce qui est un grand argument; secondement, parce que le nombre des gens qui l'ont critiquée, — ils sont de deux ordres différents : les uns ne la trouvaient pas suffisante, et les autres déclaraient qu'elle était dangereuse, — parce que, dis-je, le nombre de ceux qui l'ont critiquée ira s'amoindrissant tous les jours.

Je prends un exemple. Voilà l'ancien parti parlementaire, composé des hommes qu'on appelait les libéraux, les constitutionnels, les parlementaires. Ils ont lutté contre la République avec obstination, avec opiniâtreté, et souvent par de bien détestables moyens. Ils n'ont jamais voulu accorder le moindre crédit aux conseils qu'on leur donnait. On leur disait : A la première consultation générale le pays fondera la République, car la démocratie ne peut pas s'accommoder d'une autre forme de gouvernement. Pourquoi ne voulez-vous pas en prendre votre parti et vous rallier sincèrement, loyalement à la République ?

Ils répondaient qu'on se faisait des illusions, que le pays était monarchique depuis quatorze siècles; qu'on n'y changerait rien; que, d'ailleurs, la nation n'était pas mûre pour la République et qu'ils ne pouvaient pas comprendre la loi du nombre, c'est-à-dire

le suffrage universel. Et alors, reniant toutes leurs
déclarations et leurs théories anciennes sur la liberté
de la presse et le droit de réunion, sur la liberté
électorale et communale, ils s'ingéniaient à multiplier
les obstacles devant le suffrage universel; n'osant
aller jusqu'à le supprimer ou le mutiler, ils voulaient
le dénaturer. On leur disait encore : Prenez garde!
vous serez emportés. Vos guides vous trompent, vous
égarent; vous tournez le dos au pays. Ils n'ont rien
voulu croire. Ils ne croyaient qu'à leurs chefs qui
savaient tout, ayant les mains pleines de documents,
de rapports, — des rapports de préfets! (*Rires.*) —
Leurs chefs répondaient de tout, pourvu qu'on leur
donnât l'état de siège, la loi des maires imposés et,
surtout, le scrutin d'arrondissement.

Nous les avons adjurés. Nous leur avons dit qu'on
les trompait sciemment ou inconsciemment, qu'on
les égarait et qu'on allait les perdre, que le suffrage
universel leur ferait cruellement expier une si fausse
politique. Nous avons tout dit, mais rien n'a servi. Les
élections sont arrivées, et ils ont été écrasés. Aujour-
d'hui, ils se plaignent, A qui la faute? A eux seuls,
puisque nous les avons prévenus, puisque nous leur
avons annoncé les conséquences, les suites fatales de
cette politique mesquine, étroite, irritante pour l'opinion, qu'ils appelaient la politique des classes dirigeantes. Aujourd'hui ils sont obligés de confesser,
d'avouer leur faute, et ils n'épargnent pas les fameux
guides qui les ont mis en si belle posture devant le
pays. (*Rires.*)

Il faut les entendre parler de M. Buffet. Ils sont
réellement injustes pour cet homme qui valait mieux
que la triste fin qu'il s'est faite. C'était un homme
obstiné, mais de bonne foi, je crois. Malheureusement
il n'était d'aucun parti, ou plutôt il n'en avait qu'un :
le parti clérical. N'étant d'aucun parti, il était de celui-
là ; c'est ce qui a suffi pour l'aveugler au point de ne

pouvoir pas lutter contre ses adversaires ni réussir à
conduire ses amis au but qu'il s'était désigné. Il les
a conduits, mais il les a perdus. (*Adhésion générale.*)

Il ne faut pourtant pas trop tenir rigueur à ces libéraux que les évènements viennent de faire disparaître. Il leur reste encore une occasion, une dernière,
de se réconcilier avec le grand parti démocratique.
Qu'ils profitent de la dernière heure. Qu'ils se décident
à s'accommoder de la République et des libertés nécessaires à une nation démocratique. Ils ont quatre ans
pour faire cette évolution. Qu'ils entrent résolument
dans nos rangs, sans arrière-pensée, et qu'ils fassent
véritablement œuvre de défense démocratique. Si,
pendant ces quatre ans, soit par leurs représentants,
— car ils en ont encore dans la Chambre haute ou
basse, — soit par leurs organes dans la presse, soit
dans les luttes électorales qui auront lieu, sur les divers points du territoire, pour la formation des conseils locaux, — si, dis-je, pendant ces quatre ans, ces
anciens libéraux ou parlementaires reviennent à la
vérité et à la sagesse, s'ils consentent à entrer en
composition avec le suffrage universel, eh bien, il
faudra s'en applaudir ; il faudra les accueillir, leur
ouvrir nos rangs et leur dire : Tant mieux ! venez
exercer la légitime influence qui vous appartient. Nous
ne sommes pas une République fermée. Nous n'exi-
geons que la loyauté dans le concours et la sincérité
dans les actes. (*Très bien! très bien! — Applaudissements.*)

Il n'y a, au fond de la situation politique actuelle,
qu'un ennemi, — je ne veux pas me servir de ce
terme, — qu'un embarras, parce que je ne veux pas
dire une honte : c'est la survivance de l'état-major
bonapartiste. (*Très bien ! — Rires.*) Eh bien, il faut
continuer la campagne entreprise et menée à bien
depuis cinq ans. Il faut de plus en plus isoler ces anciens officiers supérieurs du 2 Décembre du corps de

roupes qu'ils conduisaient, corps de troupes composé
d'hommes abusés qui croyaient à la démocratie impériale ou césarienne, qui croyaient que l'empire
c'était la paix, qui croyaient à sa prospérité factice, qui
croyaient à l'égalité sociale par l'empire. Eh bien, ce
corps de troupes vous appartient naturellement; c'est
une démocratie égarée qu'il faut gagner, ramener et
garder. L'œuvre est facile. Il faut y employer la raison,
le bon sens, la persévérance. Travaillons, Messieurs,
et dans deux ans, dans trois ans au plus, il ne restera
absolument que des épaves superficielles de l'empire,
et tous les rangs de la démocratie seront réconciliés.
(*Salve d'applaudissements et acclamations.*)

Donc ce que nous voulons dans la Chambre, comme
dans le pays, c'est la politique d'union, une politique
de concorde. Nous voulons poursuivre cette alliance
entre les amis de la démocratie et ceux à qui, pendant
trop longtemps, on a refusé leur part de lumières et
d'influence dans l'État. Nous voulons continuer dans le
pays et dans le Parlement cette politique de concorde,
cette politique d'entente commune, cette politique de
concentration des forces de tout le parti républicain
dans toutes ses nuances, car c'est aujourd'hui qu'il
faut faire nos preuves : preuves de bon sens et preuves
d'expérience politique. Quand on est aux prises avec
l'adversaire, quand on lutte pour conquérir la position qui vous est légitimement due, alors on peut se
livrer à tous les éclats de sa passion, à toutes les suggestions de son tempérament ou de son cœur; mais,
dès qu'on est vainqueur, la situation devient tout
autre; il faut se surveiller doublement, car, comme
le disait un ancien, il y a quelque chose de plus difficile à supporter que l'adversité, c'est la bonne fortune. Eh bien ! il faut que la démocratie apprenne à
supporter avec modération la bonne fortune, parce
que c'est le seul moyen de la mériter et de la garder.
(*Vifs applaudissements.*)

Donc, n'énervons pas, ne divisons pas, n'exaltons pas les forces du parti républicain. Concentrons-les, maintenons-les, et, sagement, simplement, sans phrases, sans éclat, sans précipitation, sans vouloir toucher à tout, au risque de tout mêler et tout confondre, faisons la même politique que dans le passé. Je ne veux pas dire qu'il faille abuser de ce qu'on a appelé les concessions. Point du tout. Mais ce que je dis, c'est qu'on ne saura jamais trop user et même abuser de circonspection, de prudence et d'esprit d'attente. Il y a plus de mérite et plus de profit souvent à attendre une solution pendant quelque temps qu'à la précipiter et à en risquer le succès. (*Très bien! — Bravos.*)

Pour me résumer, Messieurs, je dis qu'en ce qui touche le passé, — ce passé électoral encore si voisin de nous, — la politique qui est nettement indiquée est une politique anticléricale et que, pour demain, dans le Parlement, la politique qui est également indiquée est une politique de liberté comme ligne de conduite générale et une politique de conciliation et d'union entre tous les groupes de la grande démocratie française pour les progrès ultérieurs.

Nous accomplirons cette politique, j'en ai le ferme espoir, car je crois que, mieux que personne, j'ai été à même de suivre, pour ainsi dire arrondissement par arrondissement, ces admirables manifestations du suffrage universel et que, par conséquent, j'ai pu me rendre compte de la composition de la prochaine Assemblée. J'en connais le personnel, je sais quels sont les hommes, d'où ils viennent, où ils tendent. Je le dis devant mon pays, avec confiance et avec orgueil pour lui : La majorité républicaine qui est là, cette majorité qui va aller siéger à Versailles, est une majorité d'ordre et de progrès pacifique et, surtout et avant tout, une majorité dévouée aux conquêtes de l'esprit moderne. (*Applaudissements et bravos prolongés.*)

Eh bien, avec une pareille majorité nous allons traverser ces quatre ans dans un calme parfait, assurant
ainsi aux travailleurs des champs, de l'atelier, de l'u-
sine, aux hommes d'affaires, aux savants, aux artistes,
aux penseurs, ce qu'ils réclament avant tout, la tranquillité, et, après avoir passé ces quatre années, quand
nous aurons démenti les prédictions sinistres des
hurleurs à gages (*Bravos*); quand nous aurons établi
la consistance et la ferme union du parti républicain,
quand nous aurons montré à tous que cette sagesse
n'était pas une sagesse d'un jour, mais un ferme dessein que rien ne pourra ébranler ni faire fléchir, alors
la République française sera non seulement fondée
dans le pays, mais elle sera inébranlablement ancrée
dans les sympathies du monde. (*Applaudissements et
acclamations enthousiastes. — Cris répétés de : Vive la
République! Vive Gambetta!*)

Le lendemain, 29 février, un grand banquet réunissait
dans les salons de l'hôtel Collet, M. Gambetta, MM. Le Royer
et Edmond Adam, sénateurs; MM. Ordinaire, Millaud, Durand,
Andrieux, Varambon, députés du Rhône; M. Christophle,
conseiller général de la Drôme; MM. Terver, Million, Fal-
connet, Guyot, conseillers généraux; des conseillers
d'arrondissement; les membres du Conseil municipal de
Lyon; un grand nombre d'avocats du barreau lyonnais,
des professeurs des Facultés et lycées de Lyon, des membres des conseils des prud'hommes, des anciens conseillers municipaux, des représentants de la presse parisienne
et lyonnaise, des notabilités du monde commercial, in-
dustriel, financier, et un grand nombre de citoyens connus par leur dévouement à la cause républicaine, tous,
d'ailleurs, présents la veille à la grande réunion du quai
d'Albret.

Au dessert, MM. Chavanne et Terver portèrent les toasts
suivants :

M. LE DOCTEUR CHAVANNE, *président du Conseil municipal de
Lyon.* — Au nom de la démocratie républicaine de Lyon qui
est encore toute pénétrée de la grande parole qu'elle ap-

plaudissait hier, je porte un toast à notre hôte si sympathique, au grand patriote qui n'a pas désespéré du salut de la
France dans un moment terrible, au grand politique qui a
su préparer le triomphe que nous saluons aujourd'hui, à
l'illustre orateur, à M. Léon Gambetta ! (*Assentiment unanime
et bravos prolongés.*)

M. Terver, *président du Conseil général du Rhône.* — Permettez-moi, Messieurs, d'ajouter quelques paroles au toast
que vous venez d'entendre.

A mon tour, je désire porter un toast, au nom de la démocratie du département du Rhône, à l'éminent, à l'illustre
interprète des idées républicaines. C'est grâce à ses efforts
que les monarchistes n'ont pu voir se réaliser la désunion
dans la grande famille des campagnes et des villes; cette
désunion n'a pas eu lieu, et, grâce au courage et à l'éloquence de notre grand citoyen Gambetta, nous pouvons
aujourd'hui célébrer l'union à jamais indissoluble des campagnes et des villes. (*Très bien! très bien! — Applaudissements répétés.*)

M. Gambetta. — Messieurs et chers amis, en me
levant pour répondre aux paroles cordiales et frater-
nelles qu'on vient de m'adresser, au nom de la ville
de Lyon, au nom du département du Rhône, associant
ainsi, comme on le disait si bien, les populations rurales aux populations urbaines dans un pacte d'alliance entre toutes les fractions de la démocratie
française, — en me levant, dis-je, pour répondre à ces
paroles qui n'ont à mes yeux qu'un défaut, d'être trop
flatteuses pour l'homme, mais que j'accepte avec reconnaissance comme un encouragement pour l'avenir,
comme une récompense pour le passé, moi aussi, j'ai
un toast à porter et, en levant mon verre, je bois,
Messieurs, à la démocratie lyonnaise tout entière,
sans distinction de nuances et d'opinions, sans distinction vaine de personnes ni de sectes, dans la cité
et dans le département. (*Applaudissements.*)

Je bois aussi, au milieu de vous, Messieurs, au but
que je cherche à réaliser toujours, à la concentration

de toutes les forces du parti républicain, à leur unité
tous les jours plus intime, tous les jours plus nécessaire, car si, comme le rappelaient tout à l'heure mes
excellents et chers voisins, nous avons doublé le cap
des tempêtes, si nous avons franchi la passe semée
d'écueils, si le navire prend enfin la haute mer, voiles
déployées, nous n'en avons cependant pas fini avec
les vents et les tempêtes. Il faudra encore, pendant
bien longtemps, se surveiller rigoureusement soi-
même, examiner l'horizon, prendre la hauteur du
soleil, tenir compte de la mer; plus que jamais, le
navire porte la fortune de la République et les destinées de la patrie, plus que jamais il nous faut le faire
aborder vers le port majestueux qu'a désigné à nos
efforts la Révolution française; nous accomplirons la
traversée à force de vigilance, de concorde, de travail
et de patriotisme. (*Triple salve d'applaudissements. —
Acclamations enthousiastes.*)

Quand je parle ainsi, Messieurs, quand je bois à
l'union de toutes les fractions du parti républicain,
croyez bien que je ne prononce pas une vaine parole;
croyez, les uns et les autres, que, pour moi, l'union
n'est pas un stérile et banal rapprochement qui
consisterait à énerver le parti républicain ou à lui
soustraire son ardeur, son énergie ou sa force. Non !
c'est l'union féconde, volontaire, c'est l'union mère
des efforts sérieux et pratiques, c'est l'union agissante, c'est l'union pour marcher tous en avant sans
explosion, sans précipitation, sans désordre, mais
l'union pour marcher et non pas l'union pour station-
ner et marquer le pas. (*Bravos et acclamations prolongées.*)

Oui, Messieurs, j'ai la conviction qu'on ne mar-
chera qu'avec prudence, qu'on n'ira que d'une position
conquise à une position à conquérir, qu'on cheminera
sûrement sur cette route où les adversaires nous
attendent pour nous tendre tous les pièges, car au-

jourd'hui on va nous juger à l'œuvre. Hier, nous étions
vaincus, persécutés, diffamés. Nous en avons appelé
au pays, et le pays a répondu vous savez comment.
Mais il n'a pas répondu pour le vain plaisir de récom-
penser nos personnes ou d'exalter nos mérites : il a
répondu parce qu'il avait confiance en nous. Il s'agit
aujourd'hui de justifier cette confiance. (*Oui! — Très
bien! — Acclamations.*)

Eh bien, pour justifier la confiance de la France, il
faut que nous prenions les mœurs d'une démocratie
vraiment maîtresse d'elle-même avant d'être maîtresse
des autres, d'une démocratie capable de se gouverner
et de se régir pour imposer son régime et son gouvernement à tous. Aujourd'hui, plus que jamais, il faut
se mettre face à face avec les nécessités, avec les exigences de la situation. Nous ne sommes plus un parti
d'opposition, car le pays est avec nous, et on n'est
pas pour rien la majorité ; quand on est la majorité,
on est le droit, mais on ne le conserve qu'à la condition de le faire prévaloir sans faire appel à la force.
(*Vive et unanime adhésion. — Applaudissements prolongés.*)

Eh bien, Messieurs, c'est parce qu'en traversant le
pays, j'y rencontre, dans ces réunions et ces fréquen-
tations, les sympathies de tout le parti républicain,
que je rentre confiant à Paris, que j'y rentre animé
plus que jamais du désir de bien faire, plus désireux
que jamais de grouper, de réunir, de rallier toutes
les énergies, toutes les aptitudes, toutes les capacités
à la cause de ma patrie, dont je ne sépare pas la cause
de celle de la République, et je bois, Messieurs, avant
de nous séparer, au spectacle que vous avez donné à
la France depuis cinq ans ; oui, la France se souvient
de votre patience, de votre abnégation, de tous les
sacrifices que vous avez faits aux nécessités de la discipline. Eh bien, Messieurs, ce que vous avez fait vaincus, je vous demande de le faire vainqueurs. (*Applau-*

*dissements unanimes et bravos enthousiastes.— Cris répé-
tés de : Vive la République! Vive Gambetta!)*

Le lendemain matin, plus de deux mille personnes accompagnaient M. Gambetta à la gare de Perrache aux cris
répétés de : *Vive la République! Vive Gambetta!*

DISCOURS

Prononcé le 12 mars 1876

A LA RÉUNION PLÉNIÈRE DES GROUPES DE GAUCHE DU SÉNAT ET DE LA CHAMBRE DES DÉPUTÉS

A PARIS

Les trois grandes manifestations nationales du 30 janvier, du 20 février et du 5 mars, imposaient au président de la République et aux deux Chambres des devoirs nettement déterminés. Le président de la République devait appeler aux affaires un cabinet nettement, résolument, persévéramment républicain. Les majorités républicaines du Sénat et de la Chambre des députés devaient renoncer aux anciennes divisions de l'Assemblée nationale et former, pour la direction ferme et régulière de la République, une seule réunion plénière de cinq cents membres. — Malheureusement, ni le président de la République, ni les nouvelles majorités des deux Chambres ne surent comprendre ainsi les devoirs qui leur étaient imposés par le suffrage universel. Le maréchal de Mac-Mahon refusa de constituer un cabinet véritablement parlementaire. Les sénateurs et députés républicains commirent une faute plus grave encore par ses conséquences : après avoir reconnu pendant quelques jours que l'union la plus étroite des nouveaux élus pouvait seule assurer l'application sincère de la Constitution du 25 février et empêcher un retour offensif de la part des hommes de l'ordre moral, ils revinrent, malgré les efforts de M. Gambetta, aux funestes errements de l'ancienne Assemblée.

C'était M. Gambetta et ses amis politiques les plus directs, M. Challemel-Lacour, M. Spuller, M. Paul Bert, M. Henri Brisson, M. Lepère, qui s'étaient faits, dès le 20 février, les promoteurs de la fusion des groupes républicains. Soutenus principalement par les nouveaux élus, ils démontraient

contre MM. Jules Simon, Albert Grévy, Jules Ferry et
Leblond, qu'il était impossible de ne pas marquer par un
acte éclatant ce fait si considérable et si longtemps attendu
de l'adoption de la République par la grande majorité de la
nation, et que ce fait ne pouvait être que l'union de toute
la majorité républicaine. Le pays serait froissé de voir ses
représentants se séparer dès le début et se répartir en différents groupes dont les manifestations isolées seraient
sans autorité. En dehors de l'union de tous les représentants républicains, comment imposer au maréchal de Mac-
Mahon un ministère franchement parlementaire et comment
maintenir ce ministère dans la voie des réformes nécessaires? « Il faut, disait M. Gambetta, que chacun de nous
puisse parler au nom de la majorité tout entière, d'une
majorité qui n'est pas seulement celle des Assemblées,
mais qui est aussi celle de la nation. »

Ces raisons si hautes et si généreuses commencèrent par
produire une impression profonde. La plupart des nouveaux
députés étaient encore tout imprégnés de la volonté et des
aspirations du suffrage universel; ils étaient encore étrangers aux mesquines passions et aux injurieuses défiances
de quelques parlementaires plus anciens : ils se rangèrent
à l'avis de M. Gambetta. Le 7 mars, plus de trois cents députés et sénateurs présents à Versailles se réunissaient à
Versailles en Assemblée plénière pour voter à l'unanimité,
sur la proposition de M. Gambetta et de M. Henri Brisson,
la déclaration suivante :

« Des sénateurs et députés républicains se sont réunis
aujourd'hui, 7 mars, à l'hôtel des Réservoirs.

« Préoccupés de la question ministérielle qui intéresse si
justement le pays,

« La réunion, composée maintenant des membres formant la majorité républicaine des deux Assemblées,

« Déclare que l'appui de cette majorité ne sera acquis
qu'à un cabinet homogène, résolu à administrer le pays
dans un sens fermement républicain, conformément à l'esprit de la Constitution et à la volonté de la nation.

« Versailles, le 7 mars 1876.

« *Signé* : V. Schœlcher, président d'âge,
Marcellin Pellet, secrétaire d'âge.

Le lendemain, 8 mars, le duc d'Audiffret-Pasquier, président de l'Assemblée nationale, transmettait au Sénat, représenté par son président d'âge, M. Gaulthier de Rumilly, à la Chambre des députés, représentée par M. F.-V. Raspail, et au pouvoir exécutif, représenté par M. Dufaure, « les pouvoirs souverains dont la nation avait investi l'Assemblée élue le 5 février ». Le Sénat et la Chambre des députés entamèrent aussitôt la vérification des pouvoirs de leurs membres. Le 10 mars, le *Journal officiel* publiait une série de décrets qui reconstituaient le cabinet. M. Dufaure gardait le portefeuille de la justice et prenait la présidence du conseil; MM. Decazes, Léon Say et le général de Cissey gardaient les portefeuilles des affaires étrangères, des finances et de la guerre; M. Ricard était nommé ministre de l'intérieur; MM. Wallon, de Meaux, Caillaux et Dompierre d'Hornoy étaient remplacés à l'instruction publique, au commerce, aux travaux publics et à la marine par MM. Waddington, Teisserenc de Bort, Christophle et Fourichon. M. de Marcère devenait sous-secrétaire d'État au ministère de l'Intérieur. M. Félix Voisin restait préfet de police, en remplacement de M. Léon Renault.

La constitution du ministère du 9 mars causa sur tous les bancs de la gauche un vif mécontentement. « Ce cabinet, disait justement la *République française*, c'est un cabinet du centre gauche de l'ancienne Assemblée. On aurait pu comprendre qu'il présidât aux élections, alors que, la République n'étant pas acceptée par l'Assemblée, il y avait lieu de ne point trop heurter les sentiments déjà connus du pays. Mais la France a parlé, et d'une manière assez précise et claire pour être entendue. Cette République, dont on ne voulait pas, elle l'a proclamée. Elle a fait mieux : elle a voulu que la République, qu'elle veut comme forme de gouvernement de la démocratie, soit remise entre les mains des républicains. Or, la combinaison actuelle est aussi étroite que les bases offertes par la déclaration du 7 mars étaient étendues. Ce n'est pas là un ministère de majorité, c'est un ministère de coterie. » Les sentiments exprimés par cet article étaient partagés par un grand nombre de députés du centre gauche. M. Thiers déclarait à qui voulait l'entendre que le maintien du duc Decazes au ministère des affaires étrangères était un scandale. D'autre part, si

M. Ricard avait accepté le ministère de l'intérieur refusé par M. Casimir Perier, c'était évidemment que M. Ricard s'était montré moins ferme et moins consciencieux que M. Casimir Perier sur la question capitale de l'épuration du personnel. Du reste, M. Ricard ne siégeait ni au Sénat ni à la Chambre. Battu par les bonapartistes dans les Deux-Sèvres, il attendait le fauteuil de sénateur inamovible que la mort de M. de la Rochette avait laissé vide, et, si la nomination était légale, elle n'était pas parlementaire.

Le 12 mars, les députés et sénateurs formant la majorité républicaine se réunissaient pour la seconde fois en assemblée plénière sous la présidence de M. Crémieux, et M. Gambetta, répondant à MM. Devès, Lepère, Margaine, Viette, Fourcand et Henri Brisson, prononçait le discours suivant :

Messieurs, je demande la permission de présenter quelques réflexions sur le débat qui est engagé devant vous, sur la nature des propositions qui vous sont soumises, ainsi que sur le caractère bien précis qu'il me paraît opportun de donner à la réunion plénière devant laquelle j'ai l'honneur de parler.

Tout d'abord, il faut se dépouiller de deux préventions également dangereuses : la prévention pessimiste et la prévention optimiste. Il est certain, et personne ne l'a proposé — pas même l'honorable M. Viette, que sa parole d'ailleurs très chaude et très remarquable a peut-être un peu desservi, — il est certain que personne n'a proposé un vote de défiance contre le cabinet ; personne n'a pu avoir cette pensée avant que le cabinet eût démérité par ses actes, et ce n'est pas la réunion d'aujourd'hui, composée de gens fermes, éclairés et avisés, qui pourrait ratifier une pareille résolution. (*Très bien ! très bien !*) Écartons donc cette appréhension de l'honorable M. Margaine, appréhension qui ne repose sur rien, à savoir que nous pourrions faire ici un acte de défiance contre le nouveau cabinet avant qu'il se soit expliqué.

Mais, s'il est vrai qu'il n'y ait pas lieu de se livrer à cette extrémité, il y a une autre extrémité que je trouve tout aussi périlleuse. C'est, étant la majorité qui vient de sortir des urnes du pays, la majorité investie d'une redoutable responsabilité, que nous puissions, en face d'actes politiques aussi graves et parfois aussi incorrects que ceux auxquels nous assistons depuis trois jours, — c'est que nous puissions garder, étant cette majorité, une attitude muette, passive. En présence de ces actes, il faut nous exprimer sans impatience, sans témérité, sans jactance ; il faut que le pays sache, — ainsi que le cabinet, — ce que nous pensons sur les évènements qui se sont accomplis et quelle sera notre attitude.

Car nous avons un devoir. Il consiste à éclairer tous les jours le pays, à le tenir au courant de nos pensées, de nos travaux, de nos résolutions. Or, il ne faut pas qu'il y ait ni temps d'arrêt, ni obscurités, car, ne l'oubliez pas, Messieurs, le pays est encore livré tout entier au système qui nous a été légué par l'administration de combat et d'ordre moral, et je vous étonnerais bien si je vous lisais la série de fausses nouvelles, de calomnies et de diatribes que l'on fait circuler sous le couvert de l'administration pour arriver à susciter dans le pays un mouvement de frayeur et de recul qui affaiblirait la portée des votes mémorables des 20 février et 5 mars. Il n'en est pas moins vrai que c'est sous le couvert des agents de l'administration, — d'agents qui la desservent, — que circulent tous ces faux bruits. Je le dis non pas pour attaquer le ministère. J'estime qu'il n'y a pas à l'attaquer, puisqu'il n'a pas agi ; mais je dis qu'il est grave pour lui de n'avoir pas encore agi. En effet, après le verdict décisif, solennel que vient de rendre la France, il est étrange que pas un fonctionnaire, de quelque ordre qu'il soit, n'ait été ni atteint, ni touché, ni menacé (*Très bien! très bien!*), et qu'il ne se soit pas trouvé un ministre, un seul chef de service pour faire un exemple... (*Très bien! — Bravos.*)

Comment! pendant cinq ans nous avons eu à subir une administration composée, recrutée, triée, dirigée par tous nos adversaires réunis qui ont traité ce pays comme une sorte de captif, de prisonnier; il n'y a pas une branche de l'économie administrative ou judiciaire, qui n'ait été systématiquement abandonnée à de véritables agents de désordre et de compression, lesquels prenaient pour mot d'ordre qu'ils sauraient bien faire marcher la France. Et cette administration est descendue dans la lutte électorale, et, pendant trois mois, dans les élections des sénateurs, dans les élections des députés, dans les scrutins de ballottage, cette armée entière de fonctionnaires, prenant parti contre les institutions existantes, contre les hommes qui s'y ralliaient, contre ceux qui les avaient fondées, a livré les populations à la crise et à l'effarement en cherchant à les exciter contre le régime établi par l'Assemblée nationale. (*Oui! — C'est cela! — Bravos.*) Ces fonctionnaires se sont jetés à corps perdu dans la lutte électorale; plus avisés que ceux qui les guidaient, ils comprenaient qu'ils combattaient pour eux-mêmes; pour eux, le vrai péril social, c'est la défense de leurs places. Et, à travers le quadruple réseau dans lequel on l'avait enlacée, la France a filtré sa pensée. Et, chose étonnante et merveilleuse, chose aussi décisive qu'éclatante, il ne s'est trouvé aucun point du pays qui ne ratifiât le sentiment de la nation. (*Vifs applaudissements.*)

Je ne demande pas mieux que d'attendre les actes du cabinet; mais, ce cabinet étant composé d'hommes de l'ancienne administration, je trouve grave qu'à ces hommes se soient ralliés ceux de la nouvelle administration. Cette appréciation est-elle inspirée par un manque de satisfaction personnelle? Non. Nous ne recherchons que des satisfactions de justice et de moralité publique. (*Très bien! très bien! — Bravos.*)

Eh bien, ces préfets qu'on connaît, que tout le monde désigne, ces préfets qu'on n'oserait pas défendre dans un débat public, ils sont là, menaçant, raillant, disant qu'on saura bien mettre la nouvelle majorité à la raison. Or, Messieurs, je dis que cette situation impose, — je ne veux pas employer un mot qui serait mal interprété, — la plus grande réserve au parti républicain. (*Oui! — Très bien! — Applaudissements.*) Car je maintiens que cette situation n'est pas faite pour inspirer une confiance bien étendue, une confiance illimitée.

Ce que je reproche à ceux qui ont créé cette situation, c'est de n'avoir pas compris le pays, c'est de n'avoir pas été à lui quand il était le plus sage et le plus réservé dans ses exigences immédiates ; c'est de n'avoir pas fait un cabinet qui fût un reflet de l'opinion publique. Et l'on sait quels hommes, quels conservateurs on a éloignés : il n'en est pas de plus considérables ; on sait aussi quelle tâche ils avaient entreprise ! Eh bien ! c'est une raison encore d'être très réservés quand on voit que les conditions de M. Casimir Perier ont été refusées et qu'il lui a été trouvé des successeurs. C'est là une seconde raison de réserve. Il y en a d'autres encore.

C'est pourquoi, Messieurs, je regarde comme urgent que notre réunion ne soit pas stérile. Je n'ai rien à dire contre la personne des ministres qui font partie du nouveau cabinet. Je ne me plains pas des ministres qui entrent, je me plains de ceux qui ne sortent pas. (*Rires et marques d'approbation.*)

Il y a des ministres que je suis bien obligé d'examiner dans leur passé, non pas publiquement, car on pourrait m'accuser de prononcer un réquisitoire. (*Nouveaux rires.*) Mais je dis que leur passé n'est pas une suffisante garantie pour l'avenir, et alors je conclus : Pas de défiance, mais pas de confiance.

Il faut donc marquer ici cette attitude de réserve
du parti républicain. Il ne faut pas que les ministres
s'imaginent que, parce qu'on ne les attaque pas, que,
parce qu'on les attend à l'œuvre, leur œuvre sera
facile, commode, qu'on pourra nous diviser, nous
séparer et faire appel à ceux qu'on dit les plus ardents
pour les éloigner de ceux qu'on a appelés les plus
modérés, et former ainsi une majorité chancelante
et, surtout, obéissante. (*Applaudissements.*)

C'est pour cela que ces réunions plénières, unanimes, sont nécessaires. Elles sont nécessaires pour
savoir que, tant qu'on n'aura pas donné une satisfaction réelle au sentiment public dans la composition
de l'administration générale de l'État, nous ne con-
stituerons qu'un seul groupe républicain, que nous
resterons tous associés, tous unis, et que nous ne
nous diviserons, — si ce jour doit venir, — qu'après
avoir assuré le respect et l'autorité de la République.
(*Vifs applaudissements.*)

Pour conclure, je demande que l'assemblée ici
réunie décide qu'elle ne fait que traduire l'opinion de
toutes les populations sans exception, urbaines ou
rurales, en déclarant qu'il n'y a plus que conditions
de désordre et d'insécurité dans un pays quand le
gouvernement y est entravé dans sa marche par ses
fontionnaires. (*C'est cela ! — Bravos.*)

Oui, Messieurs, je voudrais que chacun de vous se
levant, ici, nous dise, d'une parole rapide, quel est
l'état de son département, à quels sévices il est soumis,
ce qui se passe au chef-lieu, au canton, à la commune, et nous mette au courant des abus de pouvoir,
de favoritisme ou de polémique de la part des agents
de l'administration de combat qui ont survécu à leur
triple déroute. Voilà ce qu'il est nécessaire de faire.
Levez-vous donc, les uns après les autres, et, en quelques paroles, dites-nous ce qui se passe dans vos
pays, dites-nous s'il est un département, en France,

qui ne puisse révéler un scandale, un véritable état d'anarchie, et si nous ne sommes pas fondés à dire au gouvernement : Agissez, agissez vite! Il ne s'agit pas seulement que le cabinet, — comme le disait l'honorable M. Margaine, — fasse un acte blâmable, — il ne manquerait plus qu'il fît un acte blâmable! — il doit faire des actes de réparation, parce que la France souffre, parce qu'elle a parlé, et, quand la France a parlé, je ne reconnais pas de droit qui puisse entrer en lutte avec elle. Car qui donc est plus sage que la France? Qui donc a l'autorité suffisante, quand la France a dit : « Il est temps », pour lui répondre : « Il n'est pas encore temps » ? Qui donc a reçu le mandat, l'autorité de dire à la France : « Si vous ne voulez pas marcher comme je veux, je vous forcerai bien à attendre? »

En tenant ce langage devant vous, Messieurs, je ne crois pas sortir de la modération ni de la sagesse politique. Vous ne me rencontrerez jamais associé à des mesures intempestives ou chimériques. Je ne veux réaliser que le réalisable ; mais, je le dis, s'il est encore des gens qui veulent arrêter l'élan de la France, ce ne sont pas là des conservateurs, ce sont les pires des révolutionnaires. (*Très bien! très bien!* — *Vifs applaudissements.*)

A la suite de ce discours et après les quelques observations présentées par MM. Testelin et Billot, sénateurs, Boysset, Louis Legrand, Rouvier, Langlois, Albert Joly et Laussedat, députés, l'Assemblée plénière des gauches adopte à la presque unanimité de trois cents et quelques membres la résolution suivante :

« La réunion, composée des sénateurs et députés formant la majorité républicaine, et convaincue qu'elle exprime la volonté du pays,

« Déclare :

« Qu'elle persévère dans la résolution précédemment prise.

« Dans l'espoir que le cabinet se rend compte des nécessités de la situation, elle attend de lui la substitution d'administrateurs fermement républicains aux divers fonctionnaires qui ont jusqu'ici combattu le régime présentement établi par la volonté nationale. »

Le vote de cette résolution par une assemblée qui comprenait les deux tiers de la majorité, produisit sur l'opinion publique républicaine une impression profonde et décida le cabinet du 9 mars de faire résolument un pas en avant. Dès le surlendemain (14 mars), M. Dufaure, au Sénat, et M. Decazes, à la Chambre, donnèrent lecture d'une déclaration dont la netteté inattendue avait été déterminée, selon toute évidence, par l'attitude imposante de la majorité républicaine réunie en assemblée plénière.

La déclaration ministérielle était ainsi conçue :

« Messieurs, choisis par le président de la République pour exercer en son nom les pouvoirs que la Constitution lui confère, nous avons attendu votre organisation définitive pour entrer en communication avec vous.

« Au milieu de notre nation calme et laborieuse, un grand évènement vient de s'accomplir.

« Le Gouvernement républicain était fondé avec les garanties de force et de durée que donnent des lois constitutionnelles ; le président de la République était nommé, ses devoirs et ses droits étaient définitifs ; mais les deux grandes Assemblées, qui forment avec lui l'ensemble des pouvoirs publics, manquaient encore à notre organisation politique.

« Expression de la souveraineté nationale, le suffrage universel, sous des formes et dans des conditions diverses, mais toujours avec une égale autorité, a sanctionné par ses votes, comme par les déclarations de principes des candidats préférés, les grands résultats constitutionnels qu'après cinq années de patriotiques efforts la dernière Assemblée a laissés après elle. Le pouvoir ne peut avoir une plus haute origine dans nos sociétés humaines, et il nous est permis de vous dire que jamais Gouvernement ne fut plus légitimement établi.

« Dans sa proclamation du 13 janvier, M. le président de la République traçait ainsi le programme des travaux que nous aurions à accomplir avec vous :

« Nous devrons appliquer ensemble avec sincérité les lois

constitutionnelles dont j'ai seul le droit, jusqu'en 1880, de provoquer la révision. Après tant d'agitation, de déchirements et de malheurs, le repos est nécessaire à notre pays, et je pense que nos institutions ne doivent pas être revisées avant d'avoir été loyalement pratiquées.

« Ces sages paroles, Messieurs les députés, seront notre règle constante. De la pratique loyale des lois constitutionnelles dépendent le repos, la grandeur, l'avenir de notre pays.

« Nous serons fidèles à l'esprit à la fois libéral et conservateur qui les anime, dans les rapports que nous aurons avec vous dans la préparation des lois que nous vous présenterons, dans chacun de nos actes, et nous exigerons que nos subordonnés à tous les degrés y soient fidèles comme nous.

« Nous ne saurions en effet admettre que le Gouvernement trouve des détracteurs parmi les agents qui ont mission de le servir.

« Rapprochés des populations, ils peuvent leur faire comprendre et apprécier le régime sous lequel elles vivent ; ils seconderont nos vues en leur disant que la République, telle qu'elle est sortie des votes de l'Assemblée nationale, donne au pouvoir sa plus grande force parce qu'il est exercé au nom et dans l'intérêt de tous, qu'elle a besoin plus que toute autre forme de gouvernement de s'appuyer sur les saintes lois de la religion, de la morale et de la famille, sur la propriété inviolable et respectée, sur le travail encouragé et honoré, et qu'enfin elle répugnera à ces aventures guerrières dans lesquelles les gouvernements ont trop souvent engagé l'honneur et la fortune des nations.

« Nous vous exposerons l'état du pays avec les détails convenables, en vous présentant les lois sur lesquelles nous comptons appeler vos délibérations.

« La loi de finances pour 1877 vous sera apportée sans retard : elle contiendra un tableau détaillé et complet de notre situation financière. Qu'il nous suffise de vous dire que le budget vous sera présenté en équilibre, sous une forme très simple, sans aggravation de taxes, sans demander aucun sacrifice nouveau aux contribuables, tout en assurant, dans les termes des traités passés avec la Banque de France, le remboursement de la dette que l'État a contractée vis-à-vis de ce grand établissement.

« Nos relations avec les puissances étrangères n'ont rien perdu de leur caractère amical et pacifique.

« La France s'est associée aux efforts tentés pour apaiser les troubles qui agitent les provinces occidentales de la Turquie d'Europe, et nous conservons l'espoir que l'accord des grandes puissances, affirmant ensemble le respect des traités et leur attachement pour la paix, portera ses fruits.

« Aucune puissance n'a plus souffert que nous de la guerre civile qui désolait l'Espagne; aucune ne pouvait en envisager la fin avec une satisfaction plus vive et plus sincère.

« Cet apaisement des esprits aux deux extrémités de l'Europe, cet ardent désir de paix, dont tous les peuples comme tous les gouvernements se montrent animés, favoriseront les négociations commerciales auxquelles le Gouvernement se prépare.

« L'expiration très prochaine des traités de commerce et de navigation qui nous lient aux autres puissances, appelle les pouvoirs publics à fixer de nouveau le régime économique auquel seront désormais soumises nos relations commerciales avec l'étranger.

« Cette question si grave pour la préservation du travail national et le développement de la richesse publique, commande toute notre sollicitude.

« Nous nous appliquerons à la résoudre de concert avec vous, en nous efforçant d'épargner à nos industries les perturbations inséparables des remaniements des tarifs, et en persévérant dans la politique de sage liberté commerciale, sous l'égide de laquelle nos transactions avec l'étranger ont pris une si large et si féconde expansion.

« La reconstitution de notre état militaire s'opère peu à peu, conformément aux principes adoptés par l'Assemblée nationale, et dans la mesure des ressources disponibles du Trésor. Vous aurez à déterminer les règles qui doivent être appliquées à l'administration de l'armée et au service d'état-major. Des projets de loi spéciaux, qui n'ont pas pu être examinés par la dernière Assemblée, seront soumis à vos délibérations.

« Les réductions que le budget de la marine a dû subir à la suite de la guerre ont eu pour résultat inévitable d'amener dans le matériel de la flotte et dans les approvisionnements des arsenaux une dépréciation et un appauvrissement qui ne sauraient se prolonger sans péril.

« D'un autre côté, les transformations successives des constructions navales ont déterminé toutes les puissances maritimes à s'imposer des charges nouvelles. La France est obligée d'entrer, à son tour, dans cette voie et d'y marcher avec autant de résolution que de prudence. Déjà le budget de 1877 tient compte de ces nécessités si vivement senties.

« Le gouvernement s'efforcera à l'avenir, comme par le passé, de donner une sage impulsion à l'exécution des travaux publics. Il pressera l'exécution des lois que l'Assemblée nationale a votées avant de se séparer.

« Deux questions ont pris dans ces derniers temps, vous le savez, un caractère politique : l'une concerne la collation des grades dans l'enseignement supérieur ; l'autre tient à la composition des municipalités. Nous vous en proposerons la solution, en cherchant à concilier d'importantes libertés, justement réclamées, avec les droits de l'État et les prérogatives nécessaires du pouvoir exécutif.

« Nous n'abordons pas sans émotion, Messieurs les députés, cette première session de la République constitutionnelle.

« Nous prévoyons les difficultés qu'elle peut nous offrir ; nous osons espérer qu'elles seront aplanies par votre confiance dans la haute et loyale sagesse du Président, par l'accord constant des deux Chambres et par notre désir commun et passionné de voir la France se relever et grandir par la liberté. »

Cette déclaration, si franchement républicaine et libérale dans son ensemble, fut accueillie par l'opinion publique avec une vive satisfaction. Elle était le premier résultat, le plus direct et le plus immédiat, de l'union des gauches. Il était manifeste en effet que, sans l'impression considérable produite par l'assemblée plénière du 12 mars, ni le duc Decazes ni le général de Cissey n'eussent consenti au programme de la déclaration, et que le président de la République l'eût obstinément repoussé. Cette résistance était un jeu parlementaire tout indiqué et des plus aisés. A supposer les gauches du Sénat et de la Chambre divisées dès l'origine en réunions distinctes, les membres réactionnaires du cabinet pouvaient évidemment alléguer que la volonté du pays n'apparaissait nulle part d'une manière claire et précise, et qu'une cote mal taillée entre les résolutions des différents groupes ne prouvait pas grand'chose. Dans ces conditions, le cabinet aurait temporisé, la majorité se serait irritée, et il en serait résulté à la première occasion une crise ministérielle que la réaction n'eût pas manqué d'exploiter comme une preuve éclatante de l'instabilité des institutions républicaines et de l'impéritie de la majorité. Au lendemain de la déclaration du 14 mars, il semblait donc impossible qu'un esprit libre et de bonne foi ne reconnût pas la nécessité impérieuse d'une union de plus en plus étroite entre les gauches. Ce fut pourtant le lendemain même de cette déclaration qui fut choisi pour revenir à la division du parti républicain en une demi-douzaine de groupes.

Nous n'avons pas à raconter ici à la suite de quelles manœuvres, de quelles intrigues et de quelles misérables défiances, les nouveaux députés qui avaient été les premiers à accepter la politique d'union préconisée par les amis de M. Gambetta se laissèrent finalement, non sans résistance, séduire par *d'autres*. Il se trouva même tout un ancien groupe, celui de l'Union républicaine, qui tint bon pour l'honneur de la démocratie, même après la défection de la gauche et du centre gauche. Le 24 mars, alors que la gauche républicaine de la Chambre s'était déjà reconstituée sous la présidence de M. Jules Ferry et que le centre gauche s'était reformé avec M. Paul Bethmont, plus de soixante-dix députés ayant appartenu à l'Union républicaine de l'Assemblée nationale, refusèrent de s'organiser en groupe séparé. Réunis à Versailles, dans le local du 0ᵉ bureau, ils tinrent, sous la présidence de M. Lepère, la délibération suivante, que nous reproduisons d'après la *République française* :

« Dès l'ouverture de la séance, une courte discussion s'est engagée à laquelle ont pris part MM. Lepère, Boysset, Brelay, sur la question de savoir s'il convenait de procéder immédiatement à la constitution d'un bureau. M. Gambetta a pris la parole alors et s'est exprimé à peu près en ces termes :
« Messieurs, il me paraît que dans les circonstances actuelles plusieurs considérations doivent se présenter à notre esprit. La première, c'est que l'hésitation que nous mettons à nous constituer en réunion distincte, prouve que notre sentiment commun est avant tout favorable à la constitution d'un grand parti républicain dans la Chambre. Le présent et l'avenir démontreront, soyez-en certains, quelle faute on a commise

en morcelant, en divisant la majorité républicaine. Je considère qu'on a ainsi méconnu la volonté du pays. En constituant un centre gauche et une gauche, on a voulu sans doute vous contraindre à constituer une extrême gauche et vous faire perdre ainsi une grande partie de votre force. On voudra ensuite diviser cette extrême gauche. Si nous ne nous constituons pas en groupe distinct, nous n'en serons pas moins forts dans la Chambre. Je crois que nous devons garder notre liberté d'action jusqu'à ce qu'il apparaisse au reste de la Chambre qu'il faut revenir à la vérité en constituant une majorité républicaine compacte et décidée à faire sentir sa puissance au gouvernement. »

« M. Laussedat, prenant la parole ensuite, a déclaré que l'opinion émise par M. Gambetta est celle qu'il a déjà lui-même exprimée et défendue. Il est d'avis, lui aussi, qu'il ne faut pas constituer un groupe distinct, et que chacun doit parler et agir comme membre de la majorité républicaine que le pays a envoyée à la Chambre.

« M. Martin Nadaud présente quelques objections contre l'opinion qui vient d'être émise par les précédents orateurs. Selon lui, on a tout à gagner à s'organiser, bien qu'il regrette qu'on n'ait pu maintenir une grande majorité républicaine sans fractionnement.

« M. Gent déclare qu'actuellement il vaut mieux ne pas se constituer en groupe. Ainsi faisant, on rendra possible dans l'avenir l'union générale si désirable. La réflexion viendra, et les députés, après avoir revu leurs électeurs, comprendront mieux leurs devoirs.

« M. Boysset appuie la création d'un groupe distinct, puisque deux autres groupes se sont déjà formés.

« M. Georges Perin était partisan des délibérations générales de toute la majorité républicaine. Mais, puisque les tentatives faites dans ce sens ont été infructueuses, il ne faut pas constituer un groupe distinct, car ce serait abandonner une idée juste et à laquelle on reviendra ou que du moins beaucoup de nos collègues adopteront.

« M. Escarguel est d'avis au contraire qu'il faut organiser un groupe de l'Union républicaine.

« M. Spuller dit que la question doit être envisagée au point de vue de la politique générale et du sentiment du pays. Le pays, qui a approuvé la politique suivie par les groupes républicains de l'ancienne Assemblée, pense cependant, et avec raison, que le parti qui est aujourd'hui la majorité doit suivre une méthode qui ne soit pas celle qu'il a suivie quand il était la minorité. Il ne faut donc pas se parquer dans les anciens cadres et des subdivisions aujourd'hui sans objet.

« M. Viette n'est pas non plus pour la constitution d'un groupe distinct.

« M. Gambetta dit que le parti de la résistance a certainement pour but de se créer une majorité avec ce qui reste de l'ancien centre droit et les groupes de gauche qu'il parviendrait à diviser. On vous réduirait, ajoute-t-il, ainsi à l'état de minorité. Vous ne laisserez pas réussir un pareil dessein. On veut organiser dans le Sénat et la Chambre une sorte de jeu alternatif entre le centre droit et le centre gauche, et séparer par ce moyen les républicains et ceux qu'on appelle les radicaux. Si vous vous constituez en groupe distinct, vous opérez précisément vous-mêmes sur l'échiquier politique la diversion désirée par nos adversaires. Donc, restons fidèles à notre première pensée et gardons-nous qu'on nous accuse d'avoir prêté les mains à la sécession de la majorité républicaine.

« M. Codet adhère aux idées exprimées par M. Gambetta.

« M. Turquet dit que les députés, au moment de la session prochaine des conseils généraux, se convaincront de la réprobation que soulève parmi les électeurs la division qu'on essaie d'introduire dans la majorité, et qu'alors, au retour de l'Assemblée, il sera possible de réunir en un seul faisceau la grande majorité républicaine.

« Enfin, à l'unanimité, la réunion décide qu'une déclaration conforme aux idées qui viennent d'être émises sera publiée. La rédaction en est confiée à M. Spuller. Elle est soumise à la réunion et elle est adoptée à l'unanimité. Voici le texte de cette déclaration :

« Un grand nombre de députés républicains, appartenant à la majorité constituée par le suffrage universel dans les élections des 20 février et 5 mars, et s'étant réunis le 22 mars dans le local de la 9e commission ;

« Après avoir examiné la situation politique dans la Chambre et dans le pays ;

« Convaincus que l'unité et la cohésion de la majorité ré-

publicaine restent le grand intérêt comme la volonté de la
démocratie;

« Déclarent, après délibération, qu'il n'y a pas lieu de
constituer de groupes. »

Il fallut le coup d'État parlementaire du 16 mai pour que
les gauches se réunissent de nouveau, mais un peu tard,
en assemblée plénière. Mais ce coup d'État, qui devait troubler et agiter le pays pendant six mois, il était la conséquence directe de l'abandon de la politique d'union. Réunies
en faisceau, les forces démocratiques défiaient toute conspiration bonapartiste ou cléricale. Séparées, elles étaient une
invite à l'ordre moral de recommencer. Et, en effet, dès que
les hommes du 24 mai eurent bien constaté la pusillani-
mité du Sénat ou le manque de direction de la Chambre,
ils rentrèrent en scène. L'histoire parlementaire dira que
les suites de l'abandon de la politique d'union ont été in-
calculables pour le pays et pour la République.

Le Sénat et la Chambre avaient constitué définitivement
leurs bureaux dans les séances du 13 et du 14 mars.

Le bureau du Sénat fut ainsi composé : M. le duc d'Audiffret-Pasquier, président, MM. Martel, Duclerc, Ladmirault,
Audren de Kerdrel, vice-présidents, MM. de Saint-Vallier,
Scheurer-Kestner, Lacave-Laplagne, de Rainneville, Vandier
et de Colombet, secrétaires, Baze, Toupet des Vignes et
d'Aurelle de Paladines, questeurs.

A la Chambre des députés, M. Grévy fut nommé président
à l'unanimité des suffrages exprimés (462 sur 468 votants).
MM. de Durfort de Civrac, Paul Bethmont, Rameau et Lepère
furent élus vice-présidents par 378, 349, 339 et 335 voix sur
429 votants. MM. Gailly, le colonel Denfert et Faye, questeurs,
MM. Lamy, Chiris, Sadi Carnot, Savary, Rouvier, le prince
de Léon, Clémenceau et le duc d'Harcourt secrétaires.

Le nombre des secrétaires de la Chambre des députés
avait été porté de six à huit sur la proposition de M. Gambetta, qui s'était exprimé dans ces termes au début de la
séance du 13 mars :

M. Gambetta. — Messieurs, je viens demander à la
Chambre de vouloir bien revenir sur une décision

qu'elle a prise dans une des séances précédentes, relativement à la constitution de son bureau. L'observation que je désire lui soumettre est relative à cette partie du bureau que constituent les secrétaires.

Conformément aux précédents et au règlement, provisoirement maintenu, de l'ancienne Assemblée, on a fixé à six le nombre des secrétaires à élire. Eh bien, je regrette que la discussion qui a eu lieu à ce sujet ait été si rapide qu'elle ne nous ait permis, ni aux uns, ni aux autres, sans acception de parti, de faire valoir les raisons d'impartialité et de représentation proportionnelle des minorités qui eussent, je crois, modifié la résolution de la Chambre et fait porter de six à huit le nombre des secrétaires.

Aucune difficulté de procédure ne s'oppose à ce qu'on revienne sur la résolution précédemment prise à ce sujet; puisqu'il s'agit de votre règlement intérieur, de votre législation particulière, vous pouvez, par un simple vote, modifier cette résolution.

Les motifs qui nous font présenter à la Chambre la proposition que je lui soumets éclatent suffisamment à tous les yeux, et je ne crois pas avoir besoin d'insister à cet égard. Il est nécessaire que les votes, que les difficultés de procédure parlementaire qui sont décidées par le bureau, soient jugées, soient résolues avec une autorité suffisante pour s'imposer à tous les partis dans la Chambre et au dehors.

En conséquence, si la Chambre estimait qu'il y a lieu de revenir sur sa première décision et de fixer à huit le nombre des secrétaires, une part serait réservée à toutes les minorités dans cette enceinte. (*Très bien!*)

Il ne faudrait pas prendre très au sérieux une objection matérielle que j'ai entendu faire, à savoir que le chiffre huit ne cadrerait pas suffisamment avec l'installation matérielle du bureau. Les secrétaires ne siégeraient pas tous en même temps, ils pourraient établir entre eux un roulement... (*Oui! oui! C'est cela!*) ce qui n'empêcherait pas qu'au moment d'épreuves de nature à amener quelque confusion ou quelque hésitation dans le sein de la Chambre, ils soient tous appelés au bureau, de manière à formuler une opinion dans des conditions qui entraîneraient le consentement universel.

Voilà, Messieurs, ma proposition. Je prie M. le président de vouloir bien la soumettre à la Chambre. (*Marques d'approbation.*)

M. LE PRÉSIDENT. — Je ferai remarquer à la Chambre qu'il y a là une question de procédure parlementaire que le président ne peut pas laisser passer sans la bien préciser.

Le règlement qui nous régit en ce moment est le règlement de 1849, adopté déjà par l'Assemblée nationale de 1871 et que la Chambre a repris, sauf les modifications qu'elle pourrait y apporter. Il y aurait peut-être inconvénient à adopter immédiatement la proposition qui vient d'être faite et qui pourrait être considérée comme une surprise, en ce sens qu'elle n'a pas été portée, par l'ordre du jour, à la connaissance de chacun, et que personne n'a pu y penser et se préparer à la discuter.

D'un autre côté et pour montrer les deux points de vue auxquels on peut se placer, je dirai que l'ordre du jour indiquait la nomination des secrétaires et que, jusqu'au dernier moment, la Chambre restait maîtresse de statuer sur leur nombre, en revenant sur la décision prise le 10 de ce mois.

Ce jour-là, le nombre de huit secrétaires a été proposé par M. de Tillancourt, et la Chambre a cru devoir maintenir le nombre de six. Je demande si quelqu'un veut prendre la parole pour parler dans un sens opposé à celui de M. Gambetta.

Sur plusieurs bancs. — Il n'y a pas d'opposition.

M. GAMBETTA. — On est unanime!

M. LE PRÉSIDENT. — Personne ne demandant la parole, je mets aux voix la question de savoir si la décision du 10 de ce mois sera modifiée, c'est-à-dire si le nombre des secrétaires sera porté à huit.

(La Chambre, consultée, fixe à huit le nombre des secrétaires.)

DISCOURS

SUR

L'ÉLECTION DE M. DE MUN A PONTIVY

ET SUR

L'ÉLECTION DE M. DE DOUVILLE-MAILLEFEU A ABBEVILLE

(DEUXIÈME CIRCONSCRIPTION)

Prononcés les 24 mars et 6 avril 1876

A LA CHAMBRE DES DÉPUTÉS

———

La vérification des pouvoirs occupa presque exclusivement les séances des deux Chambres jusqu'aux vacances de Pâques. Le Sénat valida de parti pris les élections les plus radicalement viciées, celles de M. Caillaux, de Talhouët et Vétillard dans la Sarthe, de M. de Broglie dans l'Eure, de M. Valery dans la Corse, de M. de Pelleport dans la Gironde, de M. de La Jaille à la Guadeloupe, de MM. Alexandre et Dupasquier dans la Savoie. Les actes de candidature officielle les plus scandaleux n'étaient, selon l'euphémisme d'un rapporteur (M. Théry) que des « coïncidences fâcheuses ».

En revanche, la Chambre des députés fit preuve, dans la vérification des pouvoirs de ses membres, de la sévérité la plus juste et la plus morale. Le 20 mars, elle invalidait l'élection de M. Malartre, à qui la commission de recensement avait compté 68 bulletins de plus qu'il y avait eu de votants. Le 21, sur la proposition de M. Floquet, elle décidait que l'élection de M. d'Ayguesvives, dans la troisième circonscription de Toulouse, serait soumise à une enquête parlementaire comme étant entachée de candidature officielle et de pression gouvernementale. Le 23, M. Henri Brisson présentait au nom du 7e bureau le rapport sur l'élection de Pontivy. « Au premier tour de scrutin, disait M. Henri Brisson, trois concurrents étaient en présence : M. le comte de Mun, fondateur des cercles catholiques, M. l'abbé Cadoret et M. Maillet.

« Aucun des candidats n'ayant obtenu la majorité exigée par la loi, il fut procédé à un deuxième tour de scrutin.

« M. le comte de Mun obtint 10,725 voix, contre 8,748 données à M. l'abbé Cadoret.

« La différence est de 1,977 voix. M. de Mun en a fait un argument en faveur de la validation de son élection, mais cet argument perd de sa valeur en présence de faits graves d'un caractère général.

« Une protestation de M. Maillet signale une pression cléricale exercée dans tout l'arrondissement au profit de M. de Mun.

« Une lettre de M. l'évêque de Vannes, reproduite dans les journaux du département, déclarait que la porte de l'évêché avait été interdite à M. l'abbé Cadoret et pressait les électeurs à voter en faveur de M. de Mun, dont le triomphe devait être celui de l'Église catholique.

« Une protestation de deux électeurs affirme que le bruit du désistement de M. l'abbé Cadoret aurait été répandu par le crieur public dans la commune de Mauriac. M. le comte de Mun répond que le bruit de ce désistement avait été apporté par des journaux de Paris. Quoi qu'il en soit, cette nouvelle fausse a exercé une influence considérable, notamment dans le canton de Guémené.

« Comment ce bruit a-t-il pu se répandre, alors que M. l'abbé Cadoret a persisté jusqu'au bout dans ses efforts électoraux ?

« Invité à venir fournir des explications devant le bureau, M. l'abbé Cadoret a répondu qu'il avait le regret de ne pouvoir répondre à ce désir, sa qualité de prêtre lui commandant une réserve extrême dans un débat où des questions religieuses se trouvaient mêlées à la politique.

« C'est cette lettre de M. l'abbé Cadoret qui a décidé le bureau à conclure à une enquête. Car elle portait des traces visibles de contrainte. Comment l'expliquer, en effet, de la part d'un prêtre qui, par sa candidature soutenue énergiquemment, s'était mis en lutte contre tout le clergé supérieur? Le bureau y a vu la preuve de la continuation de la pression cléricale, qui a caractérisé l'élection de Pontivy, et dont la lettre de l'évêque de Vannes a été l'éclatante manifestation.

« L'évêque lui-même obéissait d'ailleurs à des ordres venus de haut.

« Le pape avait envoyé à M. le comte de Mun la croix de commandeur de l'ordre de Saint-Grégoire, et les feuilles religieuses s'étaient empressées aussitôt de déclarer que c'était là une investiture donnée au candidat de l'Église romaine et de la religion.

« Le journal le Monde donnait à M. de Mun, à cette occasion, le titre de chevalier du Syllabus.

« La candidature de M. le comte de Mun a donc été la candidature officielle du souverain pontife. Comment s'étonner dès lors que d'humbles prêtres aient tout mis en œuvre pour combattre, comme on le disait, le bon combat?

« M. le comte de Mun avait déclaré lui-même aux électeurs de Pontivy que c'était fort de l'appui du premier pasteur du diocèse qu'il se présentait à eux.

« La minorité du bureau a objecté que le clergé avait, comme tout le monde, le droit d'avoir et de désigner ses candidats. La majorité du bureau n'a nullement contesté ce droit; elle s'est seulement demandé si l'on n'en avait pas abusé. (Très bien! très bien! à gauche.)

« Elle s'est demandé s'il était possible, dans un État indépendant, d'admettre une candidature imposée par Rome.

« Elle a pensé qu'une enquête était nécessaire pour faire la lumière. Le bureau conclut donc à l'enquête.

« Il a été entendu entre le 7e bureau et M. le comte de Mun que le rapporteur demanderait à la Chambre de remettre la discussion du rapport à demain. »

Le lendemain 24 mars, M. le comte de Mun défendait l'élection en ces termes : « L'enquête sur mon élection, Messieurs, mais elle est faite, et je vais aider à la compléter.

« Oui, j'ai été hautement patronné par Mgr l'évêque de Vannes, et, sans ce patronage, je n'aurais pas accepté la candidature. Oui, j'ai été accueilli avec faveur par le clergé morbihannais. Oui, on a fait effort pour me faire réussir;

mais on n'a rien fait que de naturel et de légitime: naturel, car je me présentais comme candidat catholique; légitime, car je m'engageais à défendre la religion menacée.

« Les faits de pression cléricale dans l'élection de Pontivy se réduisent à une lettre écrite par Mᵍʳ l'évêque de Vannes, à une lettre de Mᵍʳ l'archevêque de Paris, et à la distinction dont il a plu au Souverain Pontife de m'honorer au cours de la lutte électorale.

« Dans quelles conditions s'est produite la lettre de Mᵍʳ l'évêque de Vannes? Est-ce au premier tour de scrutin? Non. Au premier tour, trois candidats sont en présence et l'évêque n'adresse qu'une seule lettre pastorale au clergé de son diocèse, pour lui recommander de ne pas intervenir dans la lutte électorale.

« Au deuxième tour, la situation est changée : il ne reste plus en présence que deux candidats : un prêtre et celui qu'on a appelé un soldat de l'Église catholique. Dès lors, ne sentez-vous pas que la responsabilité de l'évêque était engagée? Du moment qu'un prêtre, revêtu de la robe sacerdotale, parcourait les communes en sollicitant les suffrages de la population, n'était-il pas naturel qu'on supposât qu'il était le candidat de l'évêché?

« En intervenant, Mᵍʳ l'évêque s'est contenté de dire : M. l'abbé Cadoret n'est pas mon candidat.

« Quant aux raisons qui ont déterminé cette intervention, il y a là une question purement ecclésiastique où la Chambre n'a pas à pénétrer.

« Il est vrai que l'évêque de Vannes a ajouté dans sa lettre une déclaration de sympathie accentuée en ma faveur; on le lui reproche. Je crois qu'on n'a pas ce droit; l'évêque en agissant ainsi n'a pas fait un acte de personne publique.

« Un évêque n'est pas un fonctionnaire ; vous ne ferez jamais qu'un homme revêtu d'un caractère sacré soit seulement un fonctionnaire.

« Du moment que l'évêque a jugé qu'il avait le devoir d'intervenir, il en avait le droit.

« Quant à la lettre de Mᵍʳ l'archevêque de Paris, elle n'a paru que le jour même du scrutin, le 5 mars; elle n'a donc pu exercer aucune influence sur l'élection.

« On a parlé encore d'une décoration que le Souverain Pontife a daigné m'adresser; on a rappelé que j'avais écrit une lettre dans laquelle je me félicitais d'une marque d'approbation qui m'était donnée en face d'une population chrétienne.

« On a parlé de sermons faits en ma faveur. J'affirme que dans aucun sermon mon nom n'a été prononcé. Quant aux autres actes, j'affirme qu'en les faisant, les membres du clergé étaient absolument dans leur droit.

« Les membres du clergé, dit-on, sont salariés par l'État; ils n'ont donc pas le droit de prendre parti dans la lutte électorale. Je répète ce que j'ai dit déjà pour l'évêque de Vannes; vous ne ferez pas, parce que vous leur donnez un salaire, qui n'est après tout qu'une indemnité, que les prêtres soient des fonctionnaires.

« Vous le voyez, Messieurs, je vous épargne par mes aveux la peine d'une plus longue enquête. Si vous refusez aux catholiques le droit de se poser en champions de la religion menacée, invalidez l'élection.

« En ordonnant une enquête, vous feriez supposer que vous voulez faire surgir un scandale religieux ; car l'enquête est dirigée non pas seulement contre une élection, mais contre ce que vous appelez les agissements du clergé en matière électorale.

« Quand on veut rassurer, on n'emploie pas des moyens de nature à troubler. Ils ne donneraient pas un fondement solide à un gouvernement qui commence; l'enquête ne serait qu'une œuvre de passion.

« Je repousse donc l'enquête et je vous demande de prononcer nettement pour ou contre mon élection. »

M. Henri Brisson, rapporteur, répond à M. de Mun. Après avoir rendu hommage à la pleine sincérité de l'orateur catholique, il maintient avec la plus grande énergie que le clergé est intervenu de la façon la plus active dans l'élection de l'arrondissement de Pontivy. « Le fait particulier le plus grave de cette intervention, dit M. Brisson, c'est le bruit qu'on a répandu, au deuxième tour de scrutin, du désistement de M. l'abbé Cadoret.

« Ce bruit a été démenti, il est vrai, mais à la dernière heure seulement, et il a dû exercer une influence considérable sur le résultat de l'élection.

« Quant à l'intervention de l'évêque de Vannes, de l'archevêque de Paris et du pape, elle a été plus décisive encore; l'honorable M. de Mun la rattache au grand débat qui s'agite entre les catholiques et leurs adversaires. Il parle de la religion menacée; mais le parti clérical n'est-il donc pas plus menaçant que menacé? (*Applaudissements à gauche.*)

« On refuse à la Chambre le droit d'apprécier les actes d'intervention du clergé dans les élections.

« Les évêques, dit-on, et les prêtres ne sont pas des fonctionnaires ordinaires; en effet, ils n'obéissent pas à des circulaires ministérielles, mais n'obéissent-ils pas aux ordres venus de Rome, aux inspirations des ennemis de notre société civile? Il s'agit aujourd'hui de savoir si le parti clérical pourra embrigader à son service des fonctionnaires salariés par l'État, sans qu'il soit permis à l'État de se défendre? (*Nouveaux applaudissements à gauche.*)

« Si, d'ailleurs, on se préoccupait des intérêts de la religion, y avait-il donc lieu de se prononcer aussi catégoriquement entre un champion laïque de la religion et un dignitaire de l'Église catholique? Le bureau n'est pas entré dans ces considérations. Mais il est de mode de présenter la République démocratique et progressive comme animée de vues étroites et exclusives. En réalité, elle est ouverte à tous, aussi bien aux gardiens des anciennes croyances qu'à ceux qui rêvent de transformer la terre en un paradis, à condition qu'ils ne portent pas atteinte à l'indépendance nationale. C'est dans cet esprit que la majorité du bureau conclut, non pas à l'invalidation, mais à l'enquête, afin que la France entière puisse juger, non pas que la religion est menacée, mais que le parti clérical est menaçant. » (*Applaudissements à gauche.*)

Après une courte réplique de M. Keller, M. Gambetta prend la parole :

M. GAMBETTA. — Messieurs, il était à prévoir que, dans une question qui touche à des intérêts si graves, à des passions si faciles à allumer, le débat s'égarerait et qu'on ferait intervenir des considérations qui, d'habitude, ont le plus de poids sur les esprits religieux et attentifs dans cette Chambre.

Je tiens, Messieurs, à dégager la question qui vous est soumise de tout ce qu'on y a introduit par l'entraînement, par la passion et par l'éloquence.

Sur plusieurs bancs à gauche et au centre. — Très bien ! très bien !

M. GAMBETTA. — Il ne s'agit pas ici, Messieurs, de défendre la religion, que personne n'attaque ni ne menace. (*Mouvement à droite. — Applaudissements à gauche et sur divers bancs au centre.*) Il ne s'agit pas non plus, à propos d'une question de vérification de pouvoirs, de jeter à la tête de ses adversaires des accusations enflammées et de les présenter au pays comme des hommes politiques qui ont juré la ruine du clergé national.

Non ! Messieurs, vous savez très bien que, lorsque nous parlons du parti clérical, nous ne nous adressons ni à la religion, ni à ceux qui la pratiquent sincèrement. (*Applaudissements à gauche.*)

Vous savez à merveille que, quand nous redoutons les empiétements de cet esprit particulier qui inspire le parti dont le centre est à Rome, ce n'est pas le clergé français que nous avons en vue. Non. Peut-être même en est-il beaucoup dans les rangs de ce clergé national qui regrettent que les lois — que les monarchies qui nous ont précédés ont faites pour les protéger contre les usurpations du Vatican — soient tombées en désuétude et ne rencontrent pas ici assez de défenseurs. (*Applaudissements à gauche et sur divers bancs au centre.*)

Vous seriez bien plutôt dans la vérité, Messieurs, en disant que ce que nous poursuivons ici, — non pas comme des hommes qui siègent dans un concile et qui veulent agiter des questions théologiques, mais comme des législateurs, — ce que nous voulons, c'est, avant tout, ramener la paix dans les esprits les plus divisés sur les questions de dogmes et de religion ; c'est maintenir le clergé dans les limites de l'Église ; c'est de ne pas permettre de transformer la chaire en une tribune politique et de ne pas méconnaître enfin les lois éta-

blies aussi bien par les instructions gouvernementales
que par les déclarations les plus précises faites à cette
tribune et dans d'autres enceintes par tous les ministres qui se sont succédé sous tous les régimes ; enfin,
c'est faire respecter la liberté électorale, le libre combat des opinions politiques, qui n'ont rien à démêler
avec les opinions religieuses ni avec les passions cléricales. (*Nouveaux applaudissements sur les mêmes bancs.*)

La question actuellement soumise à la Chambre
n'est pas, assurément, celle de savoir si nous voulons
exclure un ferme et généreux champion de l'idée
catholique, — à coup sûr, je ne demande pas mieux
que de saluer l'entrée, dans une Assemblée française,
d'un homme qui viendrait y jouer le rôle que Monta-
lembert a rempli dans des Assemblées plus monarchiques, plus religieuses et où cependant il était besoin
de résister, comme aujourd'hui, quoiqu'on fût alors
sous la monarchie et non sous la République, aux
mêmes empiétements. Ce n'est pas moi qui voudrais
écarter de l'arène politique un champion qui s'annonce sous de telles couleurs et avec de telles pré-
mices de talent ; (*Très bien ! très bien !*) mais la question n'est pas non plus d'ouvrir ou de fermer la barrière à notre caprice, à notre fantaisie, et de nous
préparer à goûter des plaisirs d'artistes ou de rhé-
teurs ; la question est de savoir si, dans une élection,
deux hommes, appartenant à la même opinion,
dont l'un est un prêtre et dont l'autre est digne de
l'être... (*Applaudissements et rires prolongés sur divers
boncs*) se sont disputé les suffrages de leurs concitoyens avec une entière liberté et dans une entière
égalité de conditions. C'est donc moins contre les
candidats, c'est moins contre le candidat élu que la
procédure parlementaire devra être dirigée, que contre ceux qui se sont faits ses patrons, que contre
ceux qui, se servant abusivement de leur autorité
morale, sociale et politique, méconnaissant leurs

devoirs, se sont jetés dans l'arène et ont servi non
seulement de témoins, mais de véritables auxiliaires
armés, allant quelquefois plus loin dans la lutte que
celui qu'ils voulaient assister.

Ce que nous voulons, ce n'est pas l'annulation de
l'élection, — bien qu'on semble préférer cette annulation à une enquête, — ce que nous voulons, c'est une
enquête, car une annulation pure et simple aurait
l'air, de notre part, d'un coup de force, tandis que
nous ne désirons que la recherche de la vérité.

A gauche. — C'est cela ! C'est cela !

M. Gambetta. — Ce que nous voulons, c'est une
enquête. Messieurs, je le répète, après la lecture du
rapport, nous nous sommes demandé si, comme nous
le pensons, dans cette élection qui, malheureusement
et par trop de côtés, a laissé voir la passion unique
qui a animé certains agents du parti clérical, nous
nous demandons s'il n'est pas opportun, en présence
d'une action excessivement déréglée, que la Chambre,
sans passion, et rien que pour rentrer dans la loi et
dans la raison, se livre à des recherches qui lui permettent de dire au gouvernement, au ministre qui a
les cultes dans son département : Voilà les faits, ils
sont flagrants, nous avons voulu qu'ils fussent établis
avec maturité, avec autorité, par une Commission parlementaire, et, maintenant, nous vous demandons de
statuer sur ces faits et de prendre des mesures pour
qu'à l'avenir la chaire ne soit pas un instrument de
pression électorale, et que le clergé, qui a droit au
respect de tous, sache bien que, pour le mériter et le
garder, pour ne pas s'exposer précisément à ces violences, à ces représailles que vous redoutez et qui ne
viendront pas, il a d'abord un devoir à accomplir,
c'est de vivre au milieu de notre société moderne
comme un agent de concorde et de pacification.(*Très
bien ! très bien ! à gauche et au centre.*)

Et qu'on ne vienne pas dire, — et c'est la dernière

parole que je veuille relever dans je ne sais quelle accusation insidieuse et perfide, — qu'on ne vienne pas dire qu'en défendant cette politique, qui est une politique civile, moderne, nous nous mettrions en alliance ou en opposition avec tel ou tel gouvernement européen. Cela ne prouverait qu'une chose, c'est que vous en êtes réduits à chercher au dehors, pour soutenir une cause que l'Europe abandonne, les plus détestables raisons et les plus injurieuses pour votre patriotisme et notre honneur national. (*Bravos et applaudissements répétés à gauche et sur divers bancs au centre.*)

M. LE PRÉSIDENT annonce que M. Keller a déposé un amendement tendant à la validation de l'élection de M. le comte de Mun.

Cet amendement mis aux voix, n'est pas adopté.

Les conclusions du bureau, tendant à la nomination d'une commission d'enquête parlementaire, sont adoptées, au scrutin, à la majorité de 310 voix contre 168, sur 478 votants.

Le 6 avril, M. Gambetta intervint une seconde fois dans la discussion de la vérification des pouvoirs pour défendre contre M. Raoul Duval l'élection de M. de Douville-Maillefeu, qui avait été nommé député de la 2ᵉ circonscription d'Abbeville par 7,719 voix contre 7,361 données à M. Bruet de Rainvilliers. M. Raoul Duval soutenait que l'élection devait être invalidée, attendu que M. de Douville avait été condamné en 1870 à deux ans de prison pour avoir frappé le sous-préfet d'Abbeville après une discussion violente, et que cette condamnation, confirmée en juillet 1871 par la cour d'Amiens, avait eu pour conséquence la radiation du nom de M. de Douville de la liste électorale. A la vérité, un décret de M. Thiers avait fait remise à M. de Douville de la peine d'emprisonnement et M. de Douville, nommé conseiller général, avait été validé sans débat. Mais M. Raoul Duval alléguait : 1° Que M. de Douville ayant été nommé conseiller municipal, son élection avait été invalidée par le Conseil d'État; 2° que l'intervention de la grâce n'empê-

chait pas les cinq années d'incapacité électorale de courir
jusqu'au 19 avril 1876 ; 3° que le Conseil général de la
Somme avait commis un acte illégal en validant M. de Douville. En conséquence, suivant M. Raoul Duval, la Chambre
devait prononcer l'invalidation.

M. Gambetta répondit à M. Raoul Duval pour défendre,
d'accord avec le garde des sceaux, M. Dufaure, et conformément aux conclusions du rapport présenté par M. Bouquet au nom de la 10° commission, la validité de l'élection
de M. de Douville-Maillefeu.

M. GAMBETTA. — Je voudrais dire deux mots sur la
question posée devant la Chambre, par l'honorable
M. Raoul Duval. A coup sûr, si la loi est telle, si le
droit est si rigoureux, si formel qu'il le dit, il faut
l'appliquer, qu'il sagisse d'un ami ou d'un adversaire
politique.

Mais, Messieurs, je crois que l'interprétation qu'il
vous présente de la loi n'est pas la bonne, qu'il me
permette de le lui dire. Les thèses de droit ont cela
de particulier qu'elles peuvent, si on se borne à les
appuyer en s'en tenant à un texte qu'on répète, qu'on
relit avec précision sans pénétrer assez, peut-être,
dans l'esprit de ce texte et sans tenir compte des précédents, qu'elles peuvent, dis-je, être dirigées tour à
tour contre les élus du suffrage universel qui entrent
dans cette enceinte : on croit servir la loi et on sert
ses propres entraînements.

Eh bien, Messieurs est-ce qu'il ne vous semble pas
que la question qu'il faut se poser d'abord sur le cas
spécial à M. de Douville-Maillefeu est la suivante :
Quelle est la nature de la décision qui a été prise par
l'autorité compétente, M. le Président de la République et M. le garde des sceaux de 1871 ? Cette décision portait-elle non seulement sur la condamnation,
mais sur les conséquences de la condamnation ?

C'est un premier point.

Il y en a un second : il s'agit de savoir si, lorsque la

grâce intervient avant toute exécution d'une peine,
elle n'a pas le caractère d'une abolition entière, telle
qu'il n'y a même plus à se préoccuper des conséquences ordinaires établies par la législation qu'on
vous citait tout à l'heure, laquelle, de fait, serait inap-
plicable au cas qui nous occupe.

Il y a un troisième point. Je ne vous ferai pas un
discours en trois points, rassurez-vous Messieurs. (*On
rit.*) Il y a, dis-je, un troisième point, que l'honorable
M. Raoul Duval, dans l'improvisation, d'ailleurs char-
mante, qu'il vous a faite, a négligé complètement : c'est
le point de savoir si, en matière d'incapacité politique,
lorsque la grâce est accordée en termes généraux,
lorsqu'elle est muette, — pour me servir de l'expression même employée par l'éminent garde des sceaux,
— elle n'est pas complète, et si dès lors, considérant
que la privation des droits politiques, — j'insiste sur
le mot, — constitue une véritable peine, une peine
qui succède à une autre peine, si la grâce entière,
sans restriction, sans nuance ni réserve, n'abolit pas
toutes les peines qui résultent de la condamnation.

M. RAOUL DUVAL. — Mais il y a des arrêts !

M. GAMBETTA. — Il y a des arrêts, me dit M. Raoul
Duval, c'est parler jurisprudence. Eh bien, précisément, je vais mettre mon honorable contradicteur en
présence de trois décisions d'ordre différent : une
décision administrative, une décision parlementaire,
et enfin une décision émanée d'un conseil général.

Il vous a été lu un texte sur lequel on s'est bien
gardé de revenir. C'est une décision du conseil d'État,
dans laquelle on spécifie que, lorsque la grâce, une
grâce même partielle, même limitée, même ne s'ap-
pliquant pas à ce genre spécial de condamnation où,
à la peine matérielle, succède la peine morale de l'incapacité politique ; lorsque cette grâce est intervenue
avant l'exécution de la peine, elle s'applique à tout,
et il n'y a même pas lieu de poser la question de sa-

voir si les conséquences attachées à la peine dont
remise est faite ne disparaissent pas avec elle.

Quant à la jurisprudence parlementaire, vous le
savez, Messieurs, il est arrivé que des hommes, qui
avaient été frappés par la juridiction du pays pour
des crimes et des délits politiques, emportant surtout
l'incapacité civile, ont été nommés, alors qu'ils étaient
sous les verrous, et que par conséquent il n'y avait
pas lieu à faire la distinction qu'on vous faisait tout
à l'heure, et il a été reconnu que ces hommes étaient
parfaitement et régulièrement élus. C'est le cas de
notre vénéré collègue, M. Raspail; il y en a d'autres
que je pourrais citer.

Mais je veux surtout tirer argument de la décision
même du conseil général de la Somme. Comment!
voilà un conseil général qui vérifie les pouvoirs de
M. le comte de Maillefeu, et cela, notez-le bien, peu
après la condamnation, au moment même où elle
vient d'être prononcée, dans le pays même où elle l'a
été. C'est un conseil général composé surtout des
adversaires politiques de l'élu; une commission est
nommée pour examiner la question, elle fait un rapport concluant à l'annulation, et, contrairement à ces
conclusions, la majorité se prononce pour la capacité
politique de M. de Douville-Maillefeu.

Enfin, je vous le demande, — et c'est le quatrième
point que je soulève devant l'honorable M. Raoul Duval, pour lui faire perdre peut-être cette merveilleuse
assurance avec laquelle il prétendait parler au nom
d'une loi rigoureuse, inéluctable, — je vous le demande, quand vous vous trouvez en face d'un élu du
suffrage universel, dont l'élection a été validée, est-ce
que vous ne croyez pas qu'il y a possession d'état?

Comment! voilà un conseiller général que nul ne
peut empêcher de l'être, qui a voté, agi, qui votera et
agira encore en ce nom, titre et qualité; il arrive devant vous, et vous lui opposez, quoi? Des interpré-

tations captieuses, restrictives, du texte d'une lettre de grâce, dont ceux-là même qui l'ont signée attestent l'intégralité, la plénitude! Vous lui opposez une argumentation appuyée sur un article de loi qui ne s'applique pas à lui, vous argumentez sur ce qui succède à l'exécution de la peine matérielle, quand il n'y a pas eu de peine matérielle subie, et qu'on a accordé la grâce précisément pour qu'il n'y en eût pas ; et, tout cela, vous venez nous l'opposer au nom du respect et de la confiance que vous inspire le suffrage universel !

Permettez-moi de le dire. Si Franklin vous entendait, c'est lui qui vous ramènerait à la vérité avec sa fine bonhomie. (*Très bien! très bien!* — *Applaudissements à gauche.*)

Messieurs, la vérité vraie, c'est quand il y a lieu de discuter sur la capacité politique d'un homme public, on peut soulever ce débat une fois; mais du jour où il a été régulièrement clos, où la question a été résolue, eh bien! on n'y revient pas. (*Bravos à gauche.*)

Or, il y a ici un homme déjà reconnu éligible par une assemblée compétente et souveraine, qui a rendu sa décision en face du suffrage universel, en regard de ses concitoyens, en regard du corps même qui l'avait condamné ; cet homme est entré ici investi de la plénitude de ses droits politiques... (*Nouveaux bravos à gauche.*)

Et cela est tellement vrai que, pendant quinze jours, vous avez vérifié les élections de plus de cent cinquante de vos collègues, ne leur demandant ni titre ni justification, dès que vous pouviez dire d'eux ce qui revenait comme un refrain, comme une psalmodie : Attendu que l'élu fait ou a fait déjà partie d'un conseil général ; que, par conséquent, sa capacité politique est établie, le bureau propose sa validation. (*Applaudissements à gauche et au centre.* — *Rumeurs sur divers bancs à droite.*)

Voilà le droit. C'est parce que je ne voulais pas laisser confondre ici ces grands principes, et laisser se poser en défenseurs exclusifs de la loi ceux qui n'y ont pas d'autre titre et ne sont pas, à cet égard, dans d'autres conditions que nous-mêmes, que je suis monté à cette tribune pour vous dire : Au nom du droit, de la vérité politique et de la saine justice, vous devez valider l'élection de M. le comte de Douville-Maillefeu. (*Vives marques d'approbation et applaudissements à gauche.*)

Après un court échange d'observations entre M. Dufaure, ministre de la justice, et M. Raoul Duval, les conclusions du rapport sont mises aux voix et adoptées à une forte majorité.

La Chambre ne termina que le 16 novembre, par l'invalidation de l'élection de M. du Demaine à Avignon (*voir à l'Appendice*), la vérification des pouvoirs de ses membres. Elle avait frappé pour cause de corruption, de diffamation, de pression administrative ou d'ingérence du clergé, les élections des dix-huit députés dont les noms suivent :

M. Malartre à Issingeaux ; M. Fairé à Angers ; M. Rouher à Ajaccio ; M. le prince de Lucinge-Faucigny, à Guingamp ; M. Chesnelong à Orthez ; M. Veillet à Loudéac ; M. de Cardenau à Dax ; M. de Boigne à Thonon ; M. Aimé de la Chèvrelière, à Melle ; M. de Miramon au Puy ; M. Cunéo d'Ornano à Cognac ; M. le duc de Feltre à Guingamp ; M. Peyrusse à Auch ; M. Haentjens à Mamers ; M. Gavini à Corte ; M. de Mun à Pontivy ; M. de la Rochejaquelein à Bressuire ; M. du Demaine à Avignon.

Aux élections des 14 et 21 mai, du 27 août et du 11 février, MM. Cunéo d'Ornano, de Feltre, Peyrusse, Haentjens, Gavini, Malartre, de la Rochejaquelein et de Mun, furent seuls réélus par le suffrage universel.

Les dix autres sièges furent repris par des républicains. M. Jérôme-Napoléon Bonaparte remplaça M. Rouher à Ajaccio.

DISCOURS

SUR

UNE PROPOSITION TENDANT A MODIFIER LA LOI

SUR LE

RECRUTEMENT DE L'ARMÉE DU 27 JUILLET 1872

Prononcé le 12 juin 1876

A LA CHAMBRE DES DÉPUTÉS

———

Le 12 juin 1876, l'ordre du jour de la Chambre des députés appelait la discussion sur la prise en considération de la proposition suivante de MM. Laisant, de Douville-Maillefeu, Parent, Marmottan, Codet, Labitte, Brisson, Boysset, Dréo, Wilson, Gent, Margue, Chaley, Menier, Girard, Sée, Camille Barni, Farcy, Tirard, Lockroy, Jametel, etc., etc.

« ART. PREMIER. — Le premier paragraphe de l'article 36 de la loi du 27 juillet 1872 est modifié comme il suit :

« Tout Français qui n'est pas déclaré impropre à tout service militaire fait partie :

« De l'armée active pendant trois ans :

« De la réserve de l'armée active pendant six ans ;

« De l'armée territoriale pendant cinq ans ;

« De la réserve de l'armée territoriale pendant six ans.

« ART. 2. — Après la première et la seconde année de service dans l'armée active, les hommes justifiant d'une instruction et d'une éducation militaires suffisantes pourront passer dans la réserve de l'armée active, après avoir subi un examen devant une commission présidée par un général de brigade et composée de : un lieutenant-colonel, un chef de bataillon ou d'escadron, deux capitaines, deux lieutenants.

« Le programme et les conditions de l'examen seront
arrêtés par un décret rendu dans la forme des règlements
d'administration publique.

« Art. 3. — Les articles 53, 54, 55, 56, 57, 58 de la loi du
27 juillet 1872, relatifs aux engagements conditionnels d'un
an, sont et demeurent abrogés. »

La troisième commission d'initiative concluait à la prise
en considération de cette proposition. Le général de Cissey,
ministre de la guerre, et M. Gambetta s'y opposèrent.

M. LE MINISTRE DE LA GUERRE. — Messieurs, le Gouvernement s'oppose à la prise en considération de la
proposition qui vous est soumise. Il la regarde comme
absolument inopportune.

Ce qu'on vous propose, c'est un bouleversement
complet de l'armée... (*Vif assentiment à droite*); c'est
de remettre en question toutes les lois qui ont été
votées depuis 1872; car, si vous accordiez les changements qu'on réclame aujourd'hui, il n'y a pas de raison
pour que demain on ne vous en demande pas d'autres.

Dès lors, comment l'armée pourrait-elle avoir confiance? Comment les officiers pourraient-ils travailler
alors qu'ils ne sauraient pas si, dans quelques mois,
une loi nouvelle ne viendrait pas les placer dans des
conditions absolument différentes de celles dans lesquelles ils se trouvent actuellement? (*Très bien! très
bien! à droite. — Réclamations à gauche.*)

Je vous demande donc, Messieurs, de ne pas prendre en considération cette proposition qui, je le répète, est tout à fait inopportune. (*Nombreuses marques
d'approbation à droite et au centre.*)

M. Eugène Farcy, *de sa place.* — Je demande la permission de faire observer à M. le ministre qu'en 1872,
on n'a rien bouleversé en réduisant le service de deux
années... (*Bruit.*) Et cependant les circonstances
étaient aussi critiques qu'aujourd'hui. Nous ne boule-
versons rien aujourd'hui en discutant la même réduction.

M. Laisant. — La proposition qui vous est faite,
Messieurs, est signée par 130 de vos collègues ; elle
attire, au plus haut point, l'attention de l'armée et
celle du pays tout entier, qu'elle intéresse vivement.

Nous ne vous présentons pas cette proposition
comme une œuvre parfaite ; elle pourra être amendée...

M. le comte de Douville-Maillefeu. — Je demande
la parole.

M. Gambetta. — Je demande la parole.

M. Laisant. — Elle pourra être discutée, modifiée,
et l'étude permettra d'en faire une œuvre aussi bonne
que possible. Mais je ne veux pas, un seul instant,
faire à cette Chambre l'injure de supposer qu'elle
refuse de prendre en considération une proposition
de cette nature et qu'elle déclare qu'il n'y a pas lieu
de l'étudier. (*Approbation à gauche.*)

M. Gambetta. — La proposition qui est soumise à
la Chambre a évidemment une haute gravité. Elle
n'est pas mal étudiée, comme le disait tout à l'heure
son honorable auteur. Il est certain que cette opinion considérable, appuyée par de très sérieux esprits,
par de véritables compétences militaires, est de celles
qui méritent l'attention et l'examen. (*Très bien! sur
divers bancs.*)

Et cependant, Messieurs, dans les circonstances
présentes, quelle que soit l'opinion qu'on puisse avoir
sur la réduction de la durée du service militaire de
cinq ans à trois ans, je ne crois pas que le moment
soit venu... (*Rumeurs à gauche.*) je ne crois pas qu'il
soit opportun d'en aborder immédiatement la discussion. (*Marques d'assentiment au centre et à droite.*)

M. de Baudry-d'Asson. — C'est cela ! « Lentement,
mais sûrement ! »

M. Gambetta. — Je voudrais bien, Monsieur, que
vous me fissiez grâce de vos interruptions qui n'ont
aucune valeur.

M. DE BAUDRY-D'ASSON. — Il est possible, monsieur Gambetta, que mes interruptions n'aient aucune valeur à vos yeux... (*Bruit. — N'interrompez pas!*), et je m'en félicite, car mes pensées valent bien les vôtres.

M. GAMBETTA. — On me dit : « Lentement, mais sûrement. » Quelle signification cela peut-il avoir dans un débat aussi grave, qui intéresse et remet en question l'organisation de la première force du pays?

M. DE BAUDRY-D'ASSON. — Oui, Monsieur, j'ai dit : « Lentement, mais sûrement.» Nous n'avons pas oublié que cet aveu est tombé de la bouche d'un de vos amis!

M. LE PRÉSIDENT. — Monsieur de Baudry-d'Asson, veuillez ne pas interrompre : ce que, — permettez-moi de vous le dire, — vous faites beaucoup trop souvent. (*Très bien! à gauche.*)

M. DE BAUDRY-D'ASSON. — Je demande la parole.

M. LE PRÉSIDENT. — Vous l'aurez plus tard, Monsieur!

M. GAMBETTA. — Je dis qu'il n'est pas opportun de discuter immédiatement cette question, précisément parce que c'est une question d'avenir qui, lorsque le moment sera venu, sera probablement résolue dans le sens même que souhaitent les auteurs de la proposition.

Il ne faut pas oublier le débat qui a eu lieu à ce sujet, à l'origine même de la réorganisation des forces militaires du pays. Les uns demandaient sept ans, et cette opinion, défendue par un des hommes les plus compétents de France, l'illustre M. Thiers, avait été combattue par le général Trochu qui proposait trois ans.

Une transaction est intervenue : la durée du service a été fixée à cinq ans, et vous savez bien que ces cinq ans ne sont pas réellement effectifs. (*C'est vrai! — Très bien! au centre.*) Cette transaction est mise en pratique, mais pas dans toute sa rigueur; certainement ce n'est pas le ministre de la guerre qui me contredira, quand nous lui demanderons de vouloir bien retenir sous les drapeaux la seconde portion du contingent une année entière et non plus pendant six mois seulement.

Mais, étant donnée cette situation qui, si elle ne nous permet pas encore un recrutement des sous-officiers aussi complet qu'il serait désirable pour la force du pays, vous le facilite du moins depuis quelques mois dans une mesure plus satisfaisante qu'on n'aurait osé l'espérer d'après l'expérience du passé, je dis qu'il ne faut pas troubler cette organisation et ce fonctionnement. (*Très bien! très bien! au centre.*)

Vous ne le voudrez pas, dans l'état actuel du pays, — je ne parle pas de l'état extérieur, car, quelles que soient les alarmes que cet état inspire à certains esprits timorés au-delà de toute mesure, j'ai la conviction profonde, comme tout le reste de l'Europe, que la paix ne sera pas troublée. — Mais, en dehors de ces considérations, comment pourrions-nous renvoyer aux bureaux l'examen d'une proposition qui mêle des questions parfaitement distinctes... (*C'est cela! très bien! au centre*) telles que la question des cadres des sous-officiers, celle de l'organisation intérieure de votre contingent et de votre recrutement, et celle du volontariat d'un an, institution qui a été exagérée, qui a dévié de l'esprit qui l'avait inspirée; car, créée pour faciliter ce que j'appellerai la sélection des professions libérales dans le pays... (*Très bien!*) elle est devenue une sorte d'exonération contre laquelle protestent nos mœurs et l'égalité démocratique de ce pays. (*Très bien! à gauche.*)

Ce qu'il faut, — je le répète, malgré l'interruption qui m'a été adressée tout à l'heure, et qui m'impose plus de réserve, — ce qu'il faut pour aller sûrement, c'est aller sagement, avec maturité.

On étudiera la question, elle ne sera pas abandonnée parce que vous ne l'aurez pas renvoyée d'une façon précipitée et hâtive à l'examen de vos bureaux;

elle pourra être plus mûrement étudiée parce qu'on divisera toutes les questions qui y sont mêlées. Et alors, quand vous aurez pris la vraie question, qui est celle du recrutement et de l'organisation de vos sous-officiers, quand vous aurez rendu une loi qui les fera véritablement ce qu'ils doivent être dans la constitution de l'armée française, c'est-à-dire de petits officiers, on vous demandera des sacrifices, et vous ne les refuserez pas ; car, quelles que soient vos opinions politiques, sur une pareille question, vous vous trouverez toujours unis et toujours d'accord. (*Assentiment.*)

Par conséquent, au nom des circonstances, au nom de l'intérêt même de la proposition, à laquelle je m'associe complètement, — car j'ai voté le service de trois ans, — je vous prie de ne pas voter aujourd'hui la prise en considération.

Un moment viendra peut-être où l'on pourra alléger le budget de la guerre, le mettre plus en rapport avec les ressources financières du pays. Cela n'est pas encore possible, l'heure n'a pas sonné ; mais elle viendra, n'en doutez pas, Messieurs ! Nous la préparerons dans le calme, le recueillement et l'étude. (*Très bien ! et applaudissements au centre.*)

Après une courte réplique de M. de Douville-Maillefeu, la prise en considération de la proposition de M. Laisant est rejetée par 230 votants contre 195.

DISCOURS

Prononcé le 21 juin 1876

AUX OBSÈQUES DE CARTIGNY [1]

(CIMETIÈRE DU PÈRE LACHAISE)

Citoyens,

En nous rendant au bord de cette tombe qui va recueillir les restes de notre infortuné ami Cartigny, je
crois répondre à l'unanimité des sentiments qui vous
ont poussés à suivre son cortège funèbre, en venant
dire, en mon nom, au nom des absents et des présents,
au nom de tous ceux qui ont connu ce bon cœur, cette
ferme nature, cette belle intelligence, en venant dire,
à cet homme supérieur à sa condition, un suprême
adieu, en venant exprimer les regrets que laisse une
vie si bien remplie, honorée à la fois par le courage le
plus intrépide et un dévouement infatigable au service
de la cause de la démocratie et de la République.

J'ai connu des gens plus instruits, plus cultivés,
plus fins d'esprit que Cartigny, mais je lui rends ce

---

1. Jean-Baptiste Cartigny, né à Neuville-les-Dorengt (Aisne),
en 1814, ouvrier tisseur, membre de la Société des Saisons (1839),
membre de la commission du Luxembourg (1848), candidat à
l'Assemblée Constituante dans le département de la Seine, où il
obtint 40,000 voix, transporté après les journées de juin, rentré en
France en 1850 et nommé aussitôt membre du conseil des prud'-
hommes, démissionnaire en 1851, incarcéré en 1854, président de
la commission ouvrière en 1857, président de la Société coopéra-
tive de l'Économie ouvrière, adjoint au maire du 20e arrondissement au 4 septembre 1870, mort à Paris, le 19 juin 1876.

témoignage que je n'ai jamais rencontré d'hommes
ayant un plus ferme bon sens, une expérience plus
sûre. Il était pour moi un conseiller toujours excellent
à consulter et à entendre, non pas qu'il n'eût connu,
pendant sa jeunesse, une politique plus ardente et
plus vive, celle qui fut suivie par les hommes héroï-
ques qui, de 1830 à 1848, agirent comme il convenait
d'agir alors qu'on nous refusait l'égalité politique.

Ces dévouements, ces sacrifices sont comme la
couche profonde et ignorée sur laquelle s'élève l'édifice de la démocratie républicaine.

Dans cette lutte pour le droit, Cartigny savait se
contenir et savait aussi contenir les autres, et il était
écouté, et il n'en était que plus estimé par ceux qui
le connaissaient, parce que chacun savait ce qu'il y
avait de franchise, de sincérité et d'honneur républicain dans sa parole.

La mort de Cartigny n'est pas seulement une perte
pour sa famille, pour son quartier et pour tous ceux
avec qui il a lutté pour le progrès ; c'est une perte pour
le parti tout entier. Il y a une manière de réparer cette
perte, c'est d'évoquer à certaines heures le souvenir
des morts et les grands exemples qu'ils nous laissent,
c'est de les interroger, c'est de puiser dans la religion
des morts le sentiment et la pratique du devoir qui
doivent nous soutenir à travers les luttes, les impatiences, les railleries et souvent les calomnies de la
vie publique, c'est de persévérer dans l'esprit de solidarité et d'union qui doit rallier tous les démocrates
autour du drapeau du droit et de la République. (Applaudissements.)

Cartigny, ton souvenir demeurera toujours présent
à notre mémoire. Nous nous rappellerons, dans la
bonne comme dans la mauvaise fortune, ta figure si
douce et si franche. Et, quant à moi, je devais te
payer une dette de reconnaissance, à toi qui as été
pour moi un ami et un conseiller, à toi qui m'as ou-

vert les portes de la vie politique et au souvenir de
qui je resterai toujours fidèle.

Il laisse une famille éplorée. Elle compte deux vail-
lants jeunes hommes, deux filles distinguées et généreuses, qu'il avait élevés dans ses principes. C'était là
son orgueil. C'est entre leurs bras qu'il s'est éteint en
jetant un regard confiant sur leur avenir.

Puisse le concours et le témoignage de sympathie
de leurs concitoyens leur être à tous un apaisement à
leur tristesse !

Je termine, citoyens ; je ne vous retiendrai pas plus
longtemps au bord de cette tombe, parce que je sais
que la vraie douleur est sobre de discours. Adieu, Cartigny ! (*Vive émotion et applaudissements.*)

DISCOURS

Prononcés le 24 juin 1874

AU BANQUET COMMÉMORATIF DE LA NAISSANCE DU GÉNÉRAL HOCHE

A VERSAILLES.

Nous avons raconté dans le volume précédent (tome IV, p. 13, 223 et 355) que la célébration de l'anniversaire de Hoche dans un banquet public avait été régulièrement interdite depuis la chute de M. Thiers, par les différents ministres de l'ordre moral, par M. Beulé en 1873, par M. de Fourtou en 1874, par M. Buffet en 1875. M. de Marcère, le 24 juin 1876, se fit un devoir d'autoriser la célébration publique de l'anniversaire du général républicain. Encore un effort, et de publique cette célébration devenait officielle.

Le banquet du 24 juin 1876 réunit au théâtre des Variétés plus de trois cent cinquante convives, parmi lesquels MM. Valentin, Schérer, Magnin, Gilbert-Boucher, Lelièvre, Salneuve, Ferrouillat, sénateurs, Joly, Langlois, Carrey, Journault, Rameau, Duvaux, Chaley, Roudier, Lalanne, Fallières, Gastu, députés, etc. A la fin du banquet, MM. Feray, sénateur de Seine-et-Oise, président du banquet, Albert Joly, député de la 1re circonscription de Versailles, et Gambetta prononcent les discours suivants :

M. Feray. — Mes chers concitoyens, je porte la santé du président de la République, le maréchal de Mac-Mahon, duc de Magenta ! (*Bravos.*) C'est pour la troisième fois que je suis appelé à l'insigne honneur de vous proposer cette santé : la première fois, en juin 1874,

l'Assemblée venait de confier au maréchal de Mac-
Mahon la présidence de la République et l'avait investi
de ces fonctions pour sept ans ; mais, après cette grave
décision, la majorité de cette Assemblée, qui s'était
déclarée constituante, reculait indéfiniment le vote
de la Constitution. Cette majorité n'avait qu'un but ;
maintenir le provisoire, parce que chacun des partis
monarchiques espérait faire tourner ce maintien du
provisoire à son profit. (*Très bien! très bien!*)

L'année suivante, nous avions fait un grand pas.
Grâce à l'union inébranlable des trois gauches... (*Applaudissements*), grâce à l'esprit de modération, de conciliation, qui n'a cessé de les animer, grâce aussi au
patriotisme de ceux des membres du Centre droit
qui ont fait le sacrifice de leurs préférences à l'intérêt
général, nous avons pu arriver au vote de la Constitution, et ce jour-là la France est redevenue maîtresse
d'elle-même. (*Très bien! très bien!*)

Le vote des lois constitutionnelles a été retardé parce
que l'on ne recherchait qu'une chose, les traîner en
longueur ; et c'est pour cela que nous n'avons pas pu
avoir les élections en octobre, comme nous l'avions
demandé ; elles ont été reportées à la fin de l'hiver.
Mais il a bien fallu que le jour arrivât où la France
pût faire entendre sa voix, et vous savez comme elle a
parlé, vous savez quelle éclatante manifestation a eu
lieu en faveur de la République ! (*Oui! oui! — Applaudissements.*)

Messieurs, le département de Seine-et-Oise, fidèle
à ses antécédents, a donné au principe républicain
une magnifique adhésion. Permettez-moi de saisir
cette occasion pour remercier les électeurs de Seine-
et-Oise de l'insigne honneur qu'ils m'ont fait en m'ap-
pelant à les représenter au Sénat. (*Bravo! bravo!*) Je
n'ai pu m'empêcher de penser que cette haute distinction était une approbation de la conduite que j'avais
tenue à l'Assemblée nationale. (*Assentiment.*) Ces re-

merciements, je ne les adresse pas en mon nom seul,
je les adresse au nom de mes deux amis, M. Léon Say
et M. Gilbert-Boucher. (*Très bien!*)

Maintenant, en 1876, nous avons un gouvernement
régulier, un gouvernement établi définitivement. (*Oui!
oui! — Très bien!*) Comme l'a dit hier M. le président
du Conseil, au milieu des applaudissements de la
Chambre des députés, nous avons un gouvernement
qui ne laissera pas la moindre prise aux factions...
(*Bravo!*) nous avons un ministère qui ne parle pas tous
les jours de péril social... (*Rires*), mais qui ne sépare
pas l'ordre de la liberté... (*Très bien!*), un ministère
qui ne craint pas de rendre hommage à notre jeune
et chère République, et de professer hautement son
dévouement pour elle. (*Vive approbation.*)

Messieurs, tout cela est très bien; mais ne croyez
pas que la politique soit comme une allée de jardin
bien ratissée... (*Sourires*) où il n'y a jamais de choc.
Nous sommes destinés, comme tous les peuples républicains, à avoir des incidents, sans que la marche du
gouvernement en soit entravée. (*Très bien!*) Nous
avons vu, il y a peu de jours, une protestation contre
un verdict solennel que la France avait rendu en janvier. (*Bravo! bravo! — Applaudissements répétés.*) Mais,
Messieurs, cela n'est qu'un incident; ce qui serait sérieux, c'est si la France, depuis le mois de février,
avait changé d'opinion et de sentiment; heureusement il n'en est rien. (*Non! non! — Très bien!*)

La France qui possède, la France qui travaille, veut
posséder et travailler en paix, et elle sait qu'elle ne
peut trouver la sécurité dont elle a besoin que dans le
maintien du gouvernement actuel. (*Assentiment.*) Elle
ne veut plus de révolutions (*Non! non!*); elle sait trop
ce qu'elles coûtent, et que c'est au bout du compte le
travailleur qui les paye. (*Approbation.*)

Messieurs, comme je le disais tout à l'heure, l'important est de savoir si la France a changé d'opinion;

eh bien! elle n'en a pas changé. (*Non! non!*) Nous sommes décidés à redoubler de modération, à ne pas commettre une faute. (*Très bien!*) C'est ainsi que nous montrerons notre amour pour notre chère patrie.

Unissons-nous toujours autour du président de la République qui a fait appel à tous les hommes de bonne volonté, à tous ceux qui veulent bien sacrifier leurs anciennes préférences à l'intérêt du pays. (*Très bien!*)

Trois ans de loyauté parlementaire sont venus ajouter au respect que la France tout entière portait aux trente ans de loyauté militaire du maréchal de Mac-Mahon. (*Très bien! très bien!*)

Je porte la santé du maréchal de Mac-Mahon, duc de Magenta, président de la République française! (*Bravo! bravo! — Applaudissements prolongés. — Vive la République!*)

Avant de donner la parole à M. Albert Joly, je dois, Messieurs, vous lire une lettre que l'un de nos amis a reçue de M. Jules Favre :

« Bien cher Monsieur, je n'avais pas songé ce matin, lorsque j'ai reçu votre aimable invitation, à un empêchement qui me retient forcément demain. Soyez assez bon pour agréer et faire agréer mes excuses, et croire que mes sentiments patriotiques s'unissent aux vôtres dans cette solennelle commémoration du civisme, du courage et de la vertu.

« Recevez, bien cher Monsieur, l'expression de mon bien sincère dévouement.

Jules Favre.

« Ce 23 juin 1876, au soir. »

(*Très bien! très bien!*)

La parole est à M. Albert Joly.

M. Albert Joly. — Messieurs, avant que notre vénérable président donne la parole à mon illustre collègue et ami M. Gambetta, permettez-moi, au nom

des organisateurs de cette fête, de vous adresser tous
nos remerciements. Je le ferai d'ailleurs très brièvement, ayant voyagé toute la nuit, de retour d'Avignon
où j'étais allé étudier sur place les procédés électoraux des administrateurs de cet ordre moral dont nous
parlait tout à l'heure M. Feray. (*Très bien ! très bien !*)

Cette fête, Messieurs, est aujourd'hui telle qu'elle
aurait dû être toujours, et, si je voulais mesurer la
distance qui a été parcourue depuis une année, je
n'aurais qu'à faire appel au souvenir des privilégiés
qui pouvaient assister à nos réunions traditionnelles,
et surtout à celle du 24 juin 1875, au fond de cette
cour où nous avait acculés le gouvernement de combat
pour empêcher que nous pussions parler librement
du grand citoyen qui fait l'honneur et de Versailles
et de la France tout entière. (*Très bien ! très bien !* —
Applaudissements.)

Aujourd'hui, c'est publiquement que nous célébrons
l'anniversaire de Hoche, et je ne puis m'empêcher de
me rappeler les paroles que prononçait, il y a une
année, mon honorable ami M. Gambetta, lorsqu'il nous
disait de ne pas perdre courage, et que l'année ne
s'écoulerait pas sans qu'un jour nouveau vînt à luire
sur la France. (*Vifs applaudissements.*)

Il nous ajournait au 24 juin 1876. Nous avons été
fidèles au rendez-vous, et nous vous souhaitons la
bienvenue à tous. (*Très bien ! très bien !*)

Il ne nous reste plus qu'à oublier ces trois années....
ou plutôt, non, il ne faut pas les oublier, mais chercher l'enseignement qu'on en peut tirer. (*Approbation.*)
Cet enseignement, Messieurs, je vous demande la permission de le résumer d'un mot.

Il y avait en France des républicains de nuances diverses, qui ne se connaissaient pas, qui se regardaient
avec quelque défiance. En présence de la coalition du
gouvernement de combat, ces républicains ont serré
leurs rangs, ils se sont donné la main, ils ont appris

à se connaître ; par cela même ils ont appris à s'aimer, et ils ont vaincu. (*Bravo! bravo!*)

Eh bien! il ne faut pas perdre cet enseignement, il ne faut pas nous enivrer dans la victoire ; et, pour corroborer ce qui tout à l'heure était dit par notre honorable président, parlant de l'union des trois gauches qui nous a jusqu'ici si bien servi, je crois pouvoir, au nom de la jeune génération républicaine, promettre qu'elle ne laissera pas protester cet engagement. (*Très bien! très bien!*)

Mais pourquoi faut-il qu'au milieu de cette allégresse générale, alors que Versailles est en fête, alors que la municipalité a organisé pour aujourd'hui et pour demain des réjouissances publiques, pourquoi faut-il qu'il y ait une ombre au tableau? Pourquoi ceux-là qui devraient être associés à nous dans cette grande solennité et qui devraient, eux aussi, célébrer la mémoire de Hoche, sont-ils exclus cette année encore ?

Quant à moi, Messieurs, je fais un vœu pour le 24 juin 1877. Je demande que ceux-là qui avaient vaincu sous le général Hoche, que ceux que le général Hoche a tant aimés, et qui sont, il faut l'avouer, la meilleure partie de la France, aient, eux aussi, leur participation à cet anniversaire. J'espère qu'il ne se rencontrera plus de mauvais vouloir pour empêcher que l'armée, en même temps que nous célébrons le grand citoyen, puisse, elle aussi, célébrer le grand général. (*Bravos et applaudissements prolongés.*)

M. LE PRÉSIDENT. — La parole est à M. Léon Gambetta. (*Applaudissements.*)

M. GAMBETTA. — Mes chers concitoyens, en me levant au milieu de vous sous l'émotion que m'ont causée les paroles de notre vénérable président et le langage si plein de patriotisme et de précoce sagesse de mon ami Albert Joly, je me demande ce que je peux ajouter à cette expérience, à ces conseils et à ces promesses. Je ne peux apporter ici que le langage que je

vous ai toujours fait entendre dans ces réunions qui
datent déjà de près de dix ans, qui avaient commencé
sous le régime qui nous a menés à cette triste situation de ne pouvoir plus tourner le visage vers cette
sublime figure de Hoche sans ressentir à la fois toute
l'amertume de la défaite et toute la profondeur de la
chute. (*Très bien! très bien!*)

Oui, il convient que ce soit à nos aînés les plus
expérimentés, à ceux dont la raison a fait violence à
l'éducation première, de vous faire entendre le langage de la saine politique; et quant à moi, dans cette
réunion, à l'heure où nous sommes, au lendemain
d'un triomphe qui a été trop contesté pour n'être pas
durable et efficace... (*Très bien! très bien!*) je ne veux
pas parler politique. Je veux uniquement, en quelques
mots, — car l'heure ne me paraît pas propice aux discours, — dire dans quel esprit nous sommes rassem-
blés ici, pour fêter, non pas seulement un grand capitaine, mais un homme qui, réunissant en lui toutes les
générosités, toutes les noblesses, toutes les sublimités
du génie national, était encore plus un homme d'État et
un pacificateur qu'un conquérant. (*Vive approbation.*)

En dépit de notre triomphe, et peut-être même à
cause de ce triomphe général qui a porté pour ainsi
dire la République sur le cœur de la France tout entière, je trouve qu'il est bon de se recueillir. Autant
nous étions ardents, passionnés dans la lutte difficile
et périlleuse de ces cinq douloureuses années, qui
peuvent bien être tombées dans le gouffre de l'oubli,
mais dont les conséquences subsistent encore fuman-
tes et menaçantes devant nos yeux... (*C'est vrai!*),
autant il convient, à mesure qu'on se croit plus puissant et plus vainqueur, de s'observer davantage, de se
contenir, de s'étudier, de se gouverner soi-même,
car rien n'est plus redoutable que les retours de fortune que peuvent amener l'incurie ou l'insouciance
des victorieux. (*Très bien! très bien!*)

L'âme de Hoche a été évoquée dans ce banquet fraternel, qui a bien pu s'augmenter de quelques membres, mais qui, pour être véritablement une fête nationale, devrait se faire sur la plus grande de nos places publiques, à l'ombre de nos drapeaux et à l'éclat de nos armes nationales... (*Bravo! bravo!*) Ce qu'il faut dire, c'est la pensée suprême qui nous agite et qui nous domine quand nous nous réunissons. Non, ce n'est pas une pensée de parti ; non, ce n'est pas une pure pensée politique ; c'est une pensée de concorde, de conciliation et de sacrifice pour la patrie. (*Applaudissements.*)

Et c'est pour cela que moi aussi je vois avec tristesse que la fête n'est pas complète, qu'il y manque ceux-là même qui sont le suprême espoir et la dernière ressource de la France mutilée !

Je ne veux dire qu'un mot : c'est que si la politique a changé, si la politique a discipliné tout cet immense parti de la démocratie française, ne croyez pas, mon cher sénateur (*L'orateur se tourne vers M. Feray, assis à sa droite*), que ce soit seulement par le besoin de modérer des impatiences téméraires ; c'est que tout ce grand peuple, tout ce grand parti a compris que, dans un pays dont l'intégrité avait été compromise, la politique changeait de face, s'astreignait à d'autres règles, parce que la nécessité de la reconstruction s'imposait à tous les nobles esprits. (*Bravo! bravo!*)

Et si la République, — pensez-y bien ! — est apparue à la France au jour du danger comme le dernier refuge de l'honneur, sinon de la délivrance, ce n'est pas parce qu'elle était un gouvernement supérieur, — ce qu'elle est à coup sûr, — mais parce qu'elle était surtout le seul moyen de jeter et de réunir en une seule masse toutes les forces, toutes les énergies, toutes les ressources de la nation pour en faire un solide faisceau qui peut passagèrement être abattu ou brisé, mais que tout doit tendre à reconstituer et à refaire. (*Applaudissements répétés.*)

Et on est devenu républicain, non pas seulement par sentiment, non pas seulement par l'amour d'une forme politique; on est venu à la République, — je le dis à la face de mon pays et à la face du monde, — parce qu'on ne peut aujourd'hui être un vrai patriote que sous son drapeau. (*Acclamations et cris : Vive la République!*)

C'est pourquoi nous pouvons défier les dernières tentatives d'une politique de dépit qui, se sentant vaincue sur ses derrières, impuissante à mettre la main sur l'avenir, peut bien troubler quelque spéculateur de Bourse, servir quelques ambitions personnelles, favoriser l'éclosion de quelques intrigues, mais qui, à coup sûr, n'est pas de taille à barrer le chemin à la France qui veut se relever. (*Bravo! bravo!*)

Oui, nous avons une Constitution; elle est sortie à la fois de la nécessité et de la raison publique, et, quoi qu'on en ait dit, ce ne sont pas les Constitutions les plus parfaites qui protègent le mieux les peuples, ce sont les Constitutions les mieux appliquées, ce sont les Constitutions loyalement pratiquées... (*Très bien!*), ce sont les Constitutions à l'ombre desquelles les agents du pouvoir, fidèles et consciencieux, servent au lieu de trahir... (*Bravo! bravo! — Applaudissements répétés*); ce sont les Constitutions avec lesquelles on peut défier les conflits, grâce à deux choses : la fermeté et la cohésion dans la majorité, la sagesse et l'opportunité dans les conseils du pouvoir. (*Approbation.*)

Eh bien! on peut dès aujourd'hui écrire l'histoire du parti républicain dans les deux Chambres : il a donné au pays déjà, — et c'est un augure qui ne sera pas démenti, — la preuve de son esprit de légalité, de modération, d'union et de concorde; et il oblige ses adversaires à jeter bas le masque, à se révéler pour ce

qu'ils sont : de vulgaires et d'incorrigibles agitateurs.
(*Vive approbation.*)

Cette première attitude, le pays l'a jugée, il l'a comprise, et c'est pour cela que vous aviez raison d'affirmer que le pays n'a pas changé. Ah ! il s'en faut qu'il
ait changé ! Ce que le pays a fait depuis le 20 février?
Il a observé, et il s'est demandé de quel côté se trouvait, je ne dis pas la modération, mais l'esprit d'ex-
pectative poussé jusqu'à l'extrême limite. (*Très bien!*)
Et il ne s'est ni impatienté, ni étonné de cette sage
lenteur; il y a reconnu l'habitude et le ferme propos
de ne rien livrer au hasard de ce qui peut lui être
ravi, de ne rien abandonner, de tout attendre, non pas
du temps, mais de la fermeté et de la persévérance
obstinée dans la défense des principes. (*Nouvelle
approbation.*) Car on défend les principes de bien des
manières; mais il y en a une qui n'est pas efficace,
c'est la violence et la déclamation. (*Assentiment.*)

Il y a un autre moyen de défendre les principes :
c'est de toujours serrer l'adversaire corps à corps, de
ne pas lui permettre de choisir lui-même le terrain de
la lutte, de le ramener quand il s'en écarte, de le
laisser commettre le premier toutes les fautes, de se
donner légitimement devant le pays le rôle le plus
glorieux qui puisse incomber à des hommes politiques, celui de la légitime défense de l'ordre social
et des libertés publiques. (*Bravo! bravo!*)

Cette politique, elle est la nôtre. Je me trompe,
Messieurs : elle est la vôtre, c'est celle du pays, car ce
pays, je le connais, — je le dis sans autorité personnelle supérieure à la vôtre, mais, à coup sûr, avec les
renseignements qu'une enquête assidue, qu'une attention passionnée et de tous les instants peut apporter
à un esprit réfléchi et sincère. Eh bien, je le déclare,
ce que la France veut, ce n'est pas seulement la République, c'est l'ordre républicain. (*Applaudissements
prolongés.*)

Cet ordre, vous le lui avez assuré, et ce ne sont pas les pygmées ridicules et prétentieux... (*Très bien!*) qui peuvent bien proférer derrière leurs canapés et dans les coulisses des menaces contre l'avenir des institutions républicaines, hausser leur taille et enfler leurs propos ; ce ne sont pas eux qui réussiront à ébranler la confiance du pays non seulement dans ses institutions, mais dans lui-même. (*Très bien — Très bien!*)

Et au fond, si à l'intérieur la politique doit être modérée, cela ne veut pas dire qu'elle ne doit pas être ferme. Elle doit être ferme, mais elle doit être précise ; elle ne doit pas prodiguer cette fermeté à tout propos, la porter indifféremment sur toutes les questions, celles qui sont mûres et celles qui ne le sont pas, celles qui sont chimériques et celles qui sont pratiques ; elle doit être ferme sur quoi, Messieurs? sur le sentiment des Français. (*C'est cela! — Très bien!*)

Elle doit être ferme sur les points qui ont été voulus et résolus par la seule autorité devant laquelle un homme libre doive s'incliner : l'autorité du pays, manifestée par la grande voix du suffrage universel. (*Bravo! bravo!*)

Cette politique à l'intérieur, vous avez déjà pu en sentir les effets ; vous les constaterez successivement, vous débarrassant jour à jour des misérables obstacles qu'on a laissés sur votre route. Est-ce que vous croyez que ces obstacles eux-mêmes ne sont pas, — permettez-moi le mot, — une sorte de don gracieux du hasard et de la fortune ? Savez-vous ce que je redoute le plus, Messieurs? Ce sont les majorités qui manquent d'équilibre et de contre-poids, qui manquent d'adversaires ; ce sont les majorités dont la force peut égarer la raison. Ce que je veux pour notre parti, jusqu'à ce que la démocratie soit véritablement maîtresse d'elle-même, éclairée sur ses volontés, apte à les faire passer dans les lois et dans les mœurs, c'est qu'il ait la vie difficile, qu'il soit obligé de déployer ses facultés, son énergie et sa force; je veux qu'il puisse vaincre en conscience et en connaissance de cause, et que, le jour où la démocratie aura planté son drapeau sur une position, on ne puisse plus l'en déloger. (*Vive approbation.*)

Et ne l'oubliez pas, Messieurs! vous êtes dans un pays qui a connu quatorze siècles de monarchie, dans un pays où les préjugés, l'ignorance, l'extrême aveuglement, les prédications les plus venimeuses, l'oppression cléricale, les agents de l'étranger ont tout contaminé, tout agité, tout entravé, tout arrêté, tout étiolé, et vous ne voulez pas compter avec toutes ces difficultés séculaires? Mais vous avez le droit; vous avez la force, puisque vous êtes le nombre; vous avez la raison, puisque seul de tous les partis vous avez raison. Et vous douteriez de l'avenir? vous douteriez du triomphe de vos idées?

Oh! non, ne vous divisez pas, ne vous contredisez pas! Restez unis, forts, patients, laborieux, infatigables et confiants, et — ce n'est pas moi qui vous le promets, c'est la vérité historique qui en dépose, — votre triomphe est assuré! (*Bravos et applaudissements.*)

Puis, à côté de cette nécessité de défendre les institutions républicaines et de les garantir, de faire une garde jalouse autour d'elles, il y a une autre nécessité : c'est de gagner par la persuasion, par la parole, par le livre, par le journal, par l'exemple, par la conduite, par la moralité tous les jours grandissante, c'est de gagner, dis-je, les esprits timides, indifférents ou rebelles, mais rebelles loyaux, — car, je le répète, dans un pays comme la France, ce qu'il faut poursuivre de toute l'énergie de son âme, c'est l'union de tous les bons citoyens, indépendamment de leurs convictions et de leur passé.

Oublions ce passé! Ah! ne l'oublions pas au point d'en perdre l'enseignement; mais, inflexibles sur les idées, soyons bons et tolérants pour les hommes! (*Très bien! très bien!*)

Et ne croyez pas que cette politique puisse être ac-
cusée de faiblesse. Vous répondrez non seulement aux
impérieuses exigences de la patrie, mais à ce qu'il y a
de plus noble et de plus spontané dans le génie fran-
cais, la générosité. Il faut que tout le monde ait de la
générosité. Il ne faut pas la demander seulement à un
côté, à un parti, au parti républicain, toujours décimé
et toujours frappé : il faut aussi que de l'autre côté
on ait de la générosité, de la clémence. J'appelle pour
moi, j'appelle pour mon parti, j'appelle pour mon
pays le jour de cette clémence. Peut-être que si nous
faisons de bonne politique, je ne dis pas que vous
fondrez tous les cœurs, — il y a des cœurs plus durs
que le rocher, — mais vous fondrez la majorité des
cœurs, et alors, sans troubler l'ordre intérieur, sans
commettre aucun acte de témérité, sans susciter aucune espèce d'émotion ni de passion, vous pourrez à
votre tour faire la pacification de la France comme
Hoche fit la pacification de la Vendée! (*Acclamations.*)

Cette politique, elle a deux faces : au dedans, l'ordre républicain; au dehors, la paix poursuivie avec
intelligence, avec une infatigable discrétion, la paix,
dont la République seule peut assurer l'affermissement. Et je le dis parce que la pensée m'en vient à
l'esprit, — est-ce que, il y a trois mois, deux mois, un
mois encore, si la France n'avait pas été en République, si elle avait eu à sa tête une dynastie, un pouvoir personnel ou héréditaire, en quête de prestige,
est-ce que vous pensez que les commotions qui se dé-
chaînaient ou qui menaçaient en Europe n'auraient
pas rencontré là un ferment redoutable? Ce qui
fait, Messieurs, que la France bénit la République à
l'heure actuelle, c'est qu'elle comprend qu'au milieu
des complications extérieures de l'Europe, grâce à
l'impersonnalité de son gouvernement républicain,
elle n'a que faire d'aller s'aventurer dans des querelles diplomatiques où le sang et le canon finissent

toujours par avoir le dernier mot. (*Vive adhésion.*)

La République, c'est donc la paix à l'extérieur ; la République, c'est la paix, non seulement pour la France, mais, — je le dis, — c'est peut-être la paix pour le monde. (*Bravo !*) A la condition, toutefois, que cette République soit une République réellement française, une République nationale, également indifférente à tout ce qui n'est pas l'intérêt national... (*Très bien!*), résolue à ne s'occuper que d'elle, à ne penser que pour elle, à rester maîtresse de ses mouvements, à ne se compromettre avec personne, — autrement elle commettrait le dernier des sacrilèges, ayant à s'occuper tant d'elle-même !

Par conséquent, je le dis sous l'invocation de cette noble figure, nous n'avons pas à élever nos regards trop haut ni trop loin : nous avons à les ramener sur nous-mêmes, à panser nos plaies, cicatriser nos blessures, refaire l'intelligence nationale.

Du travail, des écoles, de la justice, voilà notre programme ; nous n'y faillirons pas, parce que tous, quel que soit notre tempérament, quelles que soient nos tendances, dans les rangs du parti républicain, nous n'avons qu'un dogme, nous n'avons qu'une volonté : le triomphe d'une démocratie pacifique et libre ! (*Bravos et acclamations prolongés*).

DISCOURS

SUR

UNE INTERPELLATION AU MINISTRE DE LA GUERRE

Prononcé le 3 juillet 1876

A LA CHAMBRE DES DÉPUTÉS

On a vu plus haut (page 212) que M. Dufaure avait annoncé, dans la déclaration du 14 mars, que le gouvernement proposerait à la Chambre la modification de la loi sur la liberté de l'enseignement supérieur. — Il doit être superflu de rappeler ici pourquoi, de toutes les lois néfastes votées par l'Assemblée nationale, aucune ne constituait un danger plus redoutable pour l'avenir de la société française que la loi du 12 juillet 1875, et pourquoi, de toutes les dispositions pernicieuses de cette loi, aucune ne l'était davantage que celle qui, par les articles 13 et 14, établissait le système des jurys mixtes. — Dès le 23 mars, M. Waddington, ministre de l'instruction publique, s'était conformé à l'engagement pris dans la déclaration du 14 en déposant le projet de loi suivant :

« Art. 1er — Sont abrogées les dispositions des articles 13 et 14 de la loi du 12 juillet 1875.

« Art. 2. — Les élèves des Facultés libres peuvent se présenter, pour l'obtention des grades, devant les Facultés de l'État, en justifiant qu'ils ont pris, dans les Facultés dont ils ont suivi les cours, le nombre d'inscriptions voulu par les règlements. »

Ce projet de loi avait été accueilli avec une vive satisfaction par le parti républicain, qui estimait, avec M. Challemel-Lacour, que la loi du 12 juillet ne portait pas seulement une atteinte périlleuse à l'honneur intellectuel de la France.

mais qu'elle compromettait encore notre unité morale, la
sécurité de notre gouvernement civil et même notre situation à l'extérieur. En revanche et comme de juste, ce projet
avait déchaîné toute la colère du parti catholique. Ce ne fut
qu'un long cri de rage dans toute la presse cléricale. Les réacteurs de la rue de Poitiers et de l'Assemblée nationale qui
commençaient déjà à s'intituler, avec une ridicule audace,
les *libéraux*, éclatèrent en plaintes et en menaces. Les évêques fondateurs de l'Université libre de Paris protestèrent
solennellement. M. Dupanloup déclara que, la collation des
grades, c'était la liberté même de l'enseignement. M. Guibert,
archevêque de Paris, affirma que le projet de loi de M. Waddington allait être le signal d'une persécution générale contre
la religion chrétienne. Les intrigues qui devaient aboutir au
16 mai furent renouées dans tout le camp clérical avec une
nouvelle vigueur.

Cette explosion significative n'eut qu'un résultat : elle
éclaira définitivement les derniers hésitants. La Chambre
comprit que les législateurs du 12 juillet n'avaient affublé
cette loi du nom de liberté que comme d'un masque trompeur, et elle se mit résolument à l'œuvre. Dès le 7 juin, le
projet de M. Waddington fut adopté par 357 voix contre 122,
à la suite d'un remarquable débat où les droits de l'État
furent vigoureusement défendus par le ministre de l'instruction publique et par MM. Spuller, Jules Ferry, Deschanel et
Pascal Duprat. Le césarisme clérical avait eu MM. Paul de
Cassagnac, Keller, de Mun et Raoul Duval pour avocats.

L'évêque d'Orléans et ses amis s'attendaient à ce vote.
Ils n'avaient lutté à la Chambre des députés que pour l'honneur des « principes ». C'était sur le Sénat qu'ils comptaient,
et ils ne comptaient pas à tort sur cette Assemblée. Dans
l'esprit des républicains qui avaient voté la constitution du
25 février, le Sénat était destiné à jouer le rôle d'une Chambre de pondération et de contrôle. Il avait pour but, dans
l'esprit de M. de Broglie, d'être une chambre de conflit.
Le Sénat de 1876 décida d'être une chambre de conflit.
Le 16 juin, M. Buffet avait été élu sénateur inamovible par
143 suffrages contre 141 donnés à M. Renouard [1] : le 18, le

─────────

1. En remplacement de M. Ricard qui venait de mourir (11 mai),
et qui avait été remplacé au ministère de l'intérieur par M. de
Marcère.

vote des bureaux pour le choix de la commission chargée d'examiner la proposition de M. Waddington donna six commissaires de droite contre trois commissaires de gauche, et le 20 juillet la loi votée par la Chambre fut rejetée par 144 voix contre 139 [1].

C'était le deuxième défi jeté par la Chambre haute à l'opinion publique dans l'espace d'un mois, et la colère du parti républicain fut d'autant plus vive qu'à la veille même du vote sénatorial, une interpellation de M. Gambetta avait démontré quelle était la nécessité de plus en plus urgente de protéger efficacement contre la société de Jésus les droits de l'État et l'honneur de l'enseignement national. Cette interpellation, dont le retentissement fut considérable, avait été motivée par ces faits que, le 29 juin, les candidats concourants pour l'École polytechnique avaient été avertis que les élèves des jésuites de la rue des Postes connaissaient à l'avance le sujet de l'épure (l'intersection d'une hyperboloïde et d'un cône ayant une génératrice commune), que la légitimité de cette accusation avait été aussitôt reconnue, et que le professeur qui avait choisi le sujet de la composition était attaché en même temps à l'École polytechnique et à l'école dirigée par le père Du Lac.

Nous reproduisons *in extenso* le compte rendu de la séance du 3 juillet :

M. le président Grévy. — M. Gambetta a déposé une demande d'interpellation à M. le ministre de la guerre : 1° Sur les faits qui se sont produits à Paris, le jeudi 29 juin, au concours des examens d'admission à l'École polytechnique ; 2° sur les mesures que le ministre entend prendre pour empêcher à l'avenir la reproduction de pareils faits ; 3° sur la nécessité de procéder, sous l'autorité des ministres de la guerre et de l'instruction publique, à une enquête dont feront partie trois députés et deux sénateurs désignés par les ministres compétents.

1. Le projet de loi fut soutenu au Sénat par MM. Waddington, Challemel-Lacour, Bertauld, Fouché de Careil, Jules Simon, Dufaure et Ernest Picard. Il fut combattu par MM. Paris, Wallon, Laboulaye, Dupanloup, de Broglie et de Belcastel.

La parole est à M. le ministre de la guerre.

M. LE GÉNÉRAL DE CISSEY, *ministre de la guerre.* — J'accepte l'interpellation.

Je dirai tout d'abord qu'une enquête a été faite en partie par M. le ministre de l'instruction publique. J'ai envoyé chercher M. le ministre de l'instruction publique au Sénat; je ne sais pas encore s'il y est arrivé. Je crois donc qu'il vaudrait mieux remettre à demain la discussion de l'interpellation.

Pour mon compte, quoi qu'il en soit, je suis prêt à répondre immédiatement en ce qui concerne le ministre de la guerre.

M. GAMBETTA. — Messieurs, puisque M. le ministre de la guerre veut bien accepter l'interpellation immédiatement, comme en somme elle ne vise que lui, puisque l'École polytechnique est dans son département et non dans celui de M. le ministre de l'instruction publique, je vais développer immédiatement et très brièvement les motifs de l'interpellation que j'ai l'honneur de lui adresser.

Messieurs, au mois de juin dernier, le 29, le concours d'examen pour l'admission des élèves à l'École polytechnique avait lieu à Paris, dans quatre locaux différents, à la Sorbonne, à la salle Gerson, à la grande orangerie du Luxembourg et, je crois, au lycée Saint-Louis.

Avant même que les candidats des lycées de Paris ou des institutions particulières qui préparent les élèves pour l'École polytechnique aient franchi le seuil des salles d'examen, le bruit s'était répandu parmi eux que le sujet de la composition de géométrie descriptive qui devait être l'objet de leur concours était connu d'une certaine catégorie de candidats. Ce bruit avait pris une consistance et une précision tout à fait singulières. Et, comme l'attention, non seulement des élèves, mais des professeurs était éveillée depuis quelques années sur des rumeurs

semblables, sur des faits qui avaient été dénoncés
antérieurement et qui n'avaient pas pu être suffisamment établis ou suffisamment recherchés, plusieurs
d'entre les concurrents résolurent de porter à la connaissance du capitaine délégué par le ministre de la
guerre, qui préside aux examens, le bruit qui circulait.

Un élève, un excellent élève du lycée Saint-Louis,
dans une salle, dans une autre, un élève du lycée
Louis-le-Grand, dans une autre encore, un élève de
l'institution Sainte-Barbe, firent part aux capitaines
qui présidaient les sections que le sujet de géométrie
descriptive qui était encore renfermé sous l'enveloppe,
scellée et cachetée, envoyée par la direction de l'É-
cole polytechnique, devait contenir tel problème, et
ils l'indiquaient avec la dernière précision.

Quand l'enveloppe dans laquelle se trouvait le projet d'épure eut été ouverte, il se trouva que tel était
bien en effet le problème annoncé par l'élève au capitaine présidant le concours.

Vous imaginez, Messieurs, l'émotion qui se répandit naturellement parmi les candidats présents, les
protestations qui se firent entendre, l'étonnement du
capitaine chargé de maintenir l'ordre et la discipline
au milieu de ce jeune et un peu ardent personnel, et
enfin la nécessité d'en référer à l'autorité supérieure.

En effet, on envoya un planton avec le détail des
faits qui venaient de s'accomplir dans cette séance.
Un fait analogue se passait à côté ; les mêmes mesures y avaient été prises. La direction supérieure
de l'École polytechnique, très émue des révélations
qui lui étaient faites, ordonna qu'on suspendrait l'examen et qu'on remettrait la composition à un jour
ultérieur, en changeant la nature du sujet et les conditions du problème.

Messieurs, le bruit de ce fait, que je raconte dans
toute sa simplicité, se répandit dans Paris. Il y causa
une émotion que vous comprenez et que vous par-

tagez; car il s'agissait, en somme, d'un intérêt qui touche presque toutes les familles, d'un intérêt de justice, d'une inégalité et, pour tout dire, d'une fraude ou, tout au moins, d'une indiscrétion qui avait les plus graves conséquences au point de vue du droit des candidats, au point de vue de l'honneur même de l'enseignement public, au point de vue du recrutement de nos écoles, et, par nos écoles, de nos grands corps militaires, et qui, enfin, venait donner un surcroît d'aliment aux inquiétudes de l'opinion sur certains procédés et sur certaines faveurs dont sont l'objet certaines institutions. (*Très bien! à gauche.*)

Je me garderai bien de préciser, de rien accentuer. Je n'ai pas la prétention d'avoir fait une enquête en vingt-quatre heures... (*On sourit à gauche*); je ne sais rien qui soit digne d'être porté, quant à présent, à la tribune française. Ce sont des allégations, ce sont des signatures, ce sont des plaintes; mais cela n'a qu'une valeur privée.

Mais ce qu'il faut, je crois, pour répondre aux légitimes inquiétudes de l'opinion, à l'inquiétude de vos propres consciences, c'est évidemment qu'on fasse une enquête sérieuse, une enquête où l'on entende tout le monde; qu'on recueille surtout les déclarations des candidats, des hommes chargés de la direction de ces candidats et qui, vivant dans ce milieu scolaire, — milieu de travail, d'application et d'honneur, — pourront vous apporter des témoignages précis, circonstanciés, non seulement sur le fait qui nous occupe, mais sur les faits antérieurs.

Cette enquête, Messieurs, il ne faut pas évidemment qu'elle soit dirigée avec un esprit de parti. C'est pour cela que je demande que ce soit M. le ministre de la guerre, associé à M. le ministre de l'instruction publique, qui la dirige. Mais en même temps, pour la mettre au-dessus de toute espèce de soupçon, de tout grief de la part des esprits les plus chagrins, je de-

mande que, toujours par voie de désignation directe
des ministres compétents, on veuille bien prendre
sur les bancs de cette Chambre et sur ceux de l'Assemblée qui est au-dessus de nous, des membres qui
seront chargés d'assister et de procéder... (*Interruptions à droite.*)

Plusieurs membres. — A côté de nous !

M. GAMBETTA. — Messieurs, je crois qu'il n'y a rien
de surprenant dans mes paroles. (*Non ! non !*) Je n'ai
voulu donner qu'une pure indication de fait et qui
tient bien plus à la position topographique qu'à une
situation hiérarchique. (*Rires.*)

Je dis, Messieurs, qu'il faut que cette enquête soit
faite dans des conditions d'impartialité et surtout de
pénétration virile qui fassent que nul ne puisse contester le caractère et l'autorité des résultats et des
conclusions auxquels on arrivera. (*Très bien !*)

Voilà le premier point sur lequel je désire obtenir
une réponse de M. le ministre de la guerre.

Le deuxième, c'est celui-ci :

On s'est enquis. Tout le monde a fait ses hypothè-
ses sur l'origine du fait, sur le moyen employé pour
arriver ou à l'indiscrétion ou à la fraude, et alors on
a rencontré devant soi certains éclaircissements, certains renseignements qui s'imposent. Non pas que je
veuille accuser personne ; mais enfin, il faut bien
tenir compte de ce qui s'est dit, et de ce qui s'est dit
avec quelque apparence de vérité... (*Ah ! ah ! à droite.*)
Vous vous étonneriez moins si vous me laissiez achever.

Je dis que ce qui a frappé l'esprit public, ce qui ne
manquera pas de vous frapper vous-mêmes, c'est que
des professeurs de l'État, payés par l'État, attachés
par l'État à l'instruction des élèves résidant dans
l'École polytechnique après leurs examens, peuvent,
au mépris, je crois, des règlements, ne se contentant
pas de la situation officielle qui leur est imposée par
l'État, aller au dehors dans des institutions de diver-

ses natures, donner des leçons particulières et par
conséquent apporter dans ces institutions privées, au
détriment de l'État, au détriment de la sécurité des
études, de la loyauté des concours, des renseignements qu'ils ne peuvent posséder que grâce aux fonctions mêmes qu'ils exercent dans une institution de
l'État. (*Très bien! très bien! — Applaudissements à
gauche.*)

Je ne dis pas que cela soit; je désire même que
l'enquête, à laquelle vous ordonnerez qu'il soit procédé, démontre qu'il n'en est pas ainsi.

Mais je dis que rien n'est plus naturel, que rien
n'est pour ainsi dire plus nécessaire, que le raison-
nement qui consiste à dire qu'un professeur, ou un
répétiteur, ou un examinateur, qui est à la fois professeur de l'État et professeur d'une institution particulière, n'est pas dans une situation régulière et
au-dessus du soupçon. (*Très bien! très bien! à gauche.*)

M. Charles Fournier. — Il n'y a pas un seul professeur à l'école qui puisse avoir fait cela!

M. Gambetta. — Je ne dis pas qu'il y ait un professeur à l'école qui puisse faire cela. Entendons-nous
bien! Je n'attaque personne; j'attaque l'abus, j'attaque
la pratique qui s'est établie que des professeurs soient
employés dans des institutions qui, si elles ne sont
pas rivales, ont un caractère absolument opposé.
(*Très bien!*)

Voilà ce que j'attaque. Je dis que cela n'est pas
bon, que cela est contraire au devoir professionnel,
que cela est contraire même aux règles et à la pratique traditionnelle de l'Université et de l'État. (*Très
bien! très bien! à gauche.*)

Eh bien, il faudra qu'on nous dise si on entend
prendre des mesures pour que cette sorte de cumul
soit interdit sévèrement à l'avenir. S'il est nécessaire
de prendre des mesures particulières pour que le
traitement des professeurs à l'École polytechnique

soit véritablement rémunérateur, eh bien, vous les prendrez... (*Très bien! très bien!*); car vous n'économiserez pas, je pense, quelques mille francs par an sur le budget de la France, quand vous saurez que, grâce à ce traitement, vous assurerez la loyauté et l'honneur du recrutement de vos écoles. (*Très bien! très bien! à gauche.*)

M. Robert Mitchell. — L'honneur des professeurs est au-dessus d'une somme de 1,000 francs!

M. Gambetta. — Je ne parle pas de l'honneur des professeurs; il s'agirait de bien nous entendre. Je parle de la loyauté du recrutement. (*Mouvements divers.*)

Un membre à gauche. — Ne répondez pas! — On veut faire une diversion!

M. Gambetta. — Tels sont les deux points principaux que j'indique simplement à l'attention du cabinet. Mais permettez-moi de vous dire pourquoi je suis amené à faire cette interpellation.

C'est que le *Journal officiel*, dès le samedi 1er juillet, c'est-à-dire vingt-quatre heures après que des faits aussi graves avaient été dénoncés, s'est empressé de nous faire connaître qu'il n'y avait là que des incidents regrettables et presque des malentendus, qu'on avait fait une enquête, et que cette enquête était terminée presque en même temps qu'elle avait été entreprise.

Alors j'ai eu quelque inquiétude sur la valeur de ces renseignements... (*Rumeurs sur quelques bancs à droite.*)

Cela vous étonne? Vous n'avez aucune inquiétude, vous? (*Rires et très bien! très bien! à gauche.*)

M. le baron Jérome David. — Nous en avons beaucoup, au contraire.

M. Gambetta. — Je dis, Messieurs, que la lecture, au *Journal officiel*, de ce communiqué, qui avait pour but de répondre aux protestations, aux indignations de la conscience publique, est cela même qui a augmenté, permettez-moi le mot, mes soupçons.

En effet, je vais vous en lire quelques extraits, et vous verrez que, si l'on avait voulu couper court à toute espèce d'examen et de recherche, se débarrasser d'une question gênante, on n'aurait pas procédé autrement. (*Très bien! très bien! à gauche.*)

Le fait se produit le jeudi : il est porté à la connaissance du public le jeudi soir. C'est le vendredi qu'on le connaît, le vendredi soir; car le journal est imprimé le soir pour paraître le matin, et, le samedi matin, on lit dans le *Journal officiel* la note suivante :

« Il résulte d'une enquête minutieuse... » (*Exclamations et rires à gauche et au centre.*) « faite par M. le directeur des études de l'École polytechnique, que si, en raison des opérations multiples qu'exigent l'impression et l'envoi des sujets de compositions pour l'admission à cette école, il a été commis quelques indiscrétions regrettables relatives à la composition de géométrie descriptive, elles n'ont été le monopole d'aucun établissement en particulier. » (*Oh! oh! à gauche.*)

Eh bien, je me permettrai de dire qu'on va bien vite au-devant du reproche et qu'il est bien difficile que, dans le temps qui a séparé la révélation du moment où a paru la note, on ait pu savoir qu'aucun établissement particulier n'avait eu le monopole de l'indiscrétion. (*Assentiment à gauche.*)

Je voudrais qu'on me dise par qui, comment, sur quel personnel a porté l'enquête.

« Les officiers chargés de la surveillance des compositions ont constaté que les élèves des divers lycées, des collèges Rollin et Chaptal, et des autres établissements privés, étaient arrivés au concours également renseignés. Ce fait a été confirmé par l'enquête. »

Ceci est de la dernière naïveté.

Il est bien certain, en effet, que, lorsque les élèves

qui se sont rendus au concours, — d'où qu'ils vinssent, — qui ont appris par un de leurs camarades qu'une partie des concurrents connaissait l'épure, ils ont été tous également renseignés avec la rapidité qui est propre aux conversations entre jeunes gens.

« Ce fait, ajoute la note officielle, a été confirmé par l'enquête. »

Quel fait a été confirmé par l'enquête? C'est que tout le monde en parlait, le savait, que tout le monde disait qu'un certain établissement avait eu la communication, qu'on racontait comment la communication avait été faite. Evidemment cette confirmation de l'enquête ne prouve qu'une chose : l'unanimité et la généralité des protestations dirigées contre cette indiscrétion. (*C'est cela! — Très bien! à gauche.*)

« Les proviseurs, continue le rédacteur de la note, n'ont d'ailleurs adressé aucune réclamation au directeur des études de l'École. C'est spontanément qu'il a suspendu la composition pour donner un autre sujet. »

Les proviseurs n'ont en effet adressé aucune réclamation au directeur de l'École ; savez-vous pourquoi? C'est qu'ils n'ont pas le droit d'assister leurs élèves dans les examen s, et il eût été étrange que les proviseurs, qui étaient dans leurs établissements, eussent pu adresser au directeur de l'École des protestations pour des faits qui se produisaient à la Sorbonne ou au Luxembourg. Je trouve donc là beaucoup de détails sur des choses superflues et inutiles.

Mais, quant au point précis qui nous occupe, on se renferme dans une discrétion que je trouve aussi regrettable que les indiscrétions dont on parle. (*Approbation à gauche.*)

J'ajoute qu'il y a une erreur matérielle dans ce paragraphe : c'est qu'il y est dit que c'est spontanément qu'on a suspendu les compositions pour en donner une autre.

Cela n'est pas exact. En effet, les protestations ont
été plus ou moins violentes dans certaines salles et
plus ou moins réprimées dans d'autres. Et il est arrivé
ceci : que les uns, d'accord avec le capitaine, n'ont
pas procédé à la composition, qu'on a envoyé un planton à l'École polytechnique, et que l'ordre est venu de
ne pas continuer la composition.

On nous a dit que ces bruits étaient la reproduction
des bruits et des protestations qu'on connaissait déjà,
et qui avaient eu lieu les années antérieures, que par
conséquent il n'y avait pas à s'y arrêter, et qu'il fallait
continuer la composition.

Vous voyez que ce n'est pas spontanément, que c'est
par suite du refus des élèves de procéder à la composition, et par suite du caractère passionné de la révélation, qu'on a été dans la nécessité, pour ne pas violer
la justice et l'égalité, de retirer la composition, non
seulement à ceux qui avaient protesté, mais aussi à
ceux qui étaient en train de faire la composition dans
les autres salles.

Il y a plus : cette composition qu'on a retirée à Paris,
on ne l'a pas retirée en province où on a continué la
composition sur le même problème.

Or, je me demande jusqu'à quel point l'égalité n'est
pas rompue ; car ce qui s'est passé à Paris peut très
bien s'être passé en province, c'est-à-dire que les candidats de province subiront l'inégalité de traitement,
et ceux de Paris profiteront dans une certaine mesure
du changement de composition.

Ainsi, Messieurs, j'ai relevé trois inexactitudes. Je
vous ai expliqué d'abord pourquoi les proviseurs n'ont
pas protesté, et puis je vous ai expliqué en quoi le
mot spontanément était mal choisi, puisque c'était
forcément qu'il aurait fallu dire.

« Au reste, dit encore la note, la garantie d'équité
la plus absolue ne résulte-t-elle pas du caractère même
aussi libéral qu'honorable des anciens élèves de l'É-

cole polytechnique auxquels la direction des études
et des examens est exclusivement confiée? »

Je dirai, Messieurs, que c'est précisément là qu'est
le danger : c'est sous le couvert d'honorabilités incon-
testées, de dignité professionnelle des hommes qui
composent le conseil des études de l'École polytechnique que la fraude vient s'abriter pour pouvoir plus
aisément faire ses ravages, et c'est pour ne pas laisser
déchoir ce bon renom de l'École polytechnique que je
demande que les professeurs de cet établissement
soient au-dessus de tout soupçon.

« Depuis de longues années, — c'est par là que la
note se termine, — les épreuves pour l'admission ont
été confiées au conseil et à la direction des études de
l'École. Si ce qui vient de se passer faisait reconnaître
qu'il y a lieu d'apporter des changements à l'ordre
de choses actuel, le conseil de perfectionnement serait appelé à donner son avis. »

Je crois, Messieurs, que c'est précisément ce qui
doit sortir de l'enquête; ce sont les réformes qui pourront empêcher la reproduction de semblables abus.

Je demande cette enquête d'abord pour arriver à la
découverte de la vérité. Il est impossible qu'on ne
sache pas, en remontant de déposition en déposition,
quel a pu être l'auteur de l'indiscrétion; il s'agit de
vouloir le chercher.

Je crains, Messieurs, que l'enquête dont on vous
donne les résultats n'ait été ni assez minutieuse ni
assez vigoureuse pour qu'on ait réussi à atteindre le
coupable, quel qu'il soit.

Vous êtes là en face d'une question qui touche à l'a-
venir même de ce pays-ci, qui met en jeu, — et vous
savez à quoi je fais allusion, — qui met en jeu l'influence de l'esprit de domination jésuitique...

A droite. — Ah! ah! nous y voilà!

Voix nombreuses à gauche et au centre. — Oui! oui!

— Très bien! très bien! (*Applaudissements.*)

M. LE COMTE DE MUN. — Je demande la parole.

M. LE BARON TRISTAN LAMBERT. — C'est la première aux jésuites!

M. GAMBETTA. — C'est la première, dites-vous? ce ne sera pas la dernière, allez! (*Très bien! très bien! à gauche et au centre.*)

A droite.— Nous sommes payés pour le savoir.

M. GAMBETTA. — Ce n'est un secret pour personne que dans les examens qui ont eu lieu les élèves qui ont protesté appartenaient aux lycées; ceux qui n'ont pas protesté appartenaient à d'autres institu-tions... (*C'est cela! c'est cela! à gauche. — Réclamations à droite.*)

M. DE LA BASSETIÈRE. — Ils n'en savaient rien!

M. GAMBETTA. — Ce n'est un secret pour personne que, l'an dernier notamment, il s'était produit une indiscrétion, comme on dit, regrettable... (*Rires à gauche*), qu'on n'a pas voulu rechercher ni poursuivre, et cette indiscrétion...

Voix à droite. — C'est inexact!

M. GAMBETTA. — Laissez-moi finir...

M. LE COMTE DE MAILLÉ. — Vous n'avez pas le droit de faire ici des insinuations! (*Réclamations à gauche.*)

M. GAMBETTA. — Je suis dans mon droit.

A gauche. — Oui! oui! Parlez!

M. LE COMTE DE MAILLÉ. — Vous faites un procès de tendance! (*Allons donc! à gauche.*)

M. LE PRÉSIDENT. — Vous n'avez pas la parole!

M. GAMBETTA. — Je dis que, l'an dernier, une indis-crétion analogue s'était produite. Elle était venue à la connaissance du proviseur de l'un de nos lycées de Paris. Savez-vous ce qui fut fait?

Le proviseur écrivit, avant l'examen, au directeur de l'École polytechnique pour lui dire : La composition est connue; je vous prie de la changer.

M. ROBERT MITCHELL. — C'était avant la République, cela!

M. GAMBETTA. — C'était l'an dernier : la République était proclamée... (*Interruptions à droite.*)

M. Robert Mitchell dit : C'était avant la République...

Plusieurs membres à gauche. — Ne répondez pas!

M. GAMBETTA. — Soyez sans inquiétude, je veux répondre.

M. Robert Mitchell me dit : « C'était avant la République! » Il se trompe, la République existait. Elle n'était peut-être pas confiée à des mains très républicaines ; mais, grâce à Dieu, depuis 1870, nous sommes débarrassés de la pourriture impériale... (*Bravos et bruyants applaudissements à gauche et au centre. — Vives protestations à droite.*)

(MM. Granier de Cassagnac, Rouher, Tristan Lambert, de Guilloutet et plusieurs autres membres siégeant à droite se lèvent et protestent avec une grande vivacité.

De bruyantes interpellations s'échangent entre la droite et la gauche de la Chambre.)

M. ERNEST DRÉOLLE, *à M. Gambetta.* — Vous avez prêté serment à l'empire!

M. GRANIER DE CASSAGNAC PÈRE. — Oui, et vous vous en êtes fait honneur!

M. ERNEST DRÉOLLE.—Ce qui ne vous a pas empêché de le violer, ce serment!

M. LE BARON DE SAINT-PAUL, *à M. Gambetta.* — Vous vous trompez de date : la pourriture, elle date du 4 septembre! (*Bruit confus.*)

M. LE BARON TRISTAN LAMBERT. — C'est abominable! On ne doit pas tolérer un pareil langage.

M. LE PRÉSIDENT. — Demandez la parole pour répondre, mais cessez ces interruptions.

M. ROBERT MITCHELL. — Je la demande.

M. D'ARISTE.—Qu'est-ce qui a le plus aidé au succès des Prussiens si ce n'est le 4 septembre?

M. LE BARON TRISTAN LAMBERT. — Le 4 septembre n'a pas la parole...

M. LE PRÉSIDENT. — N'interrompez donc pas, monsieur Tristan Lambert !

M. LE BARON TRISTAN LAMBERT. — Nous ne pouvons pas laisser insulter l'empire.

M. LE PRÉSIDENT. — Veuillez, Monsieur, ne pas interrompre et reprendre votre place et garder le silence, ou je serai forcé de vous rappeler à l'ordre.

M. DE GUILLOUTET. — Nous sommes cent ici que l'orateur a insultés à la tribune. Veuillez le rappeler à l'ordre, monsieur le président ! (*Exclamations à gauche. — Agitation tumultueuse.*)

M. LE BARON DE SEPTENVILLE. — Ce n'est pas seulement cent de ses collègues, c'est huit millions de Français que l'orateur insulte. (*Bruit général et confus.*) L'empire n'a-t-il pas été sanctionné par la nation ?

Voix au centre. — Pas après Sedan !

M. GAMBETTA, à la tribune, s'efforce vainement de se faire entendre.

M. LE PRÉSIDENT. — Cette situation n'est pas parlementaire, il faut qu'elle ait un terme. (*Très bien ! à gauche et au centre.*)

M. LE BARON TRISTAN LAMBERT, *à M. Gambetta.* — Parlez de la pourriture Garibaldi et Bordone !

Plusieurs membres à droite. Il faut que ce mot-là soit retiré ! (*Non ! non ! à gauche.*)

M. DE GUILLOUTET. — Que ceux qui parlent de pourriture impériale rendent leurs comptes !

M. BRIERRE. — C'est trop fort de parler de pourriture impériale, quand on est allé à Saint-Sébastien au lieu de venir rendre ses comptes !

M. LE BARON DE SEPTENVILLE. — Que l'orateur nous parle de son voyage à Saint-Sébastien ! Qu'est-il allé faire à Saint-Sébastien ?

M. LE PRÉSIDENT. — L'orateur a eu le tort d'employer une expression aussi peu parlementaire, qu'on ne devrait jamais se permettre à l'adresse de ses adversaires politiques. (*Très bien! très bien! et applaudissements à droite.*)

M. HAENTJENS. — Il faut que le mot soit retiré!

M. LE PRÉSIDENT. — Mais vous, Messieurs (*Se tournant vers la droite*), vous avez eu tort aussi de l'assaillir par des interruptions provocantes et tellement bruyantes et tellement persistantes, qu'elles ne permettent pas même au président de remplir son devoir. (*Réclamations sur divers bancs à droite.*)

M. PAUL DE CASSAGNAC. — On nous donne le droit alors de dire que la République n'est qu'un fumier. (*Vifs murmures à gauche et au centre.*)

Voix nombreuses. — A l'ordre! à l'ordre!

M. LE PRÉSIDENT. — Monsieur de Cassagnac, je vous adresse le même blâme que j'ai adressé à l'orateur. L'expression que vous venez d'employer est aussi répréhensible que la sienne, et vous n'aviez pas le droit de vous en servir. (*Agitation violente.*)

Voulez-vous, Messieurs, transformer cette Chambre en une arène?...

Voix diverses à droite. — D'où est venue la provocation? — Ce n'est pas de nous!

M. LE PRÉSIDENT. — Il y a dans toutes les Assemblées des règles auxquelles tout le monde doit se soumettre.

Quand un écart de parole se produit à la tribune, c'est au président à le réprimer; mais il faut lui laisser le temps et les moyens de le faire.

M. ROBERT MITCHELL. — J'ai demandé la parole, monsieur le président.

M. LE PRÉSIDENT. — Quant à ces interruptions que vous ne cessez de vous permettre, elles troublent l'ordre et jettent la Chambre dans un état qui n'est pas digne d'une Assemblée délibérante. (*C'est vrai! — Très bien!*)

M. LE BARON TRISTAN LAMBERT. — Il fallait rappeler à l'ordre M. Gambetta!

M. le président. — Veuillez lui permettre de s'expliquer !

M. Gambetta. — Messieurs, toutes les fois que vous laisserez vos orateurs, et parmi eux M. Robert Mitchell... (*Rumeurs à droite.*)

Vous ne voulez pas que j'explique mes paroles ? (*Si ! —Parlez ! — Interruptions.*)

M. Laroche-Joubert. — C'est vous qui nous avez provoqués !

M. Gambetta. — Monsieur Laroche-Joubert, vous pouvez bien me faire le crédit de trois minutes de silence, au nom de l'intérêt du plus grand nombre. (*Rires à gauche.*)

Je dis que, toutes les fois que vous laisserez un de vos amis prononcer contre la République, par voie d'interruptions passionnées, un mot outrageant, il faut vous attendre à ce qu'un républicain qui a connu l'empire vous ramène au spectacle...(*Vives interruptions à droite.*)

Plusieurs membres à droite. — Vous lui avez prêté serment !

M. le président. — Je m'épuise en vains efforts pour prévenir et réprimer les interruptions dont quelques-uns des membres de cette Chambre se font une si triste habitude.

Si M. Robert Mitchell n'avait pas, comme cela lui arrive trop souvent, adressé aux républicains une interruption blessante... (*Très bien ! très bien ! à gauche*), il n'aurait pas donné lieu à la scène qui vient de se produire. (*Applaudissements à gauche et au centre. — Réclamations à droite.*)

L'interruption de M. Robert Mitchell ne justifie pas l'expression dont s'est servi l'orateur, mais elle l'a provoquée. (*Très bien ! très bien !*)

M. Robert Mitchell. — J'ai demandé la parole pour un fait personnel, et j'espère que vous voudrez bien me l'accorder, monsieur le président. Alors je m'expliquerai.

M. le président. — Vous l'aurez, mais je désirerais qu'on ne la prît jamais qu'à la tribune.

M. Gambetta a la parole, et je demande qu'on l'écoute en silence.

M. Gambetta. — Maintenant, Messieurs, laissant de côté ce bruit, je reviens à la question, et je la résume en deux mots : Il nous faut à la fois et la vérité et des garanties.

La vérité, parce que vous auriez beau voiler et rapetisser le débat, vous savez bien à quels intérêts, à quelles passions, à quels préjugés même il touche et correspond. (*Oui! oui! à droite.*)

Vous savez que ce n'est pas là seulement un fait isolé, que c'est un symptôme, le symptôme d'une situation générale; et soyez assurés que l'intérêt de l'État et l'intérêt même des congrégations que vous voulez protéger exigent que la lumière soit faite, afin qu'on sache à qui incombe la responsabilité, quelle que soit la qualité du coupable. (*Très bien! très bien! à gauche.*)

Donc, et sans vouloir vous retenir plus longtemps, je dis que l'interpellation est justifiée par les faits, qu'elle est justifiée par l'angoisse publique non moins que par les nécessités de la politique et d'un bon gouvernement. (*Applaudissements à gauche.*)

M. le général de Cissey, *ministre de la guerre.*—Messieurs, une enquête beaucoup plus longue et plus minutieuse que ne le suppose M. Gambetta a eu lieu, et elle durait encore hier, à huit heures du soir, dans mon cabinet, à Versailles.

Il résulte des renseignements qui ont été recueillis, que l'énoncé géométrique de l'épure, objet de la composition, se colportait de bouche en bouche parmi les élèves des divers établissements depuis le 25 ou le 26 de ce mois. Mais cette connaissance d'un énoncé général n'avançait à rien pour la construction de l'épure. Il aurait fallu connaître les positions relatives des sur-

faces dont on devait chercher l'intersection, ainsi que
leurs dimensions. (*Exclamations ironiques et interruptions à gauche.*)

Or, on peut considérer comme certain que ces
données n'ont été connues de personne... (*Nouvelles
interruptions à gauche.*); et c'est ce qui explique que les
élèves ne croyaient généralement pas les bruits vagues
qui circulaient, et que ni les proviseurs ni les professeurs n'en ont même été informés ; tandis que, l'année
dernière, lorsqu'on a cru, — ce qui déjà n'était pas, —
que le sujet de la composition de mathématiques était
connu, ces mêmes proviseurs ou professeurs se sont em-
pressés d'en prévenir le directeur des études de l'École.

La minime importance et la circulation générale des
renseignements qui ont transpiré suffisent pour prouver qu'aucun établissement n'avait l'intention d'en faire
son profit, et on doit reconnaître qu'aucun d'eux ne
peut être accusé d'agissements dont le but aurait été
de se les procurer. Telle est la conviction de M. le
directeur des études.

J'ajouterai que ce directeur est un ancien élève de
l'École, parfaitement connu de tous comme étant un
esprit libéral auquel on n'a jamais reproché de tendances en faveur de telle ou telle institution, de telle
ou telle croyance.

A gauche. — Il n'est pas en cause !

M. LE MINISTRE DE LA GUERRE. — Pardon ! il a été formellement mis en cause.

Quant à l'origine des indications dont il s'agit, voici
ce que l'enquête poursuivie jusqu'hier permet de présumer.

Le problème à résoudre a fixé pour la première fois
l'attention des professeurs pendant les examens d'ad-
missions de 1875, où il a été posé plusieurs fois par
l'un des examinateurs. Le résultat de l'épure a fait en
outre depuis lors l'objet d'une thèse pour le doctorat
soutenue à la Sorbonne. (*Rumeurs à gauche.*)

On a été amené par suite à enseigner cette question dans divers établissements, et cela explique dans une certaine mesure que les élèves se soient imaginés qu'elle pourrait bien devenir le sujet d'une composition.

Il n'y a pas lieu d'attribuer à une autre cause ce qui a semblé une indiscrétion. (*Mouvements divers.*)

Le programme, comme vous l'a dit M. Gambetta, est arrêté par le conseil des études de l'École polytechnique. Ce conseil détermine les questions qui doivent être imprimées, parce qu'il faut les envoyer non pas seulement aux quatre ou cinq centres d'examen de Paris, mais à tous les centres d'examen de province. Elles sont envoyées sous pli cacheté et ne doivent être ouvertes qu'à la séance même, par l'officier qui a été désigné pour surveiller les compositions et veiller à ce que tout se passe avec loyauté.

J'en viens maintenant à ce que l'honorable M. Gambetta a dit par rapport aux professeurs de l'École qui vont enseigner dans des établissements privés.

De tout temps, les répétiteurs,—et non pas les professeurs, qui sont rétribués d'une manière convenable, et qui, pour la plupart, sont des savants de trop grande importance pour aller professer dans des institutions ordinaires, — les répétiteurs, dis-je, qui reçoivent des traitements très minimes, vont faire des cours dans un certain nombre d'établissements. Ces répétiteurs ne touchent, en moyenne, que 1,800 fr. à 2,500 fr. Aussi vous comprenez que ce n'est pas avec un pareil traitement que des hommes de science peuvent vivre à Paris, et il leur faut se procurer d'autres ressources. Si l'on veut avoir des répétiteurs de talent, — et, à cet égard, je partage complètement l'opinion de l'honorable M. Gambetta,— il faut nous donner les fonds suffisants. Nous empêcherons alors d'une manière absolue les répétiteurs civils comme les répétiteurs militaires de donner des leçons dans les établissements particuliers.

J'ajoute que déjà un répétiteur militaire, qui avait pu se croire mis en cause, s'est empressé de prévenir le général commandant l'École qu'il avait donné sa démission de répétiteur au collège Rollin et à l'institution de Sainte-Geneviève; car il donnait également des répétitions dans l'un et l'autre de ces établissements.

L'honorable M. Gambetta a demandé ce que le Gouvernement comptait faire pour assurer, l'année prochaine, la non-publication des sujets de composition. L'École polytechnique n'est pas, Messieurs, un établissement purement militaire. Vous savez tous qu'elle est destinée à recruter d'une manière générale ce qu'on appelle les corps savants en France, c'est-à-dire les corps d'ingénieurs civils, militaires et maritimes. L'École a donc dans son conseil de perfectionnement des représentants des divers corps d'ingénieurs; elle compte dans ce même conseil de perfectionnement, les personnalités les plus éminentes de l'Institut. Depuis de longues années, depuis plus de vingt ans, on a été habitué à considérer l'École, au point de vue des études et de tout ce qui s'y rattache, comme jouissant à peu près du *self government*, le ministre de la guerre ne faisant que surveiller et contre signer les propositions de sujets de concours, à moins qu'elles ne lui parussent contraires à la loi ou aux règles d'organisation de l'École.

J'ai donc demandé au général commandant cette École de faire réunir le plus rapidement possible le conseil de perfectionnement, afin de rechercher les moyens qui paraîtront les meilleurs et les plus propres à assurer le secret complet des examens, ainsi que cela a lieu pour Saint-Cyr. Pour les compositions de Saint-Cyr, le ministère de la guerre fait directement l'envoi des programmes, et jusqu'à présent on s'est bien trouvé de cette façon de procéder.

En troisième lieu, l'honorable M. Gambetta a demandé la nomination d'une commission d'enquête.

L'honorable M. Waddington et moi nous ne nous y opposons nullement.

Nous ne demandons pas mieux que d'avoir cette commission d'enquête. Nous mettrons à sa disposition tous les renseignements qui pourront lui être utiles pour arriver à la découverte de la vérité. (*Applaudissements.*)

Permettez-moi d'ajouter que M. le ministre de l'instruction publique a fait une enquête de son côté. Des professeurs et de nombreux élèves des lycées ont été entendus, et, à moins que l'honorable M. Waddington n'ait reçu de nouveaux documents depuis quelques instants, il est entièrement d'accord avec moi sur tout ce que je viens d'avoir l'honneur de vous exposer. (*Très bien! très bien! au centre et à gauche.*)

M. GAMBETTA. — Je déclare que j'accepte les conclusions de M. le ministre de la guerre : on prendra des mesures pour qu'il n'y ait plus cumul, et on fera une enquête. Dans ces conditions, je retire mon interpellation.

M. WADDINGTON, *ministre de l'instruction publique et des beaux-arts.* — Messieurs, je m'associe complètement aux paroles que vient de prononcer M. le ministre de la guerre.

J'accepte comme lui une enquête, et je vous assure qu'elle sera aussi complète qu'impartiale. (*Très bien! très bien!*)

Je tiens à donner encore une explication.

Quoique l'École polytechnique ne concerne pas mon ministère, dans l'intérêt des nombreux jeunes gens de nos lycées impliqués dans cette affaire, je me suis occupé de cet incident. Dès le lendemain, j'ai fait réunir les proviseurs des lycées et collèges de Paris pour savoir ce qui avait eu lieu.

Il est résulté de cette enquête qu'il n'y a absolument aucun fondement dans les bruits répandus par les journaux qu'un certain établissement, l'établissement de Sainte-Geneviève, avait été indûment favorisé par l'indiscrétion dont nous ne connaissons pas encore exactement l'origine. Quelle qu'ait été la source de l'indiscrétion qui a été commise, elle a été connue par au moins cinq établissements de Paris, par trois lycées, le collège Rollin et l'institution Sainte-Geneviève, et cela simultanément.

M. GAMBETTA. — C'est ce que l'enquête démontrera.

M. LE MINISTRE DE L'INSTRUCTION PUBLIQUE. — Je tiens à dire aujourd'hui publiquement que, quels que soient les résultats de l'enquête, quelle que soit l'origine de l'indiscrétion que je déplore plus que personne, elle a été commune au moins à cinq établissements.

Voix à gauche. — On ne peut pas le savoir avant l'enquête!

M. LE COMTE ALBERT DE MUN. — Messieurs, je ne viens dire que quelques mots pour m'associer à mon tour à la demande d'enquête formée par l'honorable M. Gambetta, mais c'est, vous le devinez, pour des motifs un peu différents des siens.

Et, d'abord, je veux remercier M. le ministre de l'instruction publique de la déclaration qu'il vient de faire à cette tribune.

L'honorable M. Gambetta, lorsqu'il a apporté ici sa demande d'enquête, après avoir d'abord, pendant une partie de son discours, dissimulé sous des expressions plus ou moins vagues, les catégories d'élèves contre lesquels l'enquête devait être dirigée, a fini par nous avouer qu'en réalité elle ne serait qu'un incident de cette lutte qu'il prétend ouvrir contre l'influence jésuitique. (*C'est cela! c'est cela! à droite.*)

Voix à gauche. — Oui, elle est ouverte!

M. GAMBETTA — Il y a trois siècles qu'elle a été commencée!

M. LE COMTE ALBERT DE MUN. — C'est assez dire que la demande d'enquête est dirigée précisément contre l'établissement qu'a nommé M. le ministre de l'instruction publique, contre l'école Sainte-Geneviève.

Eh bien, cette enquête que vous demandez, nous la demandons, nous aussi; nous voulons la lumière pleine et entière.

M. GAMBETTA. — Tant mieux !

M. LE COMTE ALBERT DE MUN. — Nous la voulons, parce que dès aujourd'hui nous sommes absolument sûr, entendez-le bien, absolument sûr que le sujet de composition dont vous parlez n'était pas connu dans l'école de la rue des Postes. (*Exclamations à gauche.*)

M. HENRI BRISSON. — Mais M. le ministre vient de dire le contraire.

M. CAMILLE CLAUDE. — L'honorable orateur commet une erreur : c'est un élève de l'école de la rue des Postes qui a annoncé le sujet de la composition à un élève du lycée Saint-Louis.

M. LE COMTE ALBERT DE MUN. — On me fait observer que M. le ministre vient de dire le contraire. C'est qu'alors je l'avais mal entendu, et je lui demande pardon de l'avoir remercié. (*Rires ironiques à gauche.*)

M. GAMBETTA. — Vous disiez que vous en étiez absolument sûr!

M. LE COMTE ALBERT DE MUN. — Oui, et je le répète, je suis absolument sûr que le sujet de composition dont vous parlez n'était connu d'aucun des élèves de l'école de la rue des Postes. (*Nouvelles exclamations à gauche.*)

Et je vais vous faire comprendre d'un mot pourquoi, nous aussi, nous attachons une si grande importance à ce que la lumière se fasse pleine et entière.

M. Gambetta nous a dit que l'incident avait produit une grande émotion au dehors, et que l'indignation publique s'était aussitôt soulevée. Or cette indignation s'est en effet traduite dans une certaine presse par des accusations injurieuses et passionnées contre l'école dont je parle. On en a signalé les professeurs et les élèves comme des grecs d'un nouveau

genre, qui se procurent par des moyens inavouables
les sujets de composition et se donnent ainsi des succès
faciles, dont ils se font ensuite un titre de gloire.

En prononçant de telles accusations, on a porté
atteinte à la réputation d'une école que nous respec-
tons, de professeurs que nous aimons et de jeunes
gens dont l'honneur est aussi précieux que celui des
autres. (*Très bien! très bien! à droite.*) C'est pour venger
l'honneur de cette institution, de ceux qui y ensei-
gnent et de ceux qui la composent, que nous voulons
la lumière pleine et entière. (*Très bien! très bien!*)

Comment cette lumière se fera-t-elle? Je ne demande pas même que ce soit par le moyen de la commission spéciale que M. Gambetta a proposée, et que
MM. les ministres de la guerre et de l'instruction publique ont acceptée. Mais, en attendant, pour vous
montrer que nous sommes bien sûrs de ce que nous
avançons, je vous dirai que le supérieur de l'école
dont je vous parle a déposé, à l'heure qu'il est, une
plainte contre les journaux qui l'ont attaquée. (*Interruptions et rires à gauche.*) Et tandis que vous ferez
votre enquête, la justice fera la sienne et recherchera
si vous avez eu le droit de dénoncer au pays tout entier les professeurs et les élèves de cette école comme
des hommes capables d'une déloyauté !

D'ailleurs, les élèves n'ont pas attendu que je vinsse
en leur nom et au nom de leurs maîtres demander
une enquête; ils ont pris la parole eux-mêmes et
ils ont écrit aux journaux une lettre collective pour
déclarer qu'ils ne connaissaient pas le sujet et les données de la composition, et protester contre la calomnie dont on les charge. (*Bruit à gauche.*)

Vous devez comprendre maintenant pourquoi nous
tenons à ce que la lumière se fasse pleine et entière !

Je ne veux pas devancer les révélations de la justice
et rechercher quels ont été les inspirateurs de ce que
je crois, pour ma part, avoir été une campagne dirigée

contre les élèves de l'institution dont il s'agit... (*Ah!
ah! à gauche*) mais je ne puis m'empêcher de faire
observer qu'à peine le fait s'était-il produit que, dans
tous les journaux d'un certain parti, l'indignation
dont vous parliez éclatait de la même manière et à la
même heure, et que tous tiraient de là, comme par
l'effet d'un mot d'ordre, un surprenant argument en
faveur de la loi qui va tout à l'heure se discuter dans
le Sénat... (*Mouvements divers.*) sans s'apercevoir qu'en
tirant cette conclusion, on donnait précisément raison à ce que nous disions ici, quelques jours plus
tôt, et qu'on refusait d'entendre, quand nous signa-
lions le danger qu'il y aurait pour les élèves des uni-
versités libres à subir leurs examens devant des professeurs appartenant tous à l'enseignement rival.

M. Gambetta a eu raison de le dire : la question
présente n'est qu'un incident de la lutte ouverte dans
cette Assemblée contre les catholiques... (*Non! non!
à gauche.*)

M. Gambetta. — Contre les jésuites! ne confondez
pas!

Plusieurs membres au pied de la tribune, à gauche. —
Cela ne se ressemble pas!

M. le président. — Je vous invite, Messieurs, à reprendre vos places. Vous ne pouvez pas vous installer dans l'hémicycle pour interrompre.

M. le comte Albert de Mun. — On me dit que ce
n'est pas contre les catholiques... (*Non! non! à gauche.*)

M. Paul de Cassagnac. — Si! cette lutte a commencé à la prison de la Roquette.

M. le comte Albert de Mun. — ... mais contre les jésuites que la lutte est ouverte.

Eh bien, Messieurs, nous ne voulons pas de cette
distinction, et nous faisons tous cause commune avec
ceux d'entre nous que vous attaquez.

Et, d'ailleurs, vous oubliez encore une fois, lorsque
vous calomniez l'école Sainte-Geneviève, que ce n'est

pas seulement l'institut qui la dirige que vous attaquez, mais du même coup toute la jeunesse qui la compose. (*Dénégations à gauche.*)

Vous oubliez, quand vous venez, à propos de ce concours pour l'École polytechnique, parler de *grecs d'un nouveau genre*, que votre injure s'adresse à des jeunes gens qui sont nos frères, nos fils et nos amis, et dont le seul crime est d'être, comme nous, catholiques.

Voilà pourquoi **nous** demandons une enquête ; voilà pourquoi nous demandons qu'elle fasse une grande et éclatante lumière.

On a parlé, Messieurs, d'un fait qui s'était produit l'année dernière. En voici un autre qui vous paraîtra, sans doute aussi, de quelque intérêt.

Ces indiscrétions ne sont pas rares, comme on vous l'a dit.

M. Gambetta. — J'ai dit qu'elles étaient annuelles ; je n'ai pas dit qu'elles étaient rares !

M. le comte Albert de Mun. — Ce n'est pas la question qui m'occupe ; ce qui m'occupe, c'est que l'année dernière, précisément, un professeur de mathématiques d'un grand collège de Paris, ayant appris par un de ses élèves qu'on connaissait le sujet de la composition, se rendit aussitôt chez M. le directeur des études de l'École polytechnique et l'en prévint loyalement. Celui-ci, après examen, reconnut, en effet, que le sujet de la composition était connu de la plupart des établissements scolaires, et que celui qui avait fait cette communication n'avait pas oublié, dans son indiscrétion, le grand collège dont je parle. Mais, pour celui-là, il avait eu le soin particulier de lui envoyer un sujet absolument faux. Le collège que je veux dire est celui de la rue des Postes. (*Ah! ah! Applaudissements à droite. — Réclamations à gauche.*)

Je termine, Messieurs, et je conclus en deux mots. Nous demandons une enquête, une enquête pleine et

entière, et en attendant nous userons de tous les
moyens que la loi nous donne pour prouver l'inno-
cence des professeurs et des élèves qu'on a mis en
cause, et pour démasquer les calomnies qu'on a dirigées contre eux. (*Vive approbation à droite.*)

M. GAMBETTA. — Le débat a abouti aux deux points
importants qu'il avait visés : le premier, la nécessité,
reconnue par le Gouvernement et par la Chambre,
d'établir désormais une incompatibilité entre le pro-
fessorat dans le sein de l'École polytechnique et toute
espèce de leçon au dehors. Ce point était un des plus
importants : il est résolu.

Le second, qui était de rechercher la vérité par la
voie d'une enquête autorisée, confiée aux deux chefs
des deux services les plus importants, puisqu'ils veil-
lent à la fois à la formation des cours où l'on enseigne
la morale et le droit et la défense de la patrie, est
également acquis. (*Très bien !*)

C'est tout ce qu'il faut.

Maintenant, et avec un élan qui ne s'est laissé devancer par personne, l'honorable M. de Mun vient
réclamer à grands cris et à flots la lumière. D'accord,
nous l'en inonderons. (*Exclamations ironiques à droite.
— Très bien! à gauche.*) Nous lui prouverons notamment...

Voix à droite. — Soyez modeste !

M. GAMBETTA. — Comment! c'est M. Laroche-
Joubert, qui a découvert la solution du problème
social, qui me rappelle à la modestie ! (*Exclamations et
rires à gauche.*)

M. LAROCHE-JOUBERT. — Ce n'est pas moi qui ai dit
cela, mais c'était ma pensée.

M. LE BARON TRISTAN LAMBERT. —- Vous la promettiez
autrefois, cette solution !

M. GAMBETTA. — Jamais, Monsieur! Vous falsifiez
les textes : affaire d'habitude! (*Vives protestations à
droite. — A l'ordre! à l'ordre !*)

M. Paul de Cassagnac. — Nous n'avons jamais falsifié les actes de l'état civil. (*Bruit.*) S'il y a un faussaire, il est votre ami et il siège dans une autre enceinte.

M. le baron Tristan Lambert. — Quels textes avons-nous donc falsifiés?

M. Gambetta. — Vous demandez quels textes vous avez falsifiés?... Ah! je vais vous le dire.

Et d'abord vous avez falsifié le texte sur lequel vous avez engagé la guerre contre la Prusse, la guerre par laquelle vous avez mené la France aux abîmes. (*Applaudissements à gauche et au centre. — Vives rumeurs sur plusieurs bancs à droite.*)

Ah! vous demandez quels textes vous avez falsifiés! Eh bien, en voilà un! Demandez-le aussi à M. Benedetti, et même à l'un de vos collègues qui siège sur vos bancs : ils ne me démentiront pas. (*Nouvelles rumeurs sur les mêmes bancs de la droite.*)

A gauche et au centre. — Oui! oui! Bravo! bravo!

M. Gambetta. — Ah! vous voulez m'interrompre! Eh bien, voilà ma réponse!

A gauche et au centre. — Bravo! bravo!

M. Gambetta. — Je vous en préviens, puisque vous voulez m'interrompre, je ne laisserai pas passer une seule de vos interruptions sans y répondre.

M. Tristan Lambert. — Nous sommes interrupteurs parce que vous êtes provocateur!

M. Gambetta. — Il faudra, Messieurs, prendre l'habitude de ne plus interrompre, si vous ne voulez pas qu'on prenne l'habitude de vous répondre.

M. d'Ariste. — Nous ne pouvons pas laisser passer vos injures sans y répondre par des protestations!

M. Gambetta. — Montez à la tribune pour répondre; mais, croyez-moi, dispensez-vous d'interrompre. Vos interruptions n'ont pas d'écho en France; on ne les connaîtra même pas dans vos départements.

Je le répète, toutes les fois que vous interromprez,

il vous sera répondu, et quand vous demanderez la justification d'une réponse, on vous la donnera.

A gauche. — Très bien! Continuez! continuez!

M. GAMBETTA. — Messieurs, il y a deux côtés dans ce débat : il y a le fond de la question, et il y a cet accompagnement dont vous devez être fatigués.

En résumé, j'accepte la proposition du cabinet, et je retire mon interpellation. (*Exclamations sur plusieurs bancs à droite.* — *Applaudissements à gauche.*)

Après une scène violente provoquée par M. Robert Mitchell, le président de la Chambre prononça la clôture du débat.

Le 23 juillet, le *Journal officiel* publiait le rapport de la commission [1] chargée de faire l'enquête proposée par M. Gambetta et acceptée par les ministres de la guerre et de l'instruction publique. Ce rapport, rédigé par M. Bertrand, secrétaire perpétuel de l'Académie des sciences, établissait de la manière la plus formelle que les faits dénoncés à la tribune de la Chambre étaient exacts, et qu'à dater du 29 juin, les élèves de l'École de la rue des Postes et ceux du Collège Rollin avaient été effectivement informés du sujet de la composition de géométrie descriptive qui devait être l'objet du concours. D'après M. Bertrand, il avait été impossible à la commission de déterminer l'origine de cette manœuvre déloyale et l'auteur de l'indiscrétion était demeuré inconnu. Quant au capitaine Savary (le professeur chargé de proposer le sujet de l'épure), il devait être mis hors de cause. A la vérité, M. Savary était, en même temps que professeur à l'École Polytechnique, chef des travaux graphiques à l'École des jésuites, professeur de géométrie descriptive au Collège Rollin et répétiteur au lycée Saint-Louis. Mais le rapporteur affirmait que l'honnêteté de M. Savary était au-dessus de tout soupçon, et qu'il fallait se borner à reconnaître « que la situation qu'on avait faite à ce professeur, en le chargeant de donner la composition de géométrie descriptive, présen-

1. Cette commission était composée de MM. Caillaux, général Boissonnet et général Duboys-Fresnay, sénateur, Sadi Carnot, général de Chanal, Ricot et Lacaze, députés, Bertrand et Desains, membres de l'Institut.

tait des difficultés insurmontables que, fort de sa conscience et de sa loyauté, il avait peut-être acceptées trop légèrement ». En conséquence, il réclamait une réforme sur un cumul devenu périlleux.

On n'attend pas que nous entrions ici dans le détail des nombreuses et vives protestations qui furent soulevées par la seconde partie du rapport de M. Joseph Bertrand. Nous devons nous borner à quelques citations : « Comment ! lui disait la *République française*[1], vous assurez vous-même que M. Savary a plusieurs fois, « soit dans les écoles préparatoires, soit à l'École polytechnique, accepté la conversation sur le sujet du concours ! » Vous avouez que les élèves de ce professeur « connaissaient ses goûts et ses habitudes », et que, sans recevoir de lui une indication précise, « ils avaient pu interpréter son sourire, son silence et ses étonnements ! » Vous reconnaissez enfin qu'en 1875, « le Père Joubert, professeur chez les Jésuites », avait été averti du sujet de la composition de mathématiques par un élève de l'École, et quand vous avez établi tous ces scandales, vous vous déclarez impuissant à dégager la vérité ! Cela n'est pas sérieux, cela ne sera admis par personne. Vous avez été circonvenu par les amis du père Du Lac, et nous en trouvons la preuve dans ce fait, que vous réservez votre blâme le plus énergique, non pas pour les élèves qui s'apprêtaient à faire pieusement, sans souffler un mot, une composition dont ils connaissaient depuis longtemps le sujet, mais pour les élèves qui, le jour du concours, « se sont faits trop bruyamment les représentants de leurs camarades ».

Quatre des membres les plus importants de la Commission d'enquête furent plus sévères encore pour M. Joseph Bertrand que le rédacteur de la *République française*. MM. le général de Chanal, Sadi Carnot, Louis Lacaze et le général Duboys-Fresnay adressèrent à M. Caillaux, président de la Commission, une lettre qui fut rendue publique et où le rapporteur fut nettement accusé d'avoir dénaturé les intentions de ses collègues. Invité à produire à la fin de son travail les considérations de la première partie, ayant pour objet le système suivi dans les examens de l'École, M. Bertrand « usant » de la latitude à lui laissée par ses collègues

1. Numéros du 28 juillet et du 4 août, *passim*.

de donner à leur pensée la forme qu'il lui plairait, avait
substitué, de son autorité propre, à la phrase demandée un
blâme infligé aux élèves des lycées de Paris. En conséquence, le général de Chanal et ses amis protestaient hautement et réclamaient avec énergie contre l'étrange et
brusque conclusion du rapport.

M. Joseph Bertrand se défendit faiblement, et l'opinion
publique demeura convaincue que la Commission d'enquête
n'avait pas su ou voulu découvrir toute la vérité.

DISCOURS

SUR

LE PROJET DE LOI SUR L'ORGANISATION MUNICIPALE

Prononcés les 11 et 12 juillet 1876

A LA CHAMBRE DES DÉPUTÉS

Nous avons raconté dans le volume précédent (tome IV, page 136), à la suite de quelles étranges manœuvres parlementaires le duc de Broglie avait obtenu de l'Assemblée nationale le vote de la loi du 20 janvier 1874 sur la nomination des maires, et comment la majorité royaliste avait donné dans cette occasion le plus mémorable exemple de son cynisme politique. En effet, les députés de droite qui avaient repoussé, le 14 janvier 1874, les modestes amendements de M. Ducarre et de M. Feray [1], c'étaient les mêmes hommes qui trois années auparavant, encore tout fraîchement imbus des doctrines décentralisatrices du congrès de Nancy, avaient été les premiers à proposer à l'Assemblée nationale l'élection de *tous* les maires de France par les conseils municipaux [2]. C'étaient les mêmes qui, au moment le plus critique de l'insurrection communaliste de Paris, avaient protesté avec colère lorsque M. Thiers avait imposé à l'Assemblée l'article additionnel qui exceptait, à titre provisoire, de la loi nouvelle les villes de plus de vingt mille âmes. Mais,

---

1. L'amendement de M. Ducarre imposait au gouvernement l'obligation de choisir les maires parmi les conseils municipaux ; M. Feray demandait que, dans les communes au-dessous de 3,000 âmes, le maire ne pût être pris en dehors du conseil.
2. MM. Antonin et Amédée Lefèvre-Pontalis, d'Audiffret-Pasquier, Beulé, Bocher, Lucien Brun, Caillaux, Ernoul, Decazes, de Guiraud, Lambert de Sainte-Croix, de Ravinel, de Ségur.

dès que la décentralisation, même mitigée, de la loi du
14 avril 1871, avait paru contraire aux intérêts de la coalition, toute la droite avait fait volte-face, et, comme elle
n'avait jamais vu dans la loi des maires qu'un moyen
de domination, elle s'était empressée d'accorder à M. de
Broglie tout ce qu'elle avait pris à M. Thiers. On vit bien
à l'application que cette loi n'était qu'une machine électorale. Comme ils faisaient pour les préfectures et les sous-
préfectures, MM. de Broglie, de Fourtou, de Chabaud-Latour
et Buffet laissèrent toutes les municipalités de France aux
pires des cléricaux et des bonapartistes, et les maires ne
furent plus, comme les préfets et les sous-préfets, que de
simples courtiers d'élections [1].

Ils le furent à un tel degré, grâce au scrutin d'arrondissement, et ils mirent en œuvre avec une telle audace toutes
les pratiques les plus détestables de la candidature officielle,
que l'abrogation de la loi du 20 janvier 1874 figura sur
tous les programmes républicains du 20 février. Le mouvement d'opinion en faveur de cette abrogation sembla
d'abord tout-puissant. Elle fut réclamée dans les réunions
préparatoires des gauches du Sénat et de la Chambre.
M. Dufaure l'inscrivit dans sa déclaration du 20 février 1876.
(V. page 212.) Elle fut proposée dès les premières séances de

1. Voici le texte de la loi du 20 janvier 1874 :
« ARTICLE PREMIER. — Jusqu'au vote de la loi organique municipale, les maires et les adjoints seront nommés par le président
de la République dans les chefs-lieux de département, d'arrondissement et de canton ; dans les autres communes, ils seront
nommés par le préfet.
« ART. II. — Dès la promulgation de la présente loi et sans
qu'il y ait lieu de pourvoir aux vacances qui existeraient dans les
conseils municipaux, il sera procédé à la nomination des maires
et adjoints ; ils seront pris soit dans le conseil municipal, soit au
dehors ; mais dans ce dernier cas, la nomination sera faite par
décret délibéré au conseil des ministres ou par arrêté du ministre
de l'intérieur.
« Les maires et adjoints devront être âgés de 25 ans accomplis,
membres du conseil municipal ou électeurs de la commune.
« ART. III. — Dans toutes les communes où l'organisation
municipale n'est pas réglée par la loi du 24 juillet 1867, ou par
des lois spéciales, le maire nomme les inspecteurs de police, les
brigadiers, sous-brigadiers et agents de police. Ils doivent être
agréés par les préfets.
« Ils pourront être suspendus par le maire, mais le préfet seul
peut les révoquer. »

la Chambre et dès le 8 avril, l'urgence fut votée sur les projets de M. Benjamin Raspail et de MM. Jules Ferry, Bethmont et Renault. « La loi du 20 janvier, avait dit le ministre de l'Intérieur au cours de cette séance, est une loi jugée, le cabinet ne s'en servira jamais. » Et après avoir déclaré que, dans l'intérêt même du gouvernement, il fallait, en cette matière comme dans toutes les autres, ne faire que des lois définitives concourant à l'affermissement de la République, M. Ricard avait avisé les préfets, dans sa circulaire du 5 mai, que « pour rétablir entre les conseillers élus et les représentants du pouvoir municipal une harmonie indispensable, il avait pris la résolution de remplacer sans plus tarder tous les maires et adjoints choisis en dehors des Conseils municipaux. » — Ainsi, le parti républicain semblait unanime, et il l'était en effet, à vouloir doter le pays de la loi municipale définitive que les populations rurales et urbaines attendaient depuis tant d'années. D'un bout à l'autre du territoire, les électeurs républicains du 20 février avaient proclamé que l'affranchissement de la commune leur apparaissait comme le corollaire logique et urgent de la part égale de souveraineté attribuée à chaque électeur. Il n'y avait pas de question politique qui tînt plus étroitement au cœur de la nation. Le cabinet l'avait activement mise à l'étude. Le Sénat lui-même n'était pas hostile [1]. On jugeait partout que l'heure de la liberté municipale la plus complète ne pouvait plus tarder à sonner. Et cependant, après de longs et pénibles efforts, la Chambre ne devait aboutir qu'à remplacer la loi détestable de M. de Broglie par une loi bâtarde, moins libérale et moins démocratique que celle de M. Thiers ! Il s'agissait de s'inspirer des élections de 1876, et l'on finit par rétrograder sur ce qui s'était fait à la suite des élections de 1871.

Nous ne pouvons indiquer dans ces commentaires que la cause première et générale de cet étrange recul et de cette faiblesse politique. L'abandon partiel de la liberté municipale par la Chambre des députés ne devait être qu'une des nombreuses conséquences de l'abandon de la politique

---

1. Dans la séance du 29 mai, MM. Ch. Rolland et Magnin avaient déposé un projet de loi tendant, comme celui de MM. Ferry, Bethmont et Léon Renault, à l'abrogation de la loi de 1874.

d'union républicaine, conséquence absolument fatale de cette faute originelle et que plus d'un avait tristement prévue depuis deux mois. En effet, quand la majorité républicaine de la Chambre s'était divisée, contrairement aux conseils de M. Gambetta et de ses amis, en groupes et en sous-groupes, elle avait par cela même diminué dans des proportions considérables la force et l'autorité qu'elle avait puisées le 20 février dans le suffrage universel, et dont la plénitude était indispensable pour imposer aux récalcitrants les volontés du pays. Cette division parlementaire avait suscité sur presque tous les bancs de la gauche des divergences aussi factices que gênantes pour la bonne marche des affaires. Chaque groupe s'était fait une politique spéciale qu'il s'obstinait, par une sorte de vanité d'auteur, à faire triompher contre la politique du groupe voisin et au détriment de la véritable politique républicaine. Ce morcellement avait provoqué des rivalités qui, pour être de troisième ordre, n'en étaient pas moins grosses de difficultés et d'embarras. Enfin, les ministres n'avaient pas tardé, par la force même des choses, à devenir plus particulièrement les hommes d'un certain groupe, et dans ces conditions, n'osant plus et ne pouvant pas parler au nom de la majorité républicaine tout entière, le cabinet se trouvait singulièrement affaibli et diminué dans ses rapports avec le maréchal, que la coterie de l'évêque d'Orléans et du duc de Broglie ne cessait d'exciter, sans même chercher le secret, à la résistance, et avec le Sénat où la réaction cléricale avait relevé la tête dès qu'elle avait flairé le gâchis, suite de la désunion.

Ainsi, dans l'espèce, pendant que le corps électoral républicain n'avait qu'un sentiment sur la grande et belle question de la liberté des communes, le cabinet, chacun des quatre ou cinq groupes constitutionnels de la Chambre, le président de la République et le Sénat avaient fini par se faire chacun une théorie différente sur la nomination des maires, et il en résulta tout naturellement qu'au lieu et place de la loi de liberté et de démocratie qu'il réclamait, le pays ne reçut que la loi imparfaite, illogique et boiteuse du 12 août.

Nous ne pouvons que résumer ici les nombreux incidents parlementaires qui marquèrent, de mars à juillet 1876,

la pénible élaboration de cette loi. Quatre projets principaux avaient été soumis à la commission nommée par la
Chambre : celui de M. Benjamin Raspail, qui remplaçait
purement et simplement la loi de 1874 par la loi de 1871 ;
celui de MM. Jules Ferry, Bethmont et Léon Renault qui
n'abrogeait que les deux premiers articles de la loi de 1874,
et maintenait provisoirement l'article 3 relatif à la police
municipale ; celui du gouvernement, préparé dans une commission extra-parlementaire, qui conservait au ministre de
l'intérieur la nomination des maires dans les chefs-lieux
d'arrondissement et de canton ; celui de MM. Gambetta et
Le Pomellec, qui réclamait l'élection des maires et des adjoints non seulement pour toutes les communes à qui la loi du
14 avril 1871 avait reconnu ce droit, mais encore pour tous
les chefs-lieux de département (Paris excepté) et d'arrondissement. La commission, après vingt séances, n'avait pas su
prendre de résolution. Elle reconnaissait bien que l'amendement de MM. Gambetta et Le Pomellec répondait seul à la
volonté des électeurs républicains du 20 février, qu'il était
seul logique et rationnel, et qu'enfin il ne constituait pas une
nouveauté, puisqu'il se contentait de reprendre le principe
de la loi de 1871, allégée de l'article additionnel que M. Thiers
avait imposé à l'Assemblée en la menaçant de sa démission
au moment le plus critique de la guerre civile. Mais, d'autre
part, le cabinet s'opposait avec une vivacité croissante à
l'amendement, il posait d'avance la question de confiance,
et le ministre de l'intérieur, M. de Marcère, donnait à entendre que le maréchal commençait à prêter une oreille
attentive aux conseils de dissolution qui lui étaient journel-
lement apportés. La commission devint de plus en plus
perplexe. Au lieu de placer nettement la question soit
sur le terrain des principes, c'est-à-dire de l'amendement
de M. Gambetta, soit sur le terrain de la crise ministérielle dont on la menaçait, c'est-à-dire de l'intervention anticonstitutionnelle du maréchal, elle passait son
temps à chercher des transactions entre les projets inconciliables qui lui étaient soumis et ses tergiversations n'avaient
qu'un résultat : elles confirmaient M. de Mac-Mahon dans
son idée que la majorité du 20 février était sans consistance,
qu'il était impossible de gouverner avec le parti républicain
et qu'il faudrait sans doute finir par demander au Sénat la

dissolution de la Chambre. Cela dura près de trois mois,
si bien que les délégués des trois groupes de gauche finirent
par protester, et que les députés de l'Appel au peuple récla-
mèrent à la tribune le dépôt immédiat du rapport. Alors
seulement la commission se décida, mais pour prendre
le moins bon parti. Sans calculer les conséquences inévitables de ce premier acte de faiblesse, elle transigea avec
M. de Marcère, et accepta de proposer isolément l'article 21
du projet gouvernemental, c'est-à-dire celui qui privait les
chefs-lieux de canton, d'arrondissement et de département
du droit de nommer leurs maires. La loi du 20 janvier serait abrogée, mais la discussion de la loi municipale définitive serait ajournée jusqu'à la session d'automne [1].

Ce fut à M. Jules Ferry que la commission confia le
soin de défendre devant la Chambre le compromis qu'elle
avait accepté. La tâche était difficile, car, une fois engagée
dans la voie oblique où elle était entrée, la commission ne
pouvait que taire les véritables motifs qui l'avaient déterminée à capituler, et alors sa capitulation devait paraître
sans excuses. M. Jules Ferry laissa deviner son embarras :
« Messieurs, disait-il dans son rapport [2], votre commission
n'a pas reculé devant l'étendue de l'œuvre qui lui était
proposée. Elle s'y est appliquée résolument, dans l'espoir

---

1. Le *Temps* s'efforça de défendre cette bizarre résolution :
« En admettant même que l'exception revendiquée par le gouvernement soit inspirée de craintes tout à fait chimériques, disait
ce journal [1], pourquoi la majorité républicaine ne donnerait-elle
pas au gouvernement le moyen de faire, dans l'intérêt de tous,
une expérience décisive? Si les conseils municipaux des chefs-
lieux sont constamment sages, on sera toujours à temps de leur
attribuer l'élection des maires. » *La République française* répondit dès le lendemain : « Si l'expérience décisive n'est pas faite,
quand le sera-t-elle? Les chefs-lieux de canton nommaient leurs
maires : quels désordres en sont résultés? C'est alors qu'on a fait
une expérience : quels résultats défavorables a-t-elle donnés?
Quant à la nouvelle expérience que propose le *Temps*, elle équi-
vaut à ceci. Un enfant marche depuis quelque temps déjà; on
dit : Faisons une expérience décisive; nous allons le remettre au
maillot, et si, dans cet état, il donne des preuves constantes de
la solidité de ses membres, nous serons toujours à temps pour
lui rendre la liberté. »
2. Séance du 9 juillet 1876.

1. Numéro du 28 juin.

de vous présenter en temps utile un projet de loi qui pût être discuté et voté par la Chambre des députés, discuté et voté par le Sénat avant la fin de la session législative.

« Nous sommes fondés à vous dire, aujourd'hui, qu'il est chimérique de compter qu'une loi d'organisation municipale complète puisse aboutir dans cette session.

« Aussi, Messieurs, au lieu de vous bercer d'une attente vaine et de promesses que nous ne saurions tenir, nous venons vous proposer de revenir à votre première pensée, à l'idée d'une solution partielle et transitoire.

« Un des plus graves problèmes est celui de la nomination des maires.

« Le gouvernement, Messieurs, en attendant la loi organique, dont le vote est sujet à d'inévitables lenteurs, considère les prescriptions du 20 janvier 1874 comme lettre morte : il ne peut lui déplaire par conséquent de les voir disparaître de nos lois.

« Mais comment régler l'état intermédiaire ? C'est ici que la difficulté commence. Le gouvernement n'a pas admis qu'elle pût être tranchée par un retour, même momentané, à la loi du 14 avril 1871. Le gouvernement a sur la nomination des maires des vues particulières, qui diffèrent sensiblement de celles du législateur de 1871.

« Le gouvernement, en effet, n'a pas seulement renoncé sans esprit de retour, à la loi du 20 janvier 1874 ; il abandonne absolument, dans le projet qu'il vous a soumis, le droit de nommer les maires dans toutes les communes qui ne sont ni chefs-lieux d'arrondissement, ni chefs-lieux de canton : ce sont les neuf dixièmes des communes de France. Puisqu'il n'existe pour les petites communes, entre le gouvernement et l'Assemblée, ni controverse, ni désaccord, c'est un devoir pour vous, Messieurs, de les faire entrer sans retard en possession d'un droit qui est, aux yeux des populations de nos campagnes, la formule par excellence de la liberté. Assurez, puisque vous le pouvez, dès à présent, à 33,000 communes françaises le droit de nommer leurs maires. Quant aux chefs-lieux de département, d'arrondissement ou de canton, la question reste entière ; vous la débattrez plus tard dans toute son ampleur, vous la résoudrez librement, conformément aux principes et selon les vœux du pays.

« La loi organique est à l'étude, votre commission en reste saisie. Nos travaux ne seront ni interrompus, ni ralentis. Notre seul but aujourd'hui est de régler l'interrègne entre une loi défaite et une loi à faire. »

La *République française* répondit au rapport de M. Jules Ferry par l'article suivant :

« Le rapport ne tente même pas, disait la *République* [1], de justifier la proposition de la commission ; le seul mérite dont il la gratifie, c'est d'être provisoire. La question restera entière ; plus tard, il sera temps de la résoudre « conformément aux principes et selon les vœux du pays ». Plus tard on sera libéral, en attendant on fait de l'arbitraire ; plus tard on tiendra compte des vœux du suffrage universel, en attendant, on les méconnait. Ce refrain, qui rappelle l'annonce du barbier gascon : « On rasera gratis demain », ne se fait entendre que trop souvent dans le siècle où nous sommes. Le pays en est excédé, et nous ne pouvons pas trouver qu'il ait tort. Il se demande avec inquiétude quand une question sera considérée comme mûre, si celle-là ne l'est pas ; il se demande comment il devra s'y prendre pour signifier sa volonté plus clairement qu'il ne l'a fait au scrutin du 20 février ; il se demande quelle Chambre plus républicaine, et issue d'élections plus écrasantes, il devra attendre pour obtenir enfin la satisfaction de ses vœux. La question restera entière, dites-vous ; permettez-nous d'être incrédules. Quand on fait sciemment une mauvaise loi, provisoire ou non, on ne sait pas quand on en verra la fin. Il ne manque pas de gens pour travailler à transformer le provisoire en définitif ; on allègue l'habitude prise, les situations acquises, le précédent obtenu. C'est là le calcul qui est au fond de la prétendue transaction qu'on nous présente ; c'est le seul objectif qui explique la présentation tenace, contre vents et marées, d'une loi dont on ne saurait dire l'intérêt ni le sens, s'il était vrai qu'on ne la voulait qu'à titre provisoire, s'il était vrai qu'on fût décidé à hâter le vote de la loi organique, et à revenir aux principes dans cette loi. « Une fois concédée, même à titre provisoire, dit M. Ferry, la liberté ne se reprend pas. » Cet aphorisme est au moins contestable, et, sans sortir du sujet, on pourrait le contredire avec

1. 10 juillet.

la loi de Broglie à la main ; ce qui nous paraît d'une vérité beaucoup plus générale, c'est que, quand on leur a une fois cédé contre toute raison, l'arbitraire et le caprice personnel ne désarment pas. C'est pourquoi nous restons fermement attachés à la seule résolution qui satisfasse aux vœux du pays. Nous pensons que le mieux serait de remettre la question de la nomination des maires à sa place, dans la loi organique ; mais, qu'on la présente dans un ensemble, ou qu'on la pose séparément, nous estimons qu'elle ne peut plus recevoir qu'une solution soutenable : c'est celle qui est formulée par l'amendement de MM. Gambetta et Le Pomellec. »

Les sages et fermes conseils de la *République française* ne furent pas mieux entendus par la Chambre que par le cabinet. Par complaisance pour le maréchal de Mac-Mahon, le cabinet posa la question de confiance, et la majorité républicaine céda, contre toute logique et contre toute prudence. En effet, et c'est là ce qui rend si instructif le chapitre d'histoire parlementaire que nous venons de résumer, si la crise, dont la perspective avait effrayé la Chambre et le ministère fut conjurée par le vote du 12 juillet, elle ne devait l'être que momentanément, et pour éclater plus tard dans des conditions cent fois plus périlleuses pour la République. On reconnut, le 16 mai 1877, que le journal dirigé par M. Gambetta avait eu raison de dire, dès le 10 juillet 1876, que, « quand on leur a une fois cédé contre toute raison, l'arbitraire et le caprice personnel ne désarment pas ».

La discussion sur la nomination des maires commença le 11 juillet, par un discours de M. Le Pomellec, qui demanda que le rapport partiel de la commission lui fût retourné avec invitation de déposer dans le plus bref délai son rapport sur l'ensemble de la loi organique municipale. Vivement soutenu par M. Gambetta, M. Le Pomellec expliqua que la transaction demandée ne pouvait que donner des armes aux ennemis de la République, et accréditer les plus tristes soupçons. « Le gouvernement de la République, ratifié par les votes de l'immense majorité de la nation, est un gouvernement définitif qu'il ne faut pas appuyer sur des lois provisoires. Comment espérez-vous persuader au pays que la République est définitivement établie, si vous la défendez toujours par des mesures provisoires? » Et M. Le Pomellec opposait à M. de Marcère et à M. Jules Ferry les

déclarations de M. Ricard dans la séance du 5 avril : « Dans
l'intérêt même du gouvernement, nous ne voulons plus de
lois provisoires ; il nous faut maintenant des lois définitives
concourant à l'affermissement de la République. »

M. Jules Ferry répondit brièvement à M. Le Pomellec, et
M. Gambetta demanda la parole :

M. GAMBETTA. — Messieurs, je viens défendre devant vous la proposition qui a été développée tout à
l'heure par l'honorable M. Le Pomellec, et qui tend
au renvoi du rapport actuel à la commission, afin
qu'elle présente un rapport d'ensemble sur la loi
organique municipale tout entière.

Mais, Messieurs, avant de ramener vos esprits sur
les arguments si précis et si décisifs qu'a présentés
M. Le Pomellec, permettez-moi de répondre quelques
mots à l'orateur qui descend de cette tribune.

J'estime, pour ma part, que l'honorable rapporteur
a été aussi éloquent sur le côté politique de la question
générale, le côté le moins important, qu'il me permette de le dire, — qu'il a été incertain, fuyant, sur
la question précise qui a été apportée à cette tribune
par l'honorable M. Le Pomellec.

En effet, une grande partie de son discours a été
consacrée à faire naître dans vos esprits une obscurité,
une appréhension, et presque, en quelque sorte, des
idées de représailles au sujet d'une certaine politique
dont les partisans siègent d'un certain côté de cette
Chambre.

Il ne faut pas, quelque besoin qu'ait eu la commission de fortifier sa logique, qu'on la laisse sortir des
règles de la vérité et de la justice parlementaire.

Eh bien, non ! il n'est pas vrai que la politique qu'est
venue défendre M. Le Pomellec, et à laquelle je m'associe, soit une politique de théorie, de chimères, une
politique qui ne tienne aucun compte des résultats.
Il y a entre la recherche excessive et passionnée des

chimères et cette politique de contradiction et de nihilisme, une autre politique : c'est la politique de la majorité de la France, manifestée par les dernières élections. (*Approbation sur plusieurs bancs à gauche.*)

Il n'est pas vrai de dire, cherchant à faire prendre le change à ceux qui nous écoutent, qu'il y ait une analogie quelconque à établir entre la situation faite au parti républicain dans l'ancienne Assemblée, où il n'est arrivé que morcelé, difficilement maître de la tribune, ne pouvant s'y tenir qu'au milieu de protestations et d'interruptions incessantes, en proie à la coalition de tous les partis qui se disputaient à ce moment-là le pouvoir pour leurs dynasties et leurs princes préférés; il n'est pas vrai de dire qu'il y avait une analogie possible entre cette situation du parti républicain dans l'ancienne Assemblée, obligé de compter avec tout le monde, avec les difficultés de la situation intérieure et extérieure, jouant son rôle de minorité, faisant appel au pays dont on lui fermait l'accès en reculant indéterminément l'heure de la dissolution, et la situation légale, définitive, puissante qu'il occupe aujourd'hui. (*Approbation à gauche.*)

Et grâce à qui le parti républicain occupe-t-il sa situation actuelle et prépondérante?

Non pas grâce seulement à la politique qui a été suivie par lui dans l'enceinte du palais de Versailles, mais grâce surtout au besoin immense qu'éprouvait la France de fonder un gouvernement définitif, de faire une République vraie, loyale, libérale, sincère, qui lui donne, non pas des mots, mais des réalités effectives et tangibles. (*Marques d'approbation sur plusieurs bancs à gauche.*)

Et, Messieurs, quel jour choisit-on pour nous accuser de vouloir faire je ne sais quelle politique excessive, à outrance, déréglée, ambitieuse, irréfrénable presque en ses caprices? Quel jour? Celui même où nous abordons timidement la question de la nomina-

tion des maires, en vous demandant quoi? En vous
demandant de ne pas provoquer de conflit. Nous vous
demandons d'étudier, — ce que vous ne paraissez pas
pressés de faire, — nous vous demandons de ne pas
nous diviser, — ce que vous avez l'air bien empres-
sés d'obtenir... (*Rumeurs et marques de dénégation au
centre.*)

Nous vous demandons quoi? de ne pas nous exposer
à cette situation de nous faire émettre un vote qui
nous diviserait, à cette situation d'avoir l'air de donner
au cabinet une leçon qui est loin de notre pensée :
car vous n'êtes pas les seuls à désirer que le cabinet
traverse, respecté, confiant dans la Chambre et ayant
sa confiance, autorisé dans le pays, les jours qu'il lui
reste à traverser pour attendre la libération définitive,
c'est-à-dire le jour où nous aurons la majorité républicaine au Sénat. Nous aussi, nous formons des
vœux, nous aussi nous sommes avec le pays, et quand
nous venons vous demander de ne pas prendre la
mauvaise, la détestable mesure qu'on vous propose,
ne dites pas que nous sommes les ennemis de la modération et de la prévoyance.

Non! Messieurs, nous sommes aussi modérés que
vous, mais aussi plus fermes et aussi plus prévoyants
que vous. (*Approbation sur divers bancs à gauche.*)

Et à l'occasion de quelle question adresse-t-on cette
accusation passionnée à tout un côté de cette Assemblée? La question qui nous occupe est la plus simple,
la mieux connue, la plus pratique qui se puisse traiter
dans une Assemblée française : c'est la question de
la nomination des maires. Quelle est donc notre am-
bition sur ce point? Comment! il y a eu une Assemblée nationale, constituante, souveraine, une Assemblée à laquelle on a fait allusion tout à l'heure et
qui, dès le début de ses travaux, a trouvé que l'heure
avait sonné de réaliser ces magnifiques élucubrations
de l'école de Nancy où l'on trouve le nom de M. le

rapporteur de la commission parmi les plus ardents et les plus fougueux signataires... (*Rires et marques d'approbation à gauche.*)

M. LE RAPPORTEUR. — Je ne désavoue rien des opinions que j'exprimais alors !

M. GAMBETTA. — Je vous lirai vos paroles, elles ne perdront rien à être remises en lumière. (*Rires à gauche.*)

M. LE RAPPORTEUR. — Je les entendrai avec plaisir, surtout lues par vous.

M. GAMBETTA. — Je disais donc que l'Assemblée de 1871 avait fait une loi sur les maires, une loi sur l'organisation des municipalités. C'est cette loi dont on demande aujourd'hui la restauration sur les bancs où siègent les plus féroces, les plus farouches montagnards. Voilà le maximum des revendications de ces intransigeants incompressibles : ils demandent qu'on veuille bien leur rendre la législation qui suffisait à M. Depeyre et à M. de Broglie avant le gouvernement de combat ! Voilà les intempérances contre lesquelles il faut lutter ! Et, quand je regarde au banc du gouvernement dans cette Assemblée, je vois non seulement des ministres qui ont voté cette loi, qui l'ont provoquée, mais encore des ministres qui l'ont appliquée pendant trois ans ; et nous sommes des forcenés en venant vous demander aujourd'hui, après les élections générales, de nous restituer cette loi ! (*Applaudissements à gauche. — Très bien ! sur quelques bancs à droite.*)

En vérité, Messieurs, je me demande quel est l'obstacle, quelle est la raison vraie qui peut bien entraîner vos élans vers la décentralisation, comme vous disiez tout à l'heure. Je ne suis pas un décentralisateur ; mais, enfin, quand j'entends émettre, en faveur de la décentralisation, des actes de foi qui ont déjà une certaine ancienneté, que nous trouvons un peu plus favorables, plus sincères, permettez-moi de le

dire, que ceux qui ont été faits sous le ministère de
M. de Persigny, je crois que le moment est venu de
nous faire jouir des fruits de cette décentralisation.
(*Rires sur plusieurs bancs à droite.*) Et cependant, quand
je demande cela, je ne crois pas que j'abandonne la
politique des résultats ; au contraire, je me glorifie
d'être de cette politique, et je me promets de ne
jamais en sortir. Mais vous n'arriverez jamais à me
faire prendre des déceptions pour des résultats. (*Approbation sur un certain nombre de bancs à gauche.*)

Eh bien, vous ne tromperez pas plus le pays que
vous ne me tromperez moi-même.

A coup sûr, j'ai donné, et je suis prêt à en donner
encore, toutes les fois que ce sera nécessaire et utile
au bien commun du pays et au parti que je sers, j'ai
donné des gages de modération, et même, si vous le
voulez, de sacrifice complet, personnel et entier.
Mais ce que je ne puis pas comprendre, c'est que,
sous prétexte de donner satisfaction à 32,000 communes, dites-vous, vous demandiez au parti républicain
tout entier de faire le sacrifice non seulement de ses
opinions, mais du mandat impérieux qu'il a reçu du
pays. Je ne sais pas à qui une pareille politique peut
profiter. A coup sûr, ce ne peut pas être au gouvernement. Le gouvernement, d'ailleurs, n'était pas si
impatient de vous demander ce qu'il vous propose ;
le gouvernement disait, par l'organe de M. Ricard :
Pas de lois provisoires, le pays est fatigué du provisoire.

Vous avez lutté, vous tous qui siégez sur les bancs
de la majorité, devant le pays au nom de la haine du
provisoire. Vous avez dit à la France qu'il fallait en
finir avec le mot et avec la chose. Vous avez la prétention d'avoir organisé un gouvernement définitif,
comme disait l'éloquent garde des sceaux, de taille à
se défendre contre les factieux. Est-il vrai que vous
ne le défendrez pas avec des institutions fragiles,

transitoires, auxquelles vous-mêmes vous décernez le caractère de précarité dans la législation? Non, ce n'est pas là une politique de résultats, mais une politique de déceptions, je répète le mot, parce que la chose se dresse devant moi à chaque parole que je prononce.

Quelles raisons vous apporte-t-on? On vient vous dire : Nous affranchirons 32,000 communes.

Qu'en savez-vous? Vous dites, vous affirmez, vous prenez presque la responsabilité de garantir qu'avant le 8 août, quand nous partirons, vous aurez dans votre poche la loi qui affranchit ces 32,000 communes. Mais, Messieurs, quelle garantie avez-vous reçue, et qui vous autorise à tenir ce langage? Et si vous n'aviez pas cette loi le 8 août, comment retournerez-vous devant vos électeurs qui réclament cette satisfaction? Je ne nie pas que les électeurs aient réclamé la libération de leurs communes, mais je ne vois pas pourquoi nous sommes si pressés de donner cette satisfaction aux uns, et si dédaigneux de la refuser aux autres. (*Très bien! sur plusieurs bancs à gauche.*) Je ne vois pas pourquoi vous trouveriez expédient, utile, politique, démocratique, conforme à vos principes, d'émanciper les hameaux, les communes de 100, 200, 250 électeurs, quand vous refusez d'émanciper d'autres communes où se trouve l'agglomération intelligente, le noyau de la démocratie; ce n'est pas encore la ville, mais ce n'est plus le village; là on s'initie à la pratique des affaires, là il y a un commencement véritable de la vie politique, et c'est là même, dans ce foyer qui est le véritable récipient de la force politique du parti républicain, c'est là que vous refusez d'apporter la liberté et l'affranchissement! (*Applaudissements sur les mêmes bancs.*)

Je vous demande de ne pas réserver tout votre bon vouloir, toute votre sollicitude, toutes vos faveurs pour les petites communes en délaissant les grandes.

Et alors vous dites : Il y a une question grave, difficile.

Eh bien, puisque vous ne vous êtes pas mis d'accord, il faut faire comme les autres Assemblées : elles
ont étudié, elles se sont réunies, elles ont ordonné à
leurs commissions de débattre les intérêts, de chercher les points de contact, les solutions. Mais non,
ce n'est pas ce que vous voulez faire! Vous voulez détacher un article, l'article 21, du projet intégral ; vous
voulez nous le faire adopter à titre provisoire; quand
vous savez avoir toutes les incertitudes sur l'issue de
la discussion au Sénat, vous voulez nous le faire voter.
Eh bien, sachons ce que nous faisons. Je dis que si
vous votez à l'état provisoire l'article 21 de la loi municipale, quand dans trois mois ou dans six mois vous
voudrez le reprendre, le Gouvernement vous dira : Le
jour où vous m'avez donné votre vote, je l'ai considéré
non comme une mesure sans valeur et sans portée,
mais comme la démonstration d'une doctrine de gouvernement, comme une nécessité politique que subissent les décentralisateurs les plus enthousiastes et
dont le gouvernement doit profiter.

Eh bien, je dis que vous ne faites même pas du provisoire, hélas! vous faites du définitif avec les conditions les plus détestables qui soient, puisque vous
n'osez pas l'avouer. Qu'est-ce donc qui vous presse?
La peur, dites-vous, de reparaître devant vos électeurs sans leur avoir apporté la loi municipale? Mais
placez-vous au-dessus de ces vaines terreurs. Si les
électeurs sont pressés d'avoir la liberté municipale,
apportez-la à cette tribune, discutez-la. On vous a
nommés le 20 février, vous vous êtes réunis en mars ;
le 10 mai, vous avez reçu les déclarations du Gouvernement. Le Gouvernement ne vous avait pas envoyé,
dites-vous, les projets concernant les attributions.
Que ne les avez-vous réclamés, que ne les avez-vous
rédigés vous-mêmes? Si vous aviez dépensé autant de

temps à examiner la loi que vous en avez passé à dire
qu'elle était impossible, elle serait prête, nous pourrions la voter. (*Applaudissements et rires sur divers
bancs à gauche et à droite.*)

Vous dites que c'est impossible! Mais non, ce n'est
pas impossible. Il y a eu dix-huit ou dix-neuf lois sur la
matière, les plus grands esprits y ont laissé leur em-
preinte, les travaux préparatoires abondent. Vous
avez dans vos codes, dans les travaux parlementaires,
des documents ; vous n'avez plus qu'à les compiler, à
les réunir, à trancher trois ou quatre grands problèmes dans la discussion intérieure, et à conclure.
Quant au vote, depuis le temps nous l'aurions rendu.

On a discuté en trois lectures et voté, dans l'ancienne Assemblée, une loi qui était au moins aussi
complexe, aussi difficile : c'est la loi sur l'organisation
nouvelle des Conseils généraux. Cette loi, on n'a pas
mis plus de quinze jours à la faire ; il y a eu, je le répète, trois délibérations, des discussions approfondies
auxquelles ont pris part les plus éminents de nos collègues ; l'un d'eux a aujourd'hui l'honneur de diriger
le département de l'instruction publique.

Eh bien, la loi n'en a pas été plus mauvaise ; elle a
reçu de tous côtés les témoignages de l'opinion et les
certificats de l'expérience ; personne ne prétend que
ce soit une législation hâtive ou précaire, et cependant c'est en quinze jours que, dans une grande Assemblée nationale, et, hélas! préoccupée de bien autres questions que nous ne le sommes, on a obtenu
ce résultat. Si vous aviez voulu essayer, rien ne dit
que vous n'eussiez pas réussi.

Eh quoi! quel est donc le motif qui a paralysé la
commission, qui a retardé l'efficacité de son travail?
Quel est-il, ce motif? Oh! je le cherche et je ne le
trouve pas ; je ne sais pas pourquoi on s'est obstiné à
vouloir créer quelque chose qui ressemble à un conflit ministériel. Messieurs, je n'y crois pas. Je suis

convaincu que, dans cette Assemblée comme dans le
pays, personne, même ceux qui ne sont pas partisans
des institutions républicaines, personne ne cherche
un conflit et ne voudrait en assumer la responsabilité.
(*Très bien! très bien! à gauche.*)

Tout le monde dans cette Assemblée... (*Interruptions.*)

Messieurs, s'il y a des gens qui protestent, je les
plains; car à coup sûr, dans la situation où est le
pays au dedans et au dehors, ce serait une détestable
politique que d'amener une crise, un trouble quelconque dans les relations politiques de son Gouvernement. (*Très bien! très bien!*)

Mais, je vous en supplie, n'essayez pas d'exercer
sur nous une pression vaine, chimérique; laissez-nous
notre liberté. Et puisque ou le temps ou la volonté
vous a manqué pour étudier la loi organique, eh bien,
mettez-vous au travail, consacrez-y vos veilles, partagez-vous la besogne, mettez autant de temps à l'élaboration de la loi, à la solution du problème, que vous
en avez mis à l'ajourner et, dans cette discussion, à
troubler la question; employez votre temps avec confiance, écartez de votre esprit cette crainte chimérique d'une crise ministérielle; dites au pays que vous
voulez lui faire une loi conforme et à ses intérêts et
aux intérêts du Gouvernement, et débarrassez-nous,
puisque vous voulez nous faire une France puissante
et forte, débarrassez-nous de ce provisoire dont le
nom a trop longtemps résonné dans cette enceinte.
(*Très bien! très bien! et applaudissements sur divers bancs
à gauche.*)

M. DE MARCÈRE, *ministre de l'intérieur.* — Je n'ai pas
l'intention, en répondant en quelques mots au puissant orateur qui descend de cette tribune, d'aborder,
comme il l'a fait, le fond de la question qui vous est
soumise.

Je pourrais, dans le cours de l'éloquent discours

qu'il vient de prononcer, faire remarquer à la Chambre quelques contradictions et, par exemple, constater que lui qui n'est pas un décentralisateur, il a demandé, en apposant son nom à l'amendement de M. Le Pomellec, que les maires fussent élus dans toutes les communes de France.

Je pourrais faire remarquer encore que lui qui est si pressé de donner satisfaction à ce qu'il appelle un besoin pressant de l'opinion publique, il demande aujourd'hui à la Chambre un ajournement; mais je ne veux appeler votre attention que sur une troisième contradiction, la plus sérieuse de toutes.

Cette contradiction, elle existe, selon moi, entre la demande qu'il a formulée ici et les paroles de confiance qu'il a accordées au ministère qui siège sur ces bancs. A cet égard, il avait raison de dire en débutant qu'il reprenait pour son compte le discours de l'honorable M. Le Pomellec, car vous n'avez pas oublié que c'est par là que M. Le Pomellec a commencé.

M. Le Pomellec a dit qu'il ne pouvait pas croire que, dans la question qui est posée aujourd'hui devant la Chambre, il pût à un degré quelconque arriver qu'une question de ministère fût posée. Il a entouré cette déclaration des paroles les plus obligeantes, dont, pour mon compte, je le remercie profondément. Mais enfin, prenant ses renseignements, a-t-il dit, dans des conversations qui auraient été tenues dans les réunions qui ont eu lieu entre différents groupes de cette Chambre, prenant ses renseignements partout ailleurs que dans la Chambre même, il dit qu'à ses yeux rien de pareil à une question de confiance envers le ministère ne pourrait être apporté ici à cette tribune.

Cependant tout le monde sait bien qu'en réalité le Gouvernement a besoin de savoir, sur cette question même, s'il trouve dans cette Chambre une majorité. (*Approbation au centre et sur divers bancs à gauche.*)

C'est parce que tout le monde le sait que je le dis
simplement et nettement, et qu'il est inutile en vérité
de le dissimuler davantage. (*Mouvements divers.*) On
nous reproche, et c'était le seul reproche qui, dans le
débat ouvert, pût nous être fait par un homme aussi
versé dans la politique que l'est l'honorable M. Gambetta; on nous reproche peut-être de poser cette
question à propos de la loi des libertés municipales.

Messieurs, on ne choisit pas ces sortes de questions,
elles s'imposent; il arrive toujours un moment quelconque, on ne sait lequel, il arrive un moment où un
ministère qui défend une politique a besoin de savoir
si cette politique est approuvée par la majorité de la
Chambre. (*Marques d'assentiment.*) Ce moment nous a
semblé venu.

Est-ce que, pour cela, nous imposons à nos amis
un programme qui soit en contradiction avec leurs
principes, avec les sentiments du pays, dont ils s'inspirent toujours comme nous nous en inspirons nous-
mêmes? Est-ce que nous leur imposons un programme
inacceptable pour le parti républicain?

Quant à moi, j'en réprouve la pensée. Le pays, disait-on tout à l'heure, a presque exclusivement, lors
des élections dernières, réclamé les libertés municipales; on doit reconnaître pourtant que le pays ne
s'est pas expliqué sur les limites qu'il fixait, dans sa
pensée, à l'extension de ses libertés. Il n'a voulu que
cela, dites-vous? M. Ferry vous a répondu d'avance.
Il a voulu davantage. Le pays, après que la République
avait été constituée, a voulu qu'elle pût durer. Comment peut-elle durer? Eh bien! nous qui sommes sur
ces bancs et qui avons la responsabilité, ayant pris
la tâche de faire vivre et de consolider la République,
nous avons conçu un programme à l'aide duquel nous
croyons, s'il est exécuté, qu'en effet la République
pourra vivre.

Ce programme, quel est-il?

C'est un programme d'ordre, de paix, de paix partout, dans les communes, dans les départements, au sommet même du Gouvernement.

Et comment cette paix, Messieurs, peut-elle être obtenue et conquise? Elle ne peut l'être, vous le savez bien, que par l'harmonie des pouvoirs.

Eh bien, ce programme qui, j'en suis convaincu, est dans la pensée et dans le sentiment intime du pays, ce programme, il est le nôtre; nous ne pouvons pas nous en départir.

C'est pourquoi, lorsque nous avons à proposer une loi, fût-elle des plus graves pour l'avenir de notre pays, fût-elle des plus importantes, fût-elle de celles enfin qui peuvent exercer l'influence la plus profonde sur ses destinées, nous devons, au moment où la discussion d'une telle loi va s'ouvrir, nous demander si l'harmonie indispensable entre les pouvoirs publics n'en sera pas troublée, et si nous pouvons poursuivre la discussion de cette loi partout, à tous les degrés du Gouvernement, avec espérance de la faire aboutir sans susciter ces divisions, ces troubles détestables, funestes, nuisibles, mortels pour le Gouvernement, qui s'appellent des conflits.

Je le déclare ici, la politique des conflits, nous ne la suivrons, nous ne la pratiquerons jamais. (*Marques d'approbation sur un grand nombre de bancs.*)

La loi municipale est une de ces lois importantes qui touchent aux intérêts les plus élevés de l'Etat. C'est pourquoi, vous le voyez, nous avons été amenés à un état de choses qu'il est impossible de se dissimuler, sans se voiler volontairement les yeux, et qu'il serait puéril et vain à des ministres responsables de vouloir cacher.

C'est pour cela que, dans la situation actuelle que vous connaissez, Messieurs, et sur laquelle je n'insiste pas, situation dont les détails sont connus de tous les hommes politiques, c'est pour cela, dis-je, que nous

avons été amenés à vous demander de vouloir bien
approuver par votre vote, et non plus par des paroles
de louanges, — dont nous sommes touchés assurément, mais qui ne sont rien en politique, — de vouloir bien approuver par votre vote le programme du
Gouvernement. (*Très bien! très bien! — Applaudissements au centre, au centre gauche et sur divers bancs à
gauche.*)

M. GAMBETTA. — Messieurs, l'intervention du ministre de l'intérieur dans cette discussion donne à la
proposition de M. Le Pomellec toute sa force, et, si
quelque chose était de nature à en démontrer l'utilité
et la sagesse, c'est évidemment le langage qui vient
d'être tenu.

En effet, que vient-on de dire à la Chambre? On a
dit qu'on n'avait pas été le maître de choisir la question sur laquelle on demandait à la majorité un vote
de confiance, quand on sait, à n'en pas douter, que
cette confiance n'a jamais été ni plus sincère ni plus
profonde. Pourquoi donc venir sur une question qu'on
déclare transitoire, qu'on déclare devoir être reprise
à nouveau dans trois mois, dans six mois, poser la
question même de l'existence et de la responsabilité
d'un ministère?

Messieurs, il y a évidemment quelque chose qui
nous échappe dans cette politique..... (*Marques d'approbation et rires sur plusieurs bancs à gauche. — Rumeurs au centre.*)... car il ne me paraît pas possible
que, sur un terrain aussi étroit, n puisse accumuler
tant de matières explosibles. Qu'est-ce que cela signifie? Est-ce votre opinion que les maires doivent être
toujours choisis, comme le stipule et le prescrit l'article 21 que vous nous proposez? Alors venez défendre nettement et hautement cette opinion.

Si, au contraire, ce n'est qu'une opinion à temps,
une opinion à terme, je vous demande de la discuter
de nouveau et de ne pas vous en faire un prétexte de

pression sur nos consciences et sur nos libertés parlementaires. (*Très bien! à gauche.*)

Messieurs, je ne voudrais d'autre raison de vous adjurer d'ajourner, d'ajourner pour étudier, d'ajourner pour ne pas rendre un vote qui ne serait pas un vote de liberté plénière... (*Très bien! à gauche*), que le langage contenu et ardent, à la fois inquiet et triste, du ministre qui vient de descendre de cette tribune. (*Rumeurs en sens divers.*)

Le pays le sait bien, et, quand il lira cette discussion, le pays verra bien que, quels que soient vos votes, ces votes ne sont pas l'expression indépendante et absolument libre de vos consciences et de vos volontés. (*Très bien! très bien! et applaudissements sur un certain nombre de bancs à gauche.*)

Et quelle sera la valeur de ce vote qu'on n'aura pas arraché au nom de la doctrine gouvernementale, au nom des principes administratifs, ni au nom des théories qui doivent régir les rapports des personnes civiles : la commune, le canton et le département, avec l'État, mais au nom d'une direction de politique générale sur laquelle on appelle la majorité, comme si elle n'existait pas, à se reformer, à signer son adhésion? Et, Messieurs, pourquoi alors ne pas nous apporter une discussion sur la politique intérieure, où on abordera les questions multiples, complexes, obscures, qu'on laisse volontairement et sagement sommeiller? Mais je ne peux pas admettre cette confusion qu'à propos de la loi municipale on fasse un vote politique, qu'à propos d'un article de loi transitoire on pose la question de cabinet. Tout cela est contraire à la vérité, à la sagesse, à la prudence politique, et quant à moi, je le dis, je ne me sens pas libre. (*Très bien! très bien! et applaudissements sur divers bancs à gauche. — Mouvement prolongé.*)

Après quelques observations de M. Floquet, la Chambre,

par 389 voix contre 76, rejette la proposition de renvoi présentée par M. Le Pomellec.

Le rejet de la proposition de renvoi décidait de toute la discussion. MM Gambetta et Le Pomellec retirèrent l'amendement [1] qu'ils avaient déposé à l'article 2 du projet et la Chambre vota le projet transactionnel de la commission. (12 juillet.)

Au cours de cette deuxième séance, M. Raoul Duval avait provoqué un incident curieux. Répondant à M. Laussedat qui avait dénoncé à la Chambre la bizarre comédie de libéralisme que certains bonapartistes s'amusaient à jouer à l'exemple du marquis de Castellane, M. Raoul Duval avait déclaré que, quant à lui, il n'acceptait pas la qualification d'ennemi de la République, et que, partisan avant tout de la souveraineté nationale, il se refusait à faire reposer sa politique sur ce seul mobile, à empêcher le succès de l'expérience républicaine qui se fait, et que la France a voulu laisser faire. M. Raoul Duval terminait en disant : « Faites en sorte, Messieurs, par votre façon de gouverner, que je ne devienne pas le *clamans in deserto;* par votre modération envers les personnes et le passé, permettez à mes amis de se rallier en nombre à cette politique, la meilleure que sur nos bancs nous puissions faire pour le pays. »

M. Gambetta demanda la parole pour répondre à M. Raoul Duval.

M. LE PRÉSIDENT. — La parole est à M. Gambetta.

M. GAMBETTA. — Messieurs, je ne viens pas faire un discours; je viens répondre quelques mots aux paroles de M. Raoul Duval.

L'honorable M. Raoul Duval, dans un langage dont je ne méconnais ni le caractère politique, ni la saga-

1. Cet amendement était ainsi conçu :

« Dans toutes les communes de France, excepté la capitale, le conseil municipal élit le maire et les adjoints parmi ses membres, au scrutin secret et à la majorité absolue.

« Si, après deux scrutins, aucun candidat n'a obtenu la majorité, il est procédé à un scrutin de ballottage entre les deux candidats ayant obtenu le plus de suffrages. En cas d'égalité de suffrages, le plus âgé est nommé.

« La séance dans laquelle il est procédé à la nomination du maire est présidée par le plus âgé des membres du conseil municipal. »

cité, et, qu'il me permette de le dire, ni la sincérité solitaire. (*Réclamations à droite.*)

M. DUGUÉ DE LA FAUCONNERIE. — Mais non pas solidaire !

M. JANVIER DE LA MOTTE FILS. — Je suis heureux de dire que non !

M. GAMBETTA. — Les protestations qui s'élèvent contre l'expression que je viens d'employer ne me paraissent pas de nature, tant qu'elles ne resteront qu'à l'état de protestations, à renverser l'affirmation que j'apporte, à savoir que malheureusement l'honorable membre n'a traduit ici que le sentiment d'un très petit nombre de ses collègues qui siègent de ce côté. Il a dit en effet, et il a dit avec la précision qu'il apporte ordinairement dans ses déclarations, qu'il avait assisté aux élections du 20 février, avec ce sentiment que la France prenait un parti entre des formes diverses de gouvernement, et que l'immense majorité de la nation s'était prononcée pour la fondation et l'établissement d'un régime républicain définitif.

M. GRANIER DE CASSAGNAC. — Pour l'essai, l'essai loyal !

M. LE BARON TRISTAN LAMBERT. — L'essai de fait.

M. CUNÉO D'ORNANO. — La nation vous a fait crédit, voilà tout !

M. GAMBETTA. — Je crois que le nombre est restreint parmi ceux qui se disent ses amis, qui signeraient une pareille déclaration. Et alors, Messieurs, j'en prends texte pour dire que, quelle que soit la disposition d'esprit de l'honorable M. Raoul Duval, non seulement d'assister à la fondation du régime républicain, mais de le faciliter, il est nécessaire de savoir ce que valent aujourd'hui ces conseils, ces indications de conduite pour la grande majorité de cette Chambre.

Eh bien, permettez-moi de vous dire, et de lui dire à lui-même, que certainement ses inquiétudes partent d'un bon naturel. (*On sourit.*) Mais que nous sommes meilleurs juges, nous qui avons enfin quelque ancienneté et quelque garantie à offrir au point de vue de la défense des institutions républicaines, de ce qu'il nous reste à faire, et de l'heure à laquelle il nous convient de le faire.

Nous ne déférons pas d'habitude aux conseils de nos adversaires, et je ne pense pas que M. Raoul Duval, si ces élections dont il constatait le caractère, avaient tourné dans un sens inverse, eût mis la même précipitation à opérer les réformes immenses et décisives, dont le programme s'étale dans les divers amendements qui germent sur les bancs de l'extrême droite ; je ne crois pas qu'il eût accepté, avec la même facilité et la même déférence, les conseils qui lui seraient venus de ce côté-ci de la Chambre. (*La gauche.*) Je crois même le contraire. Nous avons connu, Messieurs, un régime qui a eu toutes les forces du pays en mains, qui a disposé de la France d'une façon incontestée pendant dix-huit ans... (*Interruptions à droite.*)

Je dis incontestée, au point de vue du fait, et non pas au point de vue du droit.

M. LE BARON TRISTAN LAMBERT. — Au point de vue du droit et du fait. (*Exclamations à gauche.*)

M. GAMBETTA. — Eh bien, ce régime, quand il s'agissait de la question qui vous occupe, et qui vous passionne si légitimement, quand il s'agissait de la question des maires... (*Bruit à droite*), ce régime invoquait la constitution fondamentale de 1852, et il disait : Il y a là cinq ou six principes auxquels il ne faut pas toucher, et dont l'un est le droit pour le pouvoir de nommer constamment et à sa guise, selon son caprice, tous les maires de toutes les communes de France, pour en faire des agents dociles et serviles de sa politique officielle. (*Applaudissements à gauche. — Interruptions à droite.*)

M. LAROCHE-JOUBERT. — C'est ce que vous avez fait au 4 septembre. (*Rumeurs au centre.*)

M, LE BARON DE SEPTENVILLE. — Oui, après le 4 septembre, vous les avez cassés et brisés.

M. GAMBETTA. — Par conséquent, Messieurs, quand on entend, non pas M. Raoul Duval, qui n'est pas de cette école, et qui n'a pas à porter la responsabilité de ce passé, mais ceux qui prétendent l'appuyer et le soutenir, quand on les entend vous donner des conseils de libéralisme, des conseils de politique d'émancipation et d'affranchissement, on peut se demander ce que veulent ces Gracques, qui prêchent la liberté et la pacification. (*Très bien! très bien! — Applaudissements à gauche.*)

Il y a un parti, — et il est tous les jours plus restreint, grâce à la sagesse du pays, grâce aussi à la sagesse des représentants que le pays s'est donnés, — il y a, dis-je, un parti qui va s'affaiblissant tous les jours, qui dans d'autres temps, dédaigneux et ennemi de la tribune, pense aujourd'hui se faire de cette tribune un moyen d'agitation et de perversion des institutions actuelles. (*C'est vrai! — Très bien! très bien! à gauche!*)

Eh bien, il vous appartient, Messieurs, toutes les fois qu'on apportera ici une insinuation, un conseil intéressé ou perfide, de le rejeter en disant que vous prenez conseil de vous-mêmes, et non des plus invétérés ennemis de la France. (*Vive approbation et applaudissements sur un grand nombre de bancs.*)

La loi sur les maires fut adoptée par le Sénat avant la suppression de la disposition qui ordonnait le renouvellement des conseils municipaux dans le délai de trois mois. (Séances du 8 et du 9 août.) La Chambre ayant accepté cette modification, la loi fut promulguée le 13 août au *Journal officiel*. Elle était ainsi conçue :

« ARTICLE PREMIER. — Les articles 1 et 2 de la loi du 20 janvier 1874, relatifs à la nomination des maires et des adjoints, sont abrogés.

« ART. 2 — Provisoirement, et jusqu'au vote de la loi orga-

nique municipale, il sera procédé à la nomination des maires
et adjoints, conformément aux règles suivantes :

« Le conseil municipal élit le maire et les adjoints parmi
ses membres, au scrutin secret et à la majorité absolue.

« Si, après deux scrutins, aucun candidat n'a obtenu la
majorité, il est procédé à un scrutin de ballottage entre les
deux candidats qui ont obtenu le plus de suffrages. En cas
d'égalité de suffrages, le plus âgé est nommé.

« La séance dans laquelle il est procédé à l'élection du
maire, est présidée par le plus âgé des membres du conseil
municipal.

Dans les communes chefs-lieux de département, d'arrondissement et de canton, les maires et adjoints sont nommés
parmi les membres du conseil municipal, par décret du président de la République.

« Art. 3. — La présente loi est applicable à l'Algérie, sous
réserve des dispositions du décret du 27 décembre 1866,
relatives à la nomination des adjoints indigènes musul-
mans. »

APPENDICE

PROFESSION DE FOI

ADRESSÉE

AUX ÉLECTEURS DE LA PREMIÈRE CIRCONSCRIPTION
DU DÉPARTEMENT DES BOUCHES-DU-RHONE

Le 15 février 1876

Mes chers concitoyens,

Je viens aujourd'hui réclamer de vos libres suffrages le renouvellement du mandat politique que vous m'avez confié déjà trois fois depuis le jour où vous m'avez ouvert les portes de la vie publique.

En 1869, nous avons lutté ensemble contre le despotisme impérial qui a failli perdre la France ;

En 1870, nous avons lutté ensemble pour réparer les désastres et effacer les hontes que le régime de l'invasion avait assumés sur la patrie ;

En 1871, nous avons lutté ensemble pour assurer enfin à la démocratie française le seul gouvernement conforme à son génie, à ses droits et à ses intérêts : la République.

C'est en m'inspirant de vos vœux et de vos idées que j'ai essayé, dans la mesure de mes forces, de donner à ce gouvernement nécessaire l'appui du plus grand nombre en le montrant à tous comme l'expression de la souveraineté nationale, l'unique garantie de l'ordre et de la liberté, le seul instrument du progrès et le dernier espoir du patriotisme.

Ce n'est pas aux électeurs de Marseille que j'ai besoin d'adresser une longue profession de foi.

Ils connaissent ma personne et ma politique.

Je suis toujours et je resterai ce qu'ils m'ont fait : le serviteur dévoué de l'idée républicaine, au-dessus des rivalités, des dissidences, des exagérations et des compétitions personnelles.

Ils connaissent aussi la méthode politique dont la démocratie républicaine peut faire sortir graduellement toutes les conquêtes si elle est appliquée avec intelligence et persévérance.

Je la résume en deux mots : fermeté sur les principes, prudence et mesure dans les procédés ; le porgrès indéfini pour but, la raison pour moyen, et la République pour égide.

Si telle est, comme j'en ai la pleine confiance, votre opinion, j'attends le jugement que vous allez porter de mes actes et de ma conduite politiques.

Votre vote du 20 février dira si vous voulez assurer avec moi, sans réaction et sans révolution, l'affermissement et le développement des institutions républicaines, fonder une ère de paix sociale et de prospérité matérielle et morale ; présenter enfin aux sympathies du monde une démocratie libre, ordonnée, laborieuse, forte et capable de refaire la patrie.

Vive la France ! Vive la République !

LÉON GAMBETTA.

EXTRAIT DU RAPPORT

Présenté le 21 août 1876 [1]

AU NOM DE LA COMMISSION CHARGÉE DE FAIRE UNE ENQUÊTE

SUR

L'ÉLECTION DE M. LE COMTE DU DEMAINE

DANS L'ARRONDISSEMENT D'AVIGNON (VAUCLUSE)

Par MM. Henri Brisson et Albert Joly

ÉMEUTE DE CAVAILLON

(CHAPITRE III)

S'il est un fait démontré par l'enquête, c'est que l'affaire de Cavaillon a été préméditée, préparée, organisée par les meneurs légitimistes. Il suffit, pour s'en convaincre, de jeter les yeux sur les tableaux synoptiques que nous avons dressés plus loin.

Plusieurs jours avant le 17 février, le bruit qu'une manifestation hostile se préparait contre M. Gambetta circulait déjà dans Avignon, à Cavaillon, à l'Isle, un peu partout. Quel en serait le théâtre? Avignon ou Cavaillon? Les partisans de M. du Demaine paraissent avoir hésité, M. Gambetta ayant laissé régner l'incertitude snr ses intentions. Nous savons toutefois, par des lettres échangées entre M. le Maire de Cavaillon et M. le Préfet de Vaucluse, que l'admi-

---

1. Cette commission, constituée en vertu d'une résolution prise par la Chambre dans la séance du 20 mai 1876, était ainsi composée : MM. Albert Grévy, *président*, Cherpin, *vice-président*, Albert Joly, *secrétaire*, Henri Brisson, comte Henri de Lur-Saluces, Caze, Mir, Bouchet, Varambon, Douhet et Clémenceau.

nistration était fixée sur ce point dès le 15 février, et nous
savons aussi quelles relations intimes, quelle collaboration
constante, reliaient la préfecture et les meneurs du parti
légitimiste. D'ailleurs, grâce au personnel spécial recruté
pour la manifestation du 17, personnel dont nous allons
parler, cette manifestation était essentiellement mobili-
sable; on pouvait la transporter à Cavaillon, petite ville où
les éléments de désordre manquaient, mais qu'on en allait
pourvoir soigneusement.

La préméditation, en effet, est bien plus facile à saisir à
Cavaillon qu'elle ne l'eût été dans Avignon. Elle seule peut
expliquer la présence au milieu, ou plutôt à la tête des
perturbateurs, de plusieurs maîtres de maisons de tolérance,
d'un lutteur de Marseille, de repris de justice, d'un tas
d'hommes enfin dont le déplacement et l'ardeur ne peuvent
avoir pour cause une passion politique personnelle, qui
n'ont pu se rendre à Cavaillon qu'à titre de mercenaires, et
qui paraissent du reste y avoir loyalement gagné leur
argent. Crest, le lutteur; Porte, dit le *Frisé;* Martin, dit
Mérinjeanne, Étienne Sabatier, tous les trois souteneurs de
filles publiques; Grisoul, Ladevèze, repris de justice, et
d'autres personnages de même acabit, ne seront point
soupçonnés sans doute d'avoir fait le voyage de Cavaillon
et le siège de l'hôtel Béridot par attachement platonique
pour les principes conservateurs.

La Commission n'a pas cru devoir faire comparaître ces
individus devant elle. La justice eût pu le faire; car elle a,
dès le 18 février, connu leur participation aux troubles de
la veille; elle ne l'a pas fait. Cette participation n'en est pas
moins bien établie, et, nous le répétons, elle est à elle seule
une preuve de préméditation.

On ne songeait pas d'ailleurs, dans le parti légitimiste,
au lendemain des faits de Cavaillon, à nier cette préméditation; l'*Union de Vaucluse* du 19 février, en faisant le récit
de ces faits, dit en propres termes : « C'est à Cavaillon que
le châtiment *attendait* le fou furieux. » Peut-être aujourd'hui
ne s'en défendrait-on pas davantage, si les élections générales eussent autrement tourné.

Malheureusement pour M. du Demaine, la relation entre
les gens dont nous venons de parler et les meneurs de son
élection ne peut guère faire de doute. L'un de ses distribu-

teurs de bulletins, M. Jean Bonnet, dépose ingénûment ce qui suit :

« J'ai distribué des bulletins pour M. du Demaine pendant quatre jours et demi. Un soir on me dit : Demain tu iras distribuer des bulletins ailleurs. C'était à Cavaillon. En route, je demandai où étaient les bulletins. On me dit : Il n'en est pas besoin ; c'est une promenade que nous faisons. Nous étions onze dans l'omnibus. Il y avait Martin et Porte, maîtres de maisons publiques ; il y avait aussi mon beau-frère.

« Nous descendîmes à l'extrémité du village ; c'est là que je demandai les bulletins. Je vis ce que c'était, et alors nous restâmes en arrière, moi et trois autres.

« Nous nous attablâmes à un café. Nous vîmes arriver une bande de 2 ou 300 personnes criant et sifflant. Nous nous tirâmes à l'écart. On vint nous dire : « Pourquoi ne sifflez-vous pas? Il faut faire comme les autres. » Nous allâmes dîner, avec beaucoup d'autres. Un monsieur vint nous dire, avant la fin du dîner :

« Dépêchez-vous ; la réunion va avoir lieu ; nous passerons prendre un verre au cercle et puis nous irons devant la réunion. »

« Nous nous sommes retirés et nous sommes allés nous coucher dans l'omnibus.

« Nous sommes revenus à Avignon à 2 heures et demie du matin.

« J'avais été conduit à Cavaillon, soi-disant pour distribuer des bulletins, et je suis revenu sans qu'on m'en ait remis.

« BONNET. »

Ainsi, c'étaient les mêmes personnes qui présidaient à la distribution des bulletins de M. du Demaine et qui enrôlaient la bande de gens sans aveu destinée à la besogne que nous allons décrire.

Bien d'autres témoignages constatent le départ d'Avignon et la présence à Cavaillon, dans la journée du 17, d'une tourbe d'individus mal famés. L'un des chefs les plus ardents du parti légitimiste à Avignon, M. de Bannières de Salles, se défend énergiquement de toutes relations avec cette cohorte ; il reconnaît qu'il s'est rendu à Cavaillon, qu'il y a conduit vingt-sept jeunes gens dans le dessein de donner à M. Gambetta « un vaste charivari »; mais il assure que ses compagnons étaient tous gens honorables, et qu'ils n'ont rien eu de commun avec les proxénètes et repris de justice accourus à Cavaillon.

Rien, soit, sinon les œuvres.

De même qu'on a vu plus haut la mairie d'Avignon associer sciemment à son administration un homme récemment condamné pour escroquerie, de même on a vu, le 17 février, collaborer à la même tâche, accomplir les mêmes actes, se livrer aux mêmes désordres, des êtres déshonorés et des hommes de parti.

Deux omnibus (au moins), dont l'un pouvant contenir vingt-sept voyageurs, ont été loués le 16 au soir ou dans la matinée du 17; on les conduit sur la route, en un point bien connu des personnes qui ont visité Avignon et ses environs, en face de l'hospice Isnard. C'est là le rendez-vous. Crest, lui, est parti en chemin de fer; en passant au Thor, il serre la main à l'adjoint qui lui souhaite bon succès dans son entreprise; mais le gros de la bande part en voiture « après avoir fait une répétition », dit un témoin. Les omnibus entrent dans Cavaillon; leurs passagers sont acclamés en arrivant par les consommateurs attablés devant un café légitimiste. « Soyez tranquilles, crie Ladevèze du haut de l'impériale, nous avons tout ce qu'il faut. » Et le noble convoi s'arrête devant le cercle catholique.

Un peu plus tard, vers cinq heures, arrive M. Gambetta. A son arrivée, « il est acclamé par la population, » dit M. le maréchal des logis de gendarmerie. Ces acclamations l'accompagnent jusqu'à l'hôtel de la *Pomme d'Or,* où il doit descendre; au moment où sa voiture va pénétrer sous la remise, il veut remercier de cet accueil les personnes qui l'entourent.

Des sifflets et des huées retentissent.

C'est le charivari. Cent cinquante à deux cents individus, parmi lesquels les volontaires d'Avignon et des membres du Cercle catholique, viennent d'arriver en file serrée sur la place de la Couronne où se trouve l'hôtel de la *Pomme d'Or.* Leur nombre est petit, leur zèle énorme; une partie des autorités est indifférente ou paralysée, comme nous le verrons plus loin, l'autre complaisante ou complice; ils abusent de cette situation, sans doute prévue par eux. M. Gambetta ne

peut point proférer une parole; il monte au premier avec
ses amis; chaque fois qu'un de ceux-ci paraît à la fenêtre,
les huées, les sifflets, les injures redoublent; la *Page d'histoire* est mise en action. Sur l'invitation de M. Gambetta,
transmise par ses amis, les républicains présents sur la place
se dispersent pour la plupart et rentrent chez eux. De la
sorte, les manifestants sont isolés, et les constatations de
fait deviennent faciles.

Cette première scène dure une heure environ; les auteurs
de tout ce tapage se retirent dans les cafés et les auberges
où leur repas a été préparé, et où des orateurs bénévoles, le
nommé Grisoul, par exemple, se chargent d'entretenir leur
ardeur.

Pauvre résultat, en effet, qu'un charivari, et pour lequel
on n'avait point ameuté tant de gens de sac et de corde!
Le véritable dessein des meneurs n'était point là; leur résolution arrêtée était d'empêcher, par la violence, la réunion
privée où M. Gambetta devait parler après dîner. Vingt
témoins et plus déposent des faits qui ne peuvent laisser
aucun doute sur ce point. Nous en trouvons d'ailleurs encore
l'aveu dans le journal déjà cité : « Ces huées vengeresses,
dit l'*Union de Vaucluse*, ces sifflets justiciers n'ont pas permis
au tribun malfaisant de prononcer une nouvelle harangue
insolente et venimeuse. Devant l'indignation un peu bruyante
de ces braves gens inoffensifs, mais désireux de montrer
qu'ils n'avaient pas peur, M. Gambetta a renoncé à parler.
A partir de ce moment, le calme s'est rétabli de suite. »

Nous savons quelles étaient les personnes que l'*Union* appelle des « braves gens ». Voyons s'ils ont été « inoffensifs ».

Il était sept heures et demie environ; M. Gambetta dînait
au premier étage de l'hôtel avec une cinquantaine d'amis,
lorsque la bande revient, animée par la boisson. Les sifflets
ne lui suffisent plus; elle est armée d'ustensiles en fer-blanc,
de casseroles, de bâtons; un tapage infernal commence.
Cependant, les invités à la réunion y entraient; les perturbateurs veulent y pénétrer; on leur ferme la porte de la
salle située au rez-de-chaussée et qui ouvre directement sur
la place. Ils l'ébranlent, la secouent, la frappent à coups
redoublés, cherchant à la forcer. « La foule assaillait la
porte, dit un gendarme, et la frappait de façon à la faire
tomber. » D'horribles propos circulent parmi les assaillants,

des cris de mort se font entendre ; deux témoins ont vu des
revolvers aux mains de certains émeutiers. C'est un assaut.
Les républicains enfermés dans la réunion étançonnent
comme ils peuvent les portes avec des poutres, des échelles,
tout ce qu'ils trouvent. A un moment donné, tandis que les
premiers rangs des assaillants font effort pour envahir
l'hôtel, ceux qui sont placés plus loin jettent des pierres
aux fenêtres du premier, où ils savent que se trouve
M. Gambetta ; quelques-unes de ces pierres pénètrent dans
l'auberge ; l'une d'elles atteint la fille de la maison ; d'autres,
frappant sur des persiennes fermées, retombent sur les
assaillants ; quelqu'un a la diabolique idée de s'écrier : « On
jette des pierres de l'hôtel. » Le maire lui-même semble
partager cette erreur, la rage des émeutiers redouble ; ils ne
se contentent plus d'assaillir la porte qui donne accès dans
le local de la réunion ; ils ébranlent la porte cochère ; ils
veulent entrer à tout prix....

A ce moment, tout le monde, à l'intérieur comme à l'extérieur, a le sentiment du danger. « Les choses commençaient à tourner au tragique, » dit M. Edmond Adam. —
« Oh! mon Dieu, si la porte allait céder! » s'écrie le commissaire de police. — Je n'avais plus une minute à perdre, » dit le maire de Cavaillon. — « Si on avait persisté à
vouloir tenir la réunion, dit le maréchal-des-logis, une
effroyable collision s'en serait inévitablement suivie. » (Déposition devant M. le Procureur de la République, le 19 février.) Tous les témoins sont unanimes : à ce moment, tout
était à craindre....

Les meneurs étaient débordés, a-t-on dit, par ceux qu'ils
avaient soudoyés, grisés, surexcités.

Effrayés de leur responsabilité, M. le commissaire de
police et M. le maire de Cavaillon se font ouvrir une petite
porte de l'hôtel et pénètrent successivement auprès de
M. Gambetta ; le premier ne cache pas ses craintes ; il est
effaré, presque tragique ; c'est « au nom de l'humanité »
qu'il supplie M. Gambetta de dissoudre la réunion ; il se
déclare impuissant à maintenir l'ordre. M. Gambetta con-
sent à ce qu'on lui demande ; la nouvelle en est donnée aux
émeutiers, qui s'apaisent un instant ; toutefois la réunion
ne se sépare pas sur-le-champ. Tandis que le désordre est
sur la place publique, que les autorités sont dans le désarroi,

les républicains assis au banquet dressent procès-verbal de
la violence qu'ils subissent. Contraste sans exemple peut-être,
et qui montre bien de quel côté se trouvaient la modération
et la confiance dans le bon droit.

Les assaillants, à qui l'on a promis satisfaction, la réclament à grands cris; le bruit et les violences recommencent.
M. le maire rentre dans l'hôtel; M. Gambetta se dirige vers
le local de la réunion; les autorités de Cavaillon allaient, pour
l'y conduire, le faire passer sur la place, lorsque des amis plus
avisés l'en détournent; il pénètre par une entrée spéciale et
recommande aux cinq ou six cents électeurs assemblés là, de
se disperser avec calme et en dédaignant toutes les injures.

M. le maire de Cavaillon peut enfin annoncer aux perturbateurs que la réunion va se dissoudre ; il est accueilli, c'est
lui qui nous l'apprend, par de vifs applaudissements.

« Dès qu'on a donné la nouvelle que la réunion n'aurait
pas lieu, le calme s'est rétabli. » (Maréchal-des-logis, déposition devant M. le Procureur de la République.) « La foule
s'est écoulée d'elle-même quand la réunion a été dissoute,
comme si elle trouvait une sorte de satisfaction dans cette
dissolution ; je le crois, du moins.... Si la réunion n'avait
pas été dissoute, je pense qu'il y aurait eu rixe, conflit, et
que nous aurions pu être forcés d'employer la force des
armes. » (Maréchal-des-logis, déposition devant la Sous-
Commission.)

Les meneurs étaient satisfaits en partie; la réunion était
empêchée, « le tribun malfaisant » ne parlerait point, et,
grâce à la sagesse du parti républicain, le théâtre de leurs
méfaits n'était point ensanglanté.

Ils ne se contentèrent pourtant pas de ce triomphe :

« Pendant tout le temps du défilé des invités qui avaient
pu pénétrer dans la salle, dit M. le maréchal-des-logis, depuis le premier jusqu'au dernier, les cris de : *A bas Gambetta!*
les coups de sifflet, les cris de *Guerre à outrance! L'Homme
de Saint-Sébastien! La frontière d'Espagne! L'Alsace et Lorraine! Souliers de carton! Mes 30 sous! L'Homme au ballon!*
n'ont pas discontinué. A ce moment, pas un cri de : *Vive
Gambetta!* ne s'est fait entendre. » (Déposition devant le
Procureur de la République.)

Des témoins dignes de foi ajoutent que, durant ce défilé,
ils ont reçu non seulement des injures, mais encore des

coups et des crachats. Et pourtant leur calme « ne s'était pas démenti, car en sortant de la réunion, dit M. le commissaire de police, ces personnes sont sorties dignement. » (Déposition devant la Commission.)

L'acharnement des malfaiteurs ne devait pas s'arrêter là.

La place est évacuée; les perturbateurs rentrent dans leurs cafés et dans leurs cercles. Une heure environ s'écoule. M. Gambetta, M. Edmond Adam et deux de leurs amis, montent en voiture découverte; ils sont à ce moment, c'est-à-dire devant la porte de l'hôtel, entourés par la gendarmerie; mais, bien que la sortie de la ville soit proche et malgré la gravité des faits de la journée, nul n'a songé à les protéger plus loin. Au moment où la voiture passe devant le Cercle catholique, quinze à vingt mauvais drôles l'assaillent, l'entourent, la suivent, la couvrent d'une grêle de pierres; M. Adam est obligé de les menacer de sa canne. Heureusement, les chevaux sont vigoureux, la voiture est vivement enlevée, cet assaut ne réussit pas mieux que le premier.

Voilà les faits.

Il nous reste à examiner l'attitude des autorités.

§ 1er. — Gendarmerie.

Nous parlerons d'abord de la gendarmerie.

Ce corps d'élite a prêté à la Commission, tant à Avignon qu'à Cavaillon, un concours dont nous tenons à le remercier.

La gendarmerie avait reçu de M. le Ministre de la guerre une circulaire datée du 13 janvier, éminemment correcte, et qui ne mérite que des éloges, puisqu'elle recommandait au corps de s'abstenir complètement dans la lutte électorale.

Nous en dirions autant de celle que M. le Colonel chef de la 22e légion, en résidence à Marseille, avait, dès le 10 janvier, adressée à ses sous-ordres, si ce document n'avait contenu deux passages légèrement en contradiction avec le ton général des instructions qui s'y trouvaient enfermées.

Ainsi, tout en rappelant à la gendarmerie qu'elle n'avait point à faire de politique, le chef de la légion disait : « Désirant être constamment au courant de la situation des esprits, vous voudrez bien m'adresser tous les lundis, pendant

les mois de janvier et de février, un bulletin faisant connaître les diverses phases de la période électorale, les agissements des partis et les chances des divers candidats. »
Assurément, c'était là mêler bien intimement la gendarmerie
à la politique; c'était peut-être aussi se hasarder que
d'ajouter :

« La gendarmerie ne doit pas faire de la propagande,
mais *elle a le droit d'empêcher la propagande révolutionnaire.* »

Nous ne voyons là qu'une interprétation inexacte d'un
paragraphe de l'article 286 du décret du 1er mars 1854 portant règlement sur l'organisation et le service de la gendarmerie, article dont nous donnons le texte ci-dessous [1].
Ce paragraphe, qui porte la trace du coup d'État du 2 décembre et des mesures qui l'ont suivi, ne pouvait évidemment recevoir d'application en 1876 dans la période électorale. Dans tous les cas, la circulaire du 10 janvier, en
attribuant à la gendarmerie « le droit d'empêcher la propagande *révolutionnaire* », devait, grâce à l'élasticité de ce
dernier mot, livrer la gendarmerie aux interprétations
abusives que certaines autorités locales pouvaient donner à
leur tour à l'article 286.

C'est ce qui est arrivé à Cavaillon. Empêcher la propagande révolutionnaire, traduction libre : empêcher les républicains de parler.

Ici se place d'ailleurs un fait intéressant :

Le 16 février, M. Doncieux, préfet de Vaucluse, requé-
rait [2], aux termes du décret du 1er mars 1854, « M. le com-

---

1. Dans ses tournées, correspondances, patrouilles et service
habituel à la résidence, la gendarmerie exerce une surveillance
active et persévérante sur les repris de justice, sur les condamnés
libérés, *sur ceux qui sont internés et qui cherchent à faire de la
propagande révolutionnaire;* elle rend compte immédiatement de
la disparition de ceux qui ont quitté sans autorisation la résidence
qui leur est assignée; elle envoie leur signalement aux brigades
voisines, ainsi qu'à celles qui ont la surveillance des communes
où l'on suppose qu'ils se sont retirés.
Elle se met à leur poursuite, et, si elle les arrête. elle les conduit devant l'autorité compétente.
2. Art. 113 du décret précité. — Si les rapports de service font
craindre quelque émeute populaire ou attroupement séditieux,
les préfets, après s'être concertés avec l'officier général commandant le département, s'il est présent, et avec l'officier le plus élevé
en grade de la gendarmerie en résidence au chef-lieu du dépar-

mandant de la gendarmerie du département d'envoyer, le
lendemain 17, un renfort de douze gendarmes à la brigade
de Cavaillon, pour lui aider à maintenir l'ordre. »

M. Bézu, capitaine de gendarmerie à Avignon, a déposé
devant la Commission que M. Doncieux, tout en réunissant
17 gendarmes à Cavaillon, avait « témoigné le désir qu'aucun
officier ne se rendît à Cavaillon, afin d'éviter toute apparence de déploiement de forces ».

L'honorable capitaine ajoute : « Je suis resté à Avignon,
sur l'ordre de mon commandant. »

De son côté, M. Guibert, chef d'escadron commandant la
compagnie, écrit le 16 février à son colonel : « M. le Préfet
m'a instamment prié, pour ne pas donner au déplacement
de ces quelques gendarmes plus de signification qu'il ne
convient, de laisser ce petit détachement sous les ordres
du maréchal-des-logis Robert. »

Il serait superflu d'examiner ici la question de savoir si
cette décision n'était pas en contradiction avec l'article 189
du décret [1] ; mais tout le monde trouvera surprenant que
M. Doncieux, qui jugeait la situation assez grave pour retenir en gare d'Avignon, après lui avoir fait faire des exercices
d'embarquement (voir les dépositions de MM. Blanc et François, officiers au 141e de ligne), un bataillon tout prêt à marcher sur Cavaillon, ait fait en sorte que les dix-sept gendarmes réunis dans cette ville fussent placés sous l'autorité
exclusive du maire, M. de Bonadona.

M. le capitaine Bézu nous a dit, en effet, dans sa déposition :

« M. le maréchal-des-logis commandant les gendarmes

---

tement, peuvent requérir la réunion, sur le point menacé, du
nombre de brigades nécessaire au rétablissement de l'ordre.

Il en est rendu compte sur-le-champ au ministre de l'intérieur
par le préfet, et au ministre de la guerre par l'officier général
ou par l'officier de gendarmerie.

1. Art. 189. — Si, dans l'étendue de leur commandement, il
survient quelque évènement extraordinaire de nature à influer
d'une manière quelconque sur la tranquillité publique, les com-
mandants d'arrondissement se transportent immédiatement sur
les lieux, et s'empressent d'en rendre compte au commandant de
la compagnie. Dans le cas où cet évènement nécessite de promptes
mesures, ils informent cet officier des dispositions qu'ils ont cru
devoir prendre en attendant ses ordres.

réunis à Cavaillon n'avait pas le droit, sans réquisition du maire, d'employer ses hommes à faire évacuer telle ou telle rue, telle ou telle place [1]. »

Mise ainsi sous l'autorité du maire dont nous apprécierons bientôt la conduite, s'inspirant de l'attitude du maire, la gendarmerie de Cavaillon se trouvait à peu près paralysée. Aucun officier, nous l'affirmons, n'eût toléré les désordres prolongés de la journée du 17 février et surtout de la soirée. Il y a eu là une véritable émeute « dirigée contre la sûreté des personnes, » et qui n'a point été « réprimée »; il y a eu « des voies de fait et des violences exercées contre les personnes », et les auteurs de ces violences n'ont pas été « saisis » (art. 297 et 300 du décret du 1er mars 1854). Nous ne craignons pas de le dire : si de tristes scènes ont eu lieu, c'est grâce à la combinaison qui, en écartant systématiquement les officiers, plaçait sous l'autorité légale du maire les gendarmes réunis à Cavaillon.

Nous considérons donc la gendarmerie comme couverte par la situation que lui a faite M. Doncieux.

§ 2. — La Police.

L'agent de police Pépin et le garde champêtre Lafond ne nous arrêteront pas longtemps. Ils sont accusés par des témoignages dont la sincérité n'est pas douteuse à nos yeux ; leur culpabilité est évidente ; mais, arrivée à ce degré, la responsabilité nous paraît tellement atténuée par celle des supérieurs, que, dans l'état, nous ne nous sentons pas le courage d'insister.

Le cas de M. Viau, commissaire de police, est plus intéressant. Nous pouvons dire, à sa décharge, à lui aussi, que le 15 février, demandant des instructions à M. Doncieux, il

---

1. Art. 297. — Les sous-officier, brigadier et gendarmes ne peuvent, en l'absence de l'autorité judiciaire ou administrative, déployer la force des armes que dans les deux cas suivants : le premier, si des violences ou voies de faits sont exercées contre eux ; le second, s'ils ne peuvent défendre autrement le terrain qu'ils occupent, les postes ou les personnes qui leur sont confiés, ou enfin si la résistance est telle qu'elle ne puisse être vaincue autrement que par la force des armes.

ne reçut que celle-ci : « Vous vous conformerez aux réqui-
sitions de M. le maire. » Ajoutons que, le premier de tous,
il a paru inquiet sur les résultats de la journée, et que, sans
attendre l'arrivée des omnibus, il a conseillé à M. Béridot
de tâcher de faire renoncer les républicains à leur réunion
privée, afin d'éviter quelque malheur. Ce sont là des circonstances atténuantes en un sens, bien qu'elles prouvent
qu'il était au courant de tout ce qui s'était tramé et s'attendait à de graves désordres ; il en a bien besoin ; car il a obéi
aux instructions du maire jusqu'à se rendre coupable des
mêmes actes que ce dernier.

§ 3. — *M. le maire de Cavaillon.*

Nous arrivons en effet à l'examen de la responsabilité de
M. de Bonadona, maire de Cavaillon.

M. de Bonadona a beaucoup écrit et beaucoup parlé dans
cette affaire, indépendamment de sa déposition devant la
Commission. Il nous a remis treize pièces dont plusieurs
sont son œuvre ; nous possédons en outre son rapport à
M. le Procureur de la République en date du 18 février, et
sa déposition devant ce magistrat en date du 21 du même
mois ; enfin, nous sommes à peu près certains que M. de
Bonadona a fait un rapport à M. Doncieux : mais ce dernier
document nous est inconnu.

Nous verrons plus loin que, sur les treize pièces remises
à la Commission par M. de Bonadona, il en est une dont
les énonciations sont matériellement fausses, et qui a été
volontairement antidatée. Une autre de ces pièces a particulièrement attiré notre attention. C'est celle que trente-
trois amis de M. de Bonadona ont rédigée sous le titre de :
La vérité sur les troubles de Cavaillon, et qui est datée du
1er mai dernier.

Dans son rapport du 18 et dans sa déposition du 21 février,
qui datent du lendemain des évènements, M. de Bonadona
confesse que la manifestation du 17 février a été préméditée
par les « conservateurs » de Cavaillon ; il avoue qu'elle a
été violente ; mais surtout, — et c'est sur ce point que nous
attirons l'attention de la Chambre, — il déclare que M. Gambetta était bien lui-même et lui seul le point de mire de
cette manifestation :

« Si les manifestations, dit le *Rapport* de M. de Bonadona, ont été un peu bruyantes, c'est que les conservateurs cavaillonnais, tout spécialement outragés par M. Gambetta, indignés des attaques contenues dans son discours du 9 février, voulaient, en dehors de tout esprit de parti, faire sentir à *celui* qui s'intitulait audacieusement le candidat de l'honneur électoral, combien ils avaient été blessés. La protestation *toute personnelle* d'hier ne peut être que la revanche de *l'attaque venimeuse et mensongère du 9 février.* »

« Le discours de M. Gambetta, dit la *Déposition du 21 février*, prononcé à Avignon dans la réunion dite privée du 9 février, avait produit une profonde irritation dans la population conservatrice de Cavaillon. Ce discours, reproduit *in extenso* dans le journal *le Républicain de Vaucluse*, avait été répandu en un grand nombre d'exemplaires dans notre ville. Les insultes et les outrages ainsi que les menaces que M. Gambetta y prodiguait aux autorités du département, et en particulier au Préfet et aux Maires des plus importantes communes, avaient produit, je le répète, parmi notre excellente population de Cavaillon, une vive et profonde irritation. Nos conservateurs, en face de ces menaces d'intimidation, tinrent à prouver qu'on ne disposait pas ainsi à son gré d'un pays et d'une population, et voulurent réagir contre *celui* en qui se concentraient cet esprit d'envahissement et ce système d'intimidation et de menaces. »

Le reste est sur ce ton : pour M. de Bonadona, au mois de février, le seul objectif de la manifestation du 17, c'est M. Gambetta. On ne trouve pour ainsi dire pas, dans ces deux pièces, le nom d'un seul républicain du pays : M. Gambetta est le bouc émissaire, la victime expiatoire, l'ennemi, l'unique ennemi. On n'a pour lui qu'injure et mépris ; il est « venimeux », ses paroles sont « mensongères ».

Le 1er mai, les amis de M. de Bonadona rédigent et, le 20 juin, M. de Bonadona nous remet en « confirmant ce qu'elle contient comme étant sa déposition » la pièce intitulée : *La vérité sur les troubles de Cavaillon.* Combien M. de Bonadona est changé ! Écoutez-le :

« Depuis le 9 février, date du discours prononcé à Avignon par l'*honorable* M. Gambetta, *les amis maladroits* de sa candidature, exploitant, *en les dénaturant*, les paroles de *cet éminent orateur*, organisaient à Cavaillon tout un complot de terreur, dans le but évident d'intimider les paisibles et trop simples habitants de la campagne... Ces bruits, ces menaces, *dont M. Gambetta, nous le reconnaissons sans peine, n'a pas besoin de repousser la responsabilité.....*

« Les choses en étaient ainsi au moment de l'arrivée à Cavaillon de M. Gambetta; d'un côté *des amis imprudents et maladroits* qui voulaient exploiter au profit de leurs petites rancunes ou ambitions locales *la haute personnalité et la notoriété du chef éminent de la gauche;* de l'autre...

« ..... Et M. Gambetta doit renoncer à la parole; *mais qu'il le sache bien, si des sifflets nombreux, des paroles injurieuses se sont fait entendre, c'est surtout aux deux acolytes qui l'entouraient, les sieurs Boussot et Tourel, qu'ils s'adressaient.* »

Or, le 21 février, déposant devant M. le Procureur de la République. M. de Bonadona disait :

« Les cris de : *Vive Gambetta!* se répétant sans cesse, on y répondait par les cris qui caractérisaient le mieux les sentiments de la foule conservatrice : *A bas la guerre à outrance! Les souliers de carton! Le pillard! le voleur! il viendra encore demander nos enfants, nos mobiles!* »

De tels outrages, nous le demandons, s'adressaient-ils à MM. Tourel et Boussot?

Mais reprenons la lecture de *La Vérité sur les troubles de Cavaillon :*

« Voilà, continue ce document, voilà les deux hommes qui s'étaient imposés à la confiance de l'*honorable* M. Gambetta. *Investis de cette mission usurpée et surprise à la bonne foi de l'honorable M Gambetta...* »

La plume nous tombe des mains.

Ces flatteries succédant à ces injures, cette manière de désintéresser M. Gambetta après l'avoir déclaré seul responsable, ce changement complet de système, devaient retenir l'attention de la Commission, obligée d'apprécier la valeur des témoignages des « conservateurs » de Cavaillon, de M. de Bonadona ou de ses amis.

Le 18 et le 21 février, dans la fièvre de la lutte et dans l'ivresse du succès, on tient un certain langage; ces pièces d'ailleurs doivent demeurer secrètes; le 1er mai, dans un document destiné à devenir public, on tient un autre langage. Entre ces deux dates, M. Gambetta est devenu « le

chef de la gauche », le président de la commission du budget ; on le ménage, on l'encense.

Le 20 juin, lorsque M. de Bonadona dépose verbalement
devant la sous-commission, la fortune semble incertaine
entre les deux politiques qui se partagent la France ; M. Buffet vient d'être nommé sénateur ; M. de Bonadona adopte
un système mixte : « Les sifflets et les vociférations s'adressaient tout spécialement à MM. Boussot et Tourel, autant
qu'à M. Gambetta... Les conservateurs, de Cavaillon...
durent manifester avec violence à l'égard de M. Gambetta,
quand ils virent le candidat se disant le défenseur de l'honneur électoral, justement présenté aux électeurs, patronné
dans notre ville par des hommes qui... » (page 145).

Nous engageons vivement nos collègues, qui vont délibé-
rer sur nos conclusions, à lire et à relire attentivement tous
ces documents.

Les contradictions y abondent et quelquefois d'une ligne
à l'autre, tant M. de Bonadona se trouve pressé entre la vérité et son système de défense :

« J'arrivai, dit-il dans sa déposition, sur la place de la
Couronne, et, en présence de l'exaltation de la foule, je me
concertai avec M. le maréchal-des-logis de gendarmerie
pour savoir si nous ne pourrions pas faire évacuer la place.
Je ne supposais aucune préméditation, aucune disposition
hostile dans cette foule, aucun projet hostile. Je jugeai qu'il
était imprudent de vouloir faire évacuer la place, ce qui
n'aurait pu se faire qu'en employant les armes. Il en serait
résulté des poussées qui eussent amené infailliblement
quelque rixe : et il est incontestable qu'en présence de ces
circonstances, au premier coup donné, une mêlée générale
se fût engagée. Dix-sept gendarmes n'étaient pas suffisants
pour amener une évacuation toute pacifique.

Dans ce court passage, tout est contradictions ou erreurs :

Que dire d'une foule qui n'a ni projets fâcheux, ni dispositions mauvaises, et que cependant on ne pourrait écarter
qu'en employant les armes !

« Dix-sept gendarmes n'étaient pas suffisants », dit M. le
Maire, et nous avons une dépêche de lui, postérieure, et
dans laquelle il assure au préfet que « les gendarmes suffiront ».

Il est d'ailleurs à peu près impossible de croire que M. de Bonadona se soit, à aucun moment, mais surtout au moment dont il parle, concerté avec M. le maréchal-des-logis pour savoir s'il serait possible de faire évacuer la place.

M. le maréchal-des-logis a fait un rapport à son capitaine le 17 au soir; il a été interrogé le 19 par M. le Procureur de la République; il a déposé devant la Commission. Jamais il n'a parlé, jamais il n'a dit un mot de ce concert. Or, s'il avait été consulté sur ce sujet, si la question, toujours si grave pour un homme qui commande en chef, de l'emploi de la force, avait été débattue entre M. le maire de Cavaillon et lui, qui croira que M. le maréchal-des-logis Robert, dont la déposition est complète, eût passé sous silence un fait aussi important?

Il a été si peu question d'une éventualité pareille entre M. le Maire et M. le maréchal-des-logis, que ce dernier, à l'heure dont parle M. de Bonadona, adresse successivement à ses chefs quatre dépêches identiques pour leur dire : « Rien de nouveau. Rien de nouveau. Rien de nouveau. Rien de nouveau. » On était donc bien loin à ce moment de songer à l'évacuation de la place.

La Commission, en comparant toute cette série d'écrits les uns aux autres, y a trouvé des motifs sérieux de se défier du témoignage de M. de Bonadona et de ses amis. Elle y rencontre, en plusieurs passages, des demi-aveux, des indices graves, en un mot la trace manifeste de la complicité de M. de Bonadona avec les perturbateurs, au moins jusqu'à un certain moment; mais elle se voit obligée d'écarter tous ses moyens de défense. Ses propres dires ne sont d'accord entre eux que sur ce qui l'accuse.

Cette complicité, pour nous évidente, de nombreux témoins en ont foi [1]. La plupart ont vu M. Bonadona donner le signal des manifestations hostiles à M. Gambetta, porter

---

1. La sous-commission croit devoir, à ce propos, mentionner ici une circonstance particulière : la disposition de la salle où elle siégeait à Cavaillon était telle qu'elle se trouvait obligée d'y admettre le gendarme de service; celui-ci entendait les dépositions; chaque témoin pouvait donc voir qu'il était entendu par un tiers. Les dépositions ont été néanmoins précises, nettes, concluantes, sans réticence.

(*Note des rapporteurs.*)

un sifflet à sa bouche et s'en servir, encourager enfin de toutes façons les auteurs des désordres du 17 février. M. de Bonadona le nie énergiquement; il affirme que « sa conduite a été celle d'un magistrat qui a souci de sa dignité ». Ce sont ses propres expressions. La Sous-Commission tout entière pense au contraire qu'il a non seulement participé aux troubles, mais qu'il a été l'organisateur et le chef du mouvement; elle pense qu'il est impossible de lire les pièces de l'enquête, et principalement celles que lui ont remises MM. de Bonadona et du Demaine, sans adopter son opinion.

M. de Bonadona partage, on le voit dans toutes ses paroles, les passions des manifestants; il les excuse, il les couvre, non seulement depuis l'affaire, mais durant la soirée du 17. Même au moment où, suivant les témoignages, le péril est imminent, où « une collision effroyable » est sur le point de s'engager, où les siffleurs de la journée sont devenus de véritables émeutiers, où le charivari se transforme en assaut, M. de Bonadona est encore de leur parti. On jette des pierres contre l'auberge; elles brisent une fenêtre ; M. de Bonadona commence par vouloir que ces pierres soient jetées de l'hôtel même; il déclare procès-verbal à l'aubergiste et ne se rend que devant l'évidence. M. Gambetta réclame-t-il sa protection en faveur du droit de réunion privée contre les assaillants, M. de Bonadona lui répond que ce sont « de braves gens » et qu'il ne peut pas « les empêcher de montrer qu'ils n'ont pas peur ». De braves gens! M. de Bonadona, que ses relations, ses fonctions, appellent souvent à Avignon, M. de Bonadona, qui n'a pas quitté la place de la journée, qui a une police, M. de Bonadona peut-il ignorer qu'à la tête de ces braves gens on voit briller des repris de justice, des maîtres de maisons de tolérance, des lutteurs de profession?

Non. M. de Bonadona était de ceux qui avaient juré d'empêcher à tout prix M. Gambetta de réunir et de haranguer les électeurs républicains; il a poursuivi l'exécution de ce dessein au risque des plus grands malheurs. Voilà la vérité. Elle éclate dans tous les documents que nous faisons passer sous les yeux de la Chambre.

En voici de nouvelles preuves :

M. Gambetta arrive à 5 heures, et même un peu aupara-

vant, à Cavaillon ; le maréchal-des-logis adresse à son commandant à Avignon, les dépêches suivantes :

4 h. 55 — Arrivé à 5 heures,
5 h. 1/2 — Rien de nouveau,
6 h. — Rien de nouveau,
6 h. 1/2 — Rien de nouveau,
7 h. — Rien de nouveau.

On trouvera peut-être que M. le maréchal-des-logis n'est
guère impressionné par la première manifestation ; mais
enfin, ce n'est qu'un charivari ; quiconque n'est pas du complot ne peut croire qu'il se prépare quelque chose de grave.
D'ailleurs, comment s'émouvoir d'un tumulte auquel
prennent part des autorités, des personnes élégantes comme
M. de Bannières de Salles, des chefs de l'aristocratie locale
comme MM. de Crousnilhon, des maires, des adjoints, des
agents de police, des administrateurs d'hospice, etc.? M. le
maréchal-des-logis ne connaît pas de vue, nous le savons,
les gens mal famés arrivés d'Avignon ; il est tranquille.

Mais, à l'heure même où M. le maréchal-des-logis goûte
cette quiétude et croit n'avoir « rien de nouveau » à signaler ses à chefs, M. le maire de Cavaillon télégraphie à
M. le Préfet :

5 h. 25. « M. Gambetta arrivé à 5 heures. Grande agitation.
Je crains les plus graves désordres, *si la réunion a lieu*. Je
m'efforce de calmer les esprits. »

A la réception de cette dépêche, le préfet s'inquiète, et il
répond (6 h. 15) :

« ... Dix-sept gendarmes ne me paraissent pas une force
suffisante pour opérer la nuit au milieu de plusieurs milliers
de personnes. Un bataillon partira par le train de 8 heures
45, s'il le fallait. »

Cette proposition ne fait point l'affaire de M. de Bonadona. Il s'est arrangé de façon à ne pas avoir de supérieur
dans Cavaillon durant la journée du 17 ; il veut garder cette
situation ; il réplique au préfet par la dépêche suivante :

« J'espère bien que tout désordre grave sera évité. Les
gendarmes suffiront. Inutile d'envoyer de la troupe. »

L'homme effrayé de tantôt est rassuré maintenant ; l'arrivée d'un bataillon, commandé par un officier supérieur,

dérangerait ses petites combinaisons; nous verrons en effet que l'armée est résolue à réprimer le désordre, « d'où qu'il vienne, » ce qui pourrait être gênant.

A 8 heures, M. le maréchal-des-logis télégraphie : « Gambetta renonce à donner réunion. »

A 10 heures 20, M. de Bonadona adresse à M. le Préfet de Vaucluse et à M. le Procureur de la République la fameuse dépêche :

« M. Gambetta, *après réunion avortée*, vient de partir en voiture. »

Dès 9 heures, M. le commissaire de police de Cavaillon a télégraphié au préfet : « Réunion pas lieu. »

La réunion n'a pas lieu, la réunion est avortée; telle est, sur le moment, la grande nouvelle, tel est le grand résultat.

M. le maréchal-des-logis adresse le soir même à son capitaine un rapport; en marge de la copie de ce rapport, transcrit au n° 38 sur les registres de la gendarmerie, copie qui nous a été remise, certifiée conforme par M. le capitaine commandant, on lit ces mots, qui semblent résumer la journée : « M. GAMBETTA N'A PU DONNER SA RÉUNION. »

M. Gambetta n'a pu donner sa réunion; M. Gambetta n'a pas pu parler : tel sera, nous l'avons vu, le cri de triomphe poussé le lendemain par les journaux légitimistes.

Le dessein arrêté d'obtenir ce résultat par la violence est manifeste, et la part que M. de Bonadona a prise à l'exécution de cette résolution n'est pas moins évidente.

Sera-t-il plus heureux dans les circonstances atténuantes qu'il cherche à plaider?

D'après lui « les conservateurs de Cavaillon étaient tout spécialement outragés dans le discours du 9 février, » prononcé à Avignon par M. Gambetta. Le malheur veut que, dans ce discours, que nous reproduisons plus loin en son entier, M. Gambetta ne dise pas un mot de Cavaillon, ni de ses conservateurs.

Ailleurs, on insinue que la réunion tendait à devenir publique, qu'on y laissait entrer des personnes non invitées. Remarquons d'abord que M. le Commissaire de police et M. le maire avaient manifesté le dessein d'empêcher la réunion dans la journée, c'est-à-dire bien avant que les portes en fussent ouvertes; d'ailleurs, la grande masse des témoignages et la disposition des lieux, que la sous-commission

s'est minutieusement fait expliquer sur place, donnent un
démenti formel à cette assertion; l'entrée par la grande
porte avait été rendue très difficile, grâce à une barrière
qui avait été placée devant; il fallait, nous ont dit les gendarmes, décrire un Z pour entrer. Quant à la « porte dérobée » dont il va être question, ce n'était même pas une
porte : c'étaient deux planches non clouées et qui laissaient
aux organisateurs de la réunion un moyen d'y pénétrer à
travers une clôture intérieure. Du reste, les amis de M. de
Bonadona se sont chargés eux-mêmes de réfuter cette assertion contradictoire; on lit en effet ce qui suit dans la *Vérité
sur les troubles de Cavaillon :*

« Les très nombreux invités qui se rendent soit au banquet, soit à la réunion projetée dans la vaste remise de la
Pomme-d'Or, veulent tous à la fois pénétrer dans le sanc-
tuaire, qui déjà a reçu par une porte dérobée *les invités
privilégiés;* la porte ordinaire est toujours fermée et, devant cette flagrante violation du principe de l'égalité, les
murmures augmentent, on ébranle l'ouverture, et bientôt
on peut constater que ce sont les invités à la fête qui la
troublent par les plus véhémentes clameurs... »

Ainsi par la porte dérobée, comme on l'appelle, il n'a
pénétré que des *invités privilégiés,* c'est-à-dire, comme nous
le savons par M. Tourel, les gens de l'hôtel et les personnes
ayant assisté au banquet.

Est-il d'ailleurs besoin de réfuter la fable ridicule imagi-
née par les trente-trois auteurs de la *Vérité sur les troubles
de Cavaillon?* Quoi ! ce seraient les invités à la réunion qui en
auraient ébranlé la porte ! Comment expliquez-vous alors
ce cri de M. le commissaire de police : « Oh ! mon Dieu ! si
la porte allait céder ! » cette parole du maire : « Je n'avais
plus une minute à perdre; » et ces craintes de rixe, de conflit, de mêlée générale, de collision effroyable, qu'expri-
ment tous les témoins, principalement les fonctionnaires?
Quel danger eût pu naître de l'ouverture des portes, si elle
n'eût mis en présence que des citoyens de la même opinion?
Cette puérile invention ne méritait peut-être pas l'honneur
d'une réfutation.

Croirons-nous davantage, avec M. de Bonadona, que
M. Gambetta n'eût pas couru de dangers s'il était sorti sur
la place pour pénétrer dans la réunion? Lisez le témoi-

gnage de M. Creisson, gendre de l'aubergiste; quelques
moments auparavant M. Creisson sort un instant par une
petite porte dans l'espoir de calmer les assaillants; et, sur-le-
champ, ces malfaiteurs avinés le criblent de coups de poing
et de coups de pied; son beau-père, dont la force est hercu-
léenne, l'arrache péniblement aux mains de ces forcenés,
aidés par le garde-champêtre; M. de Bonadona est le spec-
tateur de cette scène, et, quelques minutes après avoir été
le témoin du traitement infligé à un citoyen obscur, il croit
pouvoir sans péril amener devant les mêmes hommes
M. Gambetta, l'unique objet, suivant lui, de leur irritation!

Ce que nous admettons, c'est qu'à ce moment M. de
Bonadona avait perdu la tête; un charivari dans la journée
et, le soir, un tumulte de nature à empêcher la réunion,
voilà, probablement, tout ce qu'il avait projeté. Mais un
assaut, mais des violences ouvertes contre les personnes,
c'était peut-être trop à ses yeux; il était débordé par « les
braves gens » arrivés d'Avignon; le concours du personnel
de la rue des Grottes, de Porte dit le *Frisé*, de Martin dit
Mérinjeanne, de Sabatier Étienne, et de quelques autres
artistes, ce concours commençait à lui peser; la tournure
que prenaient des évènements auxquels il avait d'abord pris
part augmentait gravement sa responsabilité, et troublait
sa conscience, égarée jusque-là par la passion. Il en oubliait
toute prudence, et si nous voulons le croire sincère dans les
protestations qu'il adressait aux amis de M. Gambetta,
nous croyons plus fermement encore que, si ce dernier
l'eût suivi sur la place, il eût été outragé, frappé, victime
d'une violence.

Qui pourrait en douter lorsqu'on sait, par le témoignage
irrécusable de M. Edmond Adam et de plusieurs autres témoins, que deux heures plus tard, lorsque toute la ville paraissait rentrée dans l'ordre, la voiture qui emmenait
M. Gambetta a été entourée par une vingtaine de vauriens,
assaillie, lapidée?

Il faudrait, du reste, pour nier les mauvaises intentions
des ennemis de M. Gambetta, que l'intempérance des légitimistes de Vaucluse eût été moins grande. Il a circulé, durant la période électorale, un écrit en patois, écrit obscène
et violent, dont nous avons deux exemplaires au dossier,
faussement signé : « Les républicains de Pernes », et qui n'a

d'ailleurs été l'objet d'aucune poursuite. En voici la dernière phrase :

« Vous, monsieur Gambetta, ne vous avisez plus de passer
par ici, car peut-être cette fois nous détellerions votre voiture... et nous ne vous disons pas pourquoi. »

On lit encore dans l'*Union de Vaucluse* du 19 mars les
lignes suivantes, qu'elle emprunte à un autre journal légitimiste, la *Décentralisation :*

« Les légitimistes de Vaucluse ont cependant du bon.
M. Gambetta devrait s'en souvenir. Sans le courage de quelques légitimistes, n'aurait-il pas dernièrement laissé à Cavaillon son dernier œil, et peut-être quelque autre chose ? »

Qu'on n'essaie donc pas de dire que M. Gambetta n'a
point couru de dangers dans Cavaillon ! Le contraire est évident et avoué par les légitimistes. Le péril a été évité, ils
voudraient s'en attribuer le mérite ; l'enquête établit au contraire qu'ils avaient tout fait pour le rendre presque inévitable ; mais les républicains ont senti combien il importait,
à la veille d'élections générales, d'empêcher toute collision,
d'enlever tout prétexte à l'emploi de la force. Bien que supérieurs en nombre à leurs indignes adversaires, ils ont tout
supporté, même les plus grands outrages. Ah ! si les troubles
de Cavaillon eussent pu être imputés aux républicains, quel
parti n'en eût-on pas tiré dans l'autre camp ! Quel bruit on
en eût fait ! Quelles poursuites n'aurait-on pas exercées !

§ 4. — *Enquête judiciaire.*

De semblables évènements ne pouvaient manquer d'attirer
le regard vigilant de la justice. Assuré que la magistrature
avait fait tous ses efforts pour s'éclairer sur les troubles de
Cavaillon, le 11e bureau fit demander au Ministère de la
Justice le dossier de l'affaire ; il en reçut la note suivante :

« Les rapports qui ont été envoyés par le Procureur général de Nîmes n'ont aucun trait aux élections. Ils ont pour
but d'examiner si les réunions fort nombreuses tenues à
Orange, à Carpentras, à Avignon et à Cavaillon étaient des
réunions publiques ou privées.

« Dans les deux premières villes, on peut admettre que
les réunions étaient privées.

« A Cavaillon, réunion publique, mais dissoute volontairement par ceux qui l'avaient provoquée, on ne croit pas opportun de poursuivre; à Avignon, l'information suit son cours. »

Le 11° bureau n'avait obtenu que cette note d'un laconisme éloquent, lorsqu'il apprit, non sans étonnement, dans ses séances des 16 et 17 mai, par notre honorable collègue M. Renault-Morlière, défenseur de l'élection de M. du Demaine, que celui-ci avait reçu, à la date du 7 mai, de M. le Procureur de la République d'Avignon, communication de diverses pièces d'une enquête faite à Cavaillon par ce magistrat, au lendemain même des troubles.

Cette communication, faite spontanément et directement à M. du Demaine le 7 mai, l'a été à votre Commission par M. le Garde des Sceaux, et après plusieurs demandes, le 14 juillet dernier.

Elle se compose de douze pièces, dont six classées par M. le Procureur de la République sous le titre d'*Enquête*, et six autres, sous cette rubrique : *Rapports et renseignements.* Elles sont datées des 17, 18, 19, 21 et 26 février. La Chambre les trouvera toutes, pages 284 et suivantes.

Il est indispensable d'exposer ici ce qui, dans ces pièces, a dû frapper plus particulièrement l'attention de ce magistrat :

1re *pièce, en date du 17 février.* — *Procès-verbal* de l'arrestation à Cavaillon, dans la soirée du 17 février, de trois jeunes gens âgés de 16, 19 et 20 ans.

2° *pièce, du 17 février.* - *Rapport de M. le Maréchal-des-logis Robert à son capitaine;* nous lisons dans ce rapport :

« Vu l'état de surexcitation de la foule qu'il était impossible de contenir, M. le Commissaire de police a pris sur lui de le faire connaître à M. Gambetta; c'est à la suite de cette entrevue qu'il a cru devoir ne pas donner cette réunion. C'est pendant ce temps que les deux pierres ont été lancées dans une croisée de cette auberge; deux carreaux ont été brisés. »

Pas un mot de la moindre circonstance ayant pu donner à la réunion le caractère public.

3° *pièce, du 18 février.* — *Rapport de M. de Bonadona, maire de Cavaillon;* en voici quelques lignes :

« ... Les gendarmes protégeaient à grand'peine l'entrée des invités et repoussaient énergiquement la foule qui s'efforçait d'envahir le local de la réunion. Vainement, j'essayais de disperser cette foule et de calmer son effervescence, lorsque M. le Commissaire de police parvint à me rejoindre, et m'informa que la réunion n'aurait pas lieu. Sur les observations qu'il avait cru devoir présenter à M. Gambetta, celui-ci, en présence de cette manifestation et des désordres graves qui auraient pu en résulter, comprit qu'il ne pouvait assumer la responsabilité des événements ; il déclara qu'il allait lui-même dissoudre la réunion et engager les assistants à se retirer avec calme. J'attendais l'exécution de cette mesure prudente ; mais elle n'arrivait pas ! Le tumulte croissait, et l'exaspération de la foule ne connut plus de bornes lorsque des pierres lancées, disait-on, du toit de l'hôtel vinrent contusionner quelques personnes. Je n'avais plus une minute à perdre, je me décidai à intervenir...

« Chemin faisant, M. Gambetta me dit : Monsieur le Maire, puisque vous avez une telle influence sur cette foule, comment n'avez-vous pas protégé plus efficacement ma réunion ? — Je lui répondis : Monsieur, permettez-moi de vous faire observer que vous êtes venu vous poser ici en candidat de l'intimidation, et vous vous rendrez compte de la difficulté que j'éprouve à empêcher tous ces braves gens de vous prouver qu'ils n'ont pas peur [1]...

« M. Gambetta, prenant la parole, dit qu'en présence de la manifestation dont les échos venaient troubler la séance, sur les observations qui lui avaient été présentées par M. le Commissaire de police d'abord, par l'honorable Maire de la cité ensuite, il croyait devoir, afin d'éviter toutes violences que la force publique ne pourrait peut-être pas empêcher, renoncer à prendre la parole... »

Dans ce document non plus que dans le précédent, il n'est dit un mot qui puisse donner à croire que la réunion de Cavaillon eût, par une circonstance quelconque, perdu son caractère de réunion privée. On s'adresse à M. Gambetta pour le prier de la dissoudre ; il la dissout, mais le seul motif invoqué est le tumulte du dehors.

4º pièce, du 18 février. — *Rapport de M. Viau, commissaire de police à Cavaillon :*

---

1. Si la réunion eût été publique et illégale, M. le maire de Cavaillon n'en eût-il pas fait l'observation à ce moment?
　　　　　　　　　　　　　　(*Note des rapporteurs.*)

« Ce n'a été que quand j'ai vu que nous allions être débordés, que je me suis décidé à faire connaître la situation à M. Gambetta, en lui laissant la responsabilité des événements qui allaient s'ensuivre, si nous étions obligés d'employer la force. »

Toujours pas un mot des faits qui auraient pu transformer en réunion publique la réunion privée convoquée par M. Tourel. Et qui admettra que si cette réunion fût devenue illégale, si elle eût été une réunion publique assemblée en dehors des prescriptions de la loi, qui admettra que l'on eût offert à M. Gambetta de protéger sa réunion par la force ?

5e *pièce, du* 19 *février.* — *Déposition de M. le maréchal-des-logis Robert devant M. le Procureur de la République.* On y lit ce qui suit :

« M. le Commissaire de police faisait connaître à M. Gambetta, encore à table, la gravité de la situation. La situation était, en effet, très grave, et je suis convaincu que, si on avait persisté à vouloir tenir la réunion, une effroyable collision s'en serait inévitablement suivie. C'est à ce même moment que deux pierres... etc. »

Pas un mot dans cette déposition qui est longue, de nature à faire croire que la réunion ait perdu son caractère privé ; il n'est pas même question de ce point.

6e *pièce du* 19 *février.* — *Déposition de M. Tourel,* organisateur de la réunion ; nous y lisons textuellement :

« Parmi les gens de la foule, se trouvaient massés ensemble un nommé Crest, surnommé le *Taureau provençal,* lutteur à Marseille, et un nommé Étienne, tenant une maison de tolérance à Avignon. Ils faisaient partie d'un groupe où était aussi le jeune Valade fils aîné, groupe d'où sont partis les sifflets. M. le maire et M. Donat faisaient partie de ce groupe.

« J'ai à signaler à votre attention le fait suivant : quand M. Gambetta, vers 10 heures du soir, était dans la calèche de Monnier, d'Eyguières avec M. Granet, conseiller général, et M. Edmond Adam, sénateur, se rendant à Saint-Estève, on leur a jeté de la boue (la voiture en était encore tachée le lendemain matin) et des pierres, et on les a hués.

« Lorsque M. le Commissaire de police est sorti de la salle du banquet, où il venait de demander à M. Gambetta si, *au nom de l'humanité,* il ne croyait pas devoir renoncer à sa réunion, *vu qu'on ne pouvait être maître de la foule*, la force publique n'étant pas suffisante, M. Gambetta répondit qu'il irait lui-même dissoudre la réunion. »

Nous faisons remarquer ici que M. Tourel était l'organisateur de la réunion, le signataire des cartes d'invitation, que M. le Procureur de la République le savait, et que néanmoins ce magistrat ne l'interroge pas sur la question de savoir si la réunion n'avait pas, par un fait quelconque, perdu le caractère privé.

7° *pièce, du 19 février.* — *Déposition de M. Béridot,* l'aubergiste. On ne l'interroge pas davantage sur ce point si important; mais M. Béridot dépose qu'on a lancé des pierres contre sa façade, que des vitres ont été brisées, ainsi qu'un verre qu'une domestique tenait à la main.

8° *pièce, du 19 février.* — *Déposition du gendarme Avon,* relative à l'arrestation des trois jeunes gens.

9° *pièce, du 19 février.* —*Nouveau rapport de M. le Commissaire de police* de Cavaillon à M. le Procureur de la République.

Nous n'y trouvons que la très légère insinuation suivante :

« Vers 7 heures et demie, la foule revint et on commença à envahir les abords et la remise dont l'entrée avait été disposée de façon à ne laisser entrer qu'une seule personne, mesure qui, avec le contrôle des lettres, mettait les invités légaux dans l'impossibilité de rentrer aussi promptement qu'ils l'auraient désiré, et cependant on accusait déjà cinq à six cents personnes dans l'enceinte... »

M. le Commissaire de police veut-il dire par ces derniers mots que la réunion avait cessé d'être légalement privée? Nous ne le pensons pas, car voici comment il rapporte son dialogue avec M. Gambetta :

« M'adressant à M. Gambetta, je lui dis : Je viens ici, *au nom de l'humanité*, vous faire connaître que les esprits sont très irrités de part et d'autre; que je craignais qu'une collision s'ensuivît, qu'en conséquence je l'invitais d'examiner s'il n'y aurait pas lieu de l'éviter par quelque moyen. Il me répondit que, depuis le temps qu'on sifflait, nous aurions dû arrêter quelqu'un. Je lui fis observer que c'était en majeure partie des étrangers; il me dit de suite, en me coupant : « Des Avignonnais, n'est-ce pas? » Je lui répondis : « Des Luberonnais. » J'insistai sur ce point, en lui disant qu'il y en avait au moins 3,000 de cette région; l'incident n'eut pas

de suite. Je lui dis : « Du reste, vos oreilles doivent vous en
dire beaucoup plus que ce que je pourrais vous dire. » —
« Mais alors, me dit-il, la force publique est impuissante à
maintenir l'ordre. » — « Pardon, lui dis-je, ce n'est pas cela
que je dis; je dis que si, pour le maintenir, nous sommes
obligés de déployer la force des armes, la responsabilité
vous en incombe, en ce sens que, si vous persistez à vouloir
donner votre réunion, il est plus que probable que nous
nous verrons forcés d'avoir recours, malgré nous, à cette
dernière extrémité ; », mais, dans tous les cas, que j'étais
décidé à faire mon devoir. Et cela dit avec la fermeté que
comportait la situation. »

Ce langage ne peut laisser aucun doute : M. le Commissaire de police n'avait à invoquer aucune illégalité contre
la réunion ; il convient que, si M. Gambetta persiste à la
tenir, le devoir de l'autorité sera d'employer la force pour
maintenir l'ordre ; enfin, il est manifeste que la réunion
n'a été dissoute que sur les menaces de l'émeute, et que
M. le Commissaire de police n'en donne point d'autre raison.

Les documents de l'enquête judiciaire nous conduisent
ainsi jusqu'au 21 février.

10ᵉ *pièce, du* 21 *février.* — Ce jour-là, M. de Bonadona,
qui pourtant, dès le 18, avait adressé un rapport à M. le
Procureur de la République, fait une déposition devant ce
magistrat.

Le 19 février, M. le Procureur de la République s'était
rendu à Cavaillon ; il y avait fait « comparaître » avec l'assistance du juge de paix, M. le maréchal-des-logis, M. Tourel, M. Béridot et le gendarme Avon.

Il n'avait pas entendu M. de Bonadona: il avait son rapport du 18.

Nous venons de voir ce que cette enquête avait donné.

Le 21 février, M. de Bonadona « se présente » de lui-
même à Avignon, devant M. le Procureur de la République,
« assisté de M. Coulon, huissier remplissant les fonctions de
greffier, » et fait la déclaration suivante : »

« Je ne puis tout d'abord que confirmer mon rapport du
18 février, que j'ai eu l'honneur de vous transmettre. »

Tel est le document où nous voyons, *pour la première fois,*
apparaître cette allégation que la réunion serait devenue
publique :

« S'il existait, dit M. de Bonadona, un contrôle pour les
personnes qui pénétraient dans la remise par le boulevard,
n'y en ayant point pour celles qui entraient dans l'hôtel,
autre que le bon vouloir des maîtres de la maison, il était
facile à toute personne, étant dans l'hôtel, d'entrer dans le
local de la prétendue réunion privée. »

Et c'est tout, dans une déposition qui compte neuf pages
de grand format : M. de Bonadona insinue bien qu'il était
possible d'entrer dans la réunion par une autre porte que la
porte commune ; il ajoute, sans en rien savoir, qu'il n'y avait
point de contrôle à cette petite porte ; mais il n'allègue aucun
fait précis, ne cite aucun nom, ne donne aucune preuve.
Dans son entretien avec M. Gambetta, qu'il rapporte plus loin,
il ne dit pas un seul mot du caractère illégal de la réunion.

Les 11ᵉ et 12ᵉ pièces sont relatives aux antécédents de
M. Béridot, qui a été condamné, en 1850, à un mois de prison pour rébellion.

Telle est l'enquête à la suite de laquelle M. le Procureur
de la République près le tribunal d'Avignon a conclu :

« A l'inopportunité de toute poursuite contre les organisateurs et les auteurs de la réunion de la *Pomme d'Or*, ceux
qui l'avaient provoquée l'ayant eux-mêmes dissoute ;

« A l'absence de toute autre poursuite, à défaut de plainte,
et devant l'*impossibilité* de désigner les personnes qui avaient
proféré des propos outrageants ou lancé des pierres, soit
contre la gendarmerie, soit contre l'auberge Béridot, soit,
d'après M. Tourel, contre la voiture de M. Gambetta. » (Voir
l'un des trois rapports adressés le 7 mai à M. du Demaine, à
l'appui de son élection, par M. le Procureur de la République
d'Avignon.)

Il semble à la Commission que M. le Procureur de la République a conclu sans preuve à la publicité et à l'illégalité de
la réunion du 17 février.

Personne, à ce moment, ne songeait à émettre une pareille accusation ; M. le chef d'escadron Guibert, commandant la compagnie de gendarmerie de Vaucluse, adressait à
son colonel le rapport suivant :

« Mon Colonel,

« Comme j'ai eu l'honneur de vous l'annoncer dans mon

rapport n° 138, M. Gambetta était attendu à Cavaillon hier 17, pour y donner une réunion privée.

« Il a fait son entrée dans la ville à 5 heures ; il y a été accueilli par les bravos de ses partisans, qui ont trouvé leur contre-partie dans les huées du parti adverse. Quelques instants après un banquet d'une soixantaine de couverts réunissait les principaux partisans de M. Gambetta ; mais l'attitude d'une partie de la population, ainsi que vous le verrez dans le rapport ci-joint du maréchal-des-logis de Cavaillon, n'a pas permis à M. Gambetta de tenir la réunion privée qu'il avait intention de présider. Cette réunion a donc été supprimée. »

Ainsi, d'après les autorités elles-mêmes, la violence seule a empêché la réunion privée d'avoir lieu.

Il semble aussi à la Commission que M. le Procureur de la République s'est facilement résigné à « l'impossibilité » de découvrir les auteurs des divers délits contre l'ordre public, contre les propriétés et contre les personnes commis dans cette journée. Son attention avait dû être éveillée par un passage de la déposition de M. Tourel où ce témoin lui dénonçait la présence à Cavaillon de Crest et d'Étienne Sabatier. Il y avait là une piste qu'il n'était pas très difficile de suivre ; M. Régnier, commissaire central de police à Avignon, nous a dit, dans sa déposition : « Si le chef du parquet m'avait chargé de savoir quelles étaient les personnes d'Avignon qui étaient allées à Cavaillon, je connais mon personnel, je n'aurais pas été embarrassé pour le savoir. » Mais M. le chef du parquet ne l'a point chargé de cette mission, et le Préfet ne l'en a pas investi davantage.

M. le Procureur de la République aurait peut-être, sans étendre énormément le cercle de ses informations, pu connaître ou du moins tenter de connaître les personnes qui avaient assiégé l'hôtel Béridot, et les individus qui avaient lapidé la voiture de M. Gambetta. Pour le premier fait, il était de notoriété publique qu'un des juges suppléants de son tribunal et deux ou trois avoués ou avocats avaient assisté aux scènes de Cavaillon. Pour le second, les témoins abondaient : M. Adam, M. Gambetta, qui pouvaient tout au moins servir à constater le fait ; puis M. Monier, M. Granet, le cocher de la voiture, tous du pays, et d'autres témoins sans doute ; mais M. le Procureur de la République s'est

borné, sur ce point, à l'audition de M. Tourel; il a prononcé un peu vite le gros mot d'*impossibilité*. La Commission, quoique venant plus tard et disposant de moins de
moyens, n'a pas trouvé la tâche impossible.

Le « défaut de plainte » aurait aussi, d'après sa lettre du
7 mai à M. du Demaine, paralysé M. le Procureur de la République. Il ne nous semble pas pourtant que les délits commis à Cavaillon soient de ceux pour lesquels la poursuite
est subordonnée à la plainte des personnes lésées, et la notoriété publique suffisait pour les dénoncer.

Supposons, pour conclure, que M. du Demaine ait convoqué les électeurs en réunion privée, non point à l'auberge,
mais par exemple au Cercle catholique de Cavaillon; que
les républicains d'Avignon, prévenus de cette convocation,
aient recruté dans leur ville et à Marseille des hommes à
tout faire; qu'à l'arrivée du candidat conservateur, ils lui
aient donné un charivari; que, durant son dîner, ils aient assiégé la maison qui lui donnait asile; qu'ils en aient ébranlé
et brisé les clôtures, en vociférant des injures et poussant des
cris de mort; qu'ils aient frappé toute personne assez
imprudente pour se hasarder une minute hors de la maison;
qu'ils aient ainsi contraint par la force la réunion à se disperser; qu'ils aient maltraité les électeurs convoqués au
moment de leur sortie; qu'au milieu d'eux on ait remarqué,
mêlés à des proxénètes, des maires, des adjoints, des personnages officiels, et l'homme d'affaires du candidat de la
démocratie; que les républicains enfin aient, pour couronner dignement la journée, lapidé et attaqué la voiture de
M. le comte du Demaine, assez vivement pour l'obliger à se
défendre avec sa canne... Qu'on imagine tout cela, qu'on
se figure de telles scènes, ayant toute une population pour
témoin, et qu'on se demande ce qu'aurait fait l'administration de Vaucluse et le parquet d'Avignon!

Ce tableau n'est cependant que la peinture affaiblie des
excès de Cavaillon; il est vrai que les perturbateurs étaient
enrôlés sous la bannière légitimiste, tandis que les sénateurs,
les députés et les citoyens, objets de ces violences, défen-
daient le gouvernement du pays.

Nous ne nous sommes d'ailleurs étendus sur l'enquête faite
par M. le Procureur de la République que parce qu'elle a
été produite, d'une façon plus ou moins correcte, par M. du

Domaine. La Chambre n'a point à s'occuper des troubles de Cavaillon au point de vue judiciaire ; mais elle a le droit de les apprécier au point de vue de l'élection et de la politique générale ; ils constituent, en effet, l'acte d'intimidation le plus violent et le plus coupable.

Quant à la Commission, elle est convaincue que les meneurs de l'affaire de Cavaillon ont préparé, par les moyens les moins avouables, une collision au milieu de laquelle, grâce au personnel recruté par eux, tous les attentats étaient possibles.

La Commission est également convaincue qu'avec un peu d'énergie, en montrant quelque initiative, les autorités de Cavaillon eussent facilement réprimé ces troubles ; la preuve, c'est qu'elles ont pu, sans grand déploiement de forces, arrêter dans la soirée deux jeunes gens de 16 à 18 ans, Place et Fabre, qui, au moment de l'évacuation de la réunion, paraissent avoir crié : *Vive la République!* Mais l'autorité était complice du mouvement et ne retrouvait d'énergie que contre ses adversaires.

DÉPOSITION

DE M. EDMOND ADAM, SÉNATEUR

M. LE PRÉSIDENT ALBERT GRÉVY. — Monsieur, vous avez été le témoin oculaire des faits de Cavaillon. Veuillez nous donner les renseignements propres à nous éclairer sur les scènes auxquelles vous avez assisté et sur l'élection d'Avignon.

M. EDMOND ADAM. — Nous sommes descendus de chemin de fer, Gambetta et moi, à Orange, et c'est de là que, après avoir assisté à une première réunion électorale, nous sommes allés à Cavaillon.

Partis d'Orange à une heure, nous avons successivement traversé Carpentras et l'Isle, où la foule qui se pressait autour de notre voiture fit à M. Gambetta l'accueil le plus sympathique. A Cavaillon, où nous arrivâmes vers cinq heures, la première réception fut de même très cordiale. Gambetta dut dire quelques mots pour remercier les amis qui l'acclamaient à la porte de l'hôtel. Il les engagea à se retirer, ce qu'ils firent. Mais bientôt la scène changea d'aspect. On ne nous attendait pas de si bonne heure. Avertis de notre présence, des gens qu'on avait amenés d'Avignon, de Marseille, ou recrutés parmi les légitimistes de Cavaillon, accoururent sur la place, l'occupèrent, accompagnés ou gardés par une vingtaine de gendarmes, et commencèrent leur bruit devant l'hôtel où nous étions descendus.

J'avais été averti de cette manifestation...

M. LE PRÉSIDENT. — Pouvez-vous dire le nom de la personne qui vous avait averti et où cet avertissement vous avait été donné ?

M. EDMOND ADAM. — C'est, je crois, une personne d'Avignon, qui m'a prévenu, en route, dans la voiture.

La manifestation était devenue très bruyante. Les manifestants s'étaient groupés, massés ; ils semblaient fort bien commandés et fort déterminés. D'une des fenêtres de notre salon au premier étage de l'hôtel, on me montra le maire de la ville, un jeune homme qui, se tenant au premier rang, fumait sa cigarette, faisait des signes, et se conduisait en véritable chef d'orchestre. Je l'ai parfaitement distingué. On me désigna aussi un chef du parti légitimiste d'Avignon, fort ardent, mais dont j'ai oublié le nom. Enfin, on me nomma un sieur Étienne, souteneur de filles à Avignon, un sieur Crest, de Marseille, hercule forain, et d'autres gens de même espèce. Je remarquai, en outre, que les gendarmes, au lieu d'être placés de manière à nous protéger, faisaient face à l'hôtel comme pour protéger les manifestants contre nous.

Un dîner avait été préparé. Ceux de nos amis qui, pour y venir, s'étaient risqués à traverser la place, avaient été coudoyés, injuriés, bousculés. Heureusement aucun d'eux n'avait perdu patience. Mais les récits qu'ils nous firent de ce qu'on voyait et de ce qu'on entendait dehors n'étaient pas rassurants.

Nous nous mîmes à table, et le tapage continua pendant un quart d'heure encore, avec la même violence. Puis, ces messieurs d'Avignon voulurent bien aller dîner aussi, et ils se répandirent dans les cabarets de la ville, où le maire et le commissaire de police eux-mêmes, assure-t-on, leur avaient fait préparer à manger et à boire.

Mais à leur retour, après avoir bu, on pouvait de ces gens-là tout craindre. C'est ce que me dirent mes voisins, hommes du pays, très honorables, très courageux, comme j'ai pu le voir, qui ne pensaient qu'à une chose, à leur responsabilité, aux vifs reproches qui leur seraient adressés pour avoir amené Gambetta dans un semblable guet-apens. Ils me parlaient sans cesse du maréchal Brune; ils m'en avaient parlé depuis le commencement. Le souvenir était peut-être un peu gros; mais enfin Gambetta était là, présent, on l'avait presque dans la main, et cela pouvait tenter les gens de sac et de corde ameutés contre nous. Bref, je finis par concevoir quelque inquiétude, et j'engageai deux ou trois de mes voisins à profiter du répit qui nous était accordé, pour aller recommander à nos amis de la ville de rester patients et calmes, de ne pas se rendre sur la place où ils étaient exposés à des rixes, mais de se tenir prêts à nous secourir si nous étions assaillis. Je priai, en outre, l'un d'eux de me rapporter un revolver. Trois ou quatre autres de nos convives ont-ils pu trouver aussi des armes? C'est possible, mais je n'en sais rien. Ce dont je suis sûr, par exemple, c'est qu'aucun d'eux n'en avait apporté en venant nous voir à l'hôtel, à notre arrivée.

Quelques toasts avaient été prononcés, et nous étions encore à table lorsque les manifestants revinrent. Ils étaient fort animés, comme on l'avait prévu, et le tapage redoubla. Des pierres furent lancées contre nos fenêtres, dont les persiennes avaient été fermées, les portes de l'hôtel furent violemment ébranlées, et les cris s'accentuèrent. Les choses prenaient un aspect vraiment tragique, et un assaut semblait imminent, quand, tout à coup, entra dans notre salle un homme effaré. C'était le commissaire de police de Cavaillon. Il commença par nous parler de ses 27 ans ou 37 ans de service, et nous conjura, au nom de l'humanité, de nous séparer et de ne pas tenir la réunion projetée. « Au nom de l'humanité, » disait-il toujours. Gambetta lui demanda si, avec les forces dont il disposait, il ne pouvait pas maintenir l'ordre et faire respecter notre droit. Sur sa réponse, où il avouait ne pouvoir plus rien empêcher, Gambetta, *au nom de l'humanité*, lui annonça qu'il allait se rendre à la réunion, dont l'heure était venue, et la dissoudre. Pendant que Gambetta dictait un procès-verbal de ce qui venait de se passer, le commissaire, qui était sorti, revint au bout de quelques minutes, précédé par le maire de Cavaillon, aussi ému que

lui. M. le maire proposa à Gambetta de l'accompagner au
lieu de la réunion. Mais comme il voulait le faire sortir par
une porte donnant sur la place, nos amis s'y opposèrent.
Selon eux, Gambetta allait courir les plus grands dangers.
Comme Gambetta ne cédait pas à leurs craintes, je dus intervenir à mon tour, et je demandai au maire pourquoi absolument il voulait passer par la place, lorsque, dans la cour
de l'hôtel, il y avait une porte communiquant avec la grande
remise où se tenait la réunion. C'est en effet par là que
nous entrâmes. Quatre ou cinq cents électeurs étaient réunis,
et ils accueillirent assez mal M. le maire, dont la bonne foi
était suspecte. Mais Gambetta réussit à les apaiser; il les
supplia de conserver leur calme et leur patience jusqu'au
bout, d'éviter à tout prix un conflit dont on les accuserait
certainement d'être les auteurs et qui pourrait nuire aux
élections prochaines. Pendant ce temps-là, le commissaire
de police était allé prendre quelques dispositions au dehors.
Quand il revint et m'eut dit que la sortie était possible, elle
commença et s'accomplit sans accident grave.

M. LE PRÉSIDENT. — Vous nous avez dit qu'on avait essayé
de forcer les portes. Est-ce le propriétaire de l'hôtel qui les
avait fait fermer?

M. EDMOND ADAM. — Ce sont les gens de la maison qui les
ont fermées. Ils avaient même barricadé l'une d'elles, la
porte cochère.

M. LE PRÉSIDENT. — Le commissaire de police a-t-il signé
le procès-verbal dicté par M. Gambetta?

M. EDMOND ADAM.—Plus de cinquante personnes l'ont signé.

M. LE PRÉSIDENT. — Mais le commissaire?

M. EDMOND ADAM. — Je ne crois pas qu'il ait signé. Les évènements nous pressaient.

M. LE PRÉSIDENT. — Le maire, quand il est intervenu, vous
a-t-il semblé de bonne foi?

M. EDMOND ADAM. — Tous nos amis se défiaient extraordi-
nairement de ce maire. Je lui ai trouvé, en effet, pour un
maire, une singulière allure et un langage fâcheux. Il était
très bruyant, à ce point que M. Gambetta, à un certain moment, a dû lui dire : « Mais ne criez pas si fort, on croirait
que vous avez peur pour vous-même. » Néanmoins, je crois
qu'il était sincère, quand il est venu au milieu de nous et
nous a offert de protéger Gambetta. Il avait fini par com-

prendre, après le commissaire de police, que sa responsabilité était grandement engagée dans cette affaire. On m'a dit que c'était un ancien lieutenant ou sous-lieutenant de la garde impériale.

UN MEMBRE DE LA SOUS-COMMISSION. — Votre impression est-elle qu'il menait le mouvement?

M. EDMOND ADAM. — C'est mon impression.

UN MEMBRE. — Vous n'aviez pas songé d'avance à vous armer?

M. EDMOND ADAM. — Non, j'étais sans armes, et c'est bien par hasard. Quand je vais dans le Midi, où j'habite une propriété isolée, dans les bois, près de la frontière, j'emporte toujours un revolver. Je n'en avais pas pris cette fois-là, à cause précisément de la tournée électorale que je devais faire avec Gambetta. Je n'avais pas voulu me promener au milieu d'amis, assister à des réunions électorales, avec un revolver dans ma poche. Je sais qu'on a parlé depuis de beaucoup de revolvers. On en aurait parlé le soir même, sur la place. Malgré la discrétion qu'on y a mise et que j'avais recommandée, le revolver qu'on m'a apporté a dû être vu des manifestants, qui en ont fait vingt, cinquante, cent revolvers. C'est peut-être à ce petit et unique revolver de poche, ainsi multiplié, que nous devons de n'avoir pas subi dans l'hôtel l'assaut définitif dont nous étions menacés.

M. LE PRÉSIDENT. — Veuillez reprendre votre récit, monsieur Adam.

M. EDMOND ADAM. — En effet, tout n'est pas fini. Une heure environ après avoir dissous la réunion, nous montions dans une voiture découverte, devant l'hôtel, M. Gambetta, deux autres personnes et moi, pour nous rendre à deux ou trois kilomètres de là, dans une villa appartenant à M. Baret, avocat à Marseille, ou à son beau-père. Nous devions y passer la nuit. Cela aussi était connu probablement, et, quoiqu'il y eût peu de monde sur la place à notre départ, nous entendîmes bientôt courir et vociférer derrière nous. Au bout de la ville, au moment de nous engager dans une grande avenue, nous fûmes accueillis par une grêle de pierres, et plusieurs jeunes gens, qui nous attendaient, essayèrent d'envahir notre voiture. Je fus obligé de les menacer de ma canne. Cette démonstration suffit heureusement. D'ailleurs, nous avions de bons chevaux, et nous fûmes promptement loin de Cavaillon et de nos assaillants. Aucun de nous n'avait été blessé.

Un membre de la sous-commission. — Ainsi vous avez été obligé d'écarter avec votre canne des gens qui voulaient envahir votre voiture ?

M. Edmond Adam. — Oui.

Le même membre. — En avez-vous reconnu quelques-uns ?

M. Edmond Adam. — Non ; c'était la nuit, je ne suis pas du pays et je n'ai reconnu personne.

Le même membre. — Combien les assaillants étaient-ils ?

M. Edmond Adam. — Quinze ou vingt environ. Sur la place, les manifestants étaient bien deux ou trois cents. Au moment où notre voiture a failli être envahie, j'ai entendu derrière nous le fameux *zou!... zou!...* avignonnais.

M. le président. — Qu'est-ce que c'est que ce cri, et que signifie-t-il ?

M. Edmond Adam. — C'est au cri de *zou!... zou!...* que le maréchal Brune a été assassiné. Ce doit être la reproduction du mot français : *sus!... sus!...*

M. le président. — Quelle est l'impression que vous ont laissée ces évènements ?

M. Edmond Adam. — Tout d'abord, la manifestation dont nous avons été l'objet m'a plutôt amusé qu'ému. J'ai refusé longtemps de partager les alarmes de nos amis de la localité. Dans le nord, des manifestations de ce genre ne tournent pas d'ordinaire au tragique. Cependant, en voyant des hommes que je savais très braves, insister à ce point sur le danger auquel la vie de Gambetta était exposée, j'ai fini par m'émouvoir à mon tour. J'ai craint une catastrophe. Quant à un dessein réfléchi, délibéré, arrêté de tuer Gambetta, je n'y crois pas, je ne veux pas y croire. Mais la vérité est que, prémédité ou non, grâce au personnel qu'on avait choisi et chauffé à blanc, un assassinat a été sur le point d'être commis.

M. Albert Joly. — Les meneurs ont été débordés.

M. le président. — Au sortir de Cavaillon, vous êtes allés chez M. Baret. Êtes-vous restés quelque temps dans le pays ?

M. Edmond Adam. — Non. Le lendemain matin, nous avons repris le chemin de fer à Orgon, et nous nous sommes rendus à Marseille, où Gambetta avait une autre candidature, et où il était attendu.

M. le président. — Les journaux, soit républicains, soit

légitimistes, ont dû naturellement parler de cette affaire?

M. Edmond Adam. — Oui, les journaux républicains d'Avignon et de Marseille en ont parlé, mais c'est seulement deux ou trois jours après que j'ai lu le récit du *Petit Marseillais*. Il était rédigé avec une si parfaite modération, que je l'ai envoyé à Paris pour y rassurer nos amis sur le dénouement de notre aventure. Je ne sais pas comment les journaux parisiens l'ont racontée.

M. le président. — Vous n'avez été mandé, à l'occasion de ces faits, par aucun magistrat?

M. Edmond Adam. — Non, je n'ai reçu aucune espèce d'invitation de la part de la justice.

M. le président. — Ainsi, c'est devant le bureau chargé de l'examen des opérations électorales que vous avez été appelé à déposer pour la première fois?

M. Edmond Adam. — Oui, Monsieur le président.

M. le président. — Nous vous remercions, monsieur, de votre déposition. Le compte rendu vous en sera communiqué.

TABLEAU SYNOPTIQUE

Établissant la préméditation de l'affaire de Cavaillon.

AFFIRMATIVE.	
NOMS DES TÉMOINS.	DÉPOSITIONS.
1 DE BANNIÈRES DE SALLES, électeur légitimiste, à Avignon, entendu par la Commission.	J'eus connaissance, le 17 à midi, de son arrivée (l'arrivée de M. Gambetta) certaine à Cavaillon. Quelques jeunes gens royalistes vinrent me demander de les accompagner à Cavaillon. J'acceptai... nous tenions à protester.
2 GUIBERT, avoué, juge suppléant à Avignon, entendu par la Commission.	J'avais été personnellement prévenu, à deux heures, au Palais de Justice, par M. Hubert, syndic de faillites, d'une manifestation hostile à M. Gambetta, qui se préparait à Cavaillon. Quelques jours après, j'étais chez M. Benet, libraire ; celui-ci m'apprit qu'il se trouvait chez Garcin, loueur de voitures, lorsque deux des émeutiers qui partirent le lendemain d'Avignon pour Cavaillon, vinrent louer les voitures. Il crut comprendre que ces voitures étaient louées au nom de M. du Demaine.
3 TERRASSE, avoué à Avignon, entendu par la Commission.	Nous avions été avertis qu'une manifestation hostile était préparée contre M. Gambetta... Au moment où on venait d'annoncer qu'il était parti pour Cavaillon, nous apprîmes que des omnibus venaient de partir pour Cavaillon, emmenant les plus exaltés du parti légitimiste. Nous partîmes...

AFFIRMATIVE.

NOMS DES TÉMOINS.	DÉPOSITIONS.
4 JACQUET, avoué à Avignon, entendu par la Commission.	... Si M. Gambetta revenait à Avignon, on devait le siffler, le huer, tendre des cordes dans la rue pour faire verser la voiture et se livrer, disait-on, à des violences contre lui... Le 17 février, nous fûmes prévenus que M. Gambetta se rendait non pas à Avignon, mais à Cavaillon. On nous dit alors qu'on ferait là-bas ce qu'on devait faire ici. Nous partîmes...
5 ACHARD, avocat à Avignon, entendu par la Commission.	M. Gambetta, en repartant d'Avignon, avait dit qu'il reviendrait... Le bruit s'en répandit dans la ville, et, aussitôt après, on commença à parler des manifestations hostiles contre lui. Ces rumeurs s'accentuèrent, et on vint même jusqu'à prononcer le mot d'assassinat... — Je ne pouvais plus avoir de doutes sur les dispositions des légitimistes et je commençais à concevoir de grandes craintes sur ce qui pouvait se produire dans la soirée, à Cavaillon. C'est ce qui me détermina, du reste, à partir.
6 CLÉMENT entendu par la Commission.	Le 17 février, un de mes camarades vint me dire qu'il avait vu, vis-à-vis la maison de Sixte Isnard, une voiture avec des gens qui partaient pour Cavaillon. Ils sifflaient, ils faisaient répétition. J'envoyai mon gendre au bureau du journal pour qu'on adressât une dépêche à Cavaillon.
7 BENET, entendu par la Commission.	Je fréquente la maison Garcin; j'ai vu venir un soir deux personnes qui vinrent louer une voiture. Ce sont MM. Jauffret et Robinet. Ce Jauffret est le frère du concierge du théâtre; il disait : « Nous venons louer une voiture pour 2 ou 3 jours. » C'était 2 ou 3 jours avant les

AFFIRMATIVE.

NOMS. DES TÉMOINS.	DÉPOSITIONS.
	élections; ces gens étaient de ceux qui sont allés à Cavaillon.
9 DIBON-TOU-LOUZÉ, entendu par la Commission.	Le 17 février, j'étais allé à Cavaillon avec M. Millaud fils. Tout était calme quand nous arrivâmes. Nous avons vu arriver, avant M. Gambetta, deux omnibus venant d'Avignon; dans l'un d'eux, je vis M. de Bannières...
10 BLANC, chef de bataillon au 141e de ligne, entendu par la Commission.	Le 17, j'étais à la gare; on vint me prévenir de la part du général de me tenir prêt à marcher. Le bataillon est allé à la gare où il est resté de 8 à 10 heures. Les ordres ne sont pas venus et nous sommes rentrés.
11 FRANÇOIS, capitaine au 141e de ligne, entendu par la Commission.	Au 17 février, le régiment était à la gare, où il faisait des exercices d'embarquement... On vint me prévenir que le 1er bataillon était commandé pour Cavaillon. Je me rendis à la caserne; on nous fit prendre des vivres et des cartouches; on prit toutes les dispositions nécessaires pour l'embarquement. Des instructions nous furent données pour le cas où nous séjournerions à Cavaillon.
12 RÉGNIER, commissaire de police, entendu par la Commission.	... Je revins rendre compte à M. le Préfet et lui dis : « J'apprends que certaines personnes se disposent à partir en voiture pour Cavaillon » ... On me dit que c'étaient des membres du cercle des *Amis de l'Ordre*... Blessés du discours de M. Gambetta, les légitimistes s'étaient promis de lui faire comprendre qu'il n'aurait pas dû les attaquer de cette façon.

AFFIRMATIVE

NOMS DES TÉMOINS.	DÉPOSITIONS.
	Les omnibus étaient placés hors la ville; on est monté hors la ville.
13 BÉZU, capitaine de gendarmerie, entendu par la Commission.	La veille du 17 février, j'ai reçu l'ordre d'envoyer 10 hommes de la brigade d'Avignon et 2 de Bonpas, ce qui portait à 17 le nombre des gendarmes présents à Cavaillon. M. le Préfet ayant témoigné le désir qu'aucun officier ne se rendît à Cavaillon, afin d'éviter toute apparence de déploiement de forces, je suis resté à Avignon, sur l'ordre de mon commandant.
14 ADAM (Edm.). sénateur, entendu par la Commission.	J'avais été averti de cette manifestation. C'est, je crois, une personne d'Avignon qui m'a prévenu, en route, dans la voiture.
15 COULON, entendu par la commission.	Quelques jours avant le 17 février, M. Gilles dit à son beau-père qu'il y avait un complot formé pour faire à M. Gambetta un mauvais parti; qu'on avait recruté pour cela des gens à Avignon, à Caumont, un peu partout.
16 AVY, entendu par la Commission.	Le 17 février, au café Gazoty, vers les deux heures de l'après-midi, l'agent de police de l'Isle dit en ma présence : « Si Gambetta savait ce qui se prépare contre lui à Cavaillon, il prendrait une autre route et n'irait pas. »
17 CHÉRUBIN, ancien maire, entendu par la Commission.	L'avant-veille du 17 février, l'agent Pépin, de Cavaillon, vint au Thor avec un monsieur à barbe noire, et, dès le soir de leur visite, le bruit courait qu'on empêcherait la réunion de Cavaillon et que les organisateurs de cette réunion pourraient bien s'en repentir.

	AFFIRMATIVE.
NOMS DES TÉMOINS.	DÉPOSITIONS.
18 BONNET, entendu par la Commission.	J'ai distribué des bulletins pour M. du Demaine, pendant 4 jours 1/2. Un soir on me dit : « Demain, tu iras distribuer des bulletins ailleurs. » C'était à Cavaillon. En route, je demandai où étaient les bulletins. On me dit : « il n'en est pas besoin, c'est une promenade que nous faisons. » ... Nous nous tirâmes à l'écart. On vint nous dire : « Pourquoi ne sifflez-vous pas ? Il faut faire comme les autres. » ... J'avais été conduit à Cavaillon, soi-disant pour distribuer des bulletins et je suis revenu sans qu'on m'en ait remis.
19 VIENS, aubergiste, à Cavaillon, entendu par la Commission.	Le 17 février, de 75 à 80 personnes ont dîné chez moi. Deux personnes que je ne connais pas m'avaient commandé ce dîner.
20 BÉRIDOT, maître d'hôtel, entendu par la Commission.	Avant l'arrivée de M. Gambetta, M. le Commissaire est venu me dire de faire mon possible pour éviter la réunion qui devait avoir lieu : qu'il craignait que la maison ne fût envahie.
21 BOUSSOT, médecin, entendu par la Commission.	Le 17 février.... Je fus étonné de voir dans la foule les notabilités légitimistes. Je fis cette réflexion : il doit se préparer quelques manifestations hostiles. A 500 mètres de Cavaillon, je rencontrai deux omnibus venant d'Avignon.
22 CHAUVET, ingénieur civil entendu par la Commission	Le 16 février... M. Tailleux nous a dit qu'on avait organisé à Avignon, pour le passage de M. Gambetta, une manifestation hostile... Les gens qui avaient organisé la manifestation à

NOMS DES TÉMOINS.	DÉPOSITIONS.
	AFFIRMATIVE.
	Avignon durent être désappointés, et c'est sans doute alors qu'on organisa le départ des omnibus.
23 SARNETTE, entendu par la Commission.	Quelques jours avant l'arrivée de M. Gambetta, le lundi soir, je crois, il m'a été déclaré par M. Coulon qu'au cercle catholique il avait été organisé la veille une réunion ayant pour but d'aller attendre M. Gambetta au chemin dit Romieux, pour lui faire un mauvais parti.
24 VINCENT, entendu par la Commission.	C'est moi qui ai loué l'omnibus à quatre chevaux. Ce sont 3 ou 4 jeunes gens de la ville qui sont venus le louer. Le cocher a conduit la voiture hors la ville, près l'hospice Isnard... Le prix de la location a été payé avant le départ.
25 RAVEAU, entendu par la Commission.	Quelques jours avant l'arrivée de M. Gambetta, le bruit courait à Avignon qu'on lui préparait une réception violente. Quand nous avons appris qu'il se rendait à Cavaillon, je partis avec trois de mes amis, pour nous assurer s'il se ferait quelque chose contre lui.
26 GOUBERT, D. C. entendu par la Commission.	J'avais deviné cette manifestation aux préparatifs qui s'étaient faits au *Cercle Catholique.*
27 DUCREST, entendu par la Commission.	Le 17 février, au passage du train de deux heures, M. Lamy (adjoint au maire du Thor) demanda à Crest, le lutteur, qui était dans le train : « Comment cela va-t-il? » Crest répondit : « Tout va bien, les omnibus sont partis; l'organisation est complète. » M. Lamy lui serra la main et lui dit « Bonne chance et bonne soirée! »

NÉGATIVE	
NOMS DES TÉMOINS.	DÉPOSITIONS.
1 DE BONADONA, maire de Cavaillon, entendu par la Commission.	Je ne supposais aucune *préméditation*, aucune disposition hostile dans cette foule, aucun projet hostile. Je jugeai qu'il serait imprudent de vouloir faire évacuer la place, ce qui n'aurait pu se faire qu'en employant les armes.

2ᵉ TABLEAU

Présence à Cavaillon, le 17 février, de gens sans aveu,
mal famés, repris de justice, proxénètes, etc.,
et leurs relations avec les légitimistes dans cette journée.

	AFFIRMATIVE
NOMS DES TÉMOINS.	DÉPOSITIONS.
1 DIBON- TOULOUZÉ, entendu par la Commission.	Nous avons vu arriver, avant M. Gambetta, deux omnibus venant d'Avignon : dans l'un deux, je vis M. de Bannières, et, dans l'autre, un nommé Étienne, maître d'une maison de tolérance à Avignon.
2 RÉGNIEZ, commissaire de police, entendu par la Commission.	Le matin, à la gare, j'avais appris que certaines personnes se disposaient à se rendre à Cavaillon : c'étaient des membres du Cercle des *Amis de l'Ordre*. J'ai su après, mais pas le même jour, qu'ils avaient été conduits par M. de Bannières.
3 Edmond ADAM, sénateur, entendu par la Commission.	On me nomma un sieur Étienne, souteneur de filles à Avignon, un sieur Crest, de Marseille, hercule forain, et d'autres gens de même espèce.
4 BONNET, Jean, entendu par la Commission.	Nous étions onze dans l'omnibus : il y avait Martin et Porte, maîtres de maisons publiques.
5 DUBLET, entendu par la Commission.	J'ai su que l'autre était Crest, le lutteur.

AFFIRMATIVE

NOMS DES TÉMOINS.	DÉPOSITIONS.
6 SARNETTE, entendu par la Commission.	Le même cortège (des auteurs du tapage), qui était venu du *Cercle catholique*, se replia vers ce cercle ; quand M. Alphonse de Crousnilhon, se précipitant à la tête du cortège, le fit entrer dans le café où est le *Cercle de l'Union*, qui est un cercle de légitimistes aristocratiques.
7 GUIBERT, avoué, juge suppléant, entendu par la Commission.	Nous reconnûmes dans le café Bertrand, monté sur une chaise et pérorant au milieu d'un groupe de buveurs, un sieur Grisoul, garçon de théâtre et ancien concierge des *Amis de l'Ordre*. Une grande partie des émeutiers partis d'Avignon pour Cavaillon, le 17 février, appartenaient à ce cercle (des *Amis de l'Ordre*).
8 TERRASSE, avoué, entendu par la Commission.	Je remarquai parmi les perturbateurs le sieur Grisoul, concierge du cercle des *Amis de l'Ordre* d'Avignon, qui, monté sur une table, ou sur un tabouret, dans l'intérieur d'un café, haranguait ses amis, avec la plus vive excitation. Je vis aussi le sieur Soulier, dit « le borgne », camionneur ; c'était un des plus forcenés tapageurs.
9 JACQUET, avoué, entendu par la Commission.	Nous aperçûmes dans le café Bertrand le nommé Grisoul, d'Avignon, qui, monté sur une chaise ou sur une table, pérorait, s'adressant à des individus qui buvaient.
10 ACHARD, avocat, entendu par la Commission.	La population cavaillonaise n'était pour rien dans ce qui se passait. Il n'y avait là sur la place, sifflant et huant, que les individus venus d'Avignon par les omnibus et les membres du cercle catholique de Cavaillon.

AFFIRMATIVE

NOMS DES TÉMOINS.	DÉPOSITIONS.
11 VINCENT, entendu par la Commission.	La première personne qui se présenta pour recevoir le maire était M. Grisoul, un de ceux qui étaient venus par les omnibus d'Avignon. C'est moi qui ai loué l'omnibus à quatre chevaux... On m'a dit, en venant louer la voiture, que M. de Bannières y était.... J'ai bien vu qu'il s'agissait d'une affaire politique. Vers midi, j'allais dîner ; des gens mal famés, que je ne connaissais pas de nom, sont venus louer un petit omnibus.
12 BERGEL, médecin, entendu par la Commission.	J'ai vu arriver les omnibus... Il en est descendu des lutteurs, des proxénètes et des souteneurs de filles bien connus..... Soixante personnes environ se sont rangées devant l'hôtel et se sont mises à siffler violemment. J'ai remarqué parmi ces personnes M. de Bannières, le maire de Caumont (M. Arnaud), le vicomte de Laborde, et les proxénètes que j'avais vus arriver et descendre des omnibus.
13 RAVEAU, entendu par la Commission.	J'ai reconnu parmi les perturbateurs un camionneur d'Avignon qui a passé en cour d'assises pour fait d'homicide. Il avait été acquitté.
14 CAUSAN, entendu par la Commission.	J'avais vu arriver un ommibus Garcin : le nommé Crest était ici pour les recevoir devant le café du Commerce. C'est devant ce café qu'ont commencé les troubles. M. LE PRÉSIDENT. — Où se sont arrêtés les omnibus ? CAUSAN. — Au Cercle catholique, et c'est de là que sont partis les siffleurs.

	AFFIRMATIVE
NOMS DES TÉMOINS.	**DÉPOSITIONS.**
15 ROUSSET Étienne, entendu par la Commission.	Devant l'hôtel, sur la place, j'ai vu M. le Maire, le commissaire, Crest, lutteur, et Étienne, qui tient maison de tolérance, à Avignon; ils causaient ensemble.
16 JOUFFRET, entendu par la Commission.	J'ai vu arriver une bande avec des casseroles et autres instruments. En tête était Lignier, d'Orgon, dit le *Rata*.
17 BÉRARD, entendu par la Commission.	Je suis gendarme à Avignon depuis huit ans; j'ai reconnu dans la foule des personnes d'Avignon; je ne sais pas leur nom à toutes; mais il y avait Crest, le lutteur, et deux garçons de maison de tolérance; je ne sais pas leurs noms, mais je les connais, parce que leur maison est voisine de notre caserne.
18 TOUREL, entendu par la Commission.	J'ai montré à MM. Gambetta et Adam M. le Maire de Cavaillon, au milieu de la foule; M. le commissaire de police, en chapeau marron, à sa droite; à sa gauche, M. Donat, l'adjoint, et à côté M. Étienne, souteneur d'une maison de filles, à Avignon. Outre le sieur Étienne, j'ai vu le nommé Crest, lutteur, dit *le Taureau de la Provence*. J'ai remarqué d'autres gens mal famés d'Avignon, que je ne connais pas de nom, et aussi le nommé Lignier, dit *Rata*, *d'Orgon*, et son fils.
19 MAUREL, entendu par la Commission.	Le 17 février, j'ai vu arriver les omnibus d'Avignon J'ai reconnu, au premier abord, Sabatier Étienne, souteneur de maison de tolérance, le gros Manoure, portefaix, Chave, le fils.

AFFIRMATIVE	
NOMS DES TÉMOINS.	**DÉPOSITIONS.**
	Au fort du tumulte, le nommé Étienne Sabatier, déjà nommé, s'avança près du maire, lui parla à l'oreille, et il est entré par la remise dans l'hôtel.
20 BERNIER, entendu par la Commission.	Devant l'hôtel, il y avait la bande des siffleurs; je m'approchai; il y avait *le Rata* (Lignier), d'Orgon; il criait : « Descends, vaurien! » J'ai reconnu, dans les omnibus venant d'Avignon, des hommes dont la figure m'était connue, des maîtres de maison de tolérance. Je suis natif d'Avignon.
21 VALENTIN, entendu par la Commission.	J'ai vu arriver deux omnibus, l'un à quatre chevaux, l'autre à deux. Il y avait Jouffret, chanteur dans les cafés, Ladevèze, qui fait jouer du gibier dans les cafés. Les omnibus ont déposé leur monde devant le café Bertrand. ..... Deux des hommes qui étaient sur l'impériale de l'omnibus se levèrent, et, s'adressant aux gens qui étaient dans le café, leur dirent : « Soyez tranquilles, nous avons tout ce qu'il faut. » Un de ces deux hommes était Ladevèze. Les gens qui étaient dans le café répondirent par des applaudissements.
22 JOURDAN, entendu par la Commission.	Parmi les gens arrivés d'Avignon, j'ai reconnu Crest, le lutteur, et un nommé Étienne, propriétaire d'une maison de tolérance d'Avignon.
23 ABÓNEN, entendu par la Commission.	Quand nous avons voulu entrer à la réunion, les voyous venus d'Avignon nous ont insultés, nous ont mis le poing sous la figure.

AFFIRMATIVE

NOMS DES TÉMOINS.	DÉPOSITIONS.
24 Viau, commissaire de police à Cavaillon, entendu par la Commission.	Je ne connaissais généralement pas les personnes qui sont arrivées d'Avignon dans les omnibus; il m'a seulement semblé reconnaître le nommé Chave.
25 Ribière, entendu par la Commission.	Tout le monde connaît Chave. C'est lui qui mène toute la bande. Vous le retrouverez partout. Chave père est un ancien républicain de 1848 qui passe pour être devenu agent de la police secrète. C'est lui qui a dressé son fils. Chave père, en temps d'élection, fait ouvertement de la police.

NÉGATIVE	
NOMS DES TÉMOINS.	DÉPOSITIONS.
1 REGNIER, commissaire de police, entendu par la Commission.	Ce que j'ai appris n'est un mystère pour personne, que M. de Bannières les a conduits. Mais qui avait-il emmené? Je l'ignore. Les journaux ont dit qu'il y avait des hommes tarés ; je ne le sais pas.
2 DE BANIÈRES, entendu par la Commission.	L'accusation qui a été portée contre nous, moi et mes compagnons, est de celles contre lesquelles on doit protester énergiquement. On nous a accolés à des gens sans aveu, souteneurs de filles, etc. Je déclare que, s'il s'est trouvé de ces gens-là dans la foule, nous l'ignorions, et aucune des personnes qui étaient avec moi n'est capable d'avoir avec des gens pareils aucune relation. L'accusation de tentative d'assassinat ne nous a pas émus, parce qu'elle est ridicule ; mais l'autre imputation nous a profondément émus, et je déclare, en mon nom et au nom de mes compagnons, qu'elle est fausse et archifausse.

3ᵉ TABLEAU

Dessein arrêté d'empêcher par la violence la réunion privée.

AFFIRMATIVE	
NOMS DES TÉMOINS.	DÉPOSITIONS.
1 CHÉRUBIN, entendu par la Commission.	L'avant-veille du 17 février, l'agent Pépin, de Cavaillon, vint au Thor avec un Monsieur à barbe noire, et, dès le soir de leur visite, le bruit courait qu'on empêcherait la réunion de Cavaillon.
2 BONET, entendu par la Commission.	Un Monsieur vint nous dire, avant la fin du dîner : « Dépêchez-vous ; la réunion va avoir lieu ; nous passerons prendre un verre au cercle et puis nous irons devant la réunion. »
3 BÉRIDOT, entendu par la Commission.	Avant l'arrivée de M. Gambetta, M. le commissaire est venu me dire de faire mon possible pour éviter la réunion qui devait avoir lieu ; qu'il craignait que la maison ne fût envahie. Après l'arrivée de M. Gambetta, il est revenu et m'a dit de prier M. Gambetta de ne pas faire de réunion, que sa vie en dépendait... ... Une troisième fois, M. le commissaire est revenu, il m'a dit : « Par humanité, dites à M. Gambetta de ne pas tenir de réunion. »
4 CAUSAN, entendu par la Commission.	A ce moment, c'est-à-dire au moment où la réunion allait avoir lieu, la foule hostile s'est portée au-devant de la porte pour envahir la réunion.

AFFIRMATIVE

NOMS DES TÉMOINS.	DÉPOSITIONS.
5 ROUSSET, entendu par la Commission.	Dans l'après-midi le commissaire est venu dire à Béridot d'empêcher la réunion. A six heures moins quelques minutes il revint pour insister auprès de mon beau-frère afin que la réunion n'eût pas lieu.
6 BON, entendu par la Commission.	Dans la soirée, j'ai vu les mêmes gens essayer de pénétrer de force dans la maison où se tenait la réunion.
7 CARBONNEL, entendu par la Commission.	Je n'ai pas assisté au banquet ni à la réunion, quoique j'eusse ma carte, à cause des troubles qui nous en fermèrent l'accès. Le soir les siffleurs, non munis de cartes pour entrer à la réunion, essayaient de pénétrer de force dans le local ; ils avaient écarté violemment les invités et ils se trouvaient seuls devant la porte qu'ils ébranlaient de toutes leurs forces. On a été obligé alors de renoncer à la réunion et ceux des invités qui étaient entrés ont dû se retirer.
8 TOUREL, entendu par la Commission.	M. le commissaire de police monta dans la salle du banquet. Il s'adressa à M. Gambetta, en lui disant qu'au nom de l'humanité il le priait de ne pas donner suite à sa réunion, sans quoi il arriverait de grands malheurs. . . . . M. le Maire entra dans la salle ; il s'adressa à M. Gambetta, gardant son chapeau sur sa tête, et lui demanda, lui aussi, de dissoudre la réunion. L'un comme l'autre dirent à M. Gambetta : « Nous ne répondons pas de l'ordre si la réunion a lieu. »

AFFIRMATIVE	
NOMS DES TÉMOINS.	DÉPOSITIONS.
9 ACHARD, entendu par la Commission.	« Oui! Monsieur, s'écria le commissaire, c'est au nom de l'humanité et pour éviter de grands malheurs, que je vous demande de renoncer à votre réunion. »
10 GOUBERT, D. C. entendu par la Commission.	J'avais une lettre personnelle pour la réunion, mais je n'ai pas pu entrer... J'en ai été empêché par une bande de perturbateurs.
11 MEYNARD, entendu par la Commission.	Le commissaire entra. Il dit à M. Gambetta de ne pas tenir de réunion. M. Gambetta demanda s'il y avait quelque irrégularité ou illégalité commise. Le commissaire répondit : « Non, mais vous entendez ce bruit. Au nom de l'humanité, je vous prie de ne pas tenir la réunion. »..... Un instant après le commissaire revint et pressa encore M. Gambetta de dissoudre la réunion disant : « Je ne puis plus tenir ces gens-là. »
12 MONTET, entendu par la Commission.	Après le souper, sur les huit heures, j'ai vu passer, à côté, M. le commissaire qui disait : « Il n'y aura pas de réunion ce soir. »
13 TALLET, entendu par la Commission.	J'ai lu, dans le rapport de M. Claude, que M. le Maire de Cavaillon prétendait n'être pas maître de la situation, et cependant je l'ai vu sortant de l'hôtel, se plaçant devant la foule des siffleurs, leur dire que la réunion n'aurait pas lieu. Il fut applaudi et le calme se rétablit subitement.
14 CAPEAU, entendu par la Commission.	Le 17, j'étais au banquet, et invité à la réunion, je n'ai pu y pénétrer, je suis rentré chez moi.

AFFIRMATIVE

NOMS DES TÉMOINS.	DÉPOSITIONS.
15 MICHEL, entendu par la Commission.	J'avais une lettre personnelle pour entrer à la réunion, mais je me suis retiré devant l'attitude hostile de la foule.
16 DE BONADONA, maire de Cavaillon.	Je venais d'être joint par M. le commissaire de police, qui m'avait informé que, sur les observations qu'il avait cru devoir présenter à M. Gambetta, la réunion n'aurait pas lieu. M. Gambetta avait compris, me disait M. le commissaire, qu'en présence de cette manifestation et des désordres graves qui pourraient en résulter, il ne fallait pas assumer la responsabilité des évènements. J'attendais l'exécution de cette mesure prudente, mais elle n'arrivait pas. Au moment où les pierres furent lancées et provoquèrent cette agitation extrême, je pensai que je n'avais plus une minute à perdre, et je me décidai à intervenir. . . . . Chemin faisant, M. Gambetta me dit : « M. le Maire, puisque vous avez une telle influence sur cette foule, comment n'avez-vous pas protégé plus efficacement ma réunion? » Je lui répondis : « Monsieur, permettez-moi de vous faire observer que vous êtes venu vous poser ici en candidat de l'intimidation; et vous comprendrez toute la difficulté que j'éprouve à empêcher ces gens-là de vous prouver qu'ils n'ont pas peur. » . . . . . M. Gambetta monta sur la tribune. Il dit « qu'en présence de cette manifestation dont les échos venaient troubler la séance, sur les observations qui lui avaient été pré-

AFFIRMATIVE	
NOMS DES TÉMOINS.	DÉPOSITIONS.
	sentées, par le commissaire de police d'abord, par l'honorable maire de la cité ensuite, il avait cru devoir renoncer à prendre la parole... » .... J'arrivai sur la place de la Couronne, j'adressai à la foule quelques paroles d'apaisement et de conciliation, disant que la réunion, *qui me semblait être la seule cause du tumulte*, allait être dissoute, et que j'avais pris l'engagement formel de faire respecter les personnes durant l'évacuation. Ces paroles furent couvertes d'applaudissements qui me rassurèrent complètement.
17 ROBERT, maréchal-des-logis de gendarmerie, entendu par la Commission.	Quand la réunion a été dissoute, la foule s'est écoulée d'elle-même, lentement. Sur la demande de M. le Président : M. LE MARÉCHAL-DES-LOGIS. — La foule s'est écoulée d'elle-même quand la réunion a été dissoute, comme si elle avait trouvé une sorte de satisfaction dans cette dissolution ; je le crois, du moins. M. LE PRÉSIDENT. — Si la réunion n'avait pas été dissoute, que pensez-vous qu'il aurait pu se passer ? M. LE MARÉCHAL-DES-LOGIS. — Je pense qu'il y aurait eu rixe, conflit, et que nous aurions pu être forcés d'employer la force des armes ; la foule était surexcitée à un point extraordinaire.
18 VIAU, commissaire de police, entendu par la Commission.	Je priai M. Gambetta de réfléchir à la responsabilité qu'il assumait. M. Gambetta me répondit que, devant une pareille éventualité, *il consentait à dissoudre sa réunion.* Je sortis alors immédiatement afin d'annoncer à M. le maire *cette nouvelle, qui était seule de nature à rétablir l'ordre.*

NOMS DES TÉMOINS.	DÉPOSITIONS.
AFFIRMATIVE	
19 DE BANNIÈRES DE SALLES, entendu par la Commission.	Je me suis retiré quand M. le Maire de Cavaillon a dit que la réunion allait se dissoudre; il n'y avait plus rien à entendre, plus rien à voir; je m'en suis allé tranquillement.
20 SARNETTE, entendu par la Commission.	Le lendemain (du 17), à Eyguières, j'étais chez M. Monier, et là, M. Seguin, parent d'un légitimiste de Cavaillon, dit devant M. Monier, qui est conseiller général, qu'on avait décidé d'empêcher la réunion, par tous les moyens.

4ᵉ TABLEAU

Violences commises par les perturbateurs de Cavaillon.

	AFFIRMATIVE
NOMS DES TÉMOINS.	**DÉPOSITIONS.**
1 Edmond ADAM sénateur.	Un dîner avait été préparé. Ceux de nos amis qui, pour y venir, s'étaient risqués à traverser la place, avaient été coudoyés, injuriés, bousculés. Heureusement, aucun d'eux n'avait perdu patience. Mais les récits qu'ils nous firent de ce qu'on voyait et de ce qu'on entendait, n'étaient pas rassurants. . . . . Mais à leur retour, après avoir bu, on pouvait de ces gens-là tout craindre. C'est ce que me dirent mes voisins, hommes du pays, très honorables, très courageux comme j'ai pu le voir, qui ne pensaient qu'à une chose, à leur responsabilité, aux vifs reproches qui leur seraient adressés pour avoir amené Gambetta dans un semblable guet-apens. Ils me parlaient sans cesse du maréchal Brune; ils m'en avaient parlé depuis le commencement. Le souvenir était peut-être un peu gros; mais enfin Gambetta était là, présent, on l'avait presque dans la main, et cela pouvait tenter les gens de sac et de corde ameutés contre nous. Bref, je finis par concevoir quelque inquiétude. . . . . Nous étions encore à table, lorsque les manifestants revinrent. Ils étaient fort animés, comme on l'avait prévu, et le tapage

AFFIRMATIVE

NOMS DES TÉMOINS.	DÉPOSITIONS.
	redoubla. Des pierres furent lancées contre nos fenêtres, dont les persiennes avaient été fermées; les portes de l'hôtel furent violemment ébranlées, et les cris s'accentuèrent. Les choses prenaient un aspect vraiment tragique et un assaut semblait imminent, quand, tout à coup, entra dans notre salle un homme effaré. C'était le commissaire de police de Cavaillon. Il nous conjura, au nom de l'humanité, de nous séparer et de ne pas tenir la réunion projetée. « Au nom de l'humanité, » disait-il toujours. . . . . Une heure environ après avoir dissous la réunion, nous montions dans une voiture découverte... Nous entendîmes bientôt courir et vociférer derrière nous. Au bout de la ville, nous fûmes accueillis par une grêle de pierres, et plusieurs jeunes gens qui nous attendaient essayèrent d'envahir notre voiture. Je fus obligé de les menacer de ma canne. . . . . Au moment où notre voiture a failli être envahie, j'ai entendu derrière nous le fameux *zou!... zou!...* avignonnais. C'est au cri de *zou!... zou!...* que le maréchal Brune a été assassiné. Ce doit être la reproduction du mot français : *sus! sus!* M. LE PRÉSIDENT. — Quelle est l'impression que vous ont laissée ces évènements? M. EDMOND ADAM. — Tout d'abord la manifestation dont nous avons été l'objet m'a plutôt amusé qu'ému. J'ai refusé longtemps de partager les alarmes de nos amis de la localité. Dans le Nord, des manifestations de ce genre ne tournent pas d'ordinaire au tra-

AFFIRMATIVE

NOMS DES TÉMOINS.	DÉPOSITIONS.
	gique. Cependant, en voyant des hommes que je savais très braves insister à ce point sur le danger auquel la vie de Gambetta était exposée, j'ai fini par m'émouvoir à mon tour. J'ai craint une catastrophe. Quant à un dessein réfléchi, délibéré, arrêté, de tuer Gambetta, je n'y crois pas, je ne veux pas y croire. Mais la vérité est que, prémédité ou non, grâce au personnel qu'on avait choisi et chauffé à blanc, un assassinat a été sur le point d'être commis.
2 BÉRIDOT, entendu par la Commission.	Le commissaire de police m'a dit de prier Gambetta de ne pas faire de réunion, que sa vie en dépendait; qu'il était venu des individus d'Avignon et que, lorsqu'ils auraient bu, il ne pourrait répondre de rien. ... M. le maire est arrivé au moment où j'étais occupé à fermer les croisées contre lesquelles on lançait des pierres. M. le maire me dit : « On lance des pierres de dessus la toiture. » Je lui répondis que ce n'était pas possible... J'ajoutai : « D'ailleurs, ma fille vient d'être blessée. » ... J'ai dit moi-même à M. le maire que, à cause de la foule et des dangers qu'il y avait, je ne voulais pas ouvrir.
3 SARNETTE, entendu par la Commission.	J'ai aidé à étançonner les portes de l'hôtel avec des poutres de dix mètres de long et quarante centimètres de côté. C'était nécessaire pour que les portes ne fussent pas enfoncées.
4 RAVEAU, entendu par la Commission.	J'ai entendu le bruit de vitres cassées par des pierres lancées contre l'hôtel. La foule cherchait à enfoncer la porte de la remise où étaient les invités de la réunion privée.

NOMS DES TÉMOINS.	DÉPOSITIONS.
AFFIRMATIVE	
5 CAUSAN, entendu par la Commission.	A ce moment, c'est-à-dire au moment où la réunion devait avoir lieu, la foule hostile s'est portée au-devant de la porte pour envahir la réunion. J'ai vu dans cette foule un individu qui brandissait un revolver et qui disait : « Descends, Gambetta, ton affaire sera bientôt faite. »
6 ROUSSET, entendu par la Commission.	Le soir, on sifflait, on huait, la foule criait des injures : « Voleur, Prussien! c'est dans cette casserole que nous ferons cuire ton foie. » ... M. le maire entra, il dit : « On a lancé des pierres de dessus la toiture. » Mon beau-frère lui a répondu que c'était impossible et que sa fille avait été blessée.
7 BON, entendu par la Commission.	... Ils ébranlaient la porte avec violence; comme j'étais invité à la réunion, j'ai pu y entrer; et j'ai vu ainsi le spectacle de leur violence du dedans comme du dehors. Si la porte n'avait pas été arc-boutée par derrière, elle aurait certainement cédée sous les poussées qu'on lui imprimait.
8 CARBONNEL, entendu par la Commission.	Les siffleurs essayaient de pénétrer de force; ils avaient écarté violemment les invités et ils se trouvaient seuls devant la porte qu'ils ébranlaient de toutes leurs forces.
9 GUIBERT, avoué, juge suppléant.	En revenant de souper, nous assistâmes à l'assaut de l'hôtel Béridot par les émeutiers. Nous entendîmes tomber la pierre qui brisa la fenêtre et vint blesser la fille de l'hôtelier.
10 TERRASSE, avoué, entendu par la Commission.	A notre retour devant l'hôtel Béridot..., les gens venus d'Avignon criaient, vociféraient et frappaient les portes à coups de canne et de bâton; on jetait des pierres contre la maison. Comme nous arrivions, les vitres d'une

AFFIRMATIVE

NOMS DES TÉMOINS.	DÉPOSITIONS.
	fenêtre volèrent en éclats et la traverse en bois fut brisée par une pierre. On nous dit, quelque temps après, que la fille de M. Béridot avait été blessée à la main. ... On se précipitait contre les portes qu'on cherchait à enfoncer. Heureusement, elles avaient été fortement étançonnées en dedans, car, si elles avaient été enfoncées, si l'hôtel eût été envahi, de grands malheurs seraient certainement arrivés... car les perturbateurs étaient exaltés au plus haut degré.
11 JACQUET, avoué, entendu par la Commission.	Après le dîner, revenus devant l'hôtel Béridot, nous assistâmes à une scène extraordinairement violente. Des cris, des sifflets, des vociférations de tout genre, des coups violents frappés aux portes de l'hôtel, des pierres lancées contre les fenêtres. Une pierre brisa une vitre et le croisillon. J'ai appris plus tard que Mlle Béridot avait été blessée au bras par cette pierre. Une poussée violente était exercée contre la porte de la remise; on voyait cette porte subir des oscillations marquées; on cherchait à l'enfoncer, et, si on y était parvenu, qui peut dire ce qui serait arrivé?
12 BÉRARD, ancien gendarme, entendu par la Commission.	Le soir, les cris et le bruit ont été violents; et c'est pour cela que j'ai dit à Farnaud : « Il s'est passé des choses ignobles. » On criait : « Assassin ! à Cayenne ! *Lou farem péta* (Nous le ferons crever). *Aouren soun fégé* (Nous aurons son foie). » Vers 8 ou 9 heures, j'étais près de la croisée ; on jeta des pierres contre l'hôtel. Dix minutes après, la foule assaillait la porte et la frappait de façon à la faire tomber.

AFFIRMATIVE	
NOMS DES TÉMOINS.	**DÉPOSITIONS.**
	Si les amis de M. Gambetta avaient été aussi excités que les autres, il en serait résulté quelque chose de bien mauvais.
13 TOUREL, entendu par la Commission.	De l'intérieur, on fut obligé, pour empêcher que la porte ne cédàt, de l'étançonner avec des poutres. ..... Les assistants sortirent au milieu d'une haie formée par la foule. Plusieurs personnes reçurent des coups et d'autres des crachats. ..... Au moment où déboucha la voiture qui emportait M. Gambetta, je vis l'agent de police Pépin et le garde-champêtre Lafond, ramasser des pierres et les jeter sur la voiture; ils étaient suivis, dans leur course vers la voiture, par plusieurs autres personnes que je n'ai pas connues. Je retournai à l'hôtel où étaient restées les malles de MM. Gambetta et Adam, que je chargeai sur ma voiture. Pendant cette opération, je fus entouré par une trentaine de ces vauriens venus d'Avignon, que je connais de vue sans pouvoir les nommer, ils échangèrent les propos suivants : « Voilà une malle bien lourde; elle contient sans doute les millions que ce scélérat nous a volés. C'est à l'abattoir qu'il faudrait le conduire. Il l'a échappé belle, et, si nous l'avons manqué ici, nous le retrouverons ailleurs. »
14 MAUREL, entendu par la Commission.	J'ai vu le tumulte du soir; j'ai été insulté par Laurent qui me provoquait. On voulait nous faire sortir des gonds.

	AFFIRMATIVE
NOMS DES TÉMOINS.	DÉPOSITIONS.
15 BERNIER, entendu par la Commission.	J'étais invité par lettre personnelle à la réunion, je suis entré..... Je fis fermer les portes et mettre deux pièces de bois pour les garantir... Je suis resté à la porte pour empêcher qu'on ne l'enfonçât... A la sortie, nous fûmes hués, je reçus des crachats.
16 GOUBERT, entendu par la Commission.	Je disais plus haut que je n'ai pu entrer dans la réunion. J'en ai été empêché par une bande de perturbateurs qui venaient de souper et nous ont injuriés violemment. J'ai cru prudent, devant leur attitude et leurs menaces, de me retirer. Ce n'était que ceux-ci qui criaient et qui faisaient du bruit. Ceux qui avaient des cartes étaient calmes. Un d'eux, bien mis, nous a conviés au calme. Les perturbateurs du cercle catholique ont alors crié : « Enlevez-le, ce grand fainéant! »
17 VALENTIN, entendu par la Commission.	Quand nous sommes sortis de la réunion, on nous insultait ; et un jeune homme de Cavaillon me cracha à la figure. Je me contins, car M. Gambetta nous avait donné pour mot d'ordre de ne pas répondre aux provocations.
18 MEYNARD, entendu par la Commission.	..... Les portes de l'hôtel étaient vivement attaquées ; on les barricada..... On frappait sur les portes de l'hôtel, et, à entendre les coups, il semblait qu'on frappât avec des poutres.
19 CREISSON, entendu par la Commission.	Vers le moment du plus fort tumulte, la porte menaçait d'être enfoncée. On donnait des coups terribles dans la porte. Je dis à mon beau-père. « Je devrais sortir pour parler à ces gens-là. »

AFFIRMATIVE

NOMS DES TÉMOINS.	DÉPOSITIONS.
	Je sortis, en effet. On me tapa dessus. Je reçus des coups et j'essayai de rentrer. Mon beau-père alors me saisit et me fit rentrer ; j'avais de la peine à rentrer, car le garde Lafond me tenait et m'empêchait.
	J'ai reçu en quelques instants plusieurs coups de pied et de poing. On m'envoyait des coups de pied au bas-ventre ; mais, comme j'étais de profil, je les ai reçus sur le haut de la cuisse.
MONTET, entendu par la Commission.	Nous avons été remplacés par des gens avec des casseroles, qui disaient : « Descends, Gambetta ! c'est là que nous ferons cuire ton foie ! »
21 JOURDAN, entendu par la Commission.	Dans la soirée, j'étais derrière la porte de la réunion... Nous fûmes obligés de fermer les portes. Elles furent poussées, ébranlées ; heureusement, nous les avions arc-boutées avec des poutres énormes ; sans cela, les portes auraient été certainement forcées. Je me trouvais près de la porte, puisque c'était moi qui recueillais les cartes, et j'ai pu juger des oscillations considérables que subissaient soit les battants de la porte, soit les cloisons.
22 BRUYÈRE, entendu par la Commission.	J'ai vu jeter des pierres contre l'hôtel. Une pierre a cassé une vitre et le croisillon dans la pièce où je me trouvais ; les éclats de verre ont couvert un de mes amis ; une jeune fille a été blessée, et j'ai reçu moi-même un coup de pierre.
23 TALLET, entendu par la Commission.	J'étais à Cavaillon. J'ai vu secouer fortement la porte de la réunion ; je réclamai la protection des autorités ; je n'ai pas été écouté ; j'ai même été menacé.

AFFIRMATIVE

NOMS DES TÉMOINS.	DÉPOSITIONS.
24 FAVIER, entendu par la Commission.	J'étais à Cavaillon le 17 février. J'étais dans la foule au moment du tumulte, et je voyais des figures telles que j'avais presque peur. ...J'étais à la réunion, j'ai été des derniers à sortir. Au moment où je sortais, un individu, que je n'ai pas connu, a avancé la tête entre deux gendarmes et m'a dit : « Jusqu'à toi, qui es allé là-dedans ! Canaille ! assassin ! dresseur de guillotine ! » Je ne répondis pas ; un autre individu me provoqua de nouveau, je ne répondis pas davantage.
25 BRUNET, entendu par la Commission.	Je sortis un des premiers de la réunion de Cavaillon ; un individu, qui avait un revolver à la main, me suivit pendant quelques mètres, me disant : « Te voilà, fainéant, buveur de sang, dresseur de guillotine ! »
26 ACHARD Louis, entendu par la Commission.	Il y avait un Monsieur, grand, boiteux, avec un grand paletot, portant favoris et ayant un lorgnon-monocle. Je l'entendis dire : « A Avignon, nous n'avons pas pu le faire sauter ; mais ici nous prendrons notre revanche. » J'étais le soir à la réunion. J'ai entendu frapper vivement à la porte ; quand nous sommes sortis, il faisait très obscur. Il y avait derrière les gendarmes des gens qui nous crachaient dessus. Entre le maréchal-des-logis qui était à ma gauche en sortant de l'hôtel et un autre gendarme, un bras a passé qui m'a fait tourner mon chapeau sur ma tête. On criait : « A Cayenne ! »
27 MAGNY, entendu par la Commission.	J'étais, le 17 février, à la réunion privée à Cavaillon. A la sortie, on criait, on huait, on nous injuriait. J'ai reçu moi-même des crachats.

AFFIRMATIVE

NOMS DES TÉMOINS.	DÉPOSITIONS.
28 JOUFFRET, entendu par la Commission.	Nous sommes alors sortis deux par deux, sans rien dire, au milieu d'une haie de gens qui criaient, sifflaient, tapaient sur des casseroles, qui nous allongeaient des coups et nous crachaient dessus.
29 GOUBERT, Marius, entendu par la Commission.	J'étais invité à la réunion... J'étais au fond, j'entendais frapper à la porte... A mesure que nous sortions, en passant dans la haie que formait la foule, nous recevions des injures.
30 ABONEN, entendu par la Commission.	... Il y en avait un qui tenait une poêle ; et il disait en frappant sur sa poêle : « C'est là que nous ferons cuire son foie. » ... J'ai vu le nommé Laurent, dit le Tô, qui a jeté une pierre contre la voiture. Cette pierre, après avoir ricoché, a frappé à la jambe une femme de nos voisines. Il y avait aussi l'agent de police Pépin ; je l'ai vu se courber pour ramasser une pierre. Ils ont couru après la voiture jusque vers la maison de M. Faure. Quand ils sont revenus, plusieurs membres du cercle catholique étaient descendus ; ils disaient : « Il fallait mettre la main à la bride des chevaux et l'arrêter ; nous l'aurions achevé ici. »
31 MICHELIER, entendu par la Commission.	Le 17 février, à 10 h. 1/2 du soir, vers le Cercle catholique, une dizaine d'individus se mirent à crier : « La voiture de Gambetta a passé ! » Et ils se mirent à crier des injures et à jeter des pierres.
32 CRÉANCE, entendu par la Commission.	Le 17 février, je me trouvai à Cavaillon. J'ai été insulté par un homme qui avança la tête entre deux gendarmes et qui dit que les républicains devaient être envoyés à Cayenne.

AFFIRMATIVE

NOMS DES TÉMOINS.	DÉPOSITIONS.
33 CHABAS, entendu par la Commission.	J'étais dans l'hôtel lorsque M. le maire est venu dire que des pierres étaient lancées de dessus la toiture. A ce moment, une pierre lancée de la place brisait une croisée.
34 BRESSET, entendu par la Commission.	J'ai vu des individus munis de casseroles et proférant des menaces de mort contre M. Gambetta. ... Il y avait un danger imminent de conflit. Si les républicains n'avaient pas conservé l'attitude qu'ils n'ont cessé d'avoir en face de toutes ces provocations, il y aurait eu une mêlée épouvantable.
35 PERDIGUIER, entendu par la Commission.	A la sortie de la réunion, je fus bousculé et injurié par l'agent de police Pépin, qui me provoquait et me huait; je fus hué par d'autres individus aussi.
36 DE BONADONA, maire de Cavaillon, entendu par la Commission.	Au moment où M. Gambetta voulut adresser quelques paroles à la foule, des cris, des sifflets, des huées, des vociférations de toute espèce : « A bas Gambetta! à bas la guerre à outrance! etc., » l'empêchèrent de prendre la parole. ... En présence de l'exaltation de la foule, je me concertai avec M. le maréchal-des-logis de gendarmerie, pour savoir si nous ne pourrions pas faire évacuer la place. ... Je jugeai qu'il serait imprudent de vouloir faire évacuer la place, ce qui n'aurait pu se faire qu'en employant les armes. Il en serait résulté des poussées qui eussent amené infailliblement quelque rixe : et il est incontestable qu'en présence de ces circonstances, au premier coup donné, une mêlée générale se fût engagée.

NOMS DES TÉMOINS.	DÉPOSITIONS.
	AFFIRMATIVE
	... La foule était considérable et dans une grande agitation...
	... L'exaspération de la foule ne connut plus de bornes lorsque des pierres lancées, disait-on, du toit de l'hôtel, vinrent à contusionner quelques personnes.
	Je venais d'être joint par M. le commissaire de police, qui m'avait informé que, sur les observations qu'il avait cru devoir présenter à M. Gambetta, la réunion n'aurait pas lieu.
	M. Gambetta avait compris, me disait le commissaire, qu'en présence de cette manifestation et des désordres graves qui pourraient en résulter, il ne fallait pas assumer la responsabilité des évènements.
	J'attendais l'exécution de cette mesure prudente ; mais elle n'arrivait pas. Au moment où les pierres furent lancées et provoquèrent cette agitation extrême, je pensai que je n'avais plus une minute à perdre, et je me décidai à intervenir...
	... Je m'assurai tout d'abord que les pierres n'avaient pu, selon toute apparence, être lancées de l'intérieur...
37 ROBERT, maréchal-des-logis de gendarmerie, entendu par la Commission.	... Quelque temps après, un de nos gendarmes dit : « On jette des pierres, » et il ramassa la pierre. Au même moment, une pierre brisa deux carreaux et le croisillon à une fenêtre du premier étage.
	. . . .
	M. LE PRÉSIDENT. — Si la réunion n'avait pas été dissoute, que pensez-vous qu'il aurait pu se passer?
	M. LE MARÉCHAL-DES-LOGIS. — Je pense qu'il y aurait eu rixe, conflit, et que nous aurions

AFFIRMATIVE	
NOMS DES TÉMOINS.	DÉPOSITIONS.
	pu être forcés d'employer la force des armes; la foule était surexcitée à un point extraordinaire.
38 VIAU, commissaire de police, entendu par la Commission.	Ce qui m'a déterminé à entrer dans l'hôtel, c'est que l'excitation était telle sur la place, que nous allions être débordés... Je me dis : « *Oh ! mon Dieu, si la porte allait céder !* »
39 DE BANNIÈRES DE SALLES, entendu par la Commission.	J'ai reçu une pierre dans mon chapeau : une autre pierre est tombée à côté d'un gendarme, qui a fait une retraite de corps très vive. Alors, M. le maire de Cavaillon a dit : « Mais on lance des pierres de la toiture, je vais voir ce que c'est. »

NÉGATIVE

NOMS DES TÉMOINS.	DÉPOSITIONS.
1 De Bonadona, maire de Cavaillon, entendu par la Commission.	Je ne supposais aucune préméditation, aucune disposition hostile dans cette foule, aucun projet hostile. L'évacuation se fit en bon ordre, au milieu des cris et des vociférations de toute espèce, poussés par les amis de M. Gambetta aussi bien que par ceux de M. du Demaine. Mais j'affirme que pas un coup ne fut donné, pas une voie de fait ne fut commise à l'égard des personnes qui sortaient de l'hôtel... ... J'affirme que pas une pierre n'a été lancée du cercle catholique, et, si réellement il en a été lancé sur la voie publique, c'est un fait certainement bien isolé, qui ne m'a pas été signalé par la gendarmerie et par les agents, un fait que je déplore, mais qui est certainement exagéré. Une preuve évidente de cette exagération, c'est qu'on parle de boue lorsque le temps était parfaitement sec; qu'enfin les témoins cités dans le rapport de M. Achard nomment des personnes qui étaient à ce moment-là avec moi dans le cercle catholique.
2 De Bannières de Salles, entendu par la Commission.	Je ne sais qui a lancé ces pierres, mais il m'a été prouvé qu'un grand nombre de radicaux d'Apt se trouvaient sur la place. Ils étaient irrités contre M. Gambetta, et je crois qu'ils étaient venus, non pour l'applaudir, mais pour lui porter tort. Ma conviction intime est que ces pierres ont été lancées par eux. J'affirme que les hommes qui étaient avec moi étaient incapables de lancer des pierres qui, d'ailleurs, pouvaient retomber sur nos amis.

5e TABLEAU

Complicité des autorités dans l'affaire de Cavaillon.

AFFIRMATIVE	
NOMS DES TÉMOINS.	DÉPOSITIONS.
1 EDMOND ADAM Sénateur, entendu par la Commission.	Les manifestants s'étaient groupés, massés, ils semblaient fort bien commandés et fort déterminés. D'une des fenêtres de notre salon au 1er étage de l'hôtel, on me montra le maire de la ville, un jeune homme, qui, se tenant au premier rang, fumait sa cigarette, faisait des signes, et se conduisait en véritable chef d'orchestre. Je remarquai, en outre, que les gendarmes, au lieu d'être placés de manière à nous protéger, faisaient face à l'hôtel comme pour protéger les manifestants contre nous. UN MEMBRE DE LA SOUS-COMMISSION. — Votre impression est-elle qu'il (le maire) menait le mouvement? M. ADAM. — C'est mon impression.
2 BÉRIDOT, entendu par la Commission.	M. le maire est arrivé au moment où j'étais occupé à fermer les croisées contre lesquelles on lançait des pierres. M. le maire me dit : « On lance des pierres de dessus la toiture; » je lui répondis que ce n'était pas possible, qu'il n'y avait pas d'issue pour monter dessus. J'ajoutai : « D'ailleurs, ma fille vient d'être blessée par une pierre qui, sans doute, ne venait pas de la toiture. » Il me répondit : « Je vous dresse procès-verbal. » M. le maire invitait M. Gambetta à sortir, lorsque la foule était compacte; ses amis, au contraire, l'en dissuadaient. J'ai dit moi-même à M. le maire que, à cause de la foule,

NOMS DES TÉMOINS.	DÉPOSITIONS.

AFFIRMATIVE

des dangers qu'il y avait, je ne voulais pas ouvrir la porte.

3
Boussot,
médecin,
entendu par la
Commission.

Je vis M. de Bonadona; il portait quelque chose à sa bouche, je ne voyais pas de fumée de cigare, je ne puis affirmer qu'il sifflait.

Le lendemain, 18, M. Teston, maître d'hôtel, me raconta que le commissaire de police était venu, le 17 vers les 2 heures, lui dire de préparer le dîner pour 50 à 60 personnes. M. Rémy était présent chez M. Teston lorsque M. le commissaire vint faire cette découverte.

4
Chauvet,
entendu par la
Commission.

J'y ai vu M. le maire et M. Ravel qui sifflaient tous les deux; je les ai vus d'assez près, de 4 à 5 mètres, et je les ai vus positivement qui sifflaient.

5
Sarnette,
entendu par la
Commission.

J'ai vu, distinctement, venir vers l'hôtel Béridot, une sorte de cortège, aligné comme un lycée en promenade, qui se faufilait dans la foule vers l'hôtel. Il y avait, au milieu de cette sorte de cordon, M. le commissaire de police, reconnaissable à son chapeau marron, et M. le maire. Ce cortège s'est groupé derrière les gendarmes.

J'ai vu distinctement M. le maire ôter sa cigarette de sa bouche, pour siffler de l'autre main.

6
Raveau,
entendu par la
Commission.

J'ai remarqué que les gendarmes, rangés devant l'hôtel, avaient devant eux, comme à leur tête, une personne qu'on m'a dit être le maire, M. de Bonadona.

Ils étaient à vingt mètres environ de l'hôtel, faisant face à l'hôtel. Ils étaient derrière la foule, et non pas entre la foule et l'hôtel. Ils

AFFIRMATIVE	
NOMS DES TÉMOINS.	DÉPOSITIONS.
	ne faisaient rien pour arrêter le tumulte ni pour empêcher d'entrer dans l'hôtel.
7 CAUSAN, entendu par la Commission.	M. le maire de Bonadona était en tête des siffleurs. Il avait une cigarette d'une main, et il la remplaçait souvent par un sifflet qu'il portait à sa bouche. M. LE PRÉSIDENT. — La déclaration que vous faites est grave ; réfléchissez et recueillez vos souvenirs. Êtes-vous sûr d'avoir vu M. le maire siffler ? LE TÉMOIN. — Je comprends parfaitement la gravité de ma déposition, mais j'ai prêté le serment de dire la vérité, et je ne dirai que la vérité. Je suis très sûr d'avoir vu M. le maire siffler, j'ai vu aussi M. le commissaire Viau, M. Donat, adjoint, et M. Ravel, docteur en médecine, suppléant du juge de paix et conseiller municipal, siffler également. Je citerai encore M. de Crousnilhon, qui avait un sifflet. Je cite enfin MM. Granon père et fils, M. Bérard, lieutenant de la compagnie des pompiers, qui est un de ceux qui ont pris le plus de part à la manifestation. On a fait une ovation à M. de Bonadona et à M. de Bannières qui l'accompagnait.
8 ROUSSET, (Étienne), entendu par la Commission.	M. le maire entra, il dit : « On a lancé des pierres de dessus la toiture. » Mon beau-frère (Béridot) lui a répondu que c'était impossible et que sa fille avait été blessée.
9 CHEYLAN, entendu par la Commission.	J'étais à 6 heures sur la place de la Couronne, j'entendis l'agent Pépin dire : « Nous avons manqué notre coup, allez vite le chercher. »

AFFIRMATIVE	
NOMS DES TÉMOINS.	DÉPOSITIONS.
10 JOUFFRET, entendu par la Commission.	J'ai vu M. Donat, adjoint, dire aux siffleurs : « Vous ne faites pas assez de bruit. » J'étais tout près, c'était près des Platanes.
11 BÉRARD, gendarme, entendu par la Commission.	Le brigadier de Cavaillon, Robert, nous a dit : « Sans doute, on sifflera, on criera, vous ne ferez rien. S'il y avait des coups portés, vous arrêteriez ceux qui auront frappé. » La foule assaillait la porte et la frappait de façon à la faire tomber. Je saisis un de ceux qui frappaient et je lui dis : « Que faites-vous là ? retirez-vous. » Alors le maréchal-des-logis me tira par derrière et me dit : « Laissez faire ! » Alors je m'écartai. ... M. le maire me dit : « Arrêtez ces deux hommes. » J'arrêtai les nommés Place et Fabre, l'un me dit : « J'ai crié : Vive la République ! » Je dois ajouter que, sur la demande de mes chefs, j'ai nié avoir dit que Robert m'avait empêché d'arrêter un perturbateur. J'étais très embarrassé devant mon capitaine. On m'a fait signer une déclaration constatant ma dénégation. J'ai voulu la retirer le lendemain, mais je n'ai pas trouvé le capitaine.
12 TOUREL, entendu par la Commission.	Au moment où déboucha la voiture qui emportait M. Gambetta, je vis l'agent de police Pépin et le garde champêtre Lafond ramasser des pierres et les jeter sur la voiture.
13 MAUREL, entendu par la Commission.	Je m'approchai du groupe et je regardai bien. Je vis que, toutes les trois ou quatre minutes, M. le maire, en se retournant ou en se baissant, donnait un coup de sifflet. Ces

AFFIRMATIVE	
NOMS DES TÉMOINS.	**DÉPOSITIONS.**
	messieurs avaient des sifflets en bois. J'ai vu à M. Ravel un sifflet en argent. J'ai vu plusieurs fois un monsieur, que j'ai reconnu plus tard être M. de Bannières, venir parler à M. le maire. Au fort du tumulte, le nommé Étienne Sabatier s'avança près du maire, lui parla à l'oreille...
14 BERNIER, entendu par la Commission.	M. le maire vint tout près de moi, il y avait le commissaire et un agent. Le maire roulait sa cigarette, il paraissait satisfait. Il y avait aussi le maire du Thor.
15 GOUBERT D. C, entendu par la Commission.	J'ai vu siffler M. le maire. M. LE PRÉSIDENT. — Êtes-vous bien sûr d'avoir vu siffler M. le maire? GOUBERT. — Oui, Monsieur, j'ai vu positivement M. le maire siffler. Il tenait un sifflet à la main droite, et de la main gauche il faisait des gestes comme un chef d'orchestre pour donner le signal. Je l'ai entendu aussi huer M. Gambetta. En même temps que j'ai vu M. le maire, j'ai vu M. Donat, adjoint, siffler... M. le commissaire de police, son fils et l'agent Pépin avaient chacun un sifflet, et ils s'en servaient. Les gendarmes riaient comme des bossus. Au départ de M. Gambetta, j'ai vu un agent de police, Pépin, aller au cercle catholique et je l'ai entendu dire : « Descendez, il va partir. » Des pierres ont été lancées contre la voiture.
16 VALENTIN, entendu par la Commission.	J'ai vu M. le maire du Thor, Chauvin, sur la porte du café Bertrand, qui disait aux siffleurs : « Voilà les fameux du Thor qui passent. » Et les sifflets ont recommencé plus fort.

AFFIRMATIVE

NOMS DES TÉMOINS.	DÉPOSITIONS.
17 MEYNARD, entendu par la Commission.	Un quart d'heure avant l'arrivée de M. Gambetta à Cavaillon, j'ai vu, dans un des omnibus qui arrivaient d'Avignon, un employé de la préfecture, le nommé Brun.
18 CREISSON, entendu par la Commission.	Je reçus des coups (sur la place) et j'essayai de rentrer (dans l'hôtel)... j'avais de la peine à rentrer, car le garde Lafond me tenait et m'empêchait, j'ai reçu en quelques instants plusieurs coups de pied et de poing. M. le maire entra après moi. Je lui fis constater le fait, et lui montrai sur mon pantalon, à la cuisse, les marques des coups de pied. Il me répondit sans me regarder : « C'est évident, c'est évident ! »
19 MONTES, entendu par la Commission.	J'ai vu M. le maire au milieu des siffleurs. Devant lui, un homme gros, d'Avignon, levait un peu la main au-dessus de l'épaule, et, à ce geste, les siffleurs cessaient, ils recommençaient à un nouveau signal.
20 JOURDAN, entendu par la Commission.	M. de Bannières sifflait avec beaucoup d'énergie. A un mètre, un mètre et demi de lui, M. de Bonadona fumait une cigarette, il avait dans la main un sifflet beaucoup plus petit, presque imperceptible, et de temps en temps, il se retournait vers les personnes placées derrière lui, avec un geste d'encouragement.
21 BRUYÈRE, entendu par la Commission.	J'ai vu jeter des pierres contre l'hôtel, une jeune fille a été blessée, et j'ai reçu moi-même un coup de pierre. La gendarmerie, quoique en nombre, ne bougeait pas.

AFFIRMATIVE	
NOMS DES TÉMOINS.	DÉPOSITIONS.
22 TALLET, entendu par la Commission.	J'ai vu, parmi les siffleurs, M. le maire du Thor qui les applaudissait et encourageait; il y avait aussi M. Roubaud, homme d'affaires de M. du Demaine, et M. Grangier, administrateur de l'hospice du Thor.
23 FAVIER, entendu par la Commission.	Je m'approchai du maréchal-des-logis de gendarmerie et je l'entendis, s'adressant au maire de Cavaillon, lui dire : « Dans ce cas, que ferions-nous? » M. le maire lui répondit : « Ce que font ces gens-là ne vous regarde pas: mais s'ils étaient attaqués, vous les défendriez. » J'ai vu, à la sortie de la réunion, M. le maire de Cavaillon, avec un groupe de siffleurs et de porteurs de casseroles, entrer au café Bertrand. Là, le maire monta sur une table...
24 BRUNET, entendu par la Commission.	J'ai vu M. le maire entrer au café Bertrand avec des siffleurs et des gens qui avaient des casseroles, des couvre-plats en fer blanc, etc. J'étais près de la porte du café, mais en dehors. J'ai vu M. le maire, monté sur une chaise ou sur une table, qui parlait.
25 ACHARD (Louis), entendu par la Commission.	M. le maire était sur la place avec MM. Donat, de Ginestous, de Crousnilhon: le maire et l'adjoint riaient aux éclats.
26 MAGNY, entendu par la Commission.	J'étais, le 17 février, à la réunion privée, à Cavaillon. A la sortie, on criait, on huait, on nous injuriait. J'ai reçu moi-même des crachats. J'ai reconnu le maire du Thor et diverses personnes de cette ville. Le maire

AFFIRMATIVE	
NOMS DES TÉMOINS.	DÉPOSITIONS.
	était au milieu des perturbateurs. Là se trouvait aussi le sieur Roubaud, homme d'affaires de M. du Demaine.
27 ABONEN, entendu par la Commission.	Il y avait aussi l'agent de police Pépin, je l'ai vu se courber pour ramasser une pierre. J'ai vu M. le maire dans la foule, devant l'hôtel Béridot. M. le maire sifflait. Il y avait près de lui M. Donat, adjoint.
28 MICHELIER, entendu par la Commission.	Et ils se mirent à crier des injures et à jeter des pierres. Il y avait... et Pépin, agent de la police.
29 GAMBET, entendu par la Commission.	Je dirai que j'ai vu une farandole accompagnée par M. de Bonadona, maire, elle criait : « Vive le roi! »
30 CRÉANGE, entendu par la Commission.	J'ai vu une farandole accompagnée de M. de Bonadona, maire; on criait : « Vive le roi! » à l'oreille même du maire qui n'a rien fait pour réprimer ces cris séditieux.
31 CHABAS, entendu par la Commission.	J'étais dans l'hôtel lorsque M. le maire est venu dire que des pierres étaient lancées de dessus la toiture. A ce moment, une pierre lancée de la place brisait une croisée.
32 COURBET (Noël), entendu par la Commission.	Le 17 février, j'étais devant l'hôtel Béridot, au moment de l'arrivée de M. Gambetta, tout était tranquille. J'ai vu ensuite une bande de siffleurs, M. Donat, adjoint, était en tête, il y avait aussi le commissaire de police. Je ne sais pas si M. le maire y était.

AFFIRMATIVE

NOMS DES TÉMOINS.	DÉPOSITIONS.
33 GUIBERT, avoué, juge suppléant, entendu par la Commission.	J'ai la conviction que si l'administration de Cavaillon n'avait pas été sympathique à l'émeute, aucun désordre n'aurait pu se produire ; c'est à peine si les émeutiers étaient au nombre de 150 ou 200 personnes.
34 BRESSET, entendu par la Commission.	J'ai assisté aux scènes de Cavaillon. Je crois avoir remarqué M. de Bonadona excitant les perturbateurs. Un M. Piron, qui était plus tard avec moi, disait : « Ce qui me fait le plus de peine, c'est de voir le maire à la tête de tous ces voyous. »
35 PERDIGUIER, entendu par la Commission.	J'étais à Cavaillon, à la sortie de la réunion ; je fus bousculé et injurié par l'agent de police Pépin, qui me provoquait et me huait.
36 DUCREST, entendu par la Commission.	Le 17 février, au passage du train de deux heures, M. Lamy (adjoint au maire du Thor) demanda à Crest, le lutteur, qui était dans le train : « Comment cela va-t-il? » Crest répondit : « Tout va bien ; les omnibus sont partis ; l'organisation est complète. » M. Lamy lui serra les mains et lui dit : « Bonne chance et bonne soirée! »
37 CLAVEL, entendu par la Commission.	J'étais à Cavaillon le 17. J'ai vu dans les groupes de siffleurs M. le maire Chauvin, MM. Granger et Roubaud. J'assistai à la réunion. A la sortie, les siffleurs passaient la tête entre les gendarmes et nous sifflaient, ils appuyaient leurs sifflets sur les épaules des gendarmes, qui riaient.

AFFIRMATIVE

NOMS DES TÉMOINS.	DÉPOSITIONS.
38 TERRASSE, avoué, entendu par la Commission.	Les gendarmes étaient impassibles au milieu de ce tumulte, ils se promenaient devant l'hôtel, et, sous leurs yeux, on se précipitait contre les portes qu'on cherchait à enfoncer.
39 JACQUET, avoué, entendu par la Commission.	La gendarmerie et la police assistaient impassibles à ces scènes de désordre. Une poussée violente était exercée contre la porte de la remise ; on voyait cette porte subir des oscillations marquées, on cherchait à l'enfoncer, et, si on y était parvenu, qui peut dire ce qui se serait passé ? La gendarmerie était présente, son rôle a été purement passif.
40 ACHARD, avocat, entendu par la Commission.	Sous la fenêtre de M. Gambetta, à 10 ou 15 pas de l'hôtel, se trouvait M. le maire de Cavaillon, la cigarette à la bouche et l'air provocateur. Derrière lui étaient, sur une double rangée, une douzaine de gendarmes ; le commissaire de police, aussi, était là. Tout autour du groupe formé par ces messieurs, on sifflait et on huait sans que maire, gendarmes, agents de police, sortissent de l'impassibilité la plus complète.
41 REGNIER, commissaire central de police à Avignon, entendu par la Commission.	M. LE PRÉSIDENT. — Et le préfet, que vous avez averti de leur départ (départ des hommes tarés partis en omnibus pour Cavaillon), ne vous a pas chargé de surveiller leur retour ? M. REGNIER. — Non. M. LE PRÉSIDENT. — Il ne vous a pas demandé un rapport ? M. RÉGNIER. — Non. M. LE PRÉSIDENT. — Mais le lendemain ?

NOMS DES TÉMOINS.	DÉPOSITIONS.

AFFIRMATIVE

M. REGNIER. — Le lendemain le chef du parquet se rendait sur les lieux, je n'avais pas à aller sur ses brisées.

M. LE PRÉSIDENT. — Mais vous avez vu le préfet plusieurs fois. Ne vous a-t-il pas chargé de suivre cette affaire et de le renseigner?

M. REGNIER. — Il ne m'en a pas ouvert la bouche.

M. LE PRÉSIDENT. — En résumé, vous n'avez été chargé d'aucune enquête sur les faits de Cavaillon, en tant qu'ils auraient été préparés à Avignon?

M. REGNIER. — Je n'ai été chargé de rien du tout.

M. LE PRÉSIDENT. — Et vous n'avez fait spontanément aucune démarche pour savoir la vérité?

M. REGNIER. — Non. L'enquête judiciaire m'interdisait de m'informer, et je n'avais reçu aucun ordre du préfet. Si j'avais reçu des instructions, je les aurais exécutées.

M. LE PRÉSIDENT. — Et, le 18, vous n'en avez pas parlé avec M. le préfet?

M. REGNIER. — Non. Le chef du parquet était sur les lieux. Si le chef du parquet m'avait chargé de savoir quelles étaient les personnes d'Avignon qui étaient allées à Cavaillon, je connais mon personnel, je n'aurais pas été embarrassé pour le savoir.

NÉGATIVE

NOMS DES TÉMOINS.	DÉPOSITIONS.
1 DE BONADONA, maire de Cavaillon, entendu par la Commission.	J'arrivai sur la place de la Couronne, en face de l'hôtel de la Pomme-d'Or, tenu par M. Béridot, et, en présence de l'exaltation de la foule, je me concertai avec M. le maréchal-des-logis de gendarmerie, pour savoir si nous ne pourrions pas faire évacuer la place. Je ne supposais aucune préméditation, aucune disposition hostile dans cette foule, aucun projet hostile. Je jugeai qu'il serait imprudent de vouloir faire évacuer la place, ce qui n'aurait pu se faire qu'en employant les armes. Je parcourus moi-même les groupes, cherchant à calmer les esprits. Je me bornai, ainsi que les agents placés sous mes ordres, à éviter énergiquement toute voie de fait afin de protéger les personnes. J'affirme que je n'ai pas sifflé, que je ne suis entré dans aucune auberge où étaient attablés, dit-on un certain nombre de siffleurs venus d'Avignon, et j'oppose à cet égard le démenti le plus formel aux allégations du rapport déposé par un électeur d'Avignon, M. Achard, rapport déposé à la questure et dont j'ai eu communication. Ma présence dans la foule n'avait donc pas d'autre but que de maintenir l'ordre; et ma conduite a toujours été celle d'un magistrat qui a souci de sa dignité. M'adressant à M. Gambetta lui-même, je lui donnai l'assurance qu'il n'avait rien à craindre, que je me mettais entièrement à sa disposition et que j'étais, dans tous les cas, prêt à partager tout danger avec lui, s'il y en avait eu réellement. J'arrivai sur la place de la Couronne, j'adressai à la foule quelques paroles d'apai-

NOMS DES TÉMOINS.	DÉPOSITIONS.
	sement et de conciliation, disant que la réunion, qui me semblait être la seule cause du tumulte, allait être dissoute et que j'avais pris l'engagement formel de faire respecter les personnes pendant l'évacuation. Ces paroles furent couvertes d'applaudissements qui me rassurèrent complètement, je fis immédiatement faire une tranchée dans la foule en face de la porte de sortie. Les gendarmes se placèrent de chaque côté de cette tranchée et je me plaçai moi-même au milieu, en renouvelant l'injonction formelle de laisser le passage entièrement libre. Malheureusement, j'eus le regret de constater que la parole donnée n'était pas immédiatement suivie d'effet.... Je dus pénétrer une seconde fois dans l'hôtel, et, après quelques paroles énergiques de ma part, les portes s'ouvrirent enfin. J'affirme que pas un coup ne fut donné, pas une voie de fait ne fut commise à l'égard des personnes qui sortaient de l'hôtel, et il est bien impossible qu'on ait pu cracher sur ces personnes; je fais observer ici que, moi qui me trouvais au milieu de cette tranchée et qui y restai tout le temps, j'aurais été criblé de coups et de crachats. Je n'ai rien constaté de cela. J'ai dû seulement remettre à la gendarmerie deux individus qui, malgré mes observations réitérées, persistèrent à pousser des cris provocateurs qui auraient pu amener une rixe générale.

NÉGATIVE

NÉGATIVE

NOMS DES TÉMOINS.	DÉPOSITIONS.
2 ROBERT, maréchal-des-logis, entendu par la Commission.	Quelques jeunes gens frappaient sur les planches, disant qu'ils voulaient entrer et qu'ils avaient des cartes. Je fis cesser le bruit et dis à ces jeunes gens de se mettre à la file et d'entrer avec ordre. Je fis cette même recommandation à une personne du Thor, M. Julien. Au moment où les invités sont sortis, un gendarme vint me dire que M. le maire avait arrêté un individu et qu'il fallait le conduire à la chambre de sûreté, à la caserne. Je répondis : « Que le chef du groupe, le brigadier Hardouin, le conduise! » Au bout de deux ou trois cents mètres, la foule a crié : « Il fallait les enlever; » il y avait en effet deux personnes arrêtées. Des pierres ayant été lancées, le brigadier Hardouin a mis le revolver à la main, et un peu plus loin, près de la caserne, a arrêté un individu qui avait crié après la gendarmerie : « Tas de lâches! » Il y a donc eu trois arrestations dans la soirée : deux sur la réquisition de M. le maire, et une en vertu de notre propre mouvement.
3 VIAU, commissaire de police, entendu par la Commission.	J'entrai pour faire remarquer à M. Gambetta que la nature de la réunion changeait; je lui fis part aussi de l'exaspération de la foule, on entendait assez le tumulte du dehors. M. Gambetta me demanda si nous étions impuissants à maintenir l'ordre. Je répondis que nous le maintiendrions, mais qu'il faudrait peut-être recourir à la force. Je priai M. Gambetta de réfléchir à la responsabilité qu'il assumait.

NÉGATIVE	
NOMS DES TÉMOINS.	**DÉPOSITIONS.**
	J'entrai dans l'hôtel et montai auprès de M. Gambetta... des craintes furent exprimées sur la sûreté de M. Gambetta, et je déclarai à ces personnes que je le défendrais moi-même. Nous descendions quand, arrivés sur le palier, nous rencontrâmes M. le maire. Je m'effaçai alors devant son autorité, supérieure à la mienne. Le 13 février, n'ayant reçu aucun ordre sur la conduite à tenir, je me rendis auprès de M. le préfet et lui demandai des ordres. Il me dit de maintenir l'ordre... Et il ajouta : « Vous vous conformerez aux réquisitions de M. le maire. »
4 DE BANNIÈRES DE SALLES, entendu par la Commission.	J'ai vu M. le maire de Cavaillon qui paraissait faire tous ses efforts pour rétablir l'ordre. Il n'avait pas l'air souriant qu'on lui a prêté, ni la cigarette à la bouche. Il n'a pas réussi à faire taire les sifflets. Dans la soirée comme avant, l'attitude de M. le maire de Cavaillon a été conciliante, et il a toujours essayé de réprimer une scène qu'on a appelée une scène de désordre, et qui, pour moi, n'était qu'un vaste charivari.
CHABAS, entendu par la Commission.	Je n'ai pas vu siffler M. le maire.
BRESSET, entendu par la Commission.	Il est notoire que le maire du Thor était venu à Cavaillon; or, ce ne pouvait pas être pour acclamer M. Gambetta, mais je ne l'ai pas remarqué se livrant à des manifestations.

Voici maintenant les conclusions du rapport de MM. Albert Joly et Henri Brisson :

CONCLUSIONS

Nous voici parvenus, Messieurs, au terme de ce long travail. L'élection d'Avignon vous fait voir un coin de la France administrative, telle que l'avait faite l'ordre moral.

Le bien et le mal ont perdu leur signification ordinaire : pour l'administration de M. Doncieux, pour sa police, et, nous avons le regret de le dire, pour le parquet, les gens sont innocents ou coupables, non pas suivant leurs actes, mais suivant le parti auquel ils se rattachent, suivant le cercle auquel ils sont affiliés.

Cette manière de classer les citoyens en bons ou en méchants, n'est pas nouvelle, sans doute; mais nous l'avons rarement vu pratiquer avec autant de candeur. Un fait après tant d'autres :

Dans la nuit du 20 au 21 février, une bande où, suivant la déposition du capitaine François Machenault, se trouvaient mêlés à des gens ivres quelques chefs du parti légitimiste, parcourait les rues en tirant des pétards et criant : *Vive le Roi!* La troupe avait reçu pour consigne de réprimer le désordre, « d'où qu'il vînt ». Rare exemple de correction au milieu de tant de coupables indulgences. L'officier qui la commande essaie d'abord de calmer les perturbateurs. Tout nous est permis, répondent-ils, par le Maire et par le Préfet; et le vacarme redouble. Le capitaine en fait alors arrêter quatre ou cinq et les envoie au poste du commissariat de police; mais là, M. Regnier, commissaire central, les fait relâcher sur-le-champ : « Ce ne sont pas des révolutionnaires, dit-il, ce sont des gens d'ordre, des membres du cercle des *Amis de l'Ordre,* » et il les protège contre les officiers indignés.

Ce même commissaire central, la Sous-Commission l'a interrogé; ni lui, ni M. Viau, commissaire de police à Cavaillon, ne connaissent, à les entendre, aucun des proxénètes et des repris de justice accourus d'Avignon, le 17 février. N'est-ce pas là encore une protection? Qui peut les croire, en effet? Des gens de cet acabit louent des voitures, se donnent rendez-vous sur la route, commettent les actes que l'on sait, rentrent au matin ; leur départ, leur présence à Cavaillon, leur retour, tout cela est de notoriété publique ; tout le monde les nomme, et la police d'Avignon n'en sait rien ! Et l'on n'informe pas contre eux ! On informe contre les organisateurs des réunions privées !

Des écrits odieux, honteux, menaçants, sont publiés ; on ne les saisit point ; mais l'on interdit la voie publique aux journaux républicains !.....

On ferme impitoyablement les cercles républicains, les antiques « chambrées » d'ouvriers ; on laisse subsister, sous le nom de *Cercles catholiques*, de *Cercles de l'Union*, de *Cercles des amis de l'Ordre*, des associations illicites, puissamment ramifiées entre elles, et où se préparent les fraudes, les troubles, les violences [1].

Vous parcourrez, Messieurs, le dossier qui nous a été remis par M. du Demaine ; vous y trouverez, à une date où le 11e bureau réclamait vainement des communications, trois rapports adressés à M. du Demaine par M. le Procureur de la République, des rapports de gendarmerie, de commissaires, d'agents de police, etc., etc., des pièces venant de la Préfecture, de cette même préfecture où, nous, nous n'avons rien trouvé, où le nouveau préfet n'a rien trouvé.

C'est un mauvais spectacle, Messieurs, et démoralisant pour les populations, que celui d'un pareil défaut d'équité chez les fonctionnaires. La civilisation tient, sans doute, pour partie, à des éléments indépendants, tels que le travail, le commerce, l'industrie, la science, qui font leur œuvre quand même et toujours ; mais elle tient aussi, et beaucoup, à une sorte de confiance générale des citoyens vis-à-vis des pouvoirs publics et de leurs agents ; si ceux qui sont chargés de faire naître cette confiance la détruisent ; si ceux dont la mission est de développer dans le peuple les idées d'ordre, d'équité, de justice, s'adonnent sans frein à leurs passions ; s'ils persécutent les citoyens au lieu de les protéger, et s'ils couvrent de leur protection les actes qu'ils devraient réprimer, le sens moral s'affaiblit, le lien social se distend ; la ruse et la force sont bien près de régner.

Nous vous le disons avec tristesse, Messieurs : si cette si-

---

1. Dépositions de M. Guibert, avoué, et de M. Regnier, commissaire central. C'est par 1,500 et 2,000 qu'on compte les sociétaires.

tuation n'était pas encore celle des esprits dans Vaucluse, ils commençaient d'y tendre. Nous avons trouvé ces populations un peu dans l'état de ces malheureux qui disaient autrefois : Le roi est trop loin. Le mal dont elles souffrent est si invétéré, elles ont tant de fois fait entendre leurs réclamations et toujours si inutilement!... Les voici maintenant douées d'une administration éclairée, tolérante, protectrice. Elles le savent et reprennent déjà confiance; mais il y a beaucoup à faire encore pour satisfaire leur honnête désir de tranquillité et de paix, sentiment dans lequel nous les avons laissées.

EN RÉSUMÉ.

Dans la pensée de votre Commission, l'élection d'Avignon est viciée :

1° Par la pression administrative ;

2° Par la fraude, fraude qu'il est d'autant plus nécessaire de réprimer qu'elle est invétérée ;

3° Par la violence.

En conséquence,

Votre Commission vous propose :

1° D'annuler l'élection ;

2° A raison de certains faits spéciaux, d'ordonner le renvoi du dossier à M. le Garde des Sceaux, Ministre de la Justice, pour faire ce qu'il appartiendra ; et à M. le Ministre de l'Intérieur, pour assurer la sincérité des élections dans le département de Vaucluse.

HENRI BRISSON
ALBERT JOLY.

La Chambre des députés adopta, dans la séance du 16 novembre, les deux parties de ces conclusions : la première, par 337 voix contre 142, après avoir entendu MM. du Demaine, Henri Brisson et de Perrochel ; la deuxième, par 343 voix contre 172, après avoir entendu M. Cunéo d'Ornano et le ministre de la justice.

M. du Demaine, invalidé, mais maintenu par le ministre
de l'intérieur (M. Jules Simon) dans ses fonctions de maire
d'Avignon, se représenta, le 11 février. Les candidats des
comités républicains étaient MM. Eugène Raspail et Saint-
Martin. — M. Saint-Martin fut élu au second tour.

ALLOCUTION

Prononcée le 30 septembre 1876

La *Gazette de Lausanne* du 1er octobre 1876 publiait la correspondance suivante :

Samedi dernier, 30 septembre, dans l'après-midi, un certain nombre de citoyens français et suisses se rendaient de Lausanne au château des Crêtes, près de Clarens. Ils apportaient à M. Léon Gambetta la coupe en argent, souvenir des élections générales du 20 février dernier, que l'on eût déjà désiré offrir au député des grandes villes de France au tir fédéral à Lausanne.

M. T. Garcin, de Lausanne, a porté la parole, au nom de ses concitoyens, dans les termes suivants :

« Très honoré citoyen Gambetta,

« Nous venons auprès de vous, au nom d'un groupe de citoyens suisses et français, vous apporter un modeste témoignage de notre reconnaissance pour votre dévouement à la cause républicaine. Sur le sol de la libre Suisse, nous avons suivi un moment avec appréhension, puis avec confiance, les courageux efforts que vous avez faits pour donner à la France le gouvernement qu'elle désirait depuis si longtemps.

« Oui, la République est non seulement le gouvernement qui convient à cette grande France, mais celui qui appartient à toutes les nations dans l'avenir. Ce groupe d'hommes libres, dont les représentants vous entourent, nous ont chargés de vous dire que leurs cœurs sont acquis à la cause que vous défendez, l'affermissement de la République démocratique, civile et laïque.

« Honoré citoyen, il se peut que cette coupe vous rappelle

parfois les amertumes, les déceptions, les douleurs dont vous avez eu à souffrir pour le triomphe de votre cause. Nous savons que ces amertumes vous les avez bues jusqu'à la lie. Toutefois nous espérons que cette coupe symbolisera surtout à vos yeux la France reconnaissante des biens dont elle est appelée à jouir par l'avènement définitif de la République.

« Citoyen Gambetta, merci pour tout ce que vous avez fait, et un chaleureux merci anticipé pour tout ce qui vous reste à faire ! »

En terminant, M. Garcin remet à M. Gambetta la coupe, belle pièce d'argenterie portant cette inscription tout enguirlandée de pampre :

A LÉON GAMBETTA,

POUR SON DÉVOUEMENT A LA CAUSE RÉPUBLICAINE

4 septembre 1879 — 20 février 1876.

M. Gambetta, à son tour, a vivement remercié M. Garcin et ses amis du témoignage de sympathie qu'ils venaient de lui donner.

Je savais ce beau pays hospitalier, mais je ne pouvais me douter que jamais j'y recevrais un accueil semblable. Je trouve même qu'il y a une certaine exagération dans la manière dont vous me témoignez vos sentiments généreux. Néanmoins j'accepte ce beau gage de votre sympathie, puisque tel est votre désir, et je l'accepte avec émotion, non pas comme se rapportant à ma personne, mais à la démocratie française dont je suis à cette heure le représentant à vos yeux.

M. Gambetta a terminé en ces termes, après avoir parlé de la ligne de conduite que doivent suivre les républicains français pour raffermir leur œuvre et lui assurer la durée :

Affermir la République, non pas une République qui ne consacre que l'exercice des droits que concède au citoyen la monarchie constitutionnelle, mais une République vraiment démocratique : tel doit être notre but.

Notre République, c'est la démocratie se gouvernant par elle-même, administrant ses finances, distribuant la justice à tous, bâtissant ses écoles, rassurant tous les intérêts, donnant à chaque créature humaine la plus grande somme possible de droits. Nous voulons une République démocratique fondée sur le respect de la liberté individuelle, qui favorise le développement de la richesse nationale, l'industrie, le commerce, et qui élève un temple sacré aux beaux-arts et à la science.

Mais, encore une fois, il nous faut de la patience et de la modération, au risque de nous exposer au soupçon et à la calomnie. D'ailleurs, que nous importe? Celui qui entre dans la vie politique croyant qu'il suffit de faire son devoir pour être approuvé de tous est un naïf. La vie politique, plus qu'aucune autre, a ses amertumes, ses déceptions, comme vous l'avez dit vous-même, mais l'homme est né pour lutter et souffrir. La souffrance nous rend plus forts et plus purs. Nous travaillerons donc pour la République, nous combattrons tous ses ennemis dans quelque camp qu'ils se trouvent et sous quelque nom qu'ils s'abritent, nous léguerons à nos enfants une situation très nette, et nous aurons ainsi le sentiment non pas d'avoir satisfait tout le monde, mais d'avoir rempli notre devoir.

C'est dans ces sentiments, Messieurs, que j'accepte le souvenir que vous m'offrez : il me dira que j'ai de bons amis en Suisse, et ce sentiment me donnera du courage.

La *République française* ayant reproduit l'article de la *Gazette de Lausanne*, il s'ensuivit une polémique de presse assez curieuse. Attaquée à la fois par le *Journal des Débats* et par l'un des organes les plus violents du parti intransi-

geant, la *République française* répondit en ces termes dans
son numéro du 9 octobre :

« Le *Journal des Débats* et les *Droits de l'homme* nous
adressent en même temps un reproche assez étrange. Ils
nous accusent d'avoir mutilé un discours prononcé par
M. Gambetta.

« Le texte de ce discours ne nous est pas parvenu directement; il n'a été, que nous sachions, publié nulle part en
son entier. Nous avons reproduit, d'après les comptes rendus que nous avons rencontrés dans divers journaux, les
passages qui nous ont paru résumer le plus nettement la
pensée du discours.

« Quant au paragraphe que l'on nous reproche de n'avoir
pas publié, nous n'avions absolument aucune raison de le
dissimuler, car la pensée qu'il contient est la nôtre et nous
l'avons exprimée ici même assez souvent.

« M. Gambetta y parle des hommes qui nuisent à la République par leurs impatiences et leur exclusivisme, et dit que
ceux-là sont aussi des ennemis. C'est tout à fait notre
avis. »

TABLE DES MATIÈRES

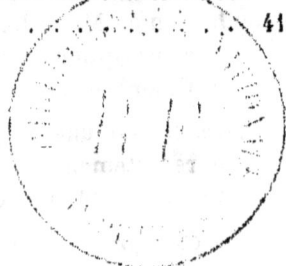

Paris. — Typ. G. Chamerot, 19, rue des Saints-Pères. — 11748.

www.ingramcontent.com/pod-product-compliance
Lightning Source LLC
Chambersburg PA
CBHW072000270326
41928CB00009B/1502